Oslo
Stockholm
Reval
Riga
Kopenhagen
Wilna
London
Berlin
Brüssel
Frankfurt
Krakau
Paris
München
Wien
Bukarest
Madrid
Lissabon
Rom
Reykjavik
0 500 1000 1500km
Regnum Bospori
cum
Dacia
107 n. Chr.
Tomi
29 / 28 v. Chr.
Pontus Euxinus
Thracia
46 n. Chr.
Byzantium
65 v. Chr.
Armenia
114–117 n. Chr.
Philippi
Thessalonice
Pydna
Pharsalus
Nicomedia
Ancyra
25 v. Chr.
Cappadocia
18 n. Chr.
Regnum Parthorum
Troia
Pergamum
Asia
133 / 129 v. Chr.
Mesopotamia
115–117 n. Chr.
Tigris
Ephesus
103 v. Chr.
67 v. Chr.
Athenae
orinthus
Achaia
146 v. Chr.
Miletus
Lycia
74 n. Chr.
Rhodus
Antiochia
63 v. Chr.
58 v. Chr.
Euphrates
Babylon
Cnossus
67 v. Chr.
105 n. Chr.
Damascus
Internum
Tyrus
Iudaea
Hierosolyma
Petra
74 v. Chr.
Cyrenaica
Alexandria
Arabia
105 n. Chr.
Aelana
30 v. Chr.
Aegyptus

VIA MEA

Gesamtband

Herausgegeben von
Susanne Pinkernell-Kreidt,
Jens Kühne,
Peter Kuhlmann

unter Mitwirkung von
Dieter Belde, Alfred Bertram,
Manfred Blank, Andreas Efing,
Petra Hachenburger, Gisa Lamke,
Susanne Mussmann, Thomas Neidhardt,
Andrea Sagromski, Dietmar Schmitz,
Stefan Schrade, Corinna Trümpler,
Stephanie Weck, Peggy Wittich,
Maren Wriedt

beratende Mitarbeit
Cahit Basar, Peter Broghammer,
Dieter Cherubim, Bärbel Flaig,
Werner Fortmann, Karlheinz Glaser,
Marianne Illi-Schraivogel,
Thomas von Kleinsorgen, Hartmut Loos,
Christian Marohn, Andreas Nick,
Christa Palmié, Andrea Schwacke

9783060240418 Via mea GB

Cornelsen

Redaktion: Werner Schmidt
Illustration: Roland Beier, Klaus Ensikat, Jörn Hennig, Hans Wunderlich, Berlin
Karten: Volker Binder, Christian Görke
Umschlaggestaltung: Michael Anker
Layoutkonzept und technische Umsetzung: Checkplot Anker&Röhr, Berlin
Namen- und Sachregister: Swantje Höfs, Gabriele Nick, Sarah Scherf

www.cornelsen.de

1. Auflage, 1. Druck 2013

Alle Drucke dieser Auflage sind inhaltlich unverändert
und können im Unterricht nebeneinander verwendet werden.

Druck: Mohn Media Mohndruck, Gütersloh

ISBN 978-3-06-024041-8

Inhalt gedruckt auf säurefreiem Papier aus nachhaltiger Forstwirtschaft.

Salve!

Via mea bedeutet „Mein Weg".
Via haben wir das Buch benannt, weil es dein **Weg** in die Sprache und Welt der Römer sein soll. Dem Wort **Via** haben wir **mea** hinzugefügt, weil wir dieses Buch und die Begleitmaterialien so gestaltet haben, dass du **deinen** Lernweg finden kannst.

Via mea hat 37 Lektionen. Jede Lektion außer der ersten umfasst 4 Seiten.
Auf der ersten Doppelseite findest du den lateinischen Lektionstext, in den dich ein Bild und ein deutscher Text einführen.
Die mit INFO gekennzeichneten deutschen Texte bieten dir weitere Informationen zum Thema der Lektion.
Nach dem lateinischen Text findest du Aufgaben:
a Aufgaben in dieser Farbe beziehen sich auf den Inhalt des lateinischen Textes und sollen dir helfen, dein Verständnis des Lektionstextes zu vertiefen.
c Aufgaben in dieser Farbe beziehen sich auf die neuen sprachlichen Kompetenzen der Lektion und sollen dich anregen, ihn dir auch mit Hilfe des Grammatik-Begleitheftes selbstständig zu erschließen.

Die zweite Doppelseite ist dazu da, deine neu erworbenen Kenntnisse zu üben und bereits Gelerntes zu festigen. Damit du genau weißt, was du hier übst, und Übungen selbstständig auswählen kannst, ist jede Übung gekennzeichnet:
W kennzeichnet **Wortschatzübungen**,
f kennzeichnet **Formenübungen**,
S kennzeichnet Übungen, die sich auf die **Grammatik** des **Satzes** beziehen,
kennzeichnet Übungen zur Übersetzung von **Texten** und **Texterschließung**.
Sterne * unter den Symbolen zeigen dir an, welche Art von Wissen gefestigt wird:
Ist kein Stern ausgewiesen, übst du **die Kenntnis von Fakten**,
bei * das Verständnis von **Zusammenhängen**,
bei ** die praktische **Anwendung** des Wissens,
bei die **Interpretation** von Texten.
Blaue Überschriften kennzeichnen die verbindlich vorgesehenen Übungen,
violette die zusätzlichen/fakultativen Texte und Arbeitsanregungen.
Verweise auf das Arbeitsheft am Rand zeigen dir, wo du weitere Übungen findest.
weist auf kulturgeschichtliches Wissen hin.
Wo das steht, geht es darum, eigene Fehler „unter die Lupe zu nehmen".

Nach in der Regel drei Lektionen kommt die Doppelseite **Überprüfe, was du kannst**.
Ein lateinischer Text und Aufgaben dazu machen dir deutlich, was du schon kannst und wie Lücken zu schließen sind.
Daran schließt sich **Heute und damals** an: Bilder aus der Antike und aus unserer Welt zeigen dir Gemeinsamkeiten und Unterschiede.

Das **Übersetzungstraining** (ab S. 218) fasst zusammen und erläutert mit Beispielen, wie du lateinische Texte übersetzt und welche Möglichkeiten du hast, Vokabeln zu lernen.
Im **Vokabelverzeichnis** (ab S. 240) findest du die Vokabeln lektionsweise in der Reihenfolge ihres Vorkommens; im **Namen- und Sachregister** (ab S. 292) und im **Alphabetischen Vokabelverzeichnis** (ab S. 310) kannst du lateinische Wörter und Begriffe nachschlagen.

Bene ambula!
Herausgeber, Autoren, Berater und Verlag

Die folgenden aufgelisteten Angebote sind nicht obligatorisch abzuarbeiten. Die Auswahl der Übungen und Übungsteile richtet sich nach den Schwerpunkten des schulinternen Curriculums.

Privatleben

Öffentliches Leben

Politik und Gesellschaft unter Augustus

Rom und die Provinzen

Griechisch-römische Mythen

Griechisch-römische Mythen

Gründung und Frühzeit Roms

Karthago und Rom

Römische Kaiser

In der Fremde

Wie lebten die Germanen?

Ovid – ein römischer Dichter

Anhang

Abkürzungshinweise

Nom. – Nominativ
Gen. – Genitiv
ggf. – gegebenenfalls
Dat. – Dativ
Akk. – Akkusativ
Abl. – Ablativ
Sg. – Singular
Pl. – Plural
m. – maskulinum
f. – femininum
n. – neutrum
KNG – Kasus Numerus Genus
Z – Zeile

500 v. Chr.

um 65 v. Chr.

500 n. Chr.

1000

1500

2000

In Rom

Vor Kurzem ist Lucius Caecilius Flavus mit seinen Eltern und seiner Schwester Caecilia aus Ardea nach Rom gekommen. Ardea ist ein kleines Städtchen südlich von Rom. Jetzt lebt Lucius in dieser aufregenden, großen Stadt Rom, die ihm jeden Tag neue, spannende Erlebnisse bietet! Und heute ist er sogar schon vor Sonnenaufgang wach. Der Grund für seine Aufregung: Lucius hat Geburtstag und ein lieber Gast wird kommen.

1 Lūcius in cubiculō[1] stat.
Lūcius exspectat.

2 Subitō Gaius intrat.
Gaius avus est.
Lūcius gaudet et rīdet.

1 in cubiculō
im Zimmer

3 Lūcius avum salūtat.
Et avus Lūcium salūtat.
Gaius rīdet,
Lūcium valdē amat.

4 Nunc Caecilia cubiculum[2] intrat.
Puella gaudet et appropinquat.
Gaius Caeciliam videt.
Tum Caeciliam salūtat.

2 cubiculum
das Zimmer

INFO

Wohnen in der Großstadt

In einem Einfamilienhaus zu wohnen konnten sich nur reiche Römer leisten. Einfache Leute wie Lucius und seine Familie wohnten in hohen **Mietshäusern**. Diese Wohnungen sahen anders aus als heutige: Die Familie wohnte in 1 – 2 Zimmern; es gab keine Küche, warmes Essen holte man sich von **Imbissstuben**. Ein Bad mit Toilette fehlte. Nachts wurde ein Nachttopf verwendet, tagsüber ging man in eine öffentliche **Badeanstalt** oder zu öffentlichen Toiletten. Ein solches Mietshaus nannten die Römer *īnsula* („Insel“).

5 Lūcius autem aliud[3] videt et cōgitat:
„Quid avus portat?
Ecce, dōnum portat!“
Iterum Lūcius valdē gaudet.

3 aliud
etwas anderes

a Vergleiche die römische *īnsula* mit heutigen Wohnverhältnissen: Was ist anders, was gleich oder ähnlich?

b Du hast jetzt den Text übersetzt. Nun sehen wir uns an, wie ein Satz aufgebaut ist:
Lūcius stat.
Beschreibe zunächst, *wer* etwas tut: Dies nennt man das **Subjekt**.
Beschreibe danach, *was* die Person *tut*: Dies nennt man das **Prädikat**.

▸ Gesamt-Grammatik S. 7

c Finde in den Sätzen der ersten vier Bilder jeweils Subjekt und Prädikat.
Was fällt dir im letzten Satz zum vierten Bild auf?

d Lucius' und Caecilias Eltern heißen *Calpurnia* und *Sextus*.
Wer ist der Vater und wer die Mutter? Woran kannst du das am Wortende erkennen?
Suche andere Wörter im Text, die sich in gleicher Weise unterscheiden.

e Lūcius avum salūtat. Avus Lūcium salūtat.
Wer begrüßt hier wen?

f Die Person, die man begrüßt, heißt in der Sprache der Grammatik **Akkusativobjekt**.
Woran erkennst du das Akkusativobjekt? Wie fragst du nach dem Akkusativobjekt?

▸ Gesamt-Grammatik S. 7

g Suche im Text zu den Bildern 3 und 4 weitere Sätze mit Akkusativobjekt.

h Handelt es sich bei *dōnum* (Bild 5) um ein Subjekt oder ein Akkusativobjekt?
Was fällt dir auf?

Loquāmur Latīnē (fakultativ)
Salvē! Salvēte!

Gut wiederholt – vorbereitet für Lektion 2

Gaius freut sich. – Lucius wartet auf den Großvater. – Caecilia ist.

I. Einer dieser drei Sätze ist nicht vollständig. Warum?
II. Wie könntest du ihn zu einem vollständigen Satz machen? Suche verschiedene Möglichkeiten. Gelingt dir dies auch mit unterschiedlichen Wortarten?

500 v. Chr.

um 65 v. Chr.

500 n. Chr.

1000

1500

2000

Zu Besuch bei Marcus Valerius Florus

Heute möchte Lucius mit dem grünen Papagei spielen, den ihm der Großvater zum Geburtstag geschenkt hat. Er will dem Papagei das Sprechen beibringen. Aber sein Vater Sextus teilt ihm mit, dass sie heute zum Morgenempfang ins Haus des bekannten Senators Marcus Valerius Florus gehen. Diesen Morgenempfang nennt man *salūtātiō*. Florus kommt wie Lucius' Familie aus Ardea, wohnt aber schon lange in Rom. Sextus hofft, dass ihm Florus einen guten Lehrer für Lucius empfehlen kann.

Da Lucius zum ersten Mal mitkommt, erklärt ihm sein Vater, was eine *salūtātiō* ist. „Florus war schon in Ardea für unsere Familie sehr wichtig. Er hat inzwischen in Rom Karriere gemacht. Mit seinem großen Einfluss kann er uns in vielen Angelegenheiten helfen. Er ist unser **Schutzherr**, unser *patrōnus*, und wir gehören zu seinen **Klienten**. Es gibt in Rom viele Familien, die als Klienten unter dem Schutz eines einflussreichen Patrons stehen. Einige von ihnen werden von ihrem Patron mit Lebensmitteln oder mit Geld unterstützt. Je mehr Klienten ein Patron hat, desto größer ist sein Ansehen in Rom. Die Klienten tragen ihre Bitten um Hilfe bei dem Morgenempfang, der *salūtātiō*, vor. Deshalb wollen wir Florus fragen, ob er nicht einen guten Lehrer für dich kennt."

Jetzt sind sie beim Haus des Florus angekommen. Nachdem sie geklopft haben, lässt der Türsteher sie herein:

Sextus et Lūcius intrant. Vestibulum[1] magnum spectant.
Turba magna adest. Sextus et fīlius turbam vident.
Lūcius: „Quid turba exspectat?“
Sextus respondet: „Turba dominum exspectat. Clientēs[2] sunt.“
Tum ātrium intrant. Ātrium amplum est.
Lūcius circumspectat[3]: „Multī clientēs[2] adsunt!“
Sextus: „Flōrus patrōnus magnus est. Itaque multī clientēs[2] Flōrum exspectant. Cūnctī clientēs[2] auxilium spērant.“
Lūcius iterum circumspectat[3].
Videt hortum amplum et peristȳlium.
Videt multōs servōs.
Servī labōrant. Multa sunt negōtia, sed servī nōn cūncta negōtia amant.
Videt clientēs[2] et fīliōs, sed nōn fīliās. Cūr fīliae nōn adsunt?
Subitō puella intrat.
Lūcius stupet[4]: „Quis est puella?“
Sextus: „Puella Valeria est. Est fīlia Flōrī[5].“
Subitō Lūcius puellam nōn iam videt.
Cūr Valeria nōn iam adest? Cūr nōn iam appāret?
Nunc dominus et domina appropinquant. Sextum salūtant: „Salvē!“
Et Sextus respondet: „Avēte!“
Cūnctī tablīnum intrant.
Lūcius gaudet – gaudium magnum est: Ecce, etiam Valeria adest!

1 vestibulum Vorraum

2 clientēs (Nom./Akk. Pl.) die Klienten

3 circumspectat (er, sie, es) schaut umher

4 stupet (er, sie, es) staunt, ist verblüfft

5 Flōrī (Gen. Sg.) des Florus

a Zähle die im Text vorkommenden Personen auf.

b Ordne die Personen aus dem Text dem Bild zu.

c Gliedere den lateinischen Text in sinnvolle Abschnitte. Die Zeitangaben im Text können dir dabei helfen.

d Tragt den Text mit verteilten Rollen vor (deutsch oder auch lateinisch).

e Sextus intrat. – Sextus et Lūcius intrant.
Servus labōrat. – Servī labōrant.
Übersetze die Sätze. Vergleiche nun die lateinischen Satzpaare. Beschreibe die Veränderungen in den lateinischen Sätzen.

▸ Gesamt-Grammatik S. 10

f Wer betritt in Z 5 das Atrium? Im Satz steht kein Substantiv als Subjekt. Woher weißt du die Antwort trotzdem?

▸ Gesamt-Grammatik S. 11

1. Gut sortiert

Male die hier abgebildeten römischen Gefäße in dein Heft. Ordne die folgenden Wörter den Gefäßen zu:
stat, puella, servī, cōgitant, turbae, appāret, dominās, fīlium, adest, turbam, auxilia, respondent, avōs, labōrant, rīdet

Singular

Plural

2. Ein Wort – mehrere Bedeutungen

Übersetze. Welche Vokabelbedeutung der hervorgehobenen Wörter ist sinnvoll?

1. Dominus et domina adsunt. Et fīlia adest.
2. Gaudium magnum est. Dominus patrōnus magnus est.
3. Lūcius nōn dominam videt, sed dominum.
   Sextus dominam videt, sed nōn videt dominum.

3. Das Adjektiv – ein Chamäleon

Lege zunächst in deinem Heft die folgende Tabelle mit 5 Zeilen an:

Substantiv	Bestimmung nach KNG	Adjektiv	Verb
Turbam	Akk. Sg. fem.	magnam	videt.

Übersetzung: Er/Sie sieht die große Menschenmenge.

Trage nun nach dem vorgegebenen Beispiel die folgenden Substantive und Verben ein. Zunächst bleibt eine Spalte noch frei:
1. servī labōrant 2. ātrium intrat 3. fīliās salūtant 4. negōtia amant

a Bestimme die vollständige Form der Substantive nach Kasus, Numerus und Genus.
b Ergänze nun in der freien Spalte ein sinnvolles Adjektiv *magnus* oder *multus* in seiner richtigen Form. (beachte KNG)
c Übersetze Substantiv und Adjektiv zusammen mit dem angegebenen Verb.

4. Auf die Grundform kommt es an!

Führe die Wörter, bei denen es möglich ist, auf ihre Grundform zurück:
(Beispiel: magnās → magnus, -a, -um; puellae → puella)
magnōs, puellam, etiam, gaudia, itaque, negōtium, iterum, multās, dominum, fīlia, sed, servī, subitō, fīliōs, dōna, turbae, dominās, ampla, nunc

▸ AH 1 S. 10 Ü 3

5. Von Fall zu Fall: Nominativ → Akkusativ

a Bilde den Akkusativ zu:
fīlius, puellae, dōnum, dominī, fīlia, gaudia, patrōnus, servī
b Verbinde den Akkusativ nun sinnvoll mit einem der folgenden Verben:
exspectat, salūtat, vident
c Übersetze die Verbindung.

6. Tauschbörse: Numerus

▸ AH 1 S. 10 Ü 4

a Ändere den Numerus: servus, salūtant, dominās, stat, magnōs, appāret

b Ändere den Numerus dort, wo es möglich ist:
est, iterum, fīlia, gaudium, etiam, respondet

c Ändere alle Numeri, wo es möglich ist, und übersetze den neuen Satz:
Fīlius rīdet. – Fīlia dominam spectat. – Servī negōtia magna nōn amant.

7. Streichkonzert (fakultativ)

Entscheide dich jeweils für eine der drei Formen. Begründe deine Entscheidung.

1. Servī (dominī/dominum/dominus) exspectant.
2. Servī (dominus/negōtia/turba) nōn amant.

8. Tauschbörse: Subjekt → Objekt (fakultativ)

▸ AH 1 S. 11 Ü 5

a Mache das Subjekt zum Objekt, das Objekt aber zum Subjekt.
Passe dabei auf das Prädikat auf, das sich manchmal ändert.
(Beispiel: Lūcius avum exspectat. → Avus Lūcium exspectat.)

1. Domina fīlium amat.
2. Turba dominum salūtat.
3. Lūcius multōs fīliōs videt.
4. Sextus et Lūcius patrōnum exspectant.

b Übersetze alle neuen Sätze.

9. Loquāmur Latīnē (fakultativ)

Ut valēs? – Bene valeō. Optimē valeō.

10. Im Deutschen ist manches anders: Artikel und Possessivpronomen

An welchen Stellen musst du in deiner Übersetzung einen (un-)bestimmten, gar keinen Artikel (der, die, das) oder ein Possessivpronomen (sein, ihr) einsetzen?
Begründe deine Entscheidung.

1. Domina fīlium amat. 2. Sextus et fīlia gaudia amant. 3. Puella appāret. Lūcium videt. Gaudium magnum est. 4. Lūcius et Sextus ātrium intrant: Servum vident. Servus labōrat.

11. Römische Spuren

Im Deutschen erkennst du viele lateinische Wörter wieder. Welche sind es?

1. Die Kaufhaus-Kette muss leider viele ihrer Filialen schließen.
2. Ich filme bei Geburtstagen gern mit meiner Videokamera.
3. Dagobert Duck ist wohl der bekannteste Multimilliardär.

Gut wiederholt – vorbereitet für Lektion 3

Attribute

Lucius sieht das neue Haus. Lucius sieht das Haus des Senators.
Du kannst jeweils ein Wort oder einen Wortblock weglassen, die Sätze bleiben trotzdem sinnvoll.

I. Um welches Wort und um welchen Wortblock handelt es sich?
II. Was erfährst du durch diese Wörter zusätzlich?

Ein neuer Lehrer für Lucius?

Auch Valeria ist auf Lucius aufmerksam geworden. Während die Väter miteinander sprechen, werfen sich die beiden Kinder immer wieder Blicke zu. Valeria hört, dass es um Unterricht für Lucius geht. Sie selbst geht in keine Schule, sondern wird zu Hause unterrichtet. Da zupft sie ihren Vater leicht an seiner Toga und flüstert ihm etwas ins Ohr ... Dann wendet sich Florus wieder seinem Klienten Sextus zu.

500 v. Chr.

Flōrus: „Valeria discipula bona est, Sexte. Sed fīlia mea sōla[1] est. Dēmētrius servus magister fīliae meae est. Magister noster bonus est. Itaque etiam fīlius tūus grātus est.“ Lūcius gaudet et ērubēscit[2]. Etiam Valeria ērubēscit[2]. Gaudium puellae et puerī magnum est.

1 sōlus,-a,-um allein

um 65 v. Chr.

2 ērubēscit (er, sie, es) errötet

Nachdem die Väter ihr Gespräch beendet haben, begrüßen sich die Kinder und werden von einem Sklaven zu Demetrius gebracht:

Lūcius: „Salvē, Valeria!“ Valeria: „Salvē, Lūcī!“
Lūcius: „Lūdum nōn amō.“ Valeria: „Cūr lūdum nōn amās?“
Lūcius: „Lūdum meum nōn amō, nam magister meus bonus nōn est: Nōs puerōs nōn laudat.“
Valeria: „Magister meus libenter mē laudat. Sed vōs miserī discipulī estis. Nam magister vester vōs nōn laudat.“
Lūcius: „Nōs multī discipulī sumus. Sed tū sōla[1] es. Hīc turba puerōrum et puellārum nōn est.“

500 n. Chr.

1000

1500

Valeria: „Puerī et puellae fābulās Graecōrum libenter audiunt. Itaque magister fābulās pulchrās nārrat.“
Lūcius: „Nōs fābulās Graecōrum nōn audīmus.“
Valeria: „Cūr fābulās Graecōrum nōn audītis?“
Lūcius: „Magister noster fābulās nōn amat. Itaque fābulās pulchrās nōn nārrat.“

2000

Tum Lūcius et Valeria peristȳlium intrant. Dēmētrius magister Valeriam iam exspectat.
Magister: „Sērō[3] venīs, Valeria. Sed quis tū es, puer?“
Valeria: „Sextus, cliēns patris[4], adest. Puer est Lūcius, fīlius Sextī.“
Magister: „Salvēte! Sed nunc attentī este! Audīte!“
Valeria: „Attenta sum. Nam libenter tē audiō, magister.“
Tum magister nārrat et nārrat, sed Lūcius nōn audit. Etiam Valeria nōn audit. Attentī nōn sunt.
Subitō magister: „Tacēte, Lūcī et Valeria. Verba vestra audiō! Cūr nōn tacētis? Este attentī! Mē nōn audītis.“
Lūcius: „Egō taceō, sed … “
Magister: „Tacē et audī, Lūcī! Nōn tacēs. Es attentus! Nunc, Valeria et Lūcī, notāte[5] litterās: AMŌ, AMĀS, AMAT, AMĀMUS, AMĀTIS, AMANT.“ Lūcius et Valeria litterās notant[5]. Tum Valeria litterās Lūciī videt et rīdet. Etiam Dēmētrius videt tabulam puerī et litterās: TĒ AMŌ.

3 sērō (Adv.) zu spät

4 cliēns patris (Gen. Sg.) ein Klient meines Vaters

5 notat (er, sie, es) schreibt

INFO

Schule bei den Römern

Die meisten Kinder lernten ab dem 7. Lebensjahr nur **Lesen**, **Schreiben** und **Rechnen** in der fünfjährigen **Elementarschule** (*lūdus*). Sie gingen zu einem Lehrer, der einen Unterrichtsraum gemietet hatte. Der Raum war zur Straße oder dem Forum hin offen oder durch einen Vorhang abgetrennt. Die Kinder saßen auf Hockern, der Lehrer auf einem erhöhten Sitz. Der Unterricht begann frühmorgens und endete nach einer Pause am Spätnachmittag. Jungen und Mädchen lernten gemeinsam. Die Lehrer tadelten die Kinder häufig oder verprügelten sie. Als Belohnung für gute Leistungen erhielten die Kinder manchmal Süßigkeiten. Hausaufgaben gab es nicht, die Sommerferien dauerten von Ende Juli bis Mitte Oktober. Lehrer verdienten nur wenig Geld. Reiche Eltern ließen ihre Kinder lieber zu Hause von einem Privatlehrer unterrichten, einem griechischen Sklaven oder Freigelassenen wie Demetrius. Bei ihm lernten die Kinder auch Griechisch.

Lehrer und Schüler; Darstellung auf einem römischen Grabstein.

Wer es sich leisten konnte, schickte seine Kinder mit 12 Jahren in die **Literaturschule**. Dort beschäftigten sie sich mit Werken lateinischer und griechischer Dichter. Wer sich politisch betätigen wollte, ging ab 16 in die **Rhetorikschule** und lernte, wirkungsvolle Reden zu halten.

a Nenne die im Lektionstext vorkommenden Personen. Was erfährst du über sie?

b Gliedere den Lektionstext in sinnvolle Abschnitte und suche eine passende Überschrift für die einzelnen Abschnitte. Begründe deine Entscheidungen.

c Lucius schreibt in einem Brief an seinen Freund Publius in Ardea, was er in Rom erlebt. Schreibe seinen Brief weiter: „Lucius grüßt seinen Freund Publius! Seit Kurzem wohnen wir in Rom …“

d Im Lektionstext finden mehrmals Gespräche zwischen zwei Personen statt (Dialog). Woran erkennst du dies?

e Suche die Verbformen im Dialog heraus. Achte auf neue Formen.

f Im Lektionstext zeigen dir einige Formen ein Besitzverhältnis auf die Frage „wessen?“ an, z. B. Zeile 2 *magister fīli-ae* („der Lehrer der Tochter“): Suche weitere Beispiele für Genitivformen im Text und markiere jeweils die Endungen.

▸ Gesamt-Grammatik S. 14

1. Das Wort – ein weites Feld

Knüpfe ein lateinisches Wort-Netz zum Begriff *Schule*. Suche passende Wörter im Text.
Beispiel: Zu *Familie* gehören z. B. die Wörter avus, fīlius, fīlia, dominus, domina usw.

2. Gut sortiert

a Ordne die Wörter aus dem Wortvorrat dem Topf mit der jeweils richtigen Wortart zu.
puellās nārrāmus negōtia bona videt veniunt magister pulchrum laudātis amīcōs respondēmus gaudiōrum amō magnī tacent audīs fābulae labōrās spectant turba

Verben

Substantive

Adjektive

▸ AH 1 S. 16 Ü 3b

b Sieh dir den Topf mit den Verben noch einmal an und sortiere sie in drei weitere Töpfe nach den Konjugationen.

ā-Konjugation

ē-Konjugation

ī-Konjugation

3. Auf die Grundform kommt es an

a Bestimme die folgenden Substantive nach Kasus, Numerus und Genus:
(Tipp: Achte auf Mehrdeutigkeiten!)
litterās, puerōs, magistrōrum, fīliārum, negōtia (2), puellās, gaudiī, tabulam

b Führe sie auf ihre Grundform zurück. (Beispiel: litterās → littera: der Buchstabe)

4. Was ist was?

a Bestimme die Formen von puella und magister bonus in ihrem jeweiligen Satzzusammenhang nach Kasus, Numerus und Genus.

b Übersetze die Sätze.

1a. Puellae veniunt.	1b. Magistrī bonī veniunt.
2a. Puellās videō.	2b. Magistrōs bonōs videō.
3a. Negōtia puellae magna sunt.	3b. Negōtia magistrī bonī magna sunt.

▸ AH 1 S. 17 Ü 6a

5. Von Fall zu Fall: Nominativ → Genitiv

a Bilde den Genitiv Singular zu:
domina, servus, puer, magister, discipula

b Bilde sinnvolle Verbindungen der Genitive mit folgenden Substantiven:
negōtium / fābula / avus

c Übersetze die Ausdrücke.

d Setze die Ausdrücke in den Plural und übersetze dann noch einmal.

6. Tauschbörse: Numerus

Ändere jeweils den Numerus. (Beispiel: nārrās → nārrātis)
1. nārrās 2. discipulī (2 mögliche Formen) 3. fābulās 4. taceō 5. puellae (2) 6. litteram 7. vidēmus 8. servōs 9. laudātis 10. audit 11. nārrā 12. tacēte

7. Das kommt mir spanisch vor

Una[1] chica[2] española cuenta[3]: „Nuestro profesor es bueno. Nosotros somos alumnos[4] atentos."

1 una ein(e)
2 chica Mädchen
3 cuenta erzählt
4 alumnos Schüler

a Suche aus dem Text alle Wörter heraus, die du aus dem Lateinischen herleiten kannst, und stelle spanische und lateinische Wörter einander in einer Tabelle gegenüber.

b Übersetze den kleinen Text ins Deutsche.

c Um welche Wortart handelt es sich bei *nosotros*? Wie heißt die lateinische Entsprechung?

8. Der Zahn der Zeit

Am nächsten Tag beginnt der Unterricht des Demetrius wieder. In einem Gespräch zwischen dem Lehrer, Valeria und Lucius waren ausgerechnet die Pronomen nicht richtig zu verstehen.

a Füge die jeweils richtigen Pronomen ein.

b Übersetze die Sätze.

Magister: „... exspectō, Lūcī et Valeria."
Valeria: „Cūr ... iam exspectās? Nōn sērō[5] venīmus."
Lūcius: „Libenter ... audīmus."
Magister: „Bonī discipulī estis. Nam libenter ... audītis."

5 sērō (Adv.) zu spät

9. Loquāmur Latīnē (fakultativ)

Valē! Valēte! Germānus sum. Germāna sum.

10. Im Deutschen ist manches anders

a Übersetze folgende Sätze:

Flōrus: „Cūr servōs tuōs nōn laudās, Sexte?"
Sextus: „Servī meī nōn labōrant. Itaque servōs meōs nōn laudō. Sed servī tuī bonī sunt." Itaque Flōrus servōs libenter laudat, Sextus servōs nōn laudat.

b Begründe, wann im Lateinischen das Possessivpronomen gesetzt wird und wann es fehlen kann.

11. Römische Spuren

In folgenden Sätzen erkennst du viele lateinische Wörter. Welche?

1. In Fabeln gibt es oft eine „Moral von der Geschicht'".
2. Manche Menschen denken nur an sich, sie sind egoistisch.
3. Peters Eltern fahren oft mit der Bahn und haben viele Bonuspunkte gesammelt.

Gut wiederholt – vorbereitet für Lektion 4

Der Patron unterstützt seine Klienten.

I. Das Verb *unterstützen* muss man mit einem Akkusativobjekt ergänzen, um einen sinnvollen und grammatikalisch richtigen Satz zu erhalten. Mit welchen Objekten werden die folgenden Verben verbunden: *bewohnen, helfen, essen, sehen, folgen?*

II. Bilde sinnvolle Beispielsätze im Deutschen. Benenne die Objekte.

500 v. Chr.

um 65 v. Chr.

500 n. Chr.

1000

1500

2000

Ausflug aufs Land

Heute darf Lucius die Familie des Marcus Valerius Florus auf ihr Landgut begleiten. Dort soll der Getreide- und Fruchtbarkeitsgöttin Ceres zum Dank für die gute Ernte ein Opfer dargebracht werden. Deshalb reist die Familie zu ihrem Landgut in die Albaner Berge. Der Weg kommt Lucius fast endlos lang vor; doch schließlich liegt das Reiseziel in greifbarer Nähe:

Dēmētrius: „Iam vīllae rūsticae[1] nostrae appropinquāmus.
Ibī multī servī labōrant: Aliī frūmentum apportant, aliī vōbīs cibōs parant. Ecce, vīlicus[2] appropinquat."
Vīlicus[2]: „Salvē, domine! Salvēte! Intrāte vīllam.
Servī et ancillae[3], cibōs bonōs apportāte!"
Iam alia ancilla[3] dominō et dominae vīnum, alia puerīs aquam apportat.
Servī ancillīs[3] adsunt et cibōs apportant.
Tum vīlicus[2] dominō nārrat: „Tibī multī servī sunt. Saepe negōtia servōrum dūra sunt. Sed servīs tuīs dūra negōtia nōn placent; itaque nōnnumquam miserī sunt. Cūr servīs nōn ālia negōtia dās?"

1 rūsticus, -a, -um Land-
2 vīlicus, -ī m. Verwalter
3 ancilla, -ae f. Sklavin

INFO

Römische Landgüter

Auf dem Bild seht ihr ein Landgut *(vīlla rūstica)*. Die Wohn- und Schlafräume *(cubicula)* für die Familie des Gutsherrn sowie die Unterkünfte für die Sklaven, die Ställe, Scheunen und Vorratsräume sind meist in einem einzigen Gebäude untergebracht. Nach der Ernte sind die Vorratsräume *(cellae)* der *vīlla rūstica* gut gefüllt. Die Sklaven, die auf den Feldern arbeiten, werden von einem **Gutsverwalter** *(vīlicus)* beaufsichtigt. Auch er ist ein Sklave. Er kümmert sich um die Verwaltung des Hofs und beaufsichtigt auch die übrigen Sklaven.

Während Florus und sein Verwalter die Arbeitsverteilung besprechen, erkunden die Kinder das Landgut. Plötzlich taucht ein junger Hund auf. Er gefällt Valeria sofort. Um ihr eine Freude zu machen, versucht Lucius den Hund zu fangen. Doch der junge Hund entwischt ihnen in die Vorratskammer.

Līberī iam cellam[4] vīllae rūsticae[1] intrant et attentē circumspectant[5].
Valeria: „Ubī catulus est? Catulum pulchrum vidēre nōn iam possum.“
Etiam puer catulum vidēre nōn potest.
Cōgitat: „Catulus Valeriae placet. Mihī placet adesse Valeriae, amīcae meae. Sed ubī catulum reperīre possum?“
Tandem Lūcius catulum audit. Nam lātrat[6]. Lūcius catulō cautē appropinquat et catulum captat et valdē gaudet: „Nunc catulum teneō et libenter tibī dō.“ Etiam Valeria gaudet.
Subitō cella[4] obscūra est: Porta cellae[4] nōn iam aperta est. Sed līberī portam magnam aperīre non possunt. Itaque clāmant et catulus lātrat[6].
Sed servī līberōs nōn audiunt.
Valeria: „Cūr nōs nōn audiunt? Cūr nōbīs nōn adsunt?“
Iterum clāmant. Sed servī nōn veniunt. Valeria et Lūcius exspectant.
Timent et attentē audiunt. Itaque tacent, sed catulus lātrat[6].
Tandem virum audiunt: „Ubī estis, līberī? Cūr vōs portam aperīre nōn potestis?“ Lūcius respondet: „Egō et Valeria portam aperīre nōn possumus, nam magna est. Nōbīs ades et portam magnam aperī!“
Vir portam cellae[4] aperit. Nunc līberī gaudent, catulus lātrat[6].

4 cella, -ae f. Vorratsraum

5 circumspectāre sich umschauen, umherschauen

6 lātrāre bellen

a Auch heute noch wird für eine gute Ernte gedankt. Wie wird bei uns das Erntedankfest gefeiert?

b Welche Räume besaß ein Landgut und wozu dienten sie? Vergleiche den Aufbau der *vīlla rūstica* mit einem heutigen Bauernhof.

c Im ersten Textabschnitt (Z 1–7) werden die Gäste mit Speisen und Getränken versorgt. Suche heraus, wem jeweils Speisen und Getränke gebracht werden. An welchen Endungen der Wörter kannst du das erkennen?

▸ Gesamt-Grammatik S. 16–17

d Līberī attentī sunt. Līberī attentē circumspectant.
Das gleiche Wort, aber auf zweierlei Arten verwendet: Erläutere den Unterschied!

▸ Gesamt-Grammatik S. 19

e Schon vor der Übersetzung kannst du erkennen, worum es im zweiten Abschnitt des lateinischen Textes geht. Welche Personen sind dort (Z 11–28) genannt?

f Häufig vorkommende Wörter verraten dir schon Wichtiges über den Inhalt des Textes. Welche Wörter kommen im zweiten Abschnitt des lateinischen Textes (Z 11–28) besonders oft vor?

g Was verraten dir die erwähnten Personen und die häufig vorkommenden Wörter über den Text?

1. Gut sortiert! Jetzt auch mit Dativ ...

a Ordne die folgenden Wörter den Gefäßen zu:

▸ AH 1
S. 19 Ü 3
S. 20 Ü 1

Substantive — Adjektive — Pronomen

portae, attentī, vōbīs, amīcīs, magistrō, negōtia, līberīs, puerōs, cūnctīs, tibī, fīliīs, vīllae, dominō, magnō, nostrae, vōs, bonum, aqua, discipulārum, miserīs, auxiliō, mihī

b Kennzeichne die möglichen Dativformen.

2. Auf die Grundform kommt es an!

vīna (2 mögliche Formen)	–	grātus
portae (3)	–	multōrum (2)
discipula	–	dūrī (3)
servōrum	–	attenta (3)
puer	–	magnae (3)
magistrī (2)	–	bona (3)

a Bestimme die Substantive und Adjektive nach Kasus, Numerus und Genus. (Tipp: Achte auf Mehrdeutigkeiten! 2 oder sogar 3 Formen können gleich aussehen.)

b Ordne den Substantiven ein sinnvolles Adjektiv zu (beachte KNG); alle Wörter dürfen nur einmal verwendet werden.

c Führe die Wortblöcke auf den Nominativ Singular zurück und übersetze: Beispiel: servōs → Akk. Pl. m; miserōs → Akk. Pl. m; servus miser – der unglückliche Sklave

3. Streichkonzert I

Entscheide dich jeweils für eine der drei Formen, damit sich ein sinnvoller Satz ergibt. Schreibe diesen Satz in dein Heft und übersetze.

a Servus (dominam/dominae/domina) aquam apportat.
b Subitō (negōtia/porta/vīlla) aperta nōn iam est.
c Negōtia servōrum (attenta/dūrum/dūra) sunt.
d Negōtia (servīs/servōs/dominō) nōn placent.
e (Puer/Turba/Puella) pulchra portam (aperīre/audīre/reperīre) nōn potest.
f Vīlla (dominus/dominum/dominō) est.
g Multa negōtia (lūdō/servīs/servī) sunt.

4. Ein Wort – mehrere Bedeutungen

Übersetze. Welche Bedeutung passt hier?

a Vir Lūciō et Valeriae adest. Itaque puerī virō grātī sunt.
b Lūcius puer magistrum nōn timet. Nam Dēmētrius magister dūrus nōn est.
c Negōtia dūra servīs grāta nōn sunt.

5. Ein Verb steht nicht gern allein

a Übersetze die folgenden Verbformen:
laudat – apportāre – labōrātis – dō – clāmāmus – reperīre – timent – aperit – nōn placent – respondet – captat – potes – spectāmus – spērātis – audīmus – veniō – possunt – nārrat – tacēs – adsumus

b Verben können entweder kein oder ein oder zwei Objekte bei sich haben. Entscheide, welche dieser Verben ganz ohne Objekt auskommen oder mit einem bzw. zwei sinnvollen Objekten verbunden werden. Bilde fünf sinnvolle Sätze:
discipulum – cibōs – magistrō – amīcīs – vīllam – auxilium – fābulās – servīs – dominō – catulum – portam – tabulam

6. Hier Latein, dort Englisch

a Die folgenden lateinischen Sätze passen zur Handlung des Lektionstextes (Z 19–28). Ordne den lateinischen Sätzen ihre passenden englischen Sätze zu:

	The door is big. Open the big door.	
	Sed līberī portam magnam aperīre nōn possunt.	
	Valeria and Lucius listen carefully.	
	Porta magna est. Portam magnam aperī.	
	But the children can't open the big door.	
	Valeria et Lūcius attentē audiunt.	

b Beschreibe, wie die englische Sprache deutlich macht, ob es sich um ein Adjektiv handelt oder um ein Adverb.

7. Streichkonzert II

Welche Übersetzung ist richtig? Entscheide dich und begründe.
Tandem Lūcius et Valeria puerī portam magnam aperīre possunt.

a Endlich können die Jungen Lucius und Valeria die schwere Tür öffnen.
b Die Kinder Lucius und Valeria können die große Tür endlich öffnen.
c Endlich können die Kinder Lucius und Valeria die schwere Tür öffnen.
d Lucius und Valeria, die Kinder, können nun die große Tür öffnen.
e Die Kinder Lucius und Valeria können endlich eine große Tür öffnen.

8. Römische Spuren

Erkläre die folgenden Fremdwörter. Von welchen lateinischen Wörtern kommen sie? Was bedeuten sie?

a Der Hund apportiert den Ball.
b Am Hauptportal der Kirche sind umfangreiche Verzierungen zu sehen.
c Viele Kinder besitzen zu Hause ein Aquarium.

Gut wiederholt – vorbereitet für Lektion 5

Lucius und Valeria haben den Hund kreuz und quer über das Gut verfolgt: Vom Haus liefen sie über den Hof bis zu den Ställen, dann wieder zurück zum Haus und gelangten schließlich in den Vorratsraum.
Hier erfährst du etwas über den Weg, den Lucius und Valeria zurückgelegt haben. Welche Ausdrücke geben im Deutschen die Richtung ihrer Verfolgungsjagd an?

Test Lektion 1 – 4

Das Wundertier

Lucius freut sich über das Geschenk seines Großvaters sehr. Leider spricht der Papagei nicht. Lucius bemüht sich, ihm durch Vorsprechen einige Wörter beizubringen. Wie schön wäre es, wenn der Papagei Valeria als *bella puella* „schönes Mädchen" begrüßen würde! Lucius übt diese Worte mit dem Vogel immer wieder, aber bislang ohne Erfolg ...

Lūcius: „Attentus es, psittace[1]! Clāmā: Bella[2] puella!" Psittacus[1] clāmat: „Bē....bē...!" Ecce, Quīntus, amīcus Lūciī, appropinquat. Psittacum[1] attentē spectat: „Quis tū es, bēstia[3]?" Lūcius: „Psittacus[1] est. Cūr, psittace[1], amīcum meum nōn salūtās?" Psittacus[1] clāmat: „Bē... bē...– bēstia!" Tum Quīntus: „Dōnum avī tuī mihī nōn placet. Psittacum[1] libenter spectō, sed nōn libenter audiō. Valē[4]!" Ecce, Valeria venit. Lūcius verba psittacī[1] timet. Subitō psittacus[1] clāmat: „Be... be...– bella[2] puella!" Nunc et Valeria et Lūcius gaudent.

1 psittacus, -ī m. Papagei
2 bellus, -a, -um hübsch, schön
3 bēstia, -ae f. wildes Tier
4 valē! Tschüss! Leb wohl!

Textvorerschließung

Verschaffe dir einen Überblick – wovon handelt der Text?

a Welche Informationen geben dir die Überschrift, der Einleitungstext und das Bild?
b Welche Personen kommen im Text vor?
c Wo spielt der Text?
d Welche Wörter kommen im Text häufig vor?
e Formuliere eine Vermutung: Gelingt Lucius' Vorhaben?

Trage aus den Lektionen 1–4 zusammen, was du schon zu folgenden Themen weißt:
Lucius und sein Papagei, die handelnden Personen.

Übersetzungstraining

Gliedere den Text:
In welche Teile kannst du diesen Text gliedern? Begründe deine Entscheidung.

Stelle dir die Handlung der Geschichte möglichst gut vor.
Wie begrüßt der Papagei Quintus? Warum benutzt er wohl gerade dieses Wort?
Als Quintus kommt, sagt Lucius: „Cūr, psittace[1], amīcum meum nōn salūtās?"
Als Valeria kommt, heißt es: „Lūcius verba psittacī[1] timet."
Wie kannst du dir jeweils das Verhalten des Lucius erklären?

Übersetzung

Übersetze diesen Text.

Sprachbetrachtung

Vergleiche deine Ergebnisse mit der Lösung auf S. 348.

a Falls du eine abweichende Erwartung für den Inhalt des Textes hattest: Welche Hinweise des Textes hast du falsch gedeutet? Was hilft dir, das Textthema herauszufinden?
b Welchen Vorteil hat es dir beim Übersetzen verschafft, dass du eine Vorstellung von dem Inhalt hattest?

Hattest du Schwierigkeiten, deinen Vorschlag für die Gliederung des Textes zu begründen? Dann lies im Übersetzungstraining S. 221 nach, welche gliedernden Merkmale es gibt.

Versuche, die Art deiner Fehler zu unterscheiden:
Bei zu vielen Vokabelfehlern: Wiederhole die Vokabeln der Lektionen 1–4.
Bei zu vielen Formenfehlern: Schau in der Gesamt-Grammatik auf S. 6–9 und 12–17 nach.

An welchen Textstellen hat dir deine Kenntnis der Vorgeschichte dieses Textes weitergeholfen?

Gefahren unterwegs ...

Jugendliche im Straßenverkehr (Regensburg).

1. Erzähle von Gefahren in der Großstadt, die du schon selbst erlebt hast.

Sehr viele sterben hier durch Schlaflosigkeit. ... Der Grund dafür: Die vielen Wagen in den engen Kurven und auf dem holprigen Pflaster und das Gebrüll der Tierherden.
Wenn wir es eilig haben, steht uns immer einer im Weg; der eine rammt uns von hinten, ein anderer stößt uns mit dem Ellenbogen oder mit einer Latte, ein dritter haut einem eine Latte an den Kopf. Mit Dreck beschmiert sind die Beine bis oben, Fußtritte bekommt man von allen Seiten und bald tritt man in den Nagel eines Soldatenstiefels.
(nach Juvenal)

2. Vergleiche die Zustände auf den Straßen Roms mit denen in modernen Großstädten.

Imbiss und Restaurant

Theke eines Imbissstandes in Pompeji.

Kinder in römischer und moderner Kleidung in der taberna des Saalburgmuseums.

Türkisches Restaurant in Berlin.

Imbiss Curry 36 in Berlin Kreuzberg.

1. Vergleiche das Fastfood-Angebot in der Antike und heute. Was fällt dir auf?

Tatort Circus Maximus

500 v. Chr.

um 65 v. Chr.

500 n. Chr.

1000

1500

2000

Nach dem Aufenthalt in den Albaner Bergen ist die Familie in die Stadt zurückgekehrt. Im September finden die *Lūdī Rōmānī* statt. Das sind mehrtägige religiöse Feiern mit Theateraufführungen, Sportveranstaltungen und Wagenrennen. Alle freuen sich auf das Fest. Besonders Lucius ist ein großer Fan der Wagenrennen.

Rekonstruktionszeichnung eines Wagenrennens im Circus Maximus: Rechts sind die Wendemarken zu sehen.

Māne[1] Lūcius rūrsus per Rōmam it. Subitō Aulum amīcum videt.
Aulus: „Quō īs, Lūcī?"
Lūcius: „Ad Circum eō, equōs spectāre dēsīderō."
Aulus: „Cūr equōs vidēre dēsīderās?"
Lūcius: „Equī mē dēlectant. Imprīmīs[2] Victor equus mihī placet. Itaque in Circum īre iuvat."
Aulus: „Etiam mē equī dēlectant."
Itaque amīcī ad Circum eunt.

Prope stabula[3] Circī equōs pulchrōs clārōsque vident et spectant. Nam Lūdī Rōmānī adsunt et puerī equōs lūdōsque amant. Iam puerī stabulum[3] equōrum intrant. Multōs equōs vident, sed Victor nōn adest. Servum reperiunt.
Lūcius: „Ubī est Victor? Cupiō equum vidēre. Cupimus equum spectāre."
Servus autem respondet: „Victor? Ah, nōn adest! Mē miserum ..."
Subitō etiam dominus equī stabulum[3] intrat.
Dominus: „Victor abest! Serve, tū attentus nōn es. Equum quaere!"
Tum dominus discēdit. Servus timet et tacet. Lūcius et Aulus servō adesse cupiunt. Lūcius servō: „Equum quaerere cupimus."

1 māne (Adv.) morgens
2 imprīmīs (Adv.) besonders
3 stabulum, -ī n. Stall

Iam puerī equum quaerunt. Multās hōrās per stabula[3] equōrum eunt. Ecce, Victor adest – et vir īgnōtus equō cibum dat. Subitō vir puerōs videt et statim fugit. Tum equum ad servum dūcere cupiunt. Sed Victor īre nōn potest.
Aulus: „Quid est? Cūr īre nōn potest?“
Lūcius: „Statim ad medicum currere dēbēmus.“ Posteā medicus venit, equum spectat, clāmat: „Venēnum!“ Itaque equō medicīnam dat.

Postrīdiē[4] puerī rūrsus in Circum veniunt. Nunc multī Rōmānī adsunt et multī rūsticī[5] Rōmam veniunt. Nunc equī currunt. Aulus autem: „Ubī est Victor? Equum vidēre nōn possum. Equum quaerō .“
Lūcius: „Ecce! Ibi currit Victor. Victor! Victor! Iam victor est!“

3 stabulum, -ī n. Stall

4 postrīdiē (Adv.) am folgenden Tag

5 rūsticus, -ī m. Bauer, Landbewohner

INFO

Freizeitveranstaltungen im antiken Rom

Im antiken Rom gab es spektakuläre Freizeitveranstaltungen mit sehr vielen Zuschauern. Dazu zählten vor allem Wagenrennen und Gladiatorenspiele.

Bei den **Wagenrennen** kämpften in der Regel vier Rennställe *(factiōnēs)* mit ihren Gespannen um den Sieg. Die Wagen wurden jeweils von vier nebeneinander eingespannten Pferden gezogen. Die Rennställe waren an ihren Farben zu erkennen (rot, grün, weiß, blau). Die Wagen fuhren sieben Runden um Wendemarken herum. Diese Wenden waren für die Gespanne schwierig und gefährlich. Ein Sieg beim Rennen brachte hohes Ansehen und viel Geld ein. Wagenrennen fanden in Rom im **Circus Maximus** statt.

Bei den **Gladiatorenspielen** kämpften zwei oder mehrere Männer, die mit unterschiedlichen Waffen ausgerüstet waren, gegeneinander oder gegen Tiere wie Löwen, Tiger und Nashörner. Bei den Gladiatoren konnte es sich um Profis, ausgebildete Sklaven oder verurteilte Verbrecher handeln. Die Kämpfe fanden oft in einem Amphitheater statt. Das bekannteste ist das Kolosseum, das man noch heute in Rom besichtigen kann.

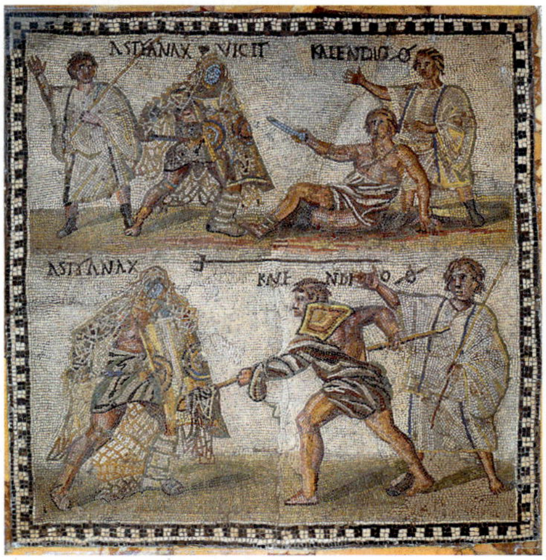

Gladiatoren kämpfen im Circus von Rom. Römisches Mosaik (4. Jh. n. Chr.).

- a) Vergleiche den Circus Maximus mit modernen Sportstätten (siehe z. B. die Fotos S. 47). Zähle Unterschiede und Gemeinsamkeiten auf.
- b) Schreibe einen Polizeibericht über den Vorfall in den Pferdeställen des Circus Maximus.
- c) Welche Personen werden namentlich in dem Text genannt? Was erfährst du über sie?
- d) Welche Zeit- und Ortsangaben findest du im Text?
- e) Sammle aus dem Lektionstext (Z 1 – 8) alle Formen des Verbs *īre* und ordne sie; was ist anders als bei den dir bekannten Verben (wie z. B. *vidēre*)?
- f) Vergleiche die Formen von *cupere* (Z 13, 19, 22) mit denen von *currere* (Z 25 und 28): Was ist bei den Formen gleich, was unterschiedlich gebildet, woher kennst du diese Bildung? Ordne andere Verben der Lektion diesen Verben zu.

▸ Gesamt-Grammatik S. 20

▸ Gesamt-Grammatik S. 20

1. Zusammenbringen, was zusammen gehört

Präpositionen	Substantive	Pronomen	Verben
per – prope – ad – in	circus – stabulum[1] – amīcus – vīlla	tū – nōs – vōs	esse – stāre – īre – currere – venīre

Bilde vier sinnvolle Sätze und verwende dabei Wörter aus allen Spalten. Übersetze sie.

2. Gut sortiert

▸ AH 1 S. 25 Ü 2 S. 27 Ü 4

Sammle aus dem Lektionstext alle Verbformen von fugere, venīre, vidēre, spectāre, īre und quaerere.
Zeichne in dein Heft eine Tabelle nach dem folgenden Muster und ordne die von dir gefundenen Verbformen ein; ergänze mögliche Lücken bei den Personen.

ā-Konjugation	ē-Konjugation	ī-Konjugation	konsonantische Konjugation	kurz-i-Konjugation	īre

3. Nur eines passt!

Suche die passenden Ergänzungen und überlege, warum alle anderen Wörter nicht passen.

a Lūcius equō (appropinquat/gaudet/dēsīderat).
b Multī equī prope Circum (cupiunt/vident/sunt).
c Puerī stabulum[1] (absunt/intrant/discēdunt).
d Syrus servus (iuvat/adest/potest).

1 stabulum, -ī n. Stall

4. Auf die Grundform kommt es an

▸ AH 1 S. 25 Ü 2 S. 27 Ü 5

Führe die folgenden Verbformen jeweils auf ihren Infinitiv zurück:
amant, it, quaerit, audiunt, fugiunt, videō, discēdō, quaerō, eō, dēbeō

5. Streichkonzert

a Entscheide dich jeweils für eine der Ergänzungen:
Lūcius per stabula[1] (nunc/valdē/rūrsus) currit.
Lūcius per stabula[1] (equōs/equī/equōrum) currit.
Servus (equus/equī/equō) cibum parat.
Puerī ad (medicus/medicō/medicum) currunt.

b Übersetze die Sätze.

6. Vom Wort zum Satz

▸ AH 1 S. 27 Ü 6

a Bilde aus den verschiedenen Bausteinen drei Sätze. Welche Rolle übernehmen die vier Bausteine jeweils im Satz?
b Übersetze deine Sätze.

2 māne (Adv.) morgens

7. Satzbaustelle

Nominativ	Dativ	Form von *esse*
servī – equus – dōna – vīlla – venēnum – tabulae	dominō – mihi – nōbīs – vōbīs – puellīs – tibi	est – sunt

a Bilde sechs sinnvolle Sätze. Übersetze deine Sätze.

8. Loquāmur Latīnē: Respondē! (fakultativ)

a Quis est amīcus Lūciī?
b Quō amīcī eunt?
c Quid amīcī spectāre cupiunt?
d Quis Victor est?

9. Was ist was?

a Bestimme die Satzglieder der folgenden Sätze:
Māne[2] Lūcius per Rōmam it.
Tum amīcī ad Circum currunt.
Posteā medicus puerīs medicīnam dat.
Tandem Victor rūrsus currere potest.
b Übersetze die Sätze.

10. Im Deutschen ist manches anders

Übersetze die folgenden Sätze ins Deutsche.
Welche Unterschiede fallen dir bei der Verbindung von Sätzen und Satzteilen auf?
Puerī equōs pulchrōs clārōsque vident.
Medicus venit, equum spectat, clāmat: Venēnum!
Lūcius multōs et pulchrōs equōs spectat.

11. Römische Spuren

Erkläre die aus dem Lateinischen abgeleiteten deutschen Wörter:
a Das ist ein klarer Fall von Betrug.
b Der Arzt verordnet eine medizinische Behandlung.
c Das Geschenk kam per Post.

Gut wiederholt – vorbereitet für Lektion 6

I. Stelle die dir bekannten Präpositionen zusammen.
II. Mit welchem Kasus werden sie im Lateinischen verwendet?

500 v. Chr. – um 65 v. Chr. – 500 n. Chr. – 1000 – 1500 – 2000

Unfall auf der Baustelle

Valeria und Lucius treffen sich oft mit ihrem Freund Aulus zum Spielen.

1 māne (Adv.) morgens
2 pila, -ae f. Ball
3 balneae, -ārum f. Bad, Badeanstalt
4 aedificāre (er)bauen
5 ārea, -ae f. Platz, Bauplatz, Baustelle
6 māchina trāctōria f. Baukran
7 carrus, -ī m. Karren

Māne[1] Valeria cum Lūciō amīcō in hortō est. Līberī pilā[2] lūdunt, sed hortus parvus est.
Lūcius: „Hīc lūdere nōn iuvat, sed aliīs locīs lūdere nōbīs nōn licet."
Valeria et Lūcius lūdere dēsinunt. Tacent et dē aliō lūdō cōgitant.
Ecce - Aulus venit. Magnō cum gaudiō clāmat: „Salvēte, Lūcī et Valeria! Cornēlius patrōnus balneās[3] aedificat[4]. Vōbīscum in āream[5] īre cupiō, nam in āreā[5] māchina trāctōria[6] est."
Valeria: „Ubī ārea[5] balneārum[3] est?"
Aulus: „Prope Circum. Mēcum venīte et spectāte!"
Statim līberī ex hortō currunt. Tertiā hōrā ad balneās[3] novās veniunt. Iam procul ab āreā[5] māchinam trāctōriam[6] vident. Ibī servī māchinā trāctōriā[6] statuās pulchrās dē carrīs[7] tollunt. Nam aliō modō statuās magnās locō movēre nōn possunt.
Valeria gaudet: „Ecce statuae magnae! Servī frīgidārium statuīs ōrnant."
Aulus: „Vidēte! Ibī iam aqua in balneās[3] fluit."
„Minimē mīrum", Lūcius respondet, „sine aquā balneae[3] nōn sunt."

Nunc Lūcius et Aulus tepidārium, caldārium spectāre cupiunt, Valeriae autem statuae placent. Puella statuam tangere cupit et ad carrōs[7] currit. Lūcius clāmat: „Valeria, cavē! In viā ...“
Sed Valeria cauta nōn est, iam cadit.
Puerī ad amīcam currunt.
Lūcius: „Valeria! Quid est?“
Valeria misera tacet. Prae lacrimīs respondēre nōn potest.
Aulus intellegit et prō Valeriā respondet: „Īre nōn potest.“
Lūcius clāmat: „Valeriae adesse dēbēmus.“
Tum puerī Valeriam tollunt et domum portant.
Et Lūcius ... tenet Valeriam, paene gaudet.

7 carrus, -ī m. Karren

INFO

Römische Thermen

Anfangs hatte es bei den Römern entweder keine oder höchstens kleine und dunkle Bäder gegeben. Im ersten Jahrhundert v. Chr. aber wurden in Rom komfortable Badeanlagen (*balneae*) gebaut; sie bestanden aus mehreren Räumen (*frīgidārium* Kaltbad, *tepidārium* mäßig warmes Bad und *caldārium* Warmbad). Die nötigen Wassermengen flossen durch große Leitungen (**Aquädukte**) in die Stadt.
Seit dem 1. Jh. n. Chr. ließen die Kaiser riesige Badeanlagen errichten; sie hießen *thermae* (**Thermen**). In den Thermen des Kaisers Diokletian z. B. konnten sich 3000 Menschen aufhalten. Allein das Schwimmbecken (*natātiō*) hatte eine Fläche von 2500 Quadratmetern. Man nutzte die griechische Technik der **Fußbodenheizung** (*hypocaustum*), um in warmen Räumen Wasser unterschiedlicher Temperatur anzubieten. Die Thermen waren mit Statuen, Gemälden und Mosaiken geschmückt. Gebadet wurde meist nackt, Männer und Frauen badeten in getrennten Räumen oder zu unterschiedlichen Zeiten. Viele Menschen hielten sich regelmäßig stundenlang in Thermen auf: Man trieb Sport oder ließ sich massieren, aß, trank, sonnte sich, kaufte ein, ging zum Frisör oder traf Freunde. Archäologen fanden in allen Teilen des ehemaligen römischen Reiches Reste von Thermen. Die größten Thermenruinen Deutschlands sind heute in **Trier** zu besichtigen.

a) Finde heraus, wann in dieser Woche die Sonne auf- und untergeht.
b) Wie lang wäre im Moment eine Stunde nach römischer Zeitmessung in etwa? Informiere dich auf S. 288.
c) Zu welcher römischen Stunde endet heute dein Schultag?
d) Lies die Sätze in Zeile 14 aufmerksam durch. Was begeistert Valeria in der neuen Badeanstalt besonders?
e) Lege eine Tabelle mit zwei Spalten an. Trage in die linke Spalte alle Wortblöcke aus Präposition und einer Form im Akkusativ ein. Trage in die rechte Spalte alle Wortblöcke aus Präposition und einer Form ein, die nicht Akkusativ ist.
f) Übersetze die Wortblöcke. Auf welche Frage antwortet der Wortblock jeweils?
g) Was kannst du bei den Substantivendungen in der rechten Spalte beobachten?

▸ Gesamt-Grammatik S. 22 – 23

1. Präpositionenpuzzle

a Ordne in einer Tabelle den folgenden lateinischen Präpositionen die durcheinandergeratenen Bedeutungen richtig zu.

ā/ab ē/ex dē cum prō prae in	(zusammen) mit – seit – von – in – über – anstelle von – für – vor – wegen – herab – aus

b Welche Bedeutungen haben die Präpositionen in den folgenden Wortblöcken? Wähle eine passende Übersetzung.

ā vōbīs domum venīre
cum amīcīs lūdere
cum lacrimīs nārrāre
in hortō stāre
prō amīcō labōrāre
prae gaudiō respondēre nōn posse
ex hortō venīre
dē amīcō bonō nārrāre

2. Wort-Netz

Stelle alle lateinischen Wörter zusammen, die zum Sachfeld *Wahrnehmung* und zum Sachfeld *Bewegung* gehören.

▸ AH 1 S. 31 Ü 1

3. Von Fall zu Fall

a Bilde zu den folgenden Nominativ-Formen jeweils die Ablativ-Form. Achte auf den Numerus: amīcus, fīliī, puellae, gaudium, tabula, negōtia

b Verbinde den Ablativ sinnvoll mit einer der folgenden Präpositionen: dē, sine, cum

c Übersetze die Verbindungen.

4. Tauschbörse: Numerus

a Ändere in den folgenden Wortblöcken jeweils den Numerus: cum dominō, in vīllā, sine statuīs, ad catulum parvum, prō magistrīs bonīs

b Übersetze die neuen Wortblöcke.

5. Streichkonzert

a Entscheide dich bei den folgenden Sätzen jeweils für eine der drei Formen.

1. Lūcius (amīcīs/cum amīcīs/in amīcum) equum quaerit.
2. Valeria (in vīllīs/in vīllam/in vīllā) catulum videt.
3. Puerī equum (dē viā/in viīs/a viā) nōn reperiunt.
4. Servī equōs (in circum/ē circō/sine circō) dūcunt.

b Übersetze nun die vervollständigten Sätze.

6. Satzbaustelle

▸ AH 1 S. 33 Ü 7

a Verdeutliche dir die Bedeutung der Wortblöcke und bestimme jeweils die Rolle, die der Ablativ in den Wortblöcken spielt.
vīllam statuīs ōrnāre
equōs magnō cum gaudiō vidēre
prīmā[1] hōrā discēdere
tandem ē circō domum venīre
patrōnum multīs verbīs salūtāre
dē equō cadere

b Bilde aus den Wortblöcken kleine Sätze. Wähle dazu jeweils ein Subjekt aus dem Kasten aus und bilde aus dem Infinitiv die zum Subjekt passende Verbform.

c Übersetze die von dir gebildeten Sätze.

pueri Lūcius
servī cūnctī
līberī
Lūcius et Aulus

1 prīmus, -a, -um erster, erste, erstes

7. Römische Spuren (fakultativ)

Erkläre die hervorgehobenen Fremdwörter.
Von welchen lateinischen Wörtern kommen sie?

a Die Fassade des Rathauses ist mit herrlichen Ornamenten versehen.
b Vor einer wichtigen Entscheidung musst du sorgfältig das Pro und Contra abwägen.
c Dieses Spiel ist ein ausgesprochenes Novum auf der Messe.
d Bei diesem versteinerten Knochen handelt es sich um einen prähistorischen Fund.

8. Loquāmur Latīnē (fakultativ)

Quid hoc est Latīnē/Theodiscē?

Gut wiederholt – vorbereitet für Lektion 7

Valeria bewundert die schönen Statuen, während Lucius und Aulus den Baukran bestaunen. Weil Valeria nicht aufpasst, hat sie einen Unfall.

Beschreibe die Stellung der Prädikate in den Haupt- und Nebensätzen.

500 v. Chr.
um 65 v. Chr.
500 n. Chr.
1000
1500
2000

Lucius auf dem Forum

Der Senator Florus hatte versprochen, Lucius die *Cūria* zu zeigen. Endlich ist es soweit und Lucius darf sogar seinen Freund Aulus mitbringen. Frühmorgens wartet Florus zunächst vergeblich auf die beiden Jungen. Doch endlich kommt Lucius angerannt:

Flōrus: „Tandem ades. Ubī est Aulus amīcus?“
Lūcius: „Aulus venīre nōn potest, quod aegrōtus est. Itaque nunc dēmum[1] adsum. Mihi īgnōsce!“
Flōrus: „Quamquam vōs iam diū exspectō, īrātus nōn sum. Sed nunc venī mēcum!“
Tum per viās eunt. Dum Lūcius dē Aulō amīcō aegrōtō cōgitat, Flōrus multōs virōs salūtat. Tandem forum intrant. Ibī sunt multa aedificia, pulchra templa, magnae basilicae[2].
Flōrus: „Ecce forum nostrum. Lūcī, cōgitā: Forum Rōmānum est caput imperiī Rōmānī!“
Lūcius: „Cūriam spectāre cupiō. Ubī est?“
Flōrus: „Exspectā, Lūcī!“
Tum Flōrus senātor Lūcium per forum dūcit: „Ibī Cūria est. Spectā, Lūcī! Multī senātōrēs ante Cūriam disputant. Egō quoque senātor sum. Officium senātōris est in Cūriā dē lēgibus disputāre. Saepe etiam dē bellō et pāce disputāmus. Cūnctīs senātōribus in Cūriā sententiam dīcere licet.“

1 nunc dēmum erst jetzt
2 basilica, -ae f. Halle, Markthalle

Subitō Cornēlius senātor Flōrō appropinquat: „Salvē, Flōre! Cūr nōn venīs? Cūnctī senātōrēs tē exspectant.“

Flōrus: „Salvē! Iam veniō. Tibi autem, Lūcī, Cūriam intrāre nōn iam licet. Sed nōs spectāre et verba ōrātōrum audīre potes, quod portae Cūriae apertae sunt. Valē!“

Dum Flōrus cum senātōribus Cūriam intrat, Lūcius prope Cūriam stat et cōgitat: „Quam multī senātōrēs!“

Cūria plēna senātōrum est et Lūcius Flōrum senātōrem nōn iam vidēre potest. Vōcem autem Flōrī audit: „Patrēs cōnscrīptī[3] ...“

Subitō Valeria cum ancillā[4] appropinquat. „Salvē, Lūcī! Venī nōbīscum!“

Lūcius gaudet …

3 patrēs cōnscrīptī frei übersetzt: „Verehrte Herren Senatoren“

4 ancilla, -ae f. Sklavin

Das Senatsgebäude auf dem Forum Romanum in der heutigen Bauform.

a Schreibe einen Brief, in dem Lucius seinem kranken Freund von seinen Erlebnissen auf dem *Forum Rōmānum* berichtet.

b Was tun die Senatoren in der Kurie?

c Auch im Lateinischen gibt es Haupt- und Nebensätze. In den Zeilen 2 bis 7 findest du drei Satzgefüge, die aus Haupt- und Nebensatz bestehen. Woran erkennst du im Lateinischen Haupt- und Nebensatz?

▸ Gesamt-Grammatik S. 27

d Die Vokabel *senātor* kommt im lateinischen Text ab Zeile 13 in verschiedenen Formen vor. Notiere alle Formen in dein Heft.

▸ Gesamt-Grammatik S. 26

e Unterstreiche jeweils den unveränderlichen Wortbestandteil und die Endung mit verschiedenen Farben. Erschließe aus dem Textzusammenhang, um welchen Kasus es sich jeweils handelt.

f Stelle die Formen des Substantivs *vir* zusammen und nenne die Unterschiede zu den Formen des Substantivs *senātor*.

500 v. Chr.

um 65 v. Chr.

500 n. Chr.

1000

1500

2000

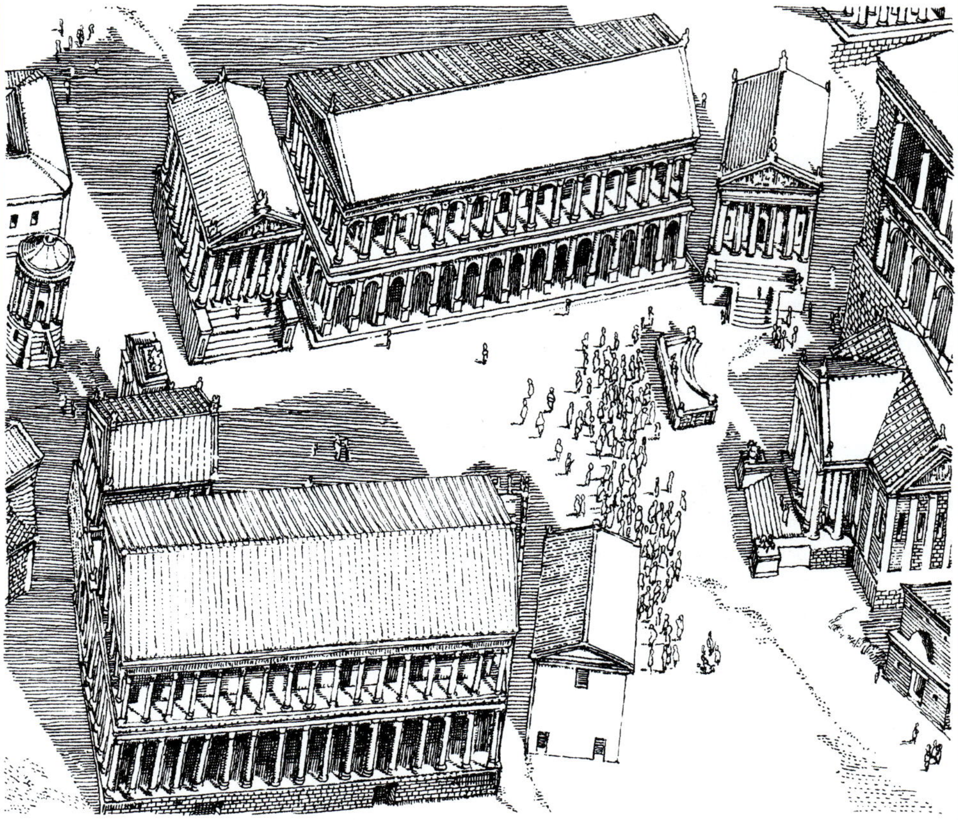

Rekonstruktionszeichnung des Forum Romanum (Bauzustand im 1. Jh. n. Chr.).

INFO

Forum Romanum

Das *Forum Rōmānum* ist der **Marktplatz** der antiken Stadt Rom. Für die Römer der Antike war es jahrhundertelang **Mittelpunkt** ihres politischen, wirtschaftlichen und religiösen Lebens. Hier fielen wichtige Entscheidungen für das ganze römische Reich. Immer wieder wurden neue Bauwerke auf dem Forum errichtet oder vorhandene renoviert.
Heute können wir auf dem *Forum Rōmānum* nur noch Reste der ehemaligen Prachtbauten erkennen. Zur Zeit des Lucius aber befanden sich dort die bedeutendsten Bauwerke, z. B. das **Senatsgebäude** (*cūria*), **Basiliken**, **Tempel** und das **Tabularium**.
Im Tabularium, dem Staatsarchiv, wurden Gesetzestexte, Beschlüsse und Verträge auf Tafeln (*tabulae*) aufbewahrt. Das Tabularium begrenzte das *Forum Rōmānum* zum Kapitolshügel hin. Er ist der kleinste, aber höchste der sieben Hügel, auf denen Rom erbaut wurde.

In der Mitte zwischen den großen Gebäuden befand sich der **Forumsplatz**: Hier ging man spazieren, traf Freunde, Parteianhänger, Parteigegner oder Handelspartner. Hier versammelte sich das Volk und hörte Rednern zu, die von der **Rednertribüne** herab sprachen. In späteren Zeiten entstanden rings um diesen Platz einige **Triumphbögen**. Noch heute sind drei dieser Triumphbögen sehr gut erhalten.
Jede römische Stadt hatte ihr eigenes *forum* und war bestrebt, es möglichst nach dem großen Vorbild der Hauptstadt, dem *Forum Rōmānum*, zu gestalten.

Das Forum Romanum: Blick zum Tabularium, rechts ist die Curia zu sehen.

INFO

Basilika

Eine Basilika war eine weite, rechteckige **Halle**; viele Säulen- und Pfeilerreihen stützten das Dach des Gebäudes. Zwischen den Säulen befanden sich kleine Geschäftsräume. In einer Basilika wurden **Gerichtsverhandlungen**, **Handels-** und **Bankgeschäfte** durchgeführt. Bei schlechtem Wetter konnten hier Veranstaltungen stattfinden, die bei schönem Wetter im Freien auf dem Forumsplatz durchgeführt wurden.

INFO

Kurie

Die **Kurie** (*cūria*) war der **Versammlungsort** des Senats. Hier kamen bis zu 600 Senatoren zur Beratung zusammen.

INFO

Tempel

Im Tempel verehrten die Römer ihre **Götter**. In der Regel war der römische Tempel ein rechtwinkliges Gebäude. Über einen Treppenaufgang betrat man eine kleine Säulenhalle. Von dort gelangte man in das Tempelinnere, in dem sich das **Götterbild** befand. Vier Tempel dieser Art sind auf der Rekonstruktionszeichnung zu sehen (S. 40). Nur der kleine Tempel der Göttin **Vesta** stellte eine Ausnahme dar (links oben auf der Rekonstruktionszeichnung S. 40): Er war rund gebaut und enthielt keine Götterstatue, sondern hier brannte das **heilige Feuer**. Mit ihm verband man das Glück des römischen Reiches. Deswegen wurde es von sechs **Priesterinnen** sorgfältig bewacht.
Einige Tempelgebäude dienten manchmal auch als Versammlungsort für eine Senatssitzung.

1. Ein Wort – mehrere Bedeutungen

Übersetze die beiden folgenden lateinischen Sätze. Entscheide dich für eine sinnvolle deutsche Wiedergabe des lateinischen Wortes *imperium*.

1 cōnsul, cōnsulis m. Konsul (oberster römischer Beamter)

1. „Cōnsulibus[1] imperium est.“

2. „Imperium Rōmānum magnum est.“

2. Wort-Netz

Stelle aus dem Lektionstext alle Wörter zusammen, die zum Sachfeld *Staat und Politik* gehören.

3. Was ist was?

▸ AH 1 S. 35 Ü 3

a Sortiere die folgenden Wörter nach Wortarten (Adverbien, Subjunktionen und Präpositionen):
sine, quamquam, dē, diū, dum, per, quod, libenter, cum

b Wähle aus jeder Wortartgruppe ein passendes Wort aus, füge es in den folgenden Satz ein und übersetze ihn.
Flōrus puerōs ... exspectat, ... Lūcius sine amīcō ... viās currit.

4. Von Fall zu Fall

Übertrage diese Tabelle in dein Heft.

Nom. Sg.	Gen. Pl.	Dat. Sg.	Akk. Pl.	Abl. Pl.
amīcus	amīcōrum	amīcō	amīcōs	cum amīcīs
der Freund	der Freunde	dem Freund	die Freunde	mit den Freunden

Bilde nun von den folgenden Substantiven die in der Tabelle vorgegebenen Kasus und trage sie lateinisch und deutsch in die Tabelle ein:
puella – senātor – vir – vōx

5. Satzbaustelle

▸ AH 1 S. 37 Ü 4

a Füge jeweils von den drei Wörtern *quamquam, quod, dum* ein passendes in die folgenden Sätze ein:
1. Flōrus multōs senātōrēs salūtat, ... Lūcius Cūriam libenter spectat.
2. Aulus amīcus nōn venit, ... aegrōtus est.
3. Flōrus īrātus nōn est, ... puerōs diū exspectat.

b Übersetze dann die Sätze.

6. Der Zahn der Zeit

Ergänze in den folgenden Sätzen die verloren gegangenen Endungen und übersetze.

1. Flōrus mult ... senātōr ... salūtat.
2. Officium senātōr ... est in Cūriā dē lēg ... disputāre.
3. Posteā Flōrus cum mult ... senātōr ... Cūriam intrat.

7. Eine gute Verbindung

Ordne den Substantiven passende Adjektive zu :

Substantiv	Adjektiv
pācem – lēgī – senātōrum – capitis – ōrātōrum – patribus	magnī – clārōrum – bonam – novae – Rōmānō – malōrum[2] – laetīs[3]

2 malus, -a, -um schlecht

3 laetus, -a, -um fröhlich, froh

8. Modernes Latein in altem Gewand

amico – negozio – acqua – pace – senatore – servo – impero – donna – voce – foro – frumento – amica – figlia

a Schreibe zu den italienischen Wörtern das lateinische Grundwort mit seiner deutschen Bedeutung.

b Nach welcher Regel haben sich die lateinischen Endungen im Italienischen verändert?

9. Loquāmur Latīnē: Respondē! (fakultativ)

Beantworte die folgenden Fragen zum lateinischen Text:

1. Cūr Aulus nōn venit?
2. Quid Lūcius in Forō Rōmānō videt?
3. Quid Lūcius in Forō Rōmānō spectāre cupit?

10. Römische Spuren

Erkläre die farblich hervorgehobenen Fremdwörter. Von welchen lateinischen Wörtern sind sie abgeleitet?

a Raubkopien sind illegal.

b Pazifisten sind Kriegsgegner.

Gut wiederholt – vorbereitet für Lektion 8

Wähle dir für jede Konjugation ein Verb, konjugiere es und markiere die Personalendungen farbig.

Test Lektion 5 – 7

Verschwunden

Nach dem Abenteuer in den Thermen tragen Aulus und Lucius die verletzte Valeria vorsichtig nach Hause. Dort angekommen, beruhigt sich das Mädchen allmählich wieder. Gerade, als sie sich von ihren Freunden verabschieden will, bemerkt sie plötzlich, dass sie bei ihrem Sturz etwas Wertvolles verloren hat …

Valeria magnā vōce clāmat: „Ubī est catēlla[1] mea? Catēllam reperīre nōn possum!“
Statim Lūcius cōgitat: „Fortasse[2] catēlla[1] in āreā[3] est.“
Valeriae adesse dēsīderat: „Catēllam[1] tuam quaerere cupiō. Aule, venī mēcum!“
Puella: „Et egō vōbīscum venīre cupiō, quamquam locō movēre nōn possum.“
Lūcius: „Hīc nōs exspectā, dum nōs ad āream[3] balneārum[4] īmus!“
Puerī discēdunt. In āreā[3] Lūcius et Aulus catēllam[1] prope statuam quaerunt – et reperiunt! Statim ad Valeriam currunt. Puella valdē gaudet, quod puerī catēllam[1] apportant.

1 catella, -ae f. Kettchen
2 fortāsse (Adv.) vielleicht
3 ārea, -ae f. Baustelle
4 balneae, -ārum f. Bad, Badeanstalt

Textvorerschließung

Verschaffe dir einen Überblick – wovon handelt der Text?

a Welche Informationen gibt dir die Textumgebung (Überschrift, Einleitungstext, Bild)?
b Welche Personen kommen im Text vor?
c An welchen Orten spielt der Text?
d Was für eine Art Text liegt hier vor (Erzählung, Brief, Dialog)?
Welche äußeren Anhaltspunkte im Text sprechen für deine Einschätzung?
e Welche Substantive (keine Eigennamen!), welche Verben kommen mehr als einmal im Text vor? Was hat Valeria wohl verloren? Bekommt sie es wieder? Begründe deine Vermutung.

Wiederhole, was du über die „Vorgeschichte" des Textes weißt.

Übersetzungstraining

a Welche Wörter gehören zusammen? Finde Wortblöcke (Substantiv, gegebenenfalls mit Präposition, + Attribut). Tipp: Wenn du gut aufgepasst hast, als deine Lehrerin / dein Lehrer vorgelesen hat, fällt dir diese Aufgabe sehr viel leichter.
b Inwiefern nützt es dir für die Übersetzung, wenn du die Wortblöcke herausgefunden hast?

Übersetzung

Übersetze diesen Text.

Sprachbetrachtung

Vergleiche deine Ergebnisse mit der Lösung auf S. 348 – 349.

a Falls du eine abweichende Erwartung über den Inhalt des Textes hattest:
Welche Signale hast du falsch gedeutet?
b Welchen Vorteil hat es dir beim Übersetzen verschafft, dass du eine Vorstellung von dem Inhalt hattest?
c Hast du nicht alle Wortblöcke herausgefunden? Dann achte beim nächsten Mal wirklich genau auf den Lesevortrag deiner Lehrerin / deines Lehrers: Zusammengehörende Wörter werden auch zusammen vorgelesen! Du kannst auch in der Gesamt-Grammatik noch einmal nachlesen, was dort zum Thema *Kongruenz* steht (s. S. 10).
d Hast du bei den Sätzen Z 4 – 5 die falschen Wörter für Subjekte gehalten? An welchen Merkmalen erkennst du ein Subjekt? Lies dazu auch in der Gesamt-Grammatik S. 11.

Versuche, die Art deiner Fehler zu unterscheiden (Vokabeln, Formen des Verbs und des Nomens):
Bei zu vielen Vokabelfehlern: Wiederhole die Vokabeln der Lektionen 5 – 7.
Bei zu vielen Formenfehlern: Wiederhole in der Gesamt-Grammatik S. 20, 22 – 23, 26.

Bei welchen Textabschnitten hat dir deine Kenntnis der Vorgeschichte weitergeholfen?

Badevergnügen und mehr ...

Therme Templin (Brandenburg), Außenbecken.

Römisches Fußboden-Mosaik der Villa von Piazza Armerina (Sizilien), 4. Jh. n. Chr.

Südseite des Warmbades (caldarium) im Männerbad der Forumsthermen von Pompeji; in dem Marmorbecken sprudelte einst kaltes Wasser aus einem Röhrchen in der Mitte.

Vergleiche die Beispiele für Freizeitvergnügen heute und in der Antike.

Das Angebot der Berliner Bäder-Betriebe umfasst 37 Hallenbäder. Die Stadt hat etwa 3,4 Millionen Einwohner. Rom hatte zur Zeit von Kaiser Augustus (27 v. – 14. n. Chr.) ca. 200 000 Einwohner. Es gab in Rom damals 170 Badeanlagen, darunter auch viele kleine Badestuben.

In der Arena

Das Kolosseum in Rom: Blick in den Innenraum.

Die Allianz-Arena in München.

Proeliare[1], Gangens, Caesar te spectat! (Pomp. Inschrift CIL IV 2398)

1 proeliare kämpfe, fechte!

Einige technische Angaben zum Kolosseum: ca. 68 000 Sitzplätze, ca. 5 000 Stehplätze im obersten Rang; Baumaterial: mehr als 100 000 m^3 Travertin-Stein und 300 t Eisen für die Verklammerung der Steine

1. Vergleiche die Bauten.

Eine halbe Runde Vorsprung

Am ersehnten Tag des Pferderennens stürzen alle kopfüber los, auch wenn die Sonne noch gar nicht richtig aufgegangen ist, um durch ihre Schnelligkeit sogar noch die Rennwagen zu überbieten; da ihre Wünsche über den Ausgang ganz unterschiedlich sind, durchleiden die meisten die Nächte vor den Rennen schlaflos. (nach Ammianus Marcellinus)

2. Beschreibe die Gefühle eines Zuschauers vor dem Rennen.

500 v. Chr.
27 v. Chr.
500 n. Chr.
1000
1500
2000

Ein Tempel für Caesar

Nach langen Bürgerkriegen herrscht unter Augustus endlich Frieden im römischen Reich. Titus, ein Kaufmann aus Bithynien, kommt nach vielen Jahren wieder einmal nach Rom. Er möchte in den Zeiten des Friedens nun gute Geschäfte machen. Titus sieht beim Gang über das Forum einen neuen Tempel. Als er wenig später zufällig seinem Bekannten Gaius begegnet, fragt Titus ihn:

Titus: „Quis templum novum aedificavit? Quem in templo colitis?“
Gaius: „Augustus Caesari, patri claro, templum aedificavit.“
Titus: „Cur Augustus non deo, sed viro templum aedificavit? In Bithynia nihil de novo templo audivimus.“
Gaius: „Cur nihil audivistis?“
Titus: „Ego nihil audivi, quod multa negotia mihi fuerunt.“

Gaius: „Audi! Caesar mortuus nunc deus est. Itaque Caesarem in templo colimus. Dies mortis Caesaris cunctis viris bonis ater[1] fuit. Die mortis multi in foro adfuerunt et lacrimas tenere non potuerunt et pleni timoris fuerunt. Ego quoque tum multos dies plenus timoris fui. Nam sine Caesare res publica magno in periculo fuit. Quis rem publicam die atro[1] servare potuit? Cui mors viri boni placet?“

Titus: „Verba tua mihi non placent. Nam dies mortis non cunctis hominibus ater[1] fuit. Nonnulli enim Romani morte Caesaris gaudebant.“
Gaius: „Tace! Alii tum rei publicae timebant et spes pacis nobis non iam erat. Etiam ego imperatorem laudabam. Nobis enim semper multa beneficia dabat et multis in rebus aderat.“

Gaius weist immer wieder darauf hin, dass Caesar nicht nur für seine Anhänger, sondern auch für die römische Bevölkerung und sogar für ganze Provinzen viel Gutes getan hat.

Titus: „Beneficia Caesaris mihi ignota non sunt. Quid autem Augustus Romanis praebuit?“
Gaius: „Magnas res Augustus nobis praebuit. Pacem paravit imperio Romano. Itaque Augustus nunc Caesar novus est. Quid dicis?“
Titus: „Taceo!“

1 ater, atra, atrum
schwarz, unheilvoll

Porträtbüste des Gaius Iulius Caesar aus Marmor.

Statue des Augustus, die ihn als Feldherrn mit Brustpanzer darstellt (sogenannter Augustus von Primaporta), geschaffen 19 - 17 v. Chr., gefunden 1863 in der Villa der Livia, der Frau des Augustus.

INFO

Von Caesar zu Augustus

Lange Zeit hatten die römischen **Adligen** in ihrer **Ratsversammlung**, dem Senat, die römische **Republik** gemeinsam regiert. Im ersten Jahrhundert vor Christus versuchten aber immer wieder einzelne Adlige, eine höhere Machtstellung zu erringen.

C. Iulius Caesar schaffte dies: Er besiegte seine innenpolitischen Gegner und ließ sich zum **Diktator auf Lebenszeit** ernennen. Nun war er Alleinherrscher in Rom, der mächtigste Mann in einem Weltreich.

Vor allem einige Senatoren konnten sich aber mit dem Verlust ihrer Macht nicht abfinden; deshalb verschworen sie sich und töteten Caesar an den Iden des März (15.3.) des Jahres 44 vor Christus. Doch nach Caesars Ermordung fanden die Adligen nicht zu einer gemeinsamen Regierung zurück. Es entbrannte ein blutiger **Bürgerkrieg** um die Alleinherrschaft. 31. v. Chr. ging **Octavian**, Adoptivsohn und Erbe Caesars, aus diesem Kampf als Sieger hervor. Er hatte in einer Seeschlacht seinen Rivalen Antonius und dessen Geliebte Kleopatra, die Königin von Ägypten, besiegt.

Mit der Alleinherrschaft Octavians endete der Bürgerkrieg. Octavian bewahrte das Ansehen seines Vaters, der in Rom als Staatsgott verehrt wurde, und weihte 29 v. Chr. einen eigenen Tempel für Caesar ein. Auch Octavian erhielt durch den Senat viele Auszeichnungen, darunter den Ehrennamen Augustus. Nach seinem Tod 14 n. Chr. wurde Augustus ebenfalls zum Gott erklärt.

a Um welche Textsorte handelt es sich? Über welche Personen unterhalten sich Titus und Gaius?

b Welchen Eindruck erwecken die beiden abgebildeten Kunstwerke bei dir?

c Stelle die neuen Verbformen der Vergangenheit zusammen und ordne sie. Was kannst du über die Bildung dieser Formen sagen?

▶ Gesamt-Grammatik S. 29–30

1. Wort-Netz

a Sammle aus dem Lektionstext
alle Wörter und Wendungen, die ein *Gefühl* zum Ausdruck bringen.

b Stelle aus dem Lektionstext alle Ausdrücke für *Zeitangaben* zusammen.

2. Wort-Baustelle

Viele Verben können durch Voransetzen einer Präposition neue Bedeutungen erhalten. Das Beispiel *sehen* macht es deutlich: Wir kennen die Wörter *an-sehen*, *zu-sehen*, *hin-sehen* und *über-sehen*.
Mit den dir bereits bekannten Präpositionen *ab*, *ad*, *e/ex* und *in* und den Verben *ducere* und *ire* kannst du nun selbst neue Verben bilden und diese übersetzen. Solche Verben nennt man Komposita.

3. Eine gute Verbindung

▸ AH 1 S. 41 Ü 3a-b

Ordne den Substantiven passende Adjektive zu:
dies – rem – spe – dierum – rebus – spei – diei – rerum
parvarum – magnae - plenorum (timoris) – multos – publicam – Romanis – atri[1]– magna

1 ater, atra, atrum schwarz, unheilvoll

4. Tauschbörse: Numerus, Tempus

▸ AH 1 S. 40 Ü 2

Vertausche gleichzeitig den Numerus (Singular ↔ Plural) und das Tempus (Perfekt ↔ Imperfekt):
fuistis – debebat – adfuit – praebebam – poteratis – delectaverunt

5. Streichkonzert

▸ AH 1 S. 41 Ü 4

Vervollständige die folgenden Sätze. Überlege, welche der drei Verbformen jeweils die passende ist, und übersetze.

1. Imperium Romanum diu magnum (fui/fuit/fuerunt).
2. Quid, amice, de imperatore Caesare (audivi/audivisti/audivistis)?
3. Quis templum Caesaris (aedificavi/aedificavit/aedificavisti)?
4. Ubi templa aliorum deorum (erant/eram/eras)?

6. Ein Wort – mehrere Bedeutungen

Übersetze je nach dem Zusammenhang das Wort *esse* angemessen:

1. Milites[2] magno in periculo sunt.
2. Curia in foro est.
3. Sunt magna templa prope curiam.
4. Est deus!
5. Tuae litterae sunt de ludis.

2 miles, militis m. Soldat

7. Im Deutschen ist manches anders

Übersetze folgenden Text ins Deutsche. Wann musst du die lateinischen Vergangenheitstempora im Deutschen mit Perfekt, wann mit Präteritum wiedergeben?

Titus post[3] multos annos[4] Romam venit. Ibi fuit novum templum, quod[5] Tito ignotum erat. Itaque Titus ex amico quaesivit: „Romam veni et novum templum vidi. Quis novum templum aedificavit?“
Amicus respondit: „Augustus templum aedificavit.“
Titus: „Nihil de novo templo in Bithynia audivimus.“

3 post (beim Akk.) nach

4 annus, -i m. Jahr

5 qui, quae, quod der, die, das

8. Römische Spuren im modernen Italien

Aus dem Lateinischen ging die italienische Sprache hervor. Mit deinen Lateinkenntnissen kannst du schon einige Wörter im Italienischen erkennen.
Schreibe die italienischen Wörter in dein Heft und daneben das entsprechende lateinische und das deutsche Wort. Beispiel:

Italienisch	Lateinisch	Deutsch
aperto	apertus	offen

Die italienischen Wörter sind: dio – uomo – repubblica – morto – morte – edificare – buono – figlio – pericolo – tavola

Gut wiederholt – vorbereitet für Lektion 9

I. Mache aus den folgenden Hauptsatz-Paaren jeweils einen Hauptsatz mit einem Relativsatz. Beispiel:
Caesar ist ein berühmter Feldherr. Er hat Gallien erobert.
Caesar ist ein berühmter Feldherr, der Gallien erobert hat.

1. Die Soldaten mochten Caesar. Caesar hatte oft gesiegt.
2. Die Römer drangen nach Gallien ein. Gallien lag jenseits der Alpen.
3. Die Senatoren hatten Caesar ermordet. Caesar wurde auf dem Scheiterhaufen verbrannt.

II. Beschreibe, was bei der Umwandlung passiert.

500 v. Chr.
11 v. Chr.
500 n. Chr.
1000
1500
2000

Vibias Hochzeit

INFO

Hochzeitsfeiern der römischen Oberschicht

Meistens entschieden die Familien, wen ihre Kinder heirateten. Für die Eheschließung war jeweils die Zustimmung des Familienoberhauptes *(pater familias)* von Braut und Bräutigam erforderlich. Durch eine Heirat knüpften verschiedene Adelsgeschlechter *(gentes)* eine engere Verbindung zueinander. Dabei spielten Geld und politische Macht eine große Rolle. Mädchen galten schon im Alter von 12 bis 14 Jahren als heiratsfähig. Vor der Heirat überreichte der Bräutigam seiner Braut einen Ring. Auch Iulia, die Tochter des Kaisers Augustus, wurde schon als Kind dem Sohn eines sehr mächtigen Politikers als Ehefrau versprochen. Noch mehrmals arrangierte Augustus – nach dem Tod seiner Schwiegersöhne – Ehen für Iulia.
Die Heirat und den Wert der Ausstattung für die Ehe vereinbarten die Väter der Brautleute oft lange vor dem Hochzeitstermin. Der Wert konnte den Betrag von 1 000 000 Sesterzen erreichen. Zum Vergleich: Ein Arbeiter verdiente im Jahr etwa 1 300 – 1 400 Sesterzen. Ein beliebter Monat zum Heiraten war der April. Es gab aber auch Tage, die als Unglück bringend galten. Man vermied es, an solchen Tagen zu heiraten.

Am Abend vor der Hochzeit verabschiedet sich die Braut symbolisch von ihrer Kindheit. Sie weiht zusammen mit ihrer Mutter ihre Spielsachen den Göttern. Dann legt sie das **Hochzeitsgewand** bereit. Schon in der Nacht vor der Hochzeit trägt sie die weiße Tunika und den roten Brautschleier *(flammeum)*. Am Morgen des Hochzeitstages zieht die Braut noch ein gelbrotes Brautkleid an.
Bei der Hochzeitszeremonie unterschreibt das Brautpaar eine Art **Ehevertrag**. Es wird ein **Opfer** durchgeführt; wenn es günstig verläuft, ist das ein gutes Vorzeichen für die Ehe. Die Brautführerin vereinigt die rechten Hände der Brautleute und die Braut spricht die Formel „*Ubi tu Gaius, ego Gaia.*" „Wo du, Gaius, bist, bin ich, Gaia."
Es folgt die Hochzeitsfeier. Abends wird die Braut zum Haus des Bräutigams geführt; der Bräutigam streut Nüsse und die Braut wird über die Schwelle getragen.

Für zwei reiche Familien des römischen Adels ist heute eine besondere Gelegenheit zu feiern: Vibia und Quintus Sempronius werden verheiratet. Verwandte von Braut und Bräutigam, aber auch Freundinnen Vibias und Freunde des Quintus treffen sich bei diesem großen Fest. Sogar Augustus selbst und sein Adoptivsohn Tiberius sind eingeladen. Nachdem Braut und Bräutigam den Ehevertrag unterschrieben haben, beginnt die *cena nuptialis*, das Hochzeits-Festessen.

„Ubi tu Gaius, ego Gaia." Tandem Vibia nupsit! Pater Vibiam filiam Quinto Sempronio, viro honesto et benigno, libenter in matrimonium dedit. Nam Quinto auctoritas et divitiae erant.

Multi amici et propinqui ad cenam nuptialem[1] venerunt. Etiam princeps Augustus et Tiberius filius aderant. Vibia cunctis convivis[2] valde placebat.

Subito Vibia Corneliam amicam, quae in atrio stabat, vidit. Ad Corneliam iit et amicam magno cum gaudio salutavit. Puellae convivas[2] attente spectabant, tum Vibia quaesivit: „Cornelia! Multi iuvenes adsunt. Quis tibi placet?"

Cornelia non respondit. Inter viros vidit iuvenem: Itaque amicae eum iuvenem, qui ei valde placuit, demonstravit.

Vibia autem: „Is, quem mihi demonstravisti, filius principis Augusti est. Ante nonnullos dies Iuliam, filiam Augusti, iam in matrimonium duxit."

Repente Tiberius ad nuptam[3] venit eamque salutavit: „Nuptam[3] pulchram video, cui est amica pulchra." Et Corneliam aspexit.

Nova nupta[3] gaudet, amica erubescit[4].

Tiberius eam attente aspexit, tum autem ad patrem discessit, qui inter multos convivas[2] eum exspectabat. Convivae[2], qui ad multam noctem manserunt, hymenaeos[5] laetos cecinerunt.

Cornelia autem multos dies de ea re et de Tiberio cogitavit.

1 cena nuptialis
das Hochzeitsessen

2 conviva, -ae m.
Gast

3 nupta, -ae f.
Ehefrau, Braut

4 erubescere
rot werden, erröten

5 hymenaeus, -i m.
Brautlied, Hochzeitslied

a Stelle aus dem Text Vokabeln zum Sachfeld *Hochzeit* zusammen.

b Welche Personen werden im Lektionstext genannt?
Was erfährst du über sie?

c Vergleiche römische Hochzeitsbräuche (s. auch Infotext) mit heutigen.

d Schreibe alle Perfektformen aus dem Lektionstext heraus.
Was fällt dir bei der Bildung der Perfektformen auf?

▸ Gesamt-Grammatik S. 33

1. Auf die Grundform kommt es an

Führe die folgenden Formen auf den zugehörigen Infinitiv der Gleichzeitigkeit und die 1. Person Singular Präsens zurück und benenne die Art der Perfektbildung: (z. B. amavi: amare, amo, v-Perfekt):
laudaverunt – venisti – praebuit – aspexerunt – cecinimus – dixistis – duximus – mansistis – steti

2. Formenbaustelle

▸ AH 1 S. 48 Ü 1

Kombiniere diese beiden Formenbestandteile sinnvoll. Bestimme die gebildeten Formen:

mans- da- ded- respond-	-bam -i -mus -imus -bant -isti -erunt -nt -ebatis -o -t

3. Von Person zu Person

Präsens	Perfekt	Infinitiv
	dederunt	
venis		
	placuit	
aspicio		
	stetisti	
ducimus		
quaerunt		

Übertrage diese Tabelle in dein Heft. Ergänze die fehlenden Verbformen.
Beispiel: amo → amavi → amare

4. Satzbaustelle

▸ AH 1 S. 45 Ü 2 S. 46 Ü 3

Bilde sinnvolle Sätze und übersetze sie.
(Beispiel: Video discipulum, qui fabulam audit. Ich sehe einen Schüler, der eine Geschichte anhört.)

Video...	hominem, catulos, puellas, patrem, magistrum, senatores, statuam,	quam puella aspicit. quibuscum liberi ludunt. cui medicus medicinam dat. qui magna voce clamat. quas equi pulchri delectant. quos turba salutat. cuius filia pulchra mihi placet. quarum pater senator est.

5. Streichkonzert

▸ AH 1
S. 49 Ü 4

a Bestimme in den folgenden Sätzen das Wort, auf das sich der Relativsatz bezieht, und wähle das passende Relativpronomen aus.

1. Vir, (quem/quam/qui) in via stat, magna voce clamat.
2. Cornelia videt magnam turbam, (qui/quam/quae) curiam intrat.
3. Templum Caesaris, (quem/quod/qui) Augustus in foro aedificavit, clarum et pulchrum est.
4. Amicae, (quacum/quibuscum/ad quos) Cornelia libenter ludit, aegrotae sunt.
5. Medicus, (cuius/cui/quem) pater puellarum exspectat, iam adest.

b Übersetze nun die vervollständigten Sätze im Ganzen.

6. Ein Wort – mehrere Bedeutungen

▸ AH 1
S. 49 Ü 3

Übersetze die folgenden Sätze. Um welche Art von Pronomen handelt es sich jeweils? Achte beim Übersetzen der folgenden Sätze auf die unterschiedlichen Verwendungen von is, ea, id.

1. Tiberius decessit[2]; eum non iam video.
2. Is iuvenis, quem tibi nunc demonstro, honestus et benignus est.
3. Nomen[3] eius iuvenis mihi ignotum est.
4. Lucius: „Is equus mihi valde placet. Eum tangere cupio."
5. Ea, quae dixisti, mihi ignota non sunt.

2 decedere, decedo, decessi weggehen

3 nomen, nominis n. Name

7. Quid hoc significat? (Pantomime; fakultativ)

Versucht, Adjektive und Verben der Lektionen 1–9 pantomimisch darzustellen. Eure Mitschüler müssen die lateinischen Wörter erraten.

Discipulus A: „Quid hoc est?"

Discipulus B: „Clamas."

Discipulus A: „Minime." „Ita est." / „Sic est."

8. Römische Spuren (fakultativ)

Erkläre die hervorgehobenen Fremdwörter. Von welchen lateinischen Wörtern kommen sie?

a Wer hat die nötige Autorität?
b Die Bildung der Kinder ist mir so wichtig, dass ich sogar dafür demonstrieren gehen würde.
c Welchen Aspekt in dieser Lektion fandest du besonders interessant?

Gut wiederholt – vorbereitet für Lektion 10

Ich sehe dich gewinnen. Ich sehe, dass du gewinnst.
Ich höre es knallen. Ich höre, dass es knallt.

Vergleiche die Bildung der beiden Sätze miteinander.

500 v. Chr.

um 10 n. Chr.

500 n. Chr.

1000

1500

2000

Die vielen Götter und der eine

INFO

Römische Götter

Die Zahl der römischen Götter war ähnlich groß wie die der griechischen. Außer dem **Göttervater Jupiter** (griech.: Zeus) wurden vor allem seine **Frau Juno** (griech.: Hera), Minerva (griech.: Athene), Mars (griech.: Ares), Mercurius (griech.: Hermes), Neptunus (griech.: Poseidon) und Apollo (griech.: Apollon) verehrt. Oft übernahmen die Römer sogar Götter aus dem Ausland wie z. B. die ägyptische Göttin Isis. Die Römer haben auch Begriffe wie z. B. *concordia – Eintracht*, *fortuna – Schicksal, Glück* und *victoria – Sieg* zu Göttern gemacht und ihnen eigene Tempel oder Statuen errichtet. Später wurden sogar Menschen zu Göttern erklärt wie etwa Caesar und die späteren Kaiser.

Der Göttervater Jupiter zwischen den Göttinnen Juno (rechts) und Minerva (links). Römisches Marmorrelief, 2. Jh. n. Chr. (Trier, Rheinisches Landesmuseum).

Statue des Merkur, geschaffen von Ramón Barba (1767 – 1831).

Apollo-Statue mit Kithara. Römische Skulptur, um 100 n. Chr.

Statue der Venus (sog. Venus von Milo), 2. Jh. v. Chr.

Aus allen Teilen des römischen Reiches strömten Menschen nach Rom. Viele von ihnen blieben, weil sie sich bessere Lebensbedingungen erhofften als in ihren Ländern. Deshalb war auch Josephus gekommen, ein junger Jude aus Jerusalem. Nun ist ihm auch sein jüngerer Bruder Simon nachgereist. Bald nach seiner Ankunft geht er mit Josephus natürlich zuerst ins Zentrum der Stadt, auf das Forum.

Simon: „Ecce templum, quod in monte est! Quam magnum et magnificum est! Estne templum Iovis?“
Iosephus: „Id templum, quod vides, non solum Iovis, sed etiam Iunonis et Minervae est.“
Simon: „Num apud Romanos tres dei in uno templo sunt? Mirum: Nos Iudaei unum Deum colimus. Cuius templum magnificum est. Qui homines atque cunctas res creavit.“
Iosephus: „Ita est. Constat Romanos multos deos colere.“

Simon: „Romanos in uno templo tres deos colere mihi ignotum erat. Mirum est.“
Iosephus: „Romani credunt Iovem deorum atque hominum patrem esse. Itaque mirum non est cunctos Romanos Iovem maxime colere. Scio multos homines post Iovem Iunonem uxorem colere et post eam Minervam, deam litterarum.“
Simon: „Num sunt alii dei?“
Iosephus: „Multi dei et multae deae sunt. Homines Mercurium ducem viarum esse putant. Tum Martem, qui bella regit, de auxilio rogant. Denique Apollinem colunt, qui morbos depellit. Alii dei sunt Diana, Neptunus, Saturnus, Venus. Vides multas deorum statuas hic esse.“

Simon: „Mirum: Nobis autem statuas Dei facere non licet.“
Iosephus: „Etiam fama est deos Romanorum saepe scelera fecisse et inter se certare.“
Simon: „Num Romani deos deasque, qui et amant et necant, colere possunt?“
Iosephus: „Tu dicis ea, quae cuncti Iudaei dicunt. Nonne alia templa deorum Romanorum spectare cupis? Ecce templum Vestae. Constat in eo templo ignem perpetuum ardere. Virgines Vestales[1] eum servare debent. Ecce templum …“
Simon: „Dic mihi, Iosephe, estne dea cenae[2]? Ad id templum ire cupio!“

1 virgines Vestales f. Vestalinnen (Priesterinnen der Göttin Vesta)

2 cena, -ae f. Essen, Mahlzeit

a Welche römischen Götter werden im Text erwähnt? Benenne ihre Aufgabenbereiche.

b Suche im Lexikon oder im Internet nach weiteren Aufgabenbereichen von Apollo, Merkur und Venus. Welche ihrer Attribute weisen darauf hin?

c Schreibe aus dem Text die Infinitivkonstruktionen nach *constat, credunt, fama est* und *ignotum est* heraus. Vergleiche den lateinischen Text mit der deutschen Wiedergabe.

► Gesamt-Grammatik S. 38 – 39

1. Von Wort zu Wort

Was unterscheidet diese Fragesätze von den mit *num* oder *nonne* eingeleiteten?

1. Estne curia in foro?
2. Quo senatores eunt?
3. Cur in curia sunt?
4. Quem salutant?
5. Quid ibi faciunt?
6. Quis eorum dicit?
7. Nonne Iudaei unum deum colunt?
8. Num Romani multos deos colunt?

2. Was ist Tatsache, was Vermutung?

Ordne die folgenden Sätze danach, wie zuverlässig und sicher die Aussage klingt.

1. Romani Vestam deam esse crediderunt.
2. Notum est homines scelera facere.
3. Homines Apollinem morbos depellere putabant.
4. Scimus nonnullos senatores Caesarem necavisse.
5. Iunonem uxorem Iovis fuisse constat.
6. Te verum[1] dixisse intellexi.

1 verum, -i n. Tatsache, Wahrheit

3. Eine gute Verbindung

Verbinde die folgenden Substantive mit *facere* und finde eine angemessene Übersetzung:

iter – templum – timorem – bellum – pacem – medicinam

4. Von Akkusativ zu Akkusativ

Gib zu allen Akkusativen an, welche Rolle sie im Satz spielen.

1. Scio dominum vestrum multas horas senatorem prope curiam exspectavisse.
2. Senator autem turbam fugit et domum iit.

5. Eine gute Verbindung

▸ AH 1 S. 51 Ü 5 S. 52 Ü 4

Der zweite Satz der folgenden Satzpaare braucht einen relativischen Anschluss. Ergänze die passende Form der folgenden Relativpronomen und übersetze jeweils beide Sätze:

quod – cui – quibus – quam – qui

a Vobis fabulam narravi. _____ libenter audivistis.
b Augustus princeps fuit. _____ senatores parere[2] debuerunt.
c Romani deos colebant. _____ hominibus saepe aderant.
d Templum Vestae in foro fecerunt. _____ parvum erat.
e Minerva multas res invenit[3]. _____ homines delectavit.

2 parere gehorchen

3 invenire, invenio, inveni finden, erfinden

6. Von Infinitiv zu Infinitiv

a Nenne alle Infinitiv-Formen in den folgenden Sätzen.
b Gib jeweils an, welche Rolle diese Infinitive im Satz spielen.
1. Cupimus amicos donis nostris delectare.
2. Cupimus amicos donis nostris gaudere.
3. Ibi non possum manere. Licetne intrare?
4. Dona non semper magna esse debent.

▸ AH 1
S. 52 Ü 5

7. Satzbaustelle – Zeitverhältnisse im AcI

Schreibe die folgenden Sätze in dein Heft:
1. Notum est templum Iovis in Capitolio fuisse.
2. Scimus Romanos multos deos coluisse.
3. Virgines Vestales[4] ignem perpetuum servare oportebat[5].
4. Fama est tres deos in uno templo adfuisse.
5. Spem magnam esse puto.
6. Multos homines in periculis plenos timoris fuisse constat.

a Markiere die AcI-Konstruktionen.
b Bestimme das Zeitverhältnis.
c Übersetze die Sätze.

▸ AH 1
S. 51 Ü 6
S. 53 Ü 6

4 virgines Vestales f. Vestalinnen

5 oportet es gehört sich, man muss

8. Im Deutschen ist manches anders

Die Fragepartikel *-ne*, *nonne*, *num* lassen erkennen, welche Antwort der Sprecher erwartet. Bringe dies bei der Übersetzung der folgenden Sätze zum Ausdruck!
1. Coluistisne deos Romanorum?
2. Num coluistis deos Romanorum?
3. Nonne coluistis deos Romanorum?

9. Loquamur Latine (fakultativ)

Abi in malam crucem!	Scher' dich zum Teufel !
Cacator!	Scheißkerl!
Nihil dicis!	Quatsch!
Idiota!	Stümper!
Mente captus/capta es!	Du bist verrückt!

Gut wiederholt - vorbereitet für Lektion 11

Die Römer verehrten viele Götter.
Viele Götter wurden von den Römern verehrt.

Vergleiche beide Sätze. Wodurch unterscheiden sie sich inhaltlich?

Test Lektion 8–10

Die Namensfrage

Nachdem Josephus seinen Bruder Simon durch Rom geführt hatte, erkundete Simon am folgenden Tag auf eigene Faust die fremde Stadt – und stieß prompt auf etwas, das sein Interesse weckte ...

Simon ad templum puellam pulchram stare vidit. Cui Simon appropinquavit et eam rogavit: „Salve! Cui Romani id templum, quod videmus, aedificaverunt?“
Puella Romana risit: „Num id Caesaris templum esse tibi ignotum est?“
Simon respondit: „Ita est. Nam ante nonnullos dies Romam veni. Iam multa pulchra vidi. Nunc autem nomen[1] templi scire cupio. Mihi enim placet.“
Sed Simon secum cogitabat: „Tu etiam mihi places.“
Puella: „Nomen[1] templi Pantheon est, quod in eo non solum unum deum, sed etiam cunctos deos colimus.“
Tum Simon et puella diu tacebant et templum spectabant.
Simon denique: „Et tu, quod tibi nomen[1] est ?“

1 nomen n. Name

Textvorerschließung

Verschaffe dir einen Überblick – wovon handelt der Text?

a Welche Informationen gibt dir die Textumgebung (Überschrift, Einleitungstext, Bild)?
b Welche Personen kommen im Text vor? Wo spielt der Text?
c Aus welchen äußeren Anhaltspunkten im Text erkennst du die Textart?
d Welche Nomen und Verben kommen öfter im Text vor?
e Äußere eine erste Vermutung zur Überschrift.

Wiederhole, was du zu der „Vorgeschichte" des Textes weißt (Lektion 10).

Übersetzungstraining

a Welche Wörter gehören zusammen? Finde Wortblöcke (Substantiv, ggf. mit Präposition, + Attribut!)
b In diesem Text gibt es zwei Satzgefüge (Haupt- und Nebensatz).
Woran erkennst du jeweils den Nebensatz? Achtung: Ein Satz in diesem Text sieht wie ein Nebensatz aus – es ist aber keiner. Welcher ist es?
c Suche die beiden AcI-Konstruktionen aus dem Text heraus und gib jeweils Subjektsakkusativ und Prädikatsinfinitiv an.

Übersetzung

Übersetze diesen Text.

Sprachbetrachtung

Vergleiche deine Ergebnisse mit der Lösung auf S. 349.

a Falls du eine abweichende Erwartung über den Inhalt des Texts hattest:
Welche Signale hast du falsch gedeutet?
b Welchen Vorteil hat es dir beim Übersetzen verschafft, dass du eine Vorstellung von dem Inhalt hattest?
c Hast du nicht alle Wortblöcke herausgefunden? Du kannst in der Gesamt-Grammatik noch einmal nachlesen, was dort zum Thema *Kongruenz* steht (s. S. 10)
d Hattest du Schwierigkeiten, den „scheinbaren" Nebensatz herauszufinden?
Lies doch in der Gesamt-Grammatik noch einmal S. 37.
e Hat dir die Übersetzung der Form *cui* Schwierigkeiten bereitet?
Dann hilft dir die Tabelle auf S. 248 weiter!

Hattest du Schwierigkeiten, die AcIs zu bestimmen, schau nach in der Gesamt-Grammatik S. 38.

Versuche, die Art deiner Fehler zu unterscheiden (Vokabeln, Formen des Verbs und des Nomens):
Bei zu vielen Vokabelfehlern: Wiederhole die Vokabeln der Lektionen 8–10.
Bei zu vielen Formenfehlern: Wiederhole Gesamt-Grammatik S. 28–30, 32–33 und 36.

Tempel – Kirche – Moschee

Der am besten erhaltene römische Tempel (genannt Maison Carrée, „viereckiges Haus“) in Nîmes, Provence/Südfrankreich, erbaut zur Zeit des Kaisers Augustus.

Katholischer Priester mit Oblate bei der „Wandlung“ während des Gottesdienstes.

Der Kölner Dom, erbaut von 1248 bis 1880.

1. Vergleiche das Aussehen antiker und moderner Gotteshäuser.
2. Beschreibe religiöse Zeremonien in der Antike und heute. Nenne Gemeinsamkeiten und Unterschiede.

INFO

Opfer bei den Römern

Der Schriftsteller **Cato** rät dem Bauern, was er tun soll, um seine Felder mit dem Segen der Götter auszustatten. Alle fünf Jahre schlägt er das Opfer der *Suovetaurilia* vor. Dabei werden ein Schwein, ein Schafbock und ein Stier dem Mars geopfert. Cato beschreibt, was zu tun ist:

Die Tiere müssen um die Felder herumgeführt werden. Bestimmte Gebete sind zu sprechen. Der Text ist in altertümlichem Latein abgefasst. Opferkuchen werden zusammen mit den Tieren geopfert. Während der Opferhandlung spricht der Bauer:

Eiusque rei ergo macte suovetaurilibus inmolandis esto.
(Wegen dieser Sache sei geehrt durch das Opfer der Suovetaurilia.)

Schwein, Schafbock und Stier: Darstellung eines Reliefs auf dem Forum Romanum. Die Römer nannten das Opfer, bei dem diese drei Tiere geopfert wurden, suovetaurilia.

Dann werden die Tiere getötet und untersucht. Wenn die Zeichen nicht günstig sind, schlägt Cato die Opferung eines weiteren Schweines vor.
Diese Opferhandlung gab es auch bei der Weihung eines Tempels, der Weihung des Heeres und bei anderen wichtigen Ereignissen. Opfer fanden *vor* den Tempeln statt.

Die Blaue Moschee in Istanbul, erbaut 1607 – 1620 im Auftrag von Sultan Ahmed I.

3. In welchen Religionen gibt es heute Handlungen, die mit römischen Opfern vergleichbar sind?

500 v. Chr.
8 n. Chr.
500 n. Chr.
1000
1500
2000

Ein Brief aus Germanien

Der Nordosten Galliens und Germanien 8 n. Chr.

INFO

Das Alphabet der Germanen

Die Germanen lernten wahrscheinlich unter dem Einfluss der Etrusker und Römer die Schrift kennen, jedenfalls gibt es auffällige Ähnlichkeiten zwischen den Runen und den antiken Alphabeten im nördlichen Italien. Das Alphabet der Germanen nennt man Runen; es bestand ursprünglich aus 24 Zeichen – sicher kannst du die Ähnlichkeiten zum lateinischen Alphabet selbst entdecken.

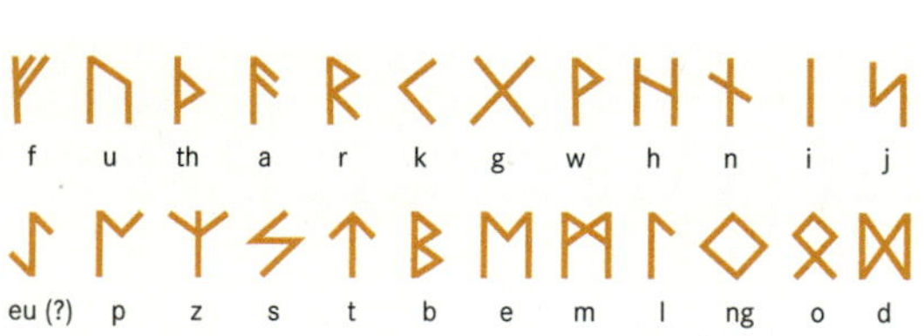

Die Germanen verwendeten ihre Runen nicht unbedingt zum normalen Schreiben, sondern meist nur für kurze Inschriften von besonderer Bedeutung oder auch für Zauberei.

Runenalphabet der Germanen

Wir haben das Jahr 8 n. Chr. Publius Quinctilius Varus regiert im Auftrag des Kaisers über die Provinz Germanien. Es scheint Frieden in Germanien zu herrschen.
Der Cherusker Rufus hat lange in Rom gelebt und ist wie viele andere Germanen Soldat im römischen Heer. Nun marschiert er mit den römischen Truppen in seine Heimat und schreibt von dort einen Brief an seinen Bruder Flavus, der in Rom geblieben ist.

Rufus Flavo suo salutem dicit

Heri[1] litteras tuas accepi. Te bene valere valde gaudeo. Scis me diu in exercitu Romano fuisse. Libenter miles exercitus Romani fui. Sed nunc propter salutem propinquorum meorum, qui in Germania vivunt[2], sollicitus[3] sum. Nunc vita nonnullorum propinquorum dura est. Multi homines miseri sunt. Alii domus, alii etiam amicos propinquosque amiserunt. Nonnulli viri oppressi sunt. Iussu Vari feminae atque liberi capti et in servitutem ducti sunt. Nonnullos viros etiam iussu Vari necatos esse audiebam.

Itaque res Romanas laudare desino, postquam in Germaniam redii. Diu cultum Romanorum laudabam, nunc autem crudelitas et facta Vari mihi in odio sunt. Patria mea a Romanis occupata est. Sed ubi sunt beneficia, quae magistratus Romani in alias provincias apportant? Ubi sunt statuae, quibus oppida, domus foraque ibi ornata sunt?

Pax quamquam a principe nuntiata est, in Germania pax non est. Sed Germanos de tumultibus cogitare apparet. Varus dux enim leges suas, quae mores Germanorum neglegunt, Germanis dedit. Constat multos homines ira et odio motos esse. Itaque tumultus magnos timeo ...
Nunc satis de rebus Germanicis scripsi.

Vale! Matri nostrae salutem mitte!

1 heri (Adv.) gestern

2 vivere Leben

3 sollicitus, -a, -um beunruhigt

a Mit welchen Ausdrücken beschreibt Rufus in den Zeilen 4–9 das Leben in Germanien?

b Welche lateinischen Formulierungen lassen erkennen, dass es sich um einen Brief handelt?

c Du hast das Perfekt Passiv in der neuen Lektion kennengelernt; ein Beispiel ist *ornata sunt* in Zeile 14. Suche weitere Formen heraus.

▸ Gesamt-Grammatik S. 41–42

1. Dichtung und Wahrheit
Sortiere folgende Vokabeln nach Sachfeldern und gib den Sachfeldern eine Überschrift:
occupare – beneficium – amicus – servitus – necare – gaudium – capere – miser – durus – crudelitas – pax – mores – ira – mors – opprimere – salus – timor – dominus

2. Auf die Grundform kommt es an
Gib zu folgenden Partizipien den Infinitiv an und übersetze die Verben:
laudati – portatas – moto – servatum – capta – oppressi – necatos – nuntiatas

3. Was ist was? – Partizipien
▸ AH 1 S. 56 Ü 3
Suche aus den folgenden Formen die Partizipien heraus:
laeti – laudati – portas – portatas – moto – honesto – servum – servatum – sua – capta

4. Auf die Grundform kommt es an
Vervollständige die Stammformen:
nuntiavi – cepi – servo – oppressum – portavi – occupo – laudatus – nuntiatae – amissam

5. Eine gute Verbindung
▸ AH 1 S. 58 Ü 2
a Bestimme die folgenden Substantive und Pronomen nach Kasus, Numerus und Genus:

cultu
exercituum
domibus
tumultui
exercitus

is, eorum, eo,
eius, eos, ii,
eis, ei

b Ordne den Substantiven nach KNG passende Pronomen zu und übersetze.

6. Was ist was? – die Endung -us
a Bestimme die Formen der hervorgehobenen Wörter.
b Übersetze die Sätze.

1. Exercitus Romanus Germanos opprimere non potuit.
2. Milites exercitus Romani in multas Germaniae regiones[1] venerunt.
3. Romani tumultus Germanorum semper timebant.
4. Domus Romanorum statuis ornatae erant.

1 regio, -onis f. Gegend

7. Eine andere Behandlung
Setze die folgenden Sätze ins Passiv; gehe folgendermaßen vor:
a Benenne in den Sätzen jeweils das Wort, das ins Passiv umgeformt wird, und gleiche zunächst das Prädikat an.
b Verwandle nun den gesamten Satz ins Passiv. Bei einem Satz geht es nicht.
Beispiel: Lucius portam aperuit. → Porta aperta est.

1. Magister discipulis fabulam narravit.
2. Pater filias delectavit.
3. Valeria amicum exspectavit.
4. Magister discipulos saepe laudavit.
5. Amicus in atrium cucurrit.
6. Turba senatores salutavit.

8. Leihweise

Mit der Kultur der Römer lernten die Germanen viele neue Dinge kennen, für die sie eigene Bezeichnungen benötigten. Dafür verwendeten sie einfach die lateinischen Wörter und „liehen" sich diese Bezeichnungen. Diese Wörter heißen deswegen Lehnwörter.

a Welche Wörter hat sich das Deutsche von diesen lateinischen Wörtern „geliehen": *fenestra, coquere, caseus, porta, murus, caulis*?

b Du kannst diese Wörter zwei Bereichen zuordnen, in denen die Römer großen Einfluss auf die Germanen ausübten. Welche sind es?

c Die Römer haben sich später von den Germanen die *saipôn* geliehen. Das Bild hilft dir herauszufinden, worum es sich dabei handelt. (Die Franzosen nennen es heute übrigens *savon*, die Italiener *sapone* und die Spanier *jabón*).

9. Loquamur Latine: Altersangaben (fakultativ)

Quot annos natus/nata es? – Undecim/Duodecim/Tredecim annos natus/nata sum.
Quot annos natus est tuus amicus? – ...
Quando tibi natalis dies est? – Die quarto decimo (mensis) Septembris.
Iulia maior/minor (natu) est quam Rufus.

10. Römische Spuren

Oft ist das Partizip der Vorzeitigkeit die Grundlage für ein Fremdwort im Deutschen. Von welchen lateinischen Verben stammen die unten stehenden Beispiele? Nenne alle Stammformen (Wenn du das Partizip noch nicht kennst, kannst du es dir vielleicht nun herleiten):
Kredit – Kultur – Motiv – Datum – Fakt – Intellekt – Ornat

11. Streichkonzert

Wähle jeweils einen passenden Infinitiv aus und übersetze:

1. Rufus dicit Germanos (oppressos esse/opprimere/oppressisse).
2. Scimus etiam discipulos Romanos libenter a magistro suo (laudavisse/laudare/laudatos esse).
3. Constat Romanos multos deos (culti esse/coluisse/colere).
4. Miles narrat Caesarem a senatoribus (necavisse/necatus esse/necatum esse).

Gut wiederholt – vorbereitet für Lektion 12

Marcus' Freundin heißt Calpurnia. Er liebt seine Freundin sehr. Marcus ist sehr glücklich. Auch Titus liebt seine Freundin.

Wer liebt wen?

500 v. Chr.

um 20 n. Chr.

500 n. Chr.

1000

1500

2000

Auf Handelsreise in Germanien

INFO

Die Varusschlacht 9 n. Chr.

Das Gebiet links des Rheins war römische Provinz; das Gebiet zwischen Rhein und Elbe, in das schon erfolgreiche Feldzüge unternommen wurden, sollte der Statthalter **Varus** im Auftrag des Kaisers Augustus auch zu einer römischen Provinz machen. 9 n. Chr. wurde Varus mit drei Legionen vermutlich bei Kalkriese (nahe Osnabrück) von den Germanen unter der Führung des **Arminius** vernichtend geschlagen.
Arminius, ein Cherusker, war römischer Bürger, hoher Offizier im römischen Heer und enger Vertrauter des Varus. Weshalb Arminius die Seiten gewechselt hat und seine ehemaligen Freunde in die Falle lockte, ist nicht geklärt; vermutlich war Arminius wie viele andere mit der Amtsführung des Varus unzufrieden.
Als Augustus die Nachricht von der Vernichtung der Legionen erhielt, soll er sich aus Trauer monatelang den Bart und Haare nicht mehr geschnitten haben. Seither haben die Römer den Plan aufgegeben, dieses Gebiet zu einer Provinz zu machen.

Seit der Schlacht im Raum des Teutoburger Waldes 9 n. Chr. sind bereits einige Jahre vergangen. Inzwischen leben Römer und Germanen friedlich nebeneinander.
Der junge Händler Publius Vorenus war zum ersten Mal mit seinem Pferdegespann nach Germanien gereist, um dort Geschäfte zu machen. Gerade ist er von der langen Reise wieder in seine Heimatstadt Aquileia zurückgekehrt. Sein Wagen ist beladen mit Gefäßen voll Honig, Fellen und Frauenhaar. Zuhause wird er schon von seiner Mutter Laelia erwartet.

Laelia: „Salve! Te salvum domum redisse gaudeo. Quid egisti? Laboresne magnos in itinere subisti?“
Publius: „Ego quoque gaudeo me nunc in patriam venisse. Iam antea de periculis Germaniae audiveram. Unus ex mercatoribus Romanis nonnullas vias Germaniae non tutas esse mihi narraverat. Audiveram saepe mercatores mercibus spoliatos esse. Quamquam etiam tu me saepe de itineris periculis monueras, tamen pericula subire constitueram.“
Laelia: „Quae pericula[1] subisti? Mihi narra!“
Publius: „Audi: Aliquando in via Germanica ursus[2] magnus subito ante oculos meos apparuit. Primum timore magno motus sum, quod ursus[2] mihi appropinquavit. Tum autem timorem oppressi. Denique auxilio aliorum virorum ursum[2] depellere potui, quamquam robur eius magnum fuit.“
Laelia: „Quam beata sum ... – nam te in periculo esse non scivi! Tamen mihi narra: Nonne tibi placuit alias gentes cognoscere?“
Publius: „Mihi placuit iter in Germaniam facere et ignota novaque cognoscere. Multi mercatores in Germanorum fines eunt. Carri[3] eorum vini aliarumque mercium pleni sunt. In Germanorum vicis mercatores merces suas vendunt. Etiam ego merces meas ibi vendidi.“
Laelia: „Ante paucos annos nonnullae gentes Germanorum hostes fuerunt. Nos Romani multa bella cum iis gentibus gessimus. Multi Romani et multi Germani suos suaque amiserunt. Tum in pace vitam agere cupiverunt. Quomodo homines hodie in Germania vitam agunt?“
Publius: „Nunc paene cuncti in pace vitam agunt. Itaque hodie nobis licet sine periculo magno in Germanorum fines ire et ibi merces vendere aut mutare. Ecce donum tibi apportavi: Sucinum[4] est.“

1 Quae pericula? Welche Gefahren?
2 ursus -i m. Bär
3 carrus -i m. Wagen
4 sucinum -i n. Bernstein

a Um welche Textsorte handelt es sich bei dem vorliegenden Text?

b Wer kommt wann zu Wort?

c Schreibe eine Fortsetzung des Textes – so, als ob es damals schon Interviews gegeben hätte.

d In den Zeilen 4–8 lernst du das Plusquamperfekt als neues Tempus kennen. Was kannst du daraus über den Inhalt dieses Textabschnittes schließen? Schreibe alle Plusquamperfektformen heraus. Was erfährst du über deren Bildung?

▸ Gesamt-Grammatik S. 45–46

e Du hast *is, ea, id* bereits als Personal- und Demonstrativpronomen in Lektion 9 kennen gelernt. In den Zeilen 13 und 18 werden die Formen *eius* bzw. *eorum* auf eine andere Art verwendet. Was drückt der Genitiv in diesen Sätzen aus?

▸ Gesamt-Grammatik S. 47

1. Das Wort – ein weites Feld

Bilde aus den angegebenen Wörtern Paare, die einen Gegensatz ausdrücken, und gib jeweils ihre Bedeutung an.

tacere – vita – scelus – respondere – vir – femina – dies – bellum – beneficium – magnus – mors – pauci – nox – parvus – multi – pax – rogare – dicere

2. Gut sortiert

▸ AH 1 S. 61 Ü 2

a Die Endung *-um* gibt es in mehreren Deklinationen. Sortiere die folgenden Formen nach den verschiedenen Deklinationen:

laborum – gentium – cultum – periculum – hostium – virum – locorum – ducum – vitarum – oppidum – sperum – frumentorum – donum

a-/o-Deklination | e-Deklination | u-Deklination | konsonantische Deklination | gemischte Deklination

b Fülle die Lücken in den folgenden Sätzen sinnvoll aus den vorgegebenen Wörtern und übersetze (Es gibt mehrere Möglichkeiten):

1. Carrus[1] mercatoris ______ plenus fuit.
2. Publius ______ non timuit; ______ Germanorum cognoscere cogitavit.
3. Filius Laeliae ______ dedit.
4. Exercitus in ______ finibus multa pericula timuit.

1 carrus -i m. Wagen

3. Was ist was?

a Bestimme die hervorgehobenen Wörter nach Kasus, Numerus und Genus.

b Übersetze die Sätze.

1. Mercator per viam cucurrit. Carrus[1] eius plenus mercium fuit.
2. Quamquam multi filium monuerant, periculum itineris subierat.
3. Timor hostis magnus fuit.
4. Multi viri hominibus merces vendiderunt.
5. Viri ab exercitu oppressi sunt.

4. Was ist was – sein oder ihr?

▸ AH 1 S. 62 Ü 5

Übersetze die folgenden Sätze.

1. Publius et Marcus domum currunt. Carrus eorum rerum variarum[2] plenus est.
2. Mercator multas merces vendit. Etiam filia eius merces suas vendit.

2 varius, -a, -um verschieden

5. Tauschbörse

Bilde zu den folgenden Verbformen das Plusquamperfekt und übersetze alle diese Verbformen:

mutant – demonstravi – exspectatus est – subeo – timebatis – tacuerunt – cognoscis – laudati estis – cucurristi – monemus

6. Satzbaustelle

Bevor Publius seine Reise begann, wurden ihm etliche Warnungen mit auf den Weg gegeben.

Ergänze die richtige Verbform zu den folgenden Satzanfängen und übersetze die Sätze:

1. Publius a Laelia de periculis itineris ______.
2. Etiam nonnulli mercatores Publium ______.
3. Unus e mercatoribus iuvenem de itinere molesto[3] ______.
4. Iuvenis et amicus de sceleribus variis[2] ______.
5. Publius iter parare constituerat, quamquam saepe ______.

3 molestus -a, -um beschwerlich

monuerat - monitus erat – monuerant – moniti erant – monitus erat

7. Eine andere Behandlung (fakultativ)

a Setze die folgenden Sätze ins Passiv:
Beispiel: Milites multa bella gesserant. Multa bella a militibus gesta erant.
1. Exercitus multos homines necaverat.
2. Mercatores Romani merces multas mutaverant.
3. Publius ursum[4] auxilio nonnullorum virorum depulerat.
4. Filius Laeliae donum apportaverat.

4 ursus -i m. Bär

b Übersetze die ins Passiv gesetzten lateinischen Sätze.

8. Loquamur Latine: *ursus latex* – das lateinische Gummibärchen (fakultativ)

Beschreibt ein Substantiv der Lektionen 1–11 durch einen Relativsatz.
Beispiel:
„Vir, qui discipulos docet …" → „Magister est!"

Gut wiederholt – vorbereitet für Lektion 13

Wiederhole die Formen von *is, ea, id*. Welche Endungen musst du dir besonders merken?

Ein Spanier in Rom (fakultativ)

500 v. Chr. — um 70 n. Chr. — 500 n. Chr. — 1000 — 1500 — 2000

Der bekannte Dichter Martial (40 n. Chr. – 104 n. Chr.) stammte aus Spanien und kam im Alter von 24 Jahren nach Rom. Er war zu seiner Zeit vielleicht einer der bekanntesten und witzigsten Dichter Roms und verkehrte in den höchsten Kreisen. Auch bei dem Senator Marcus Decimus Antonius war er zu einer „Party" eingeladen.

Decimus Antonius senator nonnullos amicos ad cenam[1] invitaverat. Primo amicos suos, qui poetae et viri prudentes et sapientes erant, in atrio salutavit. Postquam in triclinium ducti sunt, multis de rebus narrare coeperunt.

Dum narrant, alius amicus senatoris intravit. Etiam eum adesse viderunt, poetam magno cum gaudio salutaverunt. Cui nomen erat Martialis. Qui poeta se nuper[2] ex Hispania Romam venisse narravit. Martialis se in urbe Roma magno cum gaudio vitam agere et patriam suam a Roma et institutis et natura differre[3] dixit.

Martialis: „Bilbilis patria mea equis celeribus clara est. Sed aliae res pulchrae in Hispania non sunt. Audite: Illae gentes Hispaniae neque togam neque vestes Romanas amant! Illis autem circus et equi placent."

Decimus Antonius: „Sed nobis Romanis atria et domus nobilium placent, nos thermas, campum Martium, forum Romanum amamus."

1 cena, -ae f. Essen, Gastmahl

2 nuper (Adv.) neulich

3 differre a sich unterscheiden, verschieden sein von

INFO

Cena

Die *cena*, das **Abendessen**, war die **Hauptmahlzeit** der Römer, tagsüber aß man nur etwas Brot und Obst. Die *cena* wurde zur 9., spätestens zur 10. Stunde eingenommen (14 bis 16 Uhr); die Gäste bei einer *cena* waren also wieder zu Hause, wenn es dunkel wurde.

Die einfache Bevölkerung in der Großstadt Rom, die in den *insulae* (vgl. S. 12) wohnte, hatte dort keine Küchen. Ihr Essen kauften die Leute an einem Imbissstand. Dort gab es verschiedene Sorten von **Eintopf**, **Mehlbrei**, **Gemüse**. Fleisch oder Fisch konnten sich die einfachen Römer nur selten leisten.

Bei den reicheren Leuten gab es ein **Drei-Gänge-Menü**:

Als Vorspeise wurden Salat oder Eier, als Hauptgang Gemüse, Hülsenfrüchte, Fleisch und Fisch, als Nachtisch Obst oder Süßspeisen gereicht. Dazu trank man Wein, mit Wasser verdünnt, auch mit Gewürzen und Honig versetzt, und Wasser.

Zu einem solchen Essen konnten Freunde eingeladen werden. Gegessen wurde im *triclinium*, und zwar im Liegen.

Verschiedene römische Vorspeisen: Kleingebäck, Weinbergschnecken, Eier, Oliven, Saucen und Gemüse. Aufnahme im Römerhaus Augst bei Basel.

Martialis: „Ita est. Sed etiam in hac urbe nonnullae res sunt, quae mihi non placent: Hic dormire non possum, quod clamor ingens est. In illo oppido autem similis clamor non est. Ibi bene dormio."

Decimus: „Et quid de feminis Romanis ... Placentne tibi?"
Martialis risit: „Multas cognovi ... Sed audite carmen meum:

Thais habet nigros[4], niveos[5] Laecania dentes.
Quae ratio est? Emptos haec habet, illa suos."

Postquam convivae[6] riserunt, Martialis se multa alia carmina fecisse dixit. Eum magnum poetam esse convivae[6] clamaverunt.

4 niger, nigra, nigrum schwarz

5 niveus, -a, -um (schnee)weiß

6 conviva, -ae m. Gast

a Welche Informationen liefert der Dichter Martial über seine Heimat?

b Was erfahren wir im Gegensatz dazu über Rom?

c Einige Formen der Pronomen *hic* und *ille* kommen im Text vor; schreibe sie heraus und erläutere ihre Funktion.

▶ Gesamt-Grammatik S. 49–50

1. Wort-Netz

Suche zu den folgenden Begriffen sinnverwandte Wörter oder auch Gegensätze:
vicus, finis, hostis, ibi, filius, videre, ingens, natura, clamare, emere

2. Gut sortiert

a Bestimme die Kasusformen folgender Wörter:
urbi – beati – nobili – templi – prudenti – auxilii – patri – domini – propinqui – liberi

b Wähle aus diesen Wörtern sinnvolle Ergänzungen für die Lücken und übersetze die folgenden Sätze ins Deutsche:

▸ AH 1 S. 67 Ü 2

urbi – beati – nobili – aedificii – prudenti – templi – patri – domini – propinqui – liberi

1. _____ magna templa sunt.
2. Servi _____ cibos in triclinium apportaverunt.
3. Multa dona _____ viro data sunt.
4. Liberi _____ donum dant.
5. _____ Marci Antonii Primi invitati sunt.

3. Tauschbörse: Numerus

a Bestimme die hervorgehobenen Wörter nach Kasus, Numerus und Genus.

b Schreibe die Sätze in dein Heft und vertausche dabei den Numerus der hervorgehobenen Wörter. Beachte, dass in zwei Sätzen auch die Prädikate verändert werden.

c Übersetze die neu gebildeten Sätze.

1. **Senatores Romani** amicum ad **cenas**[1] invitaverunt.
2. Nobis Romanis **domus virorum nobilium** placent.
3. Patria mea **equis celeribus** clara est.

[1] cena, -ae f. Essen, Gastmahl

4. Eine gute Verbindung

a Bestimme die folgenden Substantive und Adjektive nach Kasus, Numerus und Genus.

b Ordne den Substantiven nach KNG passende Adjektive zu und übersetze.

c Setze nun alle Wortpaare in den jeweils anderen Numerus:

prudentes	urbium
celerem	poetis
nobilibus	clamori
ingentium	viros
simili	equum

5. Auf deine Entscheidung kommt es an

▸ AH 1 S. 67 – 68 Ü 3

Wer ist jeweils hic, wer ille?

Cicero magnus vir Romanus fuit,
Caesar magnus dux Romanorum fuit.
Illi litterae Latinae placuerunt,
huic multi milites paruerunt[2].
Hic imperator ingens fuit,
ille multos Romanos movit.
Illum amici et propinqui amaverunt,
hunc multi Romani amaverunt.

[2] parere, pareo, parui gehorchen

6. Gut sortiert

a Sortiere folgende Wörter nach Wortarten (Substantive, Adjektive, Verben, Adverbien, Pronomen, Präpositionen):
domus, placet, ad, sapientium, amicos, ex, gaudii, rerum, hac, in, illos, satis, forum, dormit, intrant, patriae, credunt, has, movetis, illis, pro, senatoris, horum, urbe, post, magna, mihi, clamor, est

b Sortiere die Verben nach Konjugationen und die Substantive nach Deklinationen.

c Ordne den Substantiven unter Berücksichtigung der KNG-Kongruenz Adjektive und Pronomen zu.

d Bilde aus dem Wortmaterial zwei sinnvolle Sätze und übersetze sie.

7. Zahn der Zeit

Ergänze in den folgenden Sätzen jeweils die richtige Form von hic, haec, hoc bzw. ille, illa, illud:

▸ AH 1 S. 69 Ü 3

1. Asterix et Idefix multis hominibus placent.
2. ______ clarus vir Gallorum est, ______ canis[3] Obeligis[4].
3. ______ canis parvus est, statura[5] ______ quoque parva est.
4. ______ arbores placent, ______ Romani non placent.

3 canis, -is, m. Hund

4 Obelix, Obeligis m. Obelix

5 statura, -ae f. Gestalt, Statur, Wuchs

8. Latine scribamus: Gute Wünsche auf Latein

Entwerft Glückwunschkarten für eure Familie und/oder Freunde:
Gratias tibi ago maximas!
Bene vale!
Omnia bona tibi exopto in diem natalem tuum!
Opto te/vos bene cenare!

9. Römische Spuren im modernen Spanien

España tiene muchas provincias.

10. Im Deutschen ist manches anders: er/sie

Übersetze die folgenden Sätze. Achte dabei auf die Wiedergabe der Subjektsakkusative im Deutschen:

▸ AH 1 S. 70 Ü 4

1. Poeta Martialis in urbe Roma libenter vitam agit.
2. Scimus eum in urbe Roma libenter vitam egisse.
3. Martialis se in Hispania fuisse narrat.
4. Amici se novum carmen audire cupere clamant.
5. Filia senatoris se carmina huius poetae clari audivisse gaudet.
6. Multae puellae se amicam Martialis poetae esse cupere dicunt.

Test Lektion 11–13

Die Römer erben ein Königreich

Jahrhundertelang vergrößerten die Römer ihr Weltreich, in der Regel mit Gewalt und Krieg. Dass es aber auch anders ging, zeigt die Geschichte von Attalos, dem König von Pergamon. Er herrschte im Jahr 133 v. Chr. über ein kleines Reich; diese Gegend liegt heute im Westen der Türkei.

Dieser antike griechische Portraitkopf aus Marmor (geschaffen im Zeitraum 150–125 v. Chr.), soll König Attalus III. von Pergamon darstellen.

Attalo liberi non erant, qui regere poterant. Diu ille Attalus secum cogitabat: „Quis post mortem meam fines meos regere potest?"
Quod iam aliae Asiae partes[1] ab hostibus occupatae erant, ingentes hostium exercitus timebat.
Populum[2] Romanum autem bonum patronum et amicum semper fuisse sciebat; itaque illi populo[2] fines suos donavit[3].
Romani autem se novam provinciam sine bello accepisse gaudebant.

1 pars, partis f. Teil
2 populus, -i m. Volk
3 donare schenken

Textvorerschließung

Verschaffe dir einen Überblick – wovon handelt der Text?

a Welche Informationen gibt dir die Textumgebung (Überschrift, Einleitungstext, Bild)?
b Welche Personen kommen im Text vor? An welchen Orten spielt der Text?
c Was für eine Art von Text liegt hier vor (Erzählung, Brief, Dialog)? Welche äußeren Anhaltspunkte im Text belegen deine Einschätzung?
d Welche Nomen, welche Verben kommen mehr als einmal im Text vor?

Sammle Informationen zur Hauptperson des Textes.

Übersetzungstraining

a Welche Wörter gehören zusammen? Finde Wortblöcke (Substantiv, ggf. mit Präposition, + Attribut).
b Unterscheide Haupt- und Nebensätze. Wiederhole: Woran erkennst du, ob ein Haupt- oder Nebensatz vorliegt? Wo stehen in deutschen Haupt- und Nebensätzen die Prädikate?
c In einigen Sätzen ist das Subjekt nicht ausdrücklich genannt. Welche Person ist Subjekt? Begründe jeweils deine Entscheidung.

Übersetzung

Übersetze diesen Text.

Sprachbetrachtung

Vergleiche deine Ergebnisse mit der Lösung auf S. 350.

a Falls du eine abweichende Erwartung über den Inhalt des Texts hattest: Welche Signale hast du falsch gedeutet?
b Welchen Vorteil hat es dir beim Übersetzen verschafft, dass du eine Vorstellung von dem Inhalt hattest?
c Hast du nicht alle Wortblöcke herausgefunden? Dann solltest du in der Gesamt-Grammatik noch einmal nachlesen, was dort zum Thema *Kongruenz* steht (s. S. 10).
d Hattest du Schwierigkeiten, Haupt- und Nebensätze zu unterscheiden? Dann kannst du im Übersetzungstraining S. 224 und in der Gesamt-Grammatik S. 27 nochmals nachlesen.
e Warst du unsicher, wo das Prädikat im Deutschen steht? Dann lies noch einmal im Übersetzungstraining S. 224 bzw. in der Gesamt-Grammatik S. 11 nach.
f Hattest du Schwierigkeiten, dich bei *Attalo* (Z 1) für einen Kasus und eine Rolle im Satz zu entscheiden? Lies dazu in der Gesamt-Grammatik S. 18.

Versuche, die Art deiner Fehler zu unterscheiden (Vokabeln, Formen des Verbs und des Nomens):
Bei zu vielen Vokabelfehlern: Wiederhole die Vokabeln der Lektionen 11–13.
Bei zu vielen Formenfehlern: Wiederhole Gesamt-Grammatik S. 40–42, 44–46 und 48–49.

Bei welchen Textpassagen hat dir deine Kenntnis der Vorgeschichte weitergeholfen?

Leben am Limes

Durch einen großen Zufall sind Reste von Briefen römischer Legionäre erhalten. Die Soldaten waren am Hadrianswall in Schottland stationiert.
So liest man in einem Antwortschreiben an einen Legionär (2. Jh. n. Chr.):

„Ich habe dir ein paar Socken geschickt, zwei Paar Sandalen und ein Paar Unterhosen. Viele Grüße an ... und alle deine Kameraden, mit denen du hoffentlich gut auskommst."

In einem anderen Brief lesen wir:
„Ein Freund hat mir 40 Austern aus Cordonovi geschickt."

INFO

Das Überleben einer römischen Legion in der Provinz wäre ohne Weizen nicht möglich gewesen. Weizen war der Hauptbestandteil der täglichen Nahrung. Außerdem gab es Speck, Käse und Gemüse. „Heere werden öfter durch Hungersnot als in der Schlacht aufgerieben." (Vegetius)
Eine Legion verbrauchte zwischen 4,75 und 5,225 t Weizen am Tag, das bedeutet zwischen 1734 und 1907 t Weizen im Jahr. Nicht vergessen werden dürfen zusätzliche Nahrung für die Reit-, Last- und Zugtiere. Dazu kommen Wein und Öl. Gelegentlich gab es Fleisch und Fisch. Die römische Würz-Soße *garum* wollten die Soldaten ständig vorrätig haben. Maultiere können bis zu 135 kg tragen, vierrädrige Wagen bis zu 650 kg.

Vierrädriger Transportwagen; römisches Relief aus Augusta Vindelicorum (Augsburg).

Das mittlere Rheintal (Rheinland-Pfalz).

1. Wie viele Maultiere benötigte eine römische Legion, um den Weizentransport für 1 Jahr zu sichern?
2. Im Jahr 2008 wurden auf allen Wasserstraßen des Rheingebietes 209 Millionen Tonnen Güter auf Binnenschiffen transportiert.

Leben in der Provinz

Der teilweise wiederaufgebaute römische Gutshof (Wohnhaus mit Bad) von Hechingen-Stein (Baden-Württemberg); Luftbild.

Bauernhof Haslach im Kinzigtal (Ortenaukreis, Baden-Württemberg); Luftbild.

3. Vergleiche die landwirtschaftlichen Anlagen. Sieh dir auch die Abbildung zu Lektion 4 auf S. 22 an.

Was ich in Lektion 1 – 13 gelernt habe

Sprache

Aussprache

Wissen

Ich kenne die Regeln für die Aussprache und Betonung der lateinischen Vokabeln.

Verstehen

Ich kann die Betonung der lateinischen Vokabeln erklären.

Können

Ich kann die lateinischen Vokabeln der Lektionen 1 – 13 aussprechen und betonen.
Ich kann die lateinischen Texte der Lektionen 1 – 13 vorlesen.

Wort

Wissen

Ich kenne die Bedeutungen der Vokabeln und Redewendungen der Lektionen 1 – 13.

Verstehen

Ich kann die Vokabeln der Lektionen 1 – 13 nach Wortarten sortieren.
Ich kann die Verben und Nomen nach Konjugationen und Deklinationen sortieren.
Ich kann Vokabeln in Wort-Netzen und nach Sachfeldern ordnen.

Können

Ich kann deutsche Fremdwörter von den Vokabeln der Lektionen 1 – 13 ableiten.

Form

Wissen

Ich kenne alle Fachbegriffe für die Formenbestimmung aus den Lektionen 1 – 13.
Ich kenne die Tempuszeichen für die Vergangenheitstempora Imperfekt–Perfekt–Plusquamperfekt.
Ich kenne die Endungen aller Personen für Aktiv und Passiv.
Ich kann Nomen nach der a-, o-, e-, u-, konsonantischen und gemischten Deklination deklinieren.
Ich kenne die besonderen Endungen der Pronomen aus den Lektionen 1 – 13.
Ich kann die Verben in allen Konjugationen im Präsens, Imperfekt, Perfekt und Plusquamperfekt Aktiv und Passiv konjugieren.
Ich kenne die Endungen der Adverbien.

Verstehen

Ich kann die verschiedenen Bausteine bei Verbformen, Nomen und Adverbien unterscheiden und abtrennen.
Ich kann mehrdeutige Endungen in der Deklination unterscheiden.
Ich kann die Formen von Verben, Nomen und Adverbien richtig bestimmen.

Können

Ich kann die Bedeutung aller Kasusendungen erkennen und angemessen ins Deutsche übersetzen.
Ich kann die Bedeutung der Tempora Präsens, Imperfekt, Perfekt und Plusquamperfekt erläutern und angemessen ins Deutsche übersetzen.
Ich kann den Unterschied zwischen Aktiv und Passiv erklären und angemessen im Deutschen wiedergeben.

Satz

Wissen

Ich kenne die Kongruenzregeln.
Ich kenne die Fragen nach Satzgliedern.
Ich kenne die Bestandteile eines AcI.

Verstehen

Ich kann alle Satzglieder in einem Satz bestimmen.
Ich kann mithilfe der Kongruenzregeln die Wortblöcke in einem Satz abtrennen.
Ich kann Aussage- von Fragesätzen unterscheiden.
Ich kann Haupt- und Nebensätze unterscheiden.
Ich kann Relativsätze und relativische Satzanschlüsse voneinander unterscheiden.
Ich kann einen AcI in einem Satz erkennen.

Text

Wissen

Ich kenne die Textsorten (Brief, Dialog, Erzählung), die in Lektion 1 – 13 vorkommen.

Verstehen

Ich kann die Texte der Lektionen 1 – 13 bestimmten Textsorten zuordnen.
Ich erkenne die Sachfelder in den Texten der Lektionen 1 – 13.
Ich erkenne die Konnektoren in den Texten der Lektionen 1 – 13.
Ich kann anhand der Tempora den zeitlichen Ablauf einer Handlung im Text erkennen.

Können

Ich kann mir vor der Übersetzung mithilfe von Bildern, Überschriften, Sachfeldern, Eigennamen oder Konnektoren ein Vorverständnis von einem Text verschaffen.
Ich kann die Texte der Lektionen 1 – 13 angemessen ins Deutsche übersetzen.
Ich kann mehrdeutige Vokabeln und Endungen aufgrund ihres Textzusammenhanges korrekt übersetzen.
Ich kann die Texte der Lektionen 1 – 13 in Abschnitte gliedern.
Ich kann die Texte der Lektionen 1 – 13 in eine andere Textsorte (z. B. Brief) umschreiben.

Kultur

Wissen

Ich kenne die Bestandteile eines römischen Namens.
Ich kenne die Mitglieder einer römischen Familie.
Ich kenne das römische Schulwesen und römische Freizeitaktivitäten.
Ich kenne wichtige Gebäude der Stadt Rom und ihre Funktion.
Ich kenne römische Götter und einige wichtige römische Persönlichkeiten wie Caesar, Octavian, Varus.

Verstehen

Ich kann Unterschiede zwischen einer *familia* und einer modernen Familie benennen.
Ich kann Unterschiede zwischen römischem und heutigem Unterricht beschreiben.
Ich kann Ähnlichkeiten und Unterschiede zwischen antiken und heutigen Freizeitaktivitäten angeben.
Ich kann Gemeinsamkeiten und Unterschiede zwischen antiken und modernen Gebäuden herausstellen (*circus*, *domus*, *templum*, *villa*).
Ich kann römischen Göttern ihre Aufgabenbereiche zuordnen.

Göttin spurlos verschwunden!

Giovanni Lorenzo Bernini (1598 – 1680): Raub der Proserpina. Statuengruppe aus Marmor.

INFO

Mythos

Das Wort *Mythos* kommt aus dem Griechischen und bedeutet eigentlich „Erzählung". Im antiken Griechenland waren Mythen Erzählungen von **Göttern** und **Helden** aus vorgeschichtlicher Zeit. Hierzu gehören die Geschichten von Zeus oder Herakles, aber auch der Trojanische Krieg oder die Irrfahrten des Odysseus.

Auch die Römer kannten einige Mythen wie z. B. die Erzählungen von Romulus und Remus, den Gründern der Stadt Rom. Aber die meisten Mythen haben die Römer von den Griechen übernommen, so die Erzählungen von dem trojanischen Helden Aeneas. Er flieht nach der Zerstörung Trojas und erreicht schließlich Italien, die neue Heimat.

Bei den Mythen handelt es sich zwar in der Regel um **erfundene Geschichten**, aber an Aeneas und Romulus kannst du sehen, dass es in der Antike keine klare Grenze zwischen Mythos und Geschichte gab. So hatte fast jede antike Stadt einen eigenen Mythos, der ihre Gründung erzählte. Außerdem erklären die Mythen oft Erscheinungen in der Natur wie z. B. die Erzählung von Ceres und Proserpina in dieser Lektion.

Die Welt des antiken Mythos unterscheidet sich oft nur wenig von der Welt der Menschen: Meistens geht es um Liebe, Eifersucht, Krieg und Ähnliches. Besonders im griechischen Mythos werden die Götter sehr menschlich dargestellt. Sie unterscheiden sich nur durch ihre Unsterblichkeit und ihre größere Macht von den Menschen.

Mythen waren ein besonders beliebter Stoff in der antiken **Literatur** und wurden immer wieder **verändert** und neu erzählt. Auch in der antiken **Malerei** oder auf Mosaiken findet man viele Darstellungen aus dem Mythos. Die mythischen Stoffe der Antike blieben bis in die **Kultur der Gegenwart** hinein lebendig: Sicher bist du schon Figuren aus der antiken Mythologie in Film und Fernsehen, Kunst und Literatur begegnet.

Von der Insel Sizilien ist der Mythos von Ceres und ihrer Tochter Proserpina überliefert. Was Proserpina erlebte, kannst du bereits auf dem Bild links erkennen.

Proserpina in Olympo monte inter deos deasque immortales erat. Mater Proserpinae fuit Ceres, dea frugum et frumenti, pater autem Iuppiter, maximus deorum.

Aliquando Proserpina in Siciliam insulam descendit et ibi flores collegit. Manus eius iam florum plenae erant, cum[1] subito terra se aperuit: Proserpina iuvenem ignotum spectat. Is autem Pluto rex inferorum erat et amore puellae pulchrae vehementer ardebat, sed in Olympo vivere sibi non licere sciebat. Itaque filiam Cereris rapuit et celeriter in regnum mortuorum rediit. Proserpinae autem magnus timor eius viri ignoti fuit et clamavit: „O mater! Celeriter me adiuva!“ Sed frustra auxilium matris sperabat. Tum Pluto: „Pluto sum, rex imperii ingentis. Te in matrimonium ducam et regina inferorum eris et nihil tibi deerit. Nos mortuos regemus. Omnes divitias regni mei accipies et libenter mecum in regno nostro manebis.“ Tum Proserpina timorem amisit et cum Plutone mortuos rexit.

Sed Ceres propter curam filiae omnibus in terris vestigia eius quaerebat, sed frustra. Nam amor filiae magnus erat, sed spes salutis parva. Itaque misera dea in speluncam[2] se recepit. Iuppiter autem, quod Cererem non iam fruges terrae curare viderat, prudenter providit: „Agri pleni frugum non erunt, hominibus satis frumenti non dabunt. Ita Ceres mortales cibo vinoque spoliabit – sed Cereris est mortalibus frumentum et fruges dare!“

Itaque Iuppiter sapienter decrevit: „Proserpina tot menses erit cum marito[3], quot cum matre.“

1 cum als

2 spelunca, -ae f. Höhle

3 maritus, -i m. Ehemann

a Beschreibe die auf Seite 82 abgebildete Statuengruppe und stelle Vermutungen an, was Proserpina erlebt hat.

b Vergleiche nach der Übersetzung deine Erwartungen mit dem Inhalt des Textabschnittes Z 1–9.

c Gliedere den Text anhand der Konnektoren in Abschnitte.

d In welchen Monaten lebt Proserpina in der Unterwelt, in welchen auf der Erde? Begründe. Was wird in diesem Mythos erklärt?

e Ermittle anhand der Tempora Vordergrund- und Hintergrundhandlung.

f Ceres filiam valde amat. *Amor matris* magnus est.
Et filia Cererem valde amat. *Amor matris* magnus est.
Übersetze die Sätze. Was fällt dir bei der Wiedergabe von *amor matris* auf?

▸ Gesamt-Grammatik S. 54–55

g In den Aussagen Plutos und Jupiters findest du Verbformen, die für dich neu sind. Warum sind diese Verbformen verwendet?

1. Wort-Netz

Ordne den Personen des Mythos passende Ausdrücke zu:
timere, amor, mater, odium, prudens, gaudium, beatus, rapere, uxor, clamare, crudelitas, filia, delectare, desiderare, gaudere, fugere, amare, regere, depellere, iratus, iuvat, miser, spes, sapiens

2. Von Wort zu Wort

Die Wörter *amor* und *amare* gehören zu einer Familie.
Auch die folgenden Wörter haben Verwandte. Welche?
gaudere, mortuus, regnum, ira, spes, cultus, facere, pater, imperator, timere, cura, aperire, dux, laborare, mercator

3. Ein Wort – mehrere Bedeutungen: colere

Übersetze die folgenden Sätze. Achte für eine angemessene Wiedergabe des Verbs *colere* auf den Zusammenhang:

1. Servi magnis cum laboribus agros colunt. Etiam flores et arbores[1] colere debent.
2. Romani non solum unum deum, sed multos deos coluerunt.
3. Officium magistratuum est leges et mores Romanorum colere.
4. In urbe Roma litterae Graecae magno studio[2] cultae sunt.

1 arbor, -oris f. Baum
2 studium, -i n. Eifer

4. Tauschbörse: Tempora

a Setze die folgenden Formen ins Futur:
salutamus, veniunt, it, dicitis, timeo, scribo, desum, fugio, das, audis, videmus, estis

b Übersetze die neuen Futur-Formen.

▸ AH 2 S. 11 Ü 2

5. Auf die Grundform kommt es an – Alles Futur oder was?

Suche aus den folgenden Formen alle Futur-Formen heraus und nenne die jeweilige Grundform:
cibo, colam, scribunt, timet, iam, ibo, amittes, aliam, dabis, apertam, curiam, eram, iram, iuvenes, leges, miles, morbis, movebis, reges, verbis, audiam, duces

▸ AH 2 S. 12 Ü 4

6. Von Fall zu Fall – Nominativ zu Genitiv

Bilde die entsprechenden Genitiv-Formen:
dominus, milites, horae, donum, qui, pax, liberi, magister, homines, tumultus, noster, patria

7. Ein Genitiv steht nicht gern allein

a Suche in jedem der folgenden Sätze einen Genitiv und das Wort, von dem er abhängt:

1. Servi magnum numerum[3] statuarum portant.
2. Proserpinae magna spes salutis est.
3. Iuppiter maximus omnium deorum est.
4. Ceres vocem filiae audire non potest.

3 numerus, -i m. Zahl, Anzahl

b Übersetze die Sätze.

c Bestimme die Rolle des Genitivs.

8. Eine gute Verbindung

▸ AH 2 S. 11 Ü 3

a Ordne die folgenden Adjektive ihren Deklinationen zu:
apertus, sapiens, publicus, miser, attentus, vehemens, honestus, celer, prudens, immortalis

b Bilde die Adverbien zu den Adjektiven.

c Ordne sie sinnvoll einem der folgenden Verben zu und übersetze die Verbindung:
disputare – decernere – laborare – dicere – amare – spectare – currere – agere – clamare – nuntiare

9. Auf die Grundform kommt es an – Adverbien

a Übersetze die folgenden Sätze:

1. Pueri celeriter ad forum currunt.
2. Servus tablinum caute intrat.
3. Socrates rem sapienter disputavit.
4. Bene egisti.

b Nenne zu den Adverbien das Adjektiv.

10. Im Deutschen ist manches anders: Genitiv

Übersetze die folgenden Sätze.

1. Boni magistri est discipulis fabulas pulchras narrare.
2. Consulum[4] est rem publicam regere.
3. Prudentis est deos immortales colere.

4 consul, consulis m. Konsul (oberster röm. Beamter)

11. Loquamur Latine: Ferien- und Freizeitpläne (fakultativ)

Benutze das Futur:
Quid feriis (cras/decima hora/cras mane ...) facies/facietis?

- domi *manere* → „Domi manebo.“
- in insulam Cretam *ire/navigare* →
- thermas *frequentare* →
- etc.

12. Römische Spuren (fakultativ)

Erkläre die hervorgehobenen Fremdwörter.
Von welchen lateinischen Wörtern kommen sie?

1. Diese Behauptung streitet Peter vehement ab.
2. Susanne kuriert ihren Schnupfen.
3. Jens besitzt ein schönes Terrarium.

Gut wiederholt – vorbereitet für Lektion 15

Suche in den folgenden zwei Sätzen die Partizipien.
Welche Rolle erfüllen sie jeweils im Satz?

1. Valeria ist von ihrem Vater gelobt worden.
2. Die von ihrem Vater gelobte Valeria freut sich sehr.

Europa kam aus Asien

Eine Tochter des Königs von Phönizien hieß Europa. Phönizien lag im Gebiet der heutigen Länder Syrien und Libanon. In der folgenden Geschichte erfährst du, wie der Kontinent Europa zu seinem Namen kam:

Iuppiter, pater deorum hominumque, Europam, pulcherrimam omnium puellarum, iam diu observaverat. Amore puellae captus erat et in terram descenderat, quod Europam cognoscere cupiebat.

Aliquando Europa cum nonnullis puellis ludebat, cum[1] subito taurus ingens apparuit. Is taurus incredibili forma erat; cuius corpus colore niveo[2] erat. Erat pulchrior omnibus animalibus[3], quae in terra umquam visa erant.

Europa secum cogitavit: „Vultus tauri oculique placidi[4] sunt: Nonne taurus me se manibus tangere sinit? Nam ego cum eo ludere cupio. Quid iucundius esse potest quam taurum tangere?“

1 cum (mit Ind.) als
2 niveus, -a, -um schneeweiß
3 animal, animalis n. Tier, Lebewesen
4 placidus, -a, -um sanft, ruhig, freundlich

Etiam amicae eius animal[3] mirum conspexerunt, sed timoris plenae fuerunt. Itaque taurum celeriter fugiunt, filia autem regis sua sponte ad taurum adiit. Caute corpus eius tetigit. Brevi tempore flores pulcherrimos collegit et caput tauri iis ornavit. Tum taurus floribus ornatus valde gaudebat.
Procul amicae forma tauri motae Europam magna voce monuerunt: „Cave! Scis enim tauros feriores esse quam alia animalia[3].“
Europa verbis amicarum monita tamen taurum tangere non desiit. Denique sine timore in tergo tauri consedit.

3 animal, animalis n. Tier, Lebewesen

Europa auf dem Stier, griechisches Vasenbild (Antikensammlung Berlin).

Subito taurus se sustulit et celeritate incredibili locum reliquit. Amicae magno timore captae ne vestigia tauri tenuissima quidem cernere potuerunt.
Taurus cum Europa iter longum confecit et eam per mare[5] in insulam Cretam portavit. Ibi formam mutavit et dixit: „Ecce, Iuppiter sum. Amore tui impulsus te rapui. Nunc ego felicissimus omnium deorum sum.“ Quibus verbis pater deorum amorem suum Europae praebuit. Denique Europa Iovi tres filios peperit.

5 mare, maris n. Meer

a Gliedere den Text in Abschnitte. Begründe deine Gliederung durch die Tempora und Konnektoren.

b Im Text erfährst du, dass Europa drei Söhne zur Welt brachte. Einer dieser Söhne hieß Minos. Informiere dich in Büchern oder im Internet über diesen Sohn der Europa und verfasse seinen Steckbrief.

c Suche alle Partizipien im Text und beschreibe ihre Rolle im Satz.

▸ Gesamt-Grammatik S. 59

1. Wort-Netz
Knüpfe ein Wort-Netz zum Begriff *Liebe*.

2. Wortbildung: Vorsilben (Präfixe)
In dieser Lektion begegnen dir als neue Vokabeln zusammengesetzte Verben wie *ad-ire*, *re-linquere* und *con-ficere*:

a Stelle weitere zusammengesetzte Verben mit diesen Vorsilben (*ad-*, *re-*, *con-*) zusammen.

b Beschreibe, wie sich die Grundbedeutung der Verben durch diese Vorsilben jeweils verändert.

3. Ein Wort – mehrere Bedeutungen: forma
Übersetze folgende Sätze:

1. Forma Europae puellae Iovi valde placuit.
2. Iuppiter se in formam tauri mutavit, quod Europam amabat.
3. Is taurus propter formam Europae placuit.

4. Eine gute Verbindung 1
a Bestimme die Substantive und Partizipien nach Kasus, Numerus und Genus.

b Ordne den Substantiven ein sinnvolles Partizip zu. Alle Wörter dürfen nur einmal verwendet werden.

▸ AH 2 S. 18 Ü 7

amicis	collecto
matres	invitatis
hostes	amatas
flori	cultum
deum	depulsi

5. Eine gute Verbindung 2
a Bilde zu den folgenden Verben das PPP:
amare – aperire – occupare – parere – vendere – spoliare – rapere – parare

b Verbinde die gebildeten Partizipien sinnvoll mit den folgenden Ausdrücken:
multi hostes – filius a patre – cibi a servis – porta – divitiae a viris ignotis – oppidum diu – mercator in Germania – merx

6. Tauschbörse
a Ordne den Adjektiven passende Substantive zu:

▸ AH 2 S. 19 Ü 9

durum	templa
aegrotae	negotium
incredibilis	flores
felix	discipulae
misera	uxor
pulchri	vita
clara	fama
prudens	

b Bilde die Steigerungsstufen und übersetze alle Verbindungen.

7. Zahn der Zeit (fakultativ)

Bereits die Römer legten Wert auf ein gut ausgebautes Straßensystem.
Die *Via Appia* war der wichtigste Verkehrsweg von Rom nach Brindisi mit einer Länge von ca. 540 km. Die *Via Flaminia* war ca. 280 km lang und führte von Rom nach Rimini; die *Via Aurelia* von Rom bis nach Pisa hatte eine Länge von ca. 340 km.
Diese Sachverhalte lassen sich durch verschiedene Aussagen ausdrücken, z. B.:

Via Appia longior est quam Via Flaminia.

Vervollständige die folgenden Aussagen mit den Steigerungsformen von *longus* und *brevis*. Verwende die eingeklammerten Straßennamen als Vergleichspunkte.

1. Via Flaminia et Via Aurelia _____ (Via Appia).
2. Earum viarum _____ (Via Flaminia).
3. Via Aurelia _____ (Via Appia).
4. Via Flaminia _____ (Via Appia et Via Aurelia).
5. Earum viarum _____ (Via Appia).

8. Im Deutschen ist manches anders: Superlativ

Der Superlativ kann im Deutschen auf verschiedene Art und Weise ausgedrückt werden.

Marcus discipulus attentissimus est.		Marcus ist der aufmerksamste Schüler. (Superlativ)
	oder	Marcus ist ein sehr aufmerksamer Schüler. (Elativ)

Suche treffende Übersetzungen für die folgenden Sätze:

1. Puella pulcherrima Iovi placuit.
2. Dux clarissimus triumphum[1] egit.
3. Vita miserrima omnium hominum nonnullis servis est.
4. Discipuli felicissimi sunt, quod feriae[2] adsunt.

1 triumphus, i m. Triumphzug

2 feriae, -arum f. Ferien

9. Im Deutschen ist manches anders: Partizip (fakultativ)

Übersetze die folgenden Sätze und entscheide dich bei den Partizipialkonstruktionen für eine passende Übersetzungsmöglichkeit:

▸ Gesamt-Grammatik S. 60 – 61

Nonnulli mercatores Romani a Germanis spoliati Publio de magnis periculis Germaniae narraverunt. Iis verbis motus Publius tamen sine timore in Germaniam abiit[3] ibique multas merces vendebat. Eae merces multis locis venditae Germanis valde placebant. Aliquando autem magnus ursus[4] ante oculos Publii apparuit; itaque Publius timore oppressus cogitavit: „Quomodo ursum[4] depellere possum?“ et clamavit: „Auxilium!“ Id verbum magna voce clamatum alii homines audiverunt et cum Publio animal depulerunt. Itaque ursus[4] e via depulsus in silvam[5] fugit. Homines ex ursi[4] periculo servati pleni gaudii fuerunt. Publius, postquam e Germania Romam rediit, saepe atque libenter matri amicisque de urso[4] a se depulso narrabat.

3 abire, abeo, abii weggehen

4 ursus, -i m. Bär

5 silva, -ae f. Wald

Gut wiederholt – vorbereitet auf die Lektion 16

Bilde im Deutschen die Steigerungsformen von *schön* und *gut*. Was fällt dir auf?

Ein Held in Schwierigkeiten

Statue des Herkules (sogenannter Hercules Farnese).

Der bekannteste Held der Antike war Herakles (lat.: *Hercules*). Er musste für seinen Vetter Eurystheus jahrelang schwere Arbeiten ausführen. Dafür wurden ihm die Aufnahme in den Olymp und die Ehe mit einer Göttin versprochen. Herkules war nicht nur für seine Heldentaten bekannt, sondern auch für sein unbeherrschtes Temperament und seinen übermäßigen Hunger und Durst.

Hercules Iovis filius erat. Postquam Hercules iam multos labores confecit, Eurystheus rex eum plures labores conficere iussit. Unus ex iis laboribus fuit hic:

Illis temporibus in Graecia regnabat[1] rex Augias, cui maximae divitiae erant. Nam illi regi erant plurimi boves, quorum stabula numquam purgata[2] erant. Itaque copia stercoris[3] ingens erat. Quod homines odore pessimo illius stercoris[3] vexati erant, boves atque stabula Augiae in odio erant. Rex a civibus auxilium rogatus tamen nihil fecit.

Rex Eurystheus postquam haec audivit, de novo labore cogitavit et Herculem stabula Augiae purgare[2] iussit. Hercules autem, postquam stabula stercoris[3] plena vidit, se copiam stercoris[3] suis manibus removere non posse et hunc laborem peiorem omnibus aliis laboribus esse cognovit. Itaque Hercules secum: „Hoc labore non delectabor, quod ne gloria quidem mea augebitur.“ Tamen ira motus ad Augiam regem iit et se ab Eurystheo rege stabula eius purgare[2] cogi dixit.

Tum rex Augias: „Purga[2] haec stabula uno die, tum tibi magnam partem horum boum dabo.“

1 regnare regieren
2 purgare reinigen, saubermachen
3 stercus, stercoris n. Mist

Hercules diu secum cogitabat: „Quomodo hunc laborem conficere possum? Illi labores, quos antea confeci, faciliores erant. Manibus stabula non purgabo[2], sed alio modo stabula purgari[2] possunt.“

Tum aquam fluminis per stabula duxit. Hoc modo stabula purgata[2] et homines ab odore pessimo liberati sunt. Hercules postquam hunc laborem confecit, statim ad regem Augiam iit et magna voce: „Stabula“, inquit, „purgavi[2], nunc da mihi boves promissos!“ At rex Augias se nihil ei promisisse respondit. Praeterea eum stabula non manu sua purgavisse[2], sed aquam fluminis stabula purgavisse[2] dixit.

2 purgare reinigen, saubermachen

Werbeplakat der Herkules-Fahrradwerke (1895).

a Stelle zusammen, in welchen Bereichen dir der Name des Herkules im täglichen Leben schon begegnet ist.

b Sammle die Nomen, die mehr als zweimal im Text vorkommen. Versuche anhand dieser Nomen, den Gang der Handlung zu erschließen.

c Fasse den Text zusammen, indem du folgende W-Fragen beantwortest: Wer handelt? Was wird beschrieben? Wo spielt die Handlung? Wie sind die Umstände?

d Stelle die Steigerungsformen für die Adjektive *malus, magnus, multi* aus dem Lektionstext zusammen.

▸ Gesamt-Grammatik S. 62

e Suche die neuen Verbformen heraus; welches Merkmal fällt dir bei den Endungen besonders auf?

▸ Gesamt-Grammatik S. 64

f Nam illi regi erant plurimi boves, quorum stabula numquam purgata erant.
Eine Information über den Hergang des Saubermachens fehlt in diesem Satz; welche und warum?

g Suche ein weiteres Textbeispiel dafür.

1. Ein Wort – mehrere Bedeutungen: regere

Übersetze folgende Sätze:

1. Pluto et Proserpina mortuos regebant.
2. Hercules aquam fluminis in stabula Augiae rexit.
3. Consul[1] rem publicam regebat.

1 consul, consulis m. Konsul (höchster römischer Beamter)

2. Ein Wort – mehrere Bedeutungen: cogere

Übersetze folgende Sätze:

1. Eurystheus Herculem stabula purgare[2] coegit.
2. Hercules boves in stabula purgata[2] cogit.
3. Consul[1] omnes senatores in curiam coegit.
4. Saepe res facere cogimur, quae nobis non placent.

2 purgare reinigen, saubermachen

3. Wortbildung: Nachsilben (Suffixe)

In dieser Lektion hast du Substantive auf *-or* wie *od-or* kennen gelernt: Sie sind in der Regel maskulin und gehören immer zur konsonantischen Deklination. Stelle weitere Substantive dieser Art zusammen.

4. Wort-Netz

Stelle Wörter und Ausdrücke zusammen, die zu einem *Helden* passen.

5. Im Deutschen ist manches anders

Übersetze folgende Sätze:

1. Hercules se multos labores confecisse dixit.
2. Eurystheus autem eum alios quoque labores conficere iussit.
3. Sed Hercules se his laboribus non delectari cognovit.
4. Itaque Eurystheus eum valde iratum esse vidit.

6. Tauschbörse: Komparativ

▸ AH 2 S. 25 Ü 3

a Vertausche die Konstruktion.
Beispiel: Hercules fortior erat quam rex. → Hercules fortior erat rege.
1. Hercules erat maior quam amici.
2. Taurus Europae maior erat ceteris[3] animalibus[4].
3. Labor Herculis peior erat quam alii labores.

b Wandle die neuen Sätze mit Komparativ-Formen in Sätze mit Superlativ-Formen um.

3 ceteri, -ae, -a die übrigen

4 animal, animalis n. Tier, Lebewesen

7. Auf deine Entscheidung kommt es an

Wer ist jeweils *hic*, wer *ille*?

▸ AH 2 S. 25 Ü 2

1. Cicero magnus vir Romanus fuit, Caesar magnus dux Romanorum fuit.
2. Illi litterae Latinae placuerunt, huic multi milites paruerunt[5].
3. Hic imperator magnus fuit, ille multos Romanos movit.
4. Illum amici et propinqui amaverunt, hunc multi Romani amaverunt.

5 parere, pareo, parui gehorchen

8. Tauschbörse: Aktiv → Passiv: alle Tempora

▸ AH 2 S. 26 Ü 4 u. 5

Vertausche Aktiv und Passiv und übersetze jeweils die neu gebildete Form:
vexati sunt – laudabat – amabunt – captum erat – augebat – cogeris – misi

9. Tauschbörse: Aktiv → Passiv: Sätze (fakultativ)

a Mache die aktivischen Aussagen zu passivischen und umgekehrt.
Beispiel: Taurus Europam portat. → Europa a tauro portatur.
1. Europa taurum spectat.
2. Forma a tauro mutata est.
3. Puella taurum ornabat.
4. Europa ab amicis monita erat.

b Übersetze die Satzpaare.

10. Loquamur Latine: Lob und Tadel auf Latein (fakultativ)

Mihi places – optimus amicus / optima amica es.
Mihi displices – pessimus amicus / pessima amica es.

11. Streichkonzert

Ordne den Sätzen die jeweils richtige Übersetzung zu.
1. Audies. – Du wirst hören. / Du wirst gehört.
2. Proserpina vitam iucundam amabit. – Von Proserpina wird das angenehme Leben geliebt. / Proserpina wird das angenehme Leben lieben.
3. Poeta[6] multas fabulas scribet. – Viele Geschichten wird der Dichter schreiben. / Der Dichter schreibt viele Geschichten. / Der Dichter hat viele Geschichten geschrieben.
4. Magistri discipulos bonos semper laudabunt. – Die guten Schüler werden immer von den Lehrern gelobt werden. / Lehrer werden immer gute Schüler loben. / Die guten Schüler des Lehrers werden immer gelobt.
5. Audiris – Du wirst hören. / Man hört dich.
6. Discipuli a magistro laudantur. – Die Schüler werden den Lehrer loben. / Die Schüler werden vom Lehrer gelobt werden. / Die Schüler werden vom Lehrer gelobt.
7. Multae fabulae discipulis narrantur. – Viele Geschichten werden von den Schülern erzählt. / Die Schüler werden uns viele Geschichten erzählen. / Viele Geschichten werden den Schülern erzählt.

6 poeta, -ae m. Dichter

Gut wiederholt – vorbereitet auf die Lektion 17

Suche die Partizipien in folgenden Sätzen:
Marcus saß lesend im Garten. – Die gefüllte Kalbsbrust war ausgezeichnet.
Wie unterscheiden sich die Partizipien in ihrer Bedeutung?

Test Lektion 14 – 16

Der Rinderraub des Cacus

Herakles hatte im Auftrag des Königs Eurystheus den Riesen Geryoneus im Kampf getötet und trieb nun dessen Rinderherde nach Griechenland. Dabei kam er in die Gegend, in der später Rom liegen wird, und ließ die Herde grasen. Das beobachtete heimlich der räuberische Riese Cacus, der in einer Höhle im Aventin hauste ...

Tum Cacus: „Numquam pulchriores boves vidi!“ Itaque plures boves rapuit et in speluncam[1] suam caute duxit – itaque signa[2] non erant. Hercules autem, postquam plurimos boves deesse vidit, statim eos quaesivit, sed reperire non potuit. Subito voces boum audivit et eo modo speluncam[1] Caci repperit.
Tum Hercules ira motus Caco mortem parare cupiebat.
Denique virum pessimum necavit et boves secum duxit.

1 spelunca, -ae f. Höhle
2 signum, -i n. Zeichen, Spur

Textvorerschließung

Verschaffe dir einen Überblick – wovon handelt der Text?

a Welche Informationen gibt dir die Textumgebung (Überschrift, Einleitungstext, Bild)?
b Welche Personen kommen im Text vor?
c Was für eine Art Text liegt hier vor (Erzählung, Brief, Dialog)?
Welche äußeren Anhaltspunkte im Text belegen deine Einschätzung?

d Welche Nomen (keine Eigennamen!), welche Verben kommen mehr als einmal im Text vor?
e Fasse dein Vorverständnis zusammen, indem du folgende W-Fragen beantwortest: Wer handelt? Was wird beschrieben? Wo spielt die Handlung? Wie sind die Umstände?

Antike Kultur
Wiederhole, was du zu der „Vorgeschichte" des Textes weißt: Herakles und seine Taten.

Übersetzungstraining

a Welche Wörter gehören zusammen? Finde Wortblöcke (Substantiv, ggf. mit Präposition, + Attribut, Partizip und Bezugswort).
b Unterscheide Haupt- und Nebensätze.
c Wo stehen bei der Übersetzung ins Deutsche jeweils die Prädikate?

Übersetzung

Übersetze diesen Text.

Sprachbetrachtung

Vergleiche deine Ergebnisse mit der Lösung auf S. 350–351.
a Falls du eine abweichende Erwartung über den Inhalt des Textes hattest: Welche Signale hast du falsch gedeutet?
b Konntest du die W-Fragen richtig beantworten? Welche Beantwortung fiel dir nicht leicht?
c Welchen Vorteil hat es dir beim Übersetzen verschafft, dass du eine Vorstellung von dem Inhalt hattest?
d Hast du nicht alle Wortblöcke herausgefunden? Dann solltest du in der Gesamt-Grammatik auf S. 10 nachlesen, was dort zum Thema *Kongruenz* steht.
e Hattest du Schwierigkeiten, Haupt- und Nebensätze zu unterscheiden? Dann lies dazu das Übersetzungstraining S. 224.
f Warst du unsicher, wo das Prädikat im Deutschen steht? Dann lies dazu das Übersetzungstraining S. 224.
g Hattest du Schwierigkeiten, Partizip und Bezugswort zu identifizieren und den Partizipialblock zu übersetzen? Dann lies dazu in der Gesamt-Grammatik S. 59–61.
h Hast du Fehler gemacht bei der Übersetzung von Komparationsformen? Dann lies dazu Gesamt-Grammatik S. 57.

Versuche, die Art deiner Fehler zu unterscheiden (Vokabeln, Formen des Verbs und des Nomens):
Bei zu vielen Vokabelfehlern: Wiederhole die Vokabeln der Lektionen 14–16.
Bei zu vielen Formenfehlern: Wiederhole Gesamt-Grammatik S. 52–54, 56–57 und 62–64.

Bei welchen Textpassagen hat dir deine Kenntnis der Vorgeschichte weitergeholfen?

Kretische Mythen: das Labyrinth

Pablo Picasso: Minotaure. Collage: Bleistift auf Papier, Wellpappe, Silberfolie und andere Materialien (1933).

Theseus tötet den Minotaurus. Griechisches Vasenbild (540 – 530 v. Chr.).

Tontafel mit der Darstellung eines Labyrinths, gefunden im Palast von Pylos (Peloponnes, Griechenland, vor 1200 v. Chr.).

Der minoische Palast von Knossos, zerstört im 14. Jh v. Chr., Luftbild der modernen Ausgrabungen und Rekonstruktionen.

Die Mythen Kretas haben immer wieder Menschen in vielen Ländern Europas beeindruckt. Deshalb ist Kreta und seine Vergangenheit auch im alltäglichen Sprachgebrauch noch immer gegenwärtig: Wir sprechen vom **Faden der Ariadne**, verirren uns schon mal in einem **Labyrinth** usw.

1. Informiere dich darüber, welche Geschichte hinter diesen Namen verborgen ist.
2. Was ist mit dem Wort *Labyrinth* und den Namen *Ariadne*, *Minotaurus* und *Theseus* gemeint?

Kretische Mythen: Dädalus und Ikarus

Dädalus und Ikarus; römisches Marmor-Relief (2. Jh. n. Chr.).

Dädalus gilt als genialer Baumeister. Er hat das **Labyrinth** für den **Minotaurus** geschaffen. Aber er hat auch einen Menschheitstraum wahr werden lassen: Um von der Insel fliehen zu können, hat er für sich und seinen Sohn Ikarus **Flügel** gebaut. So konnten sie trotz Bewachung Kreta verlassen. Leider endete das Unternehmen durch den Leichtsinn des Sohnes tragisch.

Carlo Saraceni: Sturz des Ikarus. Ölgemälde (1606).

3. Informiere dich über die Geschichte von Dädalus und Ikarus.
4. Warum sollte man eine Fluglinie nicht Ikarus-Airlines nennen?
5. Woran kann man erkennen, dass die Geschichte ausgedacht ist?

Griechen in Not

Im 10. Jahr des Kampfes um die Stadt Troja gelang es den Trojanern, die angreifenden Griechen bis zu ihren Schiffen zurückzudrängen.

Statim Patroclus ad castra Graecorum contendit. Militibus appropinquans terribilia[1] vidit. Nam Agamemnon, Ulixes, Diomedes, quamquam fortissime pugnaverant, iam vulnerati erant. Etiam Machaon, medicus Graecorum, graviter vulneratus dolores ingentes sustinebat. Quibus rebus territus Patroclus spem omnem paene amisit. Itaque celerrime per castra cucurrit, sed saepius ei viri Graeci obviam ibant, qui auxilium petentes eum retinebant.

[1] terribilis, terribilis, terribile schrecklich

Tum etiam Nestor senex, sapientissimus Graecorum, Patroclum adiens: „Quis“, inquit, „crudelius agere potest quam Achilles? Eius iram maximam esse scio. Sed tu, Patrocle, prudentior es quam ille. Tu amico persuade! Redite in aciem Graecorum!“

His verbis motus Patroclus nihil libentius facere cupivit quam cum Achille in proelium redire. Dum Patroclus ad Achillem redit, alio loco Hector cum exercitu Troiano celerius naves Graecorum adibat. Ibi Aiax, vir optimus Graecorum, virtute maxima certabat. Etiam tum Graeci vallum, quod inter naves et hostes erat, defendebant. Vehementissime resistentes tamen a Troianis victi sunt. Eo modo via ad naves aperta fuit. Tum Aiax pro navibus fortissime pugnans diutius resistere non iam potuit et tandem etiam Apollini pro Troianis pugnanti cessit. Denique Aiax in undas contendens salutem petivit. Troiani autem deos sibi victoriam dedisse facilius crediderunt: Naves Graecorum arserunt.

Tum Patroclus ad Achillem venit et vehementissime ab eo petivit: „Nostris adesse debes! Curre ad naves ardentes!“ Sed Achilles maxima ira permotus suum auxilium negavit. Itaque Patroclus: „Sortem miserrimam“, inquit, „fratres nostri iam subierunt. Quibus auxilium sperantibus ego adero. Da mihi arma tua magnifica, quibus saepissime tot hostes superavisti.“

Et Achilles preces amici probavit. At mortem amici timens Achilles a Iove vitam pro Patroclo rogavit – sed frustra …

Kampf um die Leiche des Patroklos. Griechisches Vasenbild (um 530 v. Chr.).

a Die Handlung im Text spielt an unterschiedlichen Schauplätzen. Gliedere den Text in entsprechende Abschnitte. Zeige auf der Illustration S. 103, an welchem Schauplatz jeder Abschnitt spielt.

b An welchen Wörtern erkennst du jeweils, dass der Schauplatz wechselt?

c Gestalte zu den Abschnitten des Textes jeweils ein Tempusprofil, indem du die verwendeten Tempora bestimmst. Nenne die Zeitstufe, in der die Geschichte spielt.

d Gib anhand der Tempora auch an, in welchen Sätzen du etwas über den Hintergrund der Ereignisse erfährst und in welchen die aktuellen Ereignisse selbst beschrieben werden.

e Das Tempusprofil und die Überschrift geben dir Hinweise, um welche Art von Text es sich in dieser Lektion handelt.

f Die Geschichte stellt den Wendepunkt im Trojanischen Krieg dar. Überlege dir, wie die Geschichte weitergeht und beachte dabei die Informationen, die du aus dem Lektionstext erfahren hast.

g Finde im Text die gesteigerten Adverbien heraus. Sortiere sie nach ihren Endungen und beschreibe ihre Bildungsweise.

▸ Gesamt-Grammatik S. 56–57

h Suche aus dem Text die Sätze mit einem PPP / Partizip der Vorzeitigkeit heraus.

i Die neue Form *appropinquans* in Zeile 2 ist das Partizip der Gleichzeitigkeit / Präsens Aktiv (PPA). Dasselbe gilt z. B. für *petentes* in Zeile 7. Im Text finden sich weitere Partizipialformen dieser Art.
Beschreibe den Unterschied zwischen den beiden Partizipialformen PPP und PPA.

▸ Gesamt-Grammatik S. 59–61

INFO

Das Urteil des Paris

Als König Peleus von Thessalien die göttliche Meeresnymphe Thetis heiratete, waren auch alle Götter eingeladen – mit Ausnahme von Eris (Discordia), der Göttin der Zwietracht. Aus Rache warf sie einen **goldenen Apfel** mit der Aufschrift **„Für die Schönste"** unter die Gäste. Sofort stritten sich drei Göttinnen um den Apfel: Hera (Iuno), Athene (Minerva) und Aphrodite (Venus).

Aber die anderen Götter wollten diesen Wettstreit nicht selbst entscheiden. Also schickte Zeus (Jupiter) seinen Boten Hermes (Merkur) zu dem trojanischen Königssohn Paris. Er sollte bestimmen, welche der drei die Schönste sei.

Die Göttinnen versuchten Paris zu bestechen: Hera versprach ihm Macht und Reichtum, Athene Weisheit und Geschicklichkeit und Aphrodite die schönste Frau der Welt. Paris fällte sein Urteil und gab **Aphrodite** den goldenen Apfel.

INFO

Der Raub der Helena

Viele Jahre später war Paris von seinem Vater Priamos, dem König von Troja, als Botschafter nach **Sparta** zu König Menelaos geschickt worden. Menelaos war mit Helena verheiratet, die damals als die schönste Frau Griechenlands galt. Nun hielt Aphrodite ihr Versprechen und sorgte dafür, dass sich Paris und Helena ineinander verliebten. Als Paris die Heimreise antreten musste, nahm er Helena mit nach Troja, wo beide dann zusammen am Königshof lebten.

Der Beginn des Feldzugs gegen Troja

Menelaos aber wollte sich für den Ehebruch und die Verletzung der Gastfreundschaft rächen und rief alle griechischen Fürsten zum Feldzug gegen Troja auf. Alle folgten seiner Aufforderung, darunter sein Bruder **Agamemnon**, der mächtige König von Mykene, und **Odysseus**, der listige König von Ithaka. Aber obwohl bereits eine große Zahl Soldaten und Schiffe bereitstanden, fehlte noch ein besonders starker und tapferer Krieger. Ein Wahrsager hatte den Griechen nämlich vorhergesagt, dass **Achill**, der Sohn des Peleus und der Thetis, für den Krieg gegen Troja unentbehrlich sei. Also wurde Odysseus beauftragt, den jungen Mann zum Heer zu holen. Achill kam und brachte seinen besten Freund Patroklos mit, der mit ihm am Hof des Peleus erzogen worden war.

Die Griechen ernannten Agamemnon zu ihrem obersten Befehlshaber und segelten an die Küste Kleinasiens. Dort schlugen sie in der Nähe von Troja ein riesiges Lager auf und begannen mit der Belagerung der Stadt.

INFO

Der Verlauf des Krieges und der Zorn des Achill

Immer wieder kam es zu Kämpfen zwischen Trojanern und Griechen. Bei den Trojanern war der tapferste und beste Kämpfer der älteste Sohn des Priamos, **Hektor**, bei den Griechen übertrafen **Achill** und **Ajax** alle übrigen.
Die Griechen bestürmten aber nicht nur die gut befestigte Burg, sondern unternahmen auch Streifzüge in die Umgebung von Troja, besiegten dort kleinere Gebiete und brachten viele Gefangene und Beutestücke ins griechische Lager, wo man alles untereinander aufteilte.
Einmal verlangte **Agamemnon**, der auf den Ruhm des Achill neidisch war, eine Gefangene namens Briseis, die Achill als Dienerin zugesprochen worden war. **Achill**, der glaubte, dass Agamemnon immer den größten Beuteanteil für sich behielt, weigerte sich zunächst. Es kam zu einem erbitterten Streit. Schließlich gab Achill das Mädchen zwar heraus, schwor aber wutentbrannt, Agamemnon nicht mehr zu gehorchen und nicht mehr für ihn zu kämpfen. Er blieb in seinem Zelt und verbot auch seinen Männern zu kämpfen.
Schließlich gelang es den Trojanern, die Griechen bis zu ihren Schiffen zurückzudrängen. Obwohl die Griechen sich unter Führung des Ajax mit allen Kräften wehrten, schienen sie die Schlacht zu verlieren. Da bat **Patroklos** Achill um Hilfe. Achill weigerte sich zwar, lieh Patroklos aber seine Waffen und seine Rüstung und erlaubte ihm, seine Männer in die Schlacht zu führen. Im erbitterten Kampf wurde Patroklos schließlich von Hektor erstochen. Achill war fassungslos vor Trauer. Er versöhnte sich mit Agamemnon, nahm wieder am Krieg teil und rächte sich für den Tod seines Freundes, indem er Hektor im Zweikampf tötete.

INFO

Der Untergang der Stadt Troja

Zehn Jahre kämpften Griechen und Trojaner gegeneinander, doch keine Seite gewann entscheidende Vorteile. Denn die olympischen Götter mischten sich in die Kämpfe ein: Einige von ihnen standen auf der Seite der Griechen: Hera, Athene, Hermes (Mercurius), Thetis, Poseidon (Neptunus) und Hephaistos (Vulcanus), der Gott des Feuers und der Schmiedekunst. Dagegen unterstützten Aphrodite, Apollo (Phoebus), Artemis (Diana) und der Kriegsgott Ares (Mars) die Trojaner. Und wie die Menschen vor Troja kämpften die Götter im Olymp miteinander.

Doch Zeus hatte entschieden, dass die Griechen gewinnen sollten. Nachdem auf beiden Seiten alle berühmten Krieger den Tod gefunden hatten, entwickelte **Odysseus** eine List. Er ließ die Griechen ein riesiges Holzpferd bauen. Darin versteckten sich einige Krieger. Dann bestiegen alle Griechen die Schiffe und taten so, als wollten sie nach Haus segeln. Ein Mann namens Sino blieb am Strand zurück. Er gab vor, aus dem griechischen Heer ausgestoßen worden zu sein und redete den Trojanern ein, das Pferd sei ein Geschenk für Athene. Die Trojaner waren froh, dass der Krieg vorbei war, und zogen das Pferd trotz der Warnung eines Priesters in die Stadt. Sobald sie nach den Siegesfeiern eingeschlafen waren, kletterten die Krieger aus dem Pferd heraus, öffneten ihren Gefährten, die heimlich zurückgesegelt waren, die Stadttore und richteten ein fürchterliches Blutbad an. Der König und die meisten Männer Trojas fanden den Tod, die meisten Frauen wurden als Kriegsgefangene nach Griechenland gebracht. Nur wenige Männern konnten unter Führung des **Aeneas** aus dem brennenden Troja fliehen. Aeneas hatte als Sohn der Göttin Aphrodite von Zeus den Auftrag erhalten, zusammen mit seinem Sohn Askanius, der später Iulus genannt wurde, in Italien den Grundstein für ein Weltreich zu legen.

1. Wort-Netz

Stelle aus dem Lektionstext alle Wörter und Wendungen zusammen, die mit dem Thema *Tapferkeit und Kämpfen* zusammenhängen.

2. Ein Wort – mehrere Bedeutungen: petere

Petere bezeichnet eine ziemlich heftige Bewegung, die sich auf ganz unterschiedliche Ziele richten kann. Deswegen gibt es viele Übersetzungsmöglichkeiten. Ordne zu und übersetze die Wortgruppen im Ganzen:

pacem petere	... eilen
castra petere	um ... bitten
patriam armis petere	... suchen
salutem petere	... angreifen
auxilium petere	... fordern

3. Auf die Grundform kommt es an

▸ AH 2 S. 31 Ü 2

a Bestimme die Substantive und Partizipien nach Kasus, Numerus und Genus.
b Ordne jedem Substantiv ein passendes Partizip zu.
c Führe die Wortgruppen auf den Nominativ zurück.

amicos	roganti
deorum	cognoscentes
disciplui	contendentium
hostes	pugnantes
senatori	salutantis

4. Eine gute Verbindung 1

▸ AH 2 S. 32 Ü 4

a Bilde zu den folgenden Verben das PPA:
amare – audire – delectare – narrare – canere – aspicere – spectare

b Bilde sinnvolle Verbindungen aus je einem PPA und einer der folgenden Wortgruppen. Achte auf die KNG-Kongruenz.
Marcus carmen[1] laetum – Iulia maritum[2] valde – magister fabulam longam – avus Lucium dono – puellae vestes[3] pulchras – Europa taurum niveum[4]

c Übersetze die Wortgruppen jeweils als temporalen, kausalen oder konzessiven Nebensatz bzw. als Relativsatz und ergänze sie auf Deutsch zu einem vollständigen Satzgefüge. Beachte die Gleichzeitigkeit/ das Zeitverhältnis.

Beispiel: audire → audiens; Discipuli attente audientes ...;
Obwohl die Schüler aufmerksam zuhören, vergeht die Zeit bis zum Schulschluss nur sehr langsam.

1 carmen, carminis n. Lied, Gedicht
2 maritus, -i m. Ehemann
3 vestis, -is f. Kleid
4 niveus, -a, -um schneeweiß

5. Eine gute Verbindung 2 (fakultativ)

Bilde zu den folgenden Adverbien jeweils Komparativ und Superlativ/Elativ.
attente – tute – beate – laete – fortiter – misere

6. Tauschbörse: Subjekt → Objekt

a Mache das Subjekt zum Objekt, das Objekt aber zum Subjekt.
Achte auch auf das Prädikat.
1. Senex fratrem salutat.
2. Taurus ingens Europam pulchram delectavit.
3. Rex Troianorum hostes feros non timuit.
4. Uxor marito[2] affuit.

b Übersetze alle neuen Sätze.

7. Streichkonzert

▸ AH 2 S. 32 Ü 5

Suche die passende Form und ergänze so, dass jeweils ein sinnvoller Satz entsteht. Übersetze den ganzen Satz:
prudentissime – breviter – fortissime – vehementissime – cautissime – celerius – tenuissime – sapientius – tutissimum – maxime – minime – pessime
1. Achilles ________ certavit.
2. Servi cibos ________ portant.
3. Europa taurum ________ tetigit.
4. Hercules laboribus Eurysthei ___ delectabatur.

8. Satzbaustelle

a Fülle jeweils ein passendes Partizip in die Satzlücke (beachte Sinn *und* KNG).
pugnantibus – promittentem – aspiciens – motae – captus
1. Iuno et Minerva magna ira ______ bellum cum Troianis gerere constituerunt.
2. Paris Helenam ______ amore eius captus est.
3. Paris amore Helenae ______ uxorem regis Spartae rapuit.
4. Troianis magna virtute ______ victoria a Iove data non est.

b Wähle eine treffende Übersetzung.

9. Im Deutschen ist manches anders

Finde möglichst viele treffende Übersetzungen für die Elative in den folgenden Sätzen.
1. Magister discipulos vehementissime monuit.
2. Liberi in horto laetissime ludunt.
3. Hercules labores optime confecit.

10. Hier Latein, dort Englisch

a Ordne den beiden englischen Übersetzungen die passende Stelle aus dem Lektionstext zu:
1. Approaching the soldiers …
2. … help those hoping for help

b Vergleiche die Bildungsweisen des Partizips im Lateinischen und im Englischen: Welche Unterschiede erkennst du?

Gut wiederholt – vorbereitet für Lektion 18

Während Achill in seinem Zelt schmollte, zündeten Trojaner die griechischen Schiffe an.
Während ist eine Subjunktion und leitet einen Temporalsatz ein.
Bilde im Deutschen weitere Temporalsätze mit anderen Subjunktionen.

Gefährliche Sirenen

Nach der Eroberung Trojas kehrten fast alle Griechen in ihre Heimat zurück. Nur die Heimfahrt des Odysseus (lat.: *Ulixes*) verzögerte sich, weil er oft Schiffbruch erlitt.

Ulixes postquam decem annos in mari erravit et omnes socios navesque amisit, ad insulam Phaeacum pervenit. Nausicaa autem filia regis cum puellis ad mare ambulabat[1] et subito Ulixem nudum[2] in litore iacentem repperit. Virum ignotum adiit et paene mortuum esse vidit.

Misericordia autem viri permota puellas ei celerrime vestem dare iussit. Tum ad cenam[3] eum invitavit[4]. Postquam cenaverunt[5], Ulixes de erroribus rogatus narravit:

„Postquam moenia Troiae cum sociis reliqui, non solum multas urbes moresque hominum cognovi, sed etiam vim animalium ignotorum. Per mare errantes sitim[6] famemque vix sustinere potuimus.
Cum naves nostrae tempestatibus ingentibus agitatae sunt, vires nos defecerunt.
Non solum animalia ignota, sed etiam deas cognovi. Inter eas fuit Circa, quacum unum annum vixi. Circa me monebat:
‚Cave pericula maris! Mare enim plenum est animalium, quorum vis maior est quam vires tuorum sociorum. Imprimis cave Sirenes, quae sunt mulieres mirae speciei! Sirenes in saxis sedentes vi dulcis vocis viros ad se alliciunt[7] et omnibus perniciem parant.‘

1 ambulare spazieren gehen
2 nudus, -a, -um nackt
3 cena, -ae f. Essen, Mahlzeit
4 invitare einladen
5 cenare essen, speisen
6 sitis, sitis f. Durst
7 allicere anlocken

INFO

Odysseus

Wir kennen den Helden Odysseus aus zwei berühmten Erzählungen des griechischen Dichters Homer: *Ilias* und *Odyssee*. In der *Ilias* beschreibt Homer einen Teil des Kampfes um Troja und in der *Odyssee* schildert er, wie Odysseus erst nach langer Irrfahrt und glücklich überstandenen Abenteuern nach Hause gelangt. Auch dort hat er wieder weitere Kämpfe um seine Frau Penelope und seinen Besitz zu bestehen.
Bei Homer wird Odysseus als tapfer, listenreich und erfindungsreich, bei anderen Dichtern aber wird er als schlau, durchtrieben und rücksichtslos charakterisiert.
Während seiner langen Irrfahrten erlebte Odysseus viele **Abenteuer**, unter anderem hielt er sich bei der Zauberin **Kirke** auf. Sie verwandelte die Gefährten des Odysseus in Schweine. Nachdem Odysseus Kirke gezwungen hatte, diese Verwandlung rückgängig zu machen, verliebte sie sich in ihn und lebte eine Zeit lang mit ihm zusammen.

Quod voces earum sine periculo audire cupivi, haec feci: Aures sociorum cera[8] explevi. Me autem ad malum alligari[9] iussi. Ubi voces Sirenum audivi, eis appropinquare desideravi, sed vincula firma me tenuerunt. At illi voces Sirenum non audientes maximis viribus navem impulerunt. Ut primum longe a Sirenibus afuimus, socii me solverunt, ego autem aures eorum cera[8] liberavi."

Omnes Ulixem narrantem attente audiebant, Nausicaa autem amore adducta eum spectabat. Sed ille de Ithaca insula et de Penelopa uxore cogitans puellam neglexit.

8 cera, -ae f. Wachs

9 ad malum alligare an den Mast binden

Das Schiff des Odysseus und die Sirenen. Griechisches Vasenbild aus Paestum (ca. 330 v. Chr.).

- a Suche alle Eigennamen aus dem Text heraus und kläre, um wen es sich handelt.
- b Gliedere den Text anhand der Schauplätze.
- c Achte besonders in den Zeilen 8–24 auf die Verbformen. Was sagen sie dir über die Art des Textes? Vergleiche diese Textsorte mit der in Lektion 17.
- d Vergleiche den Helden Odysseus mit dem Helden Patroklos aus Lektion 17.
- e Suche aus dem Text alle temporalen Nebensätze heraus und bestimme ihr Zeitverhältnis zum übergeordneten Satz.

▸ Gesamt-Grammatik S. 69

1. Gegensätze ziehen sich an

Bilde aus den folgenden Wörtern Gegensatzpaare:
pax – amicus – pauci – nox – homo – terra – rogare – mulier – dies – abesse – magnus – animal – numquam – bellum – longus – hostis – parvus – mare – semper – multi – respondere – vir – adesse – brevis

2. Wortbildung: neue Substantive

Du kennst die Substantive *tempes-tās* (Gen. *tempes-tāt-is* f. < *tempus*) und *vir-tūs* (Gen. *vir-tūt-is* f. < *vir*). Mit den Nachsilben *-tās* und *-tūs* werden im Lateinischen aus Adjektiven oder Substantiven neue Substantive gebildet, die dann immer feminin sind und konsonantisch dekliniert werden.

a Stelle weitere Substantive mit den Nachsilben *-tās* und *-tūs* zusammen und erläutere die Bildeweise.

b Nenne die Bedeutung der folgenden, dir eigentlich unbekannten Substantive: *iuven-tūs, senec-tūs, gravi-tās, brevi-tās, immortāli-tās.*

3. Wort-Netz 1

Stelle Ausdrücke des Sachfelds *Bewegung* zusammen.

4. Wort-Netz 2

Stelle Wörter zum Begriff *animal* zusammen.

5. Auf die Grundform kommt es an

▸ AH 2 S. 38 Ü 2

Führe die folgenden Wortformen auf ihre jeweilige Grundform zurück:
virum – virium – vehementissime – maius – clarius – maria – quorum – reperit – fueram – euntem – reliquit – subito – subeo – acceptus – brevi

6. Gut sortiert

Sortiere die folgenden Wörter nach ihren Wortarten und bestimme sie. (Achte auf Mehrdeutigkeiten!)
audi – timui – omni – mari – vi – egi – eunti – amici – amisi – amitti – amissi – aperti – ibi – i – capiti – rei – duci – hi – tibi – ubi – urbi – animali – ii

7. Tauschbörse

a Übersetze die folgenden lateinischen Sätze:

1. Vis viri magna erat.
2. Vir vim maris timuit.
3. Animalibus marium saepe vires ingentes sunt.
4. Vi maris navis magno in periculo est.
5. Mare et amicus et hostis hominis est.

b Vertausche jeweils den lateinischen Singular und Plural.

8. Im Deutschen ist manches anders

▸ AH 2 S. 39 Ü 5 u. 6

Finde jeweils eine treffende Übersetzung für die folgenden Sätze:

1. Troiani maximis viribus resistentes a Graecis victi sunt.
2. Mulieres nobiles[1] Troianorum in Graeciam raptae ibi servae principum Graecorum fuerunt.
3. Socii Ulixis animalibus maris appropinquantes pleni timoris erant.
4. Ulixes a Phaeacibus in patriam missus alia pericula in Ithaca insula sustinuit.

1 nobilis, nobile adlig

9. De Paride et Oenone (fakultativ)

Übersetze folgenden Text ins Deutsche:

Graeci Troianos bello petiverunt, postquam Paris Helenam rapuit. Paris autem, priusquam[2] Helenam rapuit, aliam puellam amaverat, cui nomen[3] Oenone erat. Paris enim, dum per fines Phrygiae errat, Oenonem nympham[4] cognoverat. Oenone, ubi Paridem vidit, subito amore huius pulchri iuvenis permota est. Paris autem, postquam Helenam omnium mulierum pulcherrimam esse audivit, Oenonem reliquit et Helenam quaesivit. Dum Paris nave iter[5] in Graeciam facit, Oenone multis cum lacrimis pulchrum filium Priami exspectabat. Helena autem uxor Menelai erat, priusquam[2] Paris in Graeciam pervenit. Paris autem, ut Helenam vidit, ingenti amore captus uxorem Menelai rapuit. Hoc saepe accidit[6]: Homines, cum dulci amore vehementer permoventur, prudenter agere desinunt.

2 priusquam bevor
3 nomen, nominis n. Name
4 nympha, -ae f. Nymphe
5 iter facere reisen
6 accidit es geschieht, ereignet sich

10. Homerische Spuren

Einige Wörter aus der Sage um Odysseus sind auch heute noch in unserer Sprache lebendig.

1. Nach einer langen Odyssee gelangten die Flüchtlinge endlich an ihr Ziel.
2. Plötzlich schrillten die Sirenen.
3. Sie konnte ihn trotz allem nicht bezirzen.
4. In das Computerprogramm haben sich Trojaner eingeschlichen.

a Erkläre den Ursprung dieser Wörter.
b Wie verwenden wir sie heute?

Gut wiederholt – vorbereitet auf Lektion 19

I. Worin unterscheiden sich die folgenden Sätze, was haben sie gemeinsam?
1. Troia a Graecis capta multos dies ardebat.
2. Troja war von den Griechen erobert worden und brannte daraufhin viele Tage.
3. Nachdem Troja von den Griechen erobert worden war, brannte es viele Tage.
4. Nach seiner Eroberung durch die Griechen brannte Troja viele Tage lang.

II. Übersetze entsprechend:
Ulixes amore Circae adductus cum ea unum annum in insula vixit.

Eine Liebe ohne Zukunft – Dido und Aeneas

Im trojanischen Krieg kämpfte Aeneas, der Sohn des Anchises und der Göttin Aphrodite, sehr tapfer auf der Seite der Trojaner. Doch erst nach dem Krieg wurde er berühmt.
Dem Brand Trojas konnte er zusammen mit seinem Sohn Askanius, seinem Vater Anchises und einigen Gefährten entkommen. Nur seine Frau Kreusa verlor er auf der Flucht. Aeneas und seine Gefährten bestiegen Schiffe, um sich in eine neue Heimat aufzumachen. Allerdings ahnte Aeneas nicht, wie lange diese Reise dauern sollte.
Einige Gefährten und auch der Vater Anchises überlebten die großen Strapazen dieser Irrfahrten nicht.
Endlich, nach sieben Jahren, glaubte Aeneas seinem Ziel sehr nahe zu sein.

Iam Aeneas sociique oram patriae novae videbant. Subito tempestas ingens naves Troianorum oppressit. Navibus e summo periculo ereptis Troiani ad oram Africae pervenerunt. Ibi Dido, regina Carthaginis, eos salutavit et ad domum suam invitavit.
Cena[1] magnifica parata Aeneas de incendio Troiae et de longis erroribus narravit. „Ego quoque“, Dido plena misericordiae inquit, „e patria expulsa sum. Hic novam patriam inveni et Carthaginem constituere[2] coepi. Urbe moenibus munita multa aedificia nobis desunt.“

1 cena, -ae f. Gastmahl, Festessen
2 constituere hier: erbauen, gründen

Sociis cenantibus[3] et gaudentibus Aeneas amore Didonis captus est. Etiam Dido amore viri adducta: „Aenea“, inquit, „in regno meo mane! Hic vita beata tibi tuisque erit.“ Profecto Troiani diu non inviti in Africa manebant.

3 cenare essen, speisen

Aenea vitam beatissimam agente tamen Iuppiter deus contentus non erat et Mercurium vocavit: „Audi! Ego Aeneam fato parere[4] cupio, ego Aeneam in Italia patriam novam condere cupio. Tu Aeneam Carthaginem relinquere iube!“
Aenea a Mercurio deo monito statim Troiani naves in portu paraverunt. Deinde Aeneas aedes regias intravit: „Dido, hic vitam beatam tecum egi. Hic felicissimus fui. Sed nunc me fato parere oportet. Itaque hodie Carthaginem relinquam et in patriam novam navigabo.“
Lacrimas Didonis videns addidit: „Cur fles[5]? Quod te vehementissime amo, te et in matrimonium et in patriam novam ducere cupio.“

4 parere, pareo gehorchen
5 flere, fleo weinen

Aeneas wird von Dido in Karthago willkommen geheißen. Illustration zu Vergils Aeneis in einer Handschrift. Bartolomeo da S. Vito, um 1497.

Dido autem: „Aenea, nos sortem miserrimam subire debemus: Nam meum fatum est hic manere. Carthago est patria mea, tua patria est Italia. Vale!“
Tum Aeneas maeroris[6] plenus Africam reliquit. Dido manibus ad caelum sublatis „O di[7]! Me miseram! Pereo“ et mortem sibi conscivit[8].
Postquam Aeneas ad oram Italiae pervenit, ei licebat cum Sibylla apud inferos Didonem postremum videre.

6 maeror, -oris m. Trauer

7 di: Vok. zu dei

8 mortem sibi consciscere Selbstmord begehen

a) Informiere dich in Lexika und im Internet über die kriegerischen Auseinandersetzungen zwischen Rom und Karthago und das Ende des Konfliktes.

b) Jeder Mythos enthält einen wahren Kern. Der Mythos von Dido und Aeneas soll den Anfang der Feindschaft zwischen Karthago und Rom erzählen. Suche dafür Hinweise im Text.

c) Für das Schicksal der beiden Hauptpersonen Dido und Aeneas spielen zwei Götter eine entscheidende Rolle, die im Text genannt werden. Benenne sie.

d) Finde in Lexika und im Internet Informationen über sie.

e) Was ist von der Stadt Karthago bis heute erhalten geblieben? Informiere dich in Lexika oder im Internet.

1. Das Wort – ein weites Feld
Bilde aus den angegebenen Wörtern Paare, die einen Gegensatz ausdrücken, und gib jeweils ihre Bedeutung an.
abesse – senex – gaudium – sine – antea – aqua – aegrotus – delectare – nihil – adesse – multum – iuvenis – dolor – deus – cum – aliquando – salvus – terrere – homo – postea – nunc – terra

2. Wort-Baustelle
Bilde aus den folgenden sechs Wörtern möglichst viele neue Wörter und gib ihre Bedeutung an. Du kannst die Wörter mehrfach verwenden.
num – non – ea – ne – post – quam

3. Was gehört zusammen?
Bilde aus den angegebenen Wortgruppen A (Verben) und B (Substantive) Paare, die inhaltlich zusammen passen, z. B.: *amare – amor*. Gib jeweils ihre Bedeutung an.
A: gaudere – timere – portare – ludere – laborare – facere – curare – ducere
B: porta – gaudium – labor – dux – timor – cura – ludus – factum

▸ AH 2 S. 44 Ü 2 u. 3

4. Eine gute Verbindung 1
a Bestimme die folgenden Substantive und Pronomen nach Kasus, Numerus und Genus:
equos – naves (2) – oppidis (2) – res (3) – regis
ea – eos – illae – illas – illis – his – hae – huius
b Ordne den Substantiven nach KNG passende Pronomen zu und übersetze die Verbindungen.
c Setze alle Wortpaare in den jeweils anderen Numerus.

5. Im Deutschen ist manches anders
▸ AH 2 S. 46 Ü 8

Für die Übersetzung des Ablativus absolutus gibt es mehrere Möglichkeiten:
- durch Nebensätze (temporal, kausal, konzessiv)
- durch Beiordnung und
- durch eine präpositionale Verbindung.

Beispiel: *Troia capta Aeneas cum patre filioque fugit.*

Nachdem Troja erobert worden war, floh Aeneas mit Vater und Sohn.
Troja ist erobert worden und danach floh Aeneas mit Vater und Sohn.
Nach der Eroberung Trojas floh Aeneas mit Vater und Sohn.

Übersetze nun die folgenden Ablativi absoluti auf unterschiedliche Weise:
1. Multis periculis superatis Troiani ad oram Africae pervenerunt.
2. Aenea de rebus gestis narrante socii bona cena[1] delectati sunt.
3. His verbis factis Dido respondit.
4. Carthagine ab Aenea relicta Dido desperata[2] erat.

1 cena, -ae f. Essen, Mahlzeit
2 desperatus, -a, -um verzweifelt

6. Auf das Zeitverhältnis kommt es an

a Suche aus dem Text (Zeile 2–10) die Sätze heraus, die einen Ablativus absolutus enthalten. Notiere sie in dein Heft.

b Verändere das Tempus der Prädikate. Benutze dazu die folgenden Verbformen: perveniunt – narrat – deerant – capitur

c Übersetze die Sätze und achte dabei auf das Zeitverhältnis.

7. Auf die Form kommt es an

▸ AH 2 S. 47 Ü 3 u. 4

a Bestimme folgende Substantive und Partizipien nach Numerus und Genus:

socii	narrans
Aeneas	gaudentes
servi	relicta
Carthago	cibos parantes

b Ordne jedem Substantiv ein passendes Partizip zu. Alle Wörter dürfen nur einmal verwendet werden.

c Bilde Ablativi absoluti, indem du die Wortblöcke in den Ablativ setzt.

d Übersetze danach die Ablativi absoluti auf unterschiedliche Weise.

8. Tauschbörse

Bilde zu den folgenden Partizipien der Gleichzeitigkeit jeweils das Partizip der Vorzeitigkeit und den Infinitiv. Übersetze diese Infinitive:
accipiens – audientem – dicenti – ducente – monentis – occupantibus

9. Satzbaustelle

a Ergänze das passende Partizip in folgenden Sätzen:
1. Troia ______ Aeneas patriam relinquit.
2. Troia ______ Aeneas multa pericula subibat.
3. Aenea multis de periculis ______ Dido attenta est.
narrante – capta – relicta

b Übersetze die Sätze.

10. Eine gute Verbindung 2 (fakultativ)

a Bilde das Partizip der Gleichzeitigkeit und Vorzeitigkeit zum Verb *vocare*.

b Erläutere in den folgenden beiden Sätzen, wie das Partizip im Satz verwendet ist:
1. Valeria a matre vocata tamen in horto feliciter ludit.
2. Matre vocante Valeria in horto feliciter ludit.

c Übersetze die Sätze.

11. Loquamur Latine: Beim candlelight dinner (fakultativ)

Schreibt (und spielt) eine moderne Mini-Szene mit einfachen lateinischen Sätzen, in der ein verliebtes Pärchen gemeinsam isst und trinkt – und einer der beiden am Ende plötzlich verschwindet ...

Test Lektion 17–19

Das Geheimnis des hölzernen Pferdes

Die Griechen belagerten mehr als 9 Jahre lang die Stadt Troja, ohne sie einnehmen zu können. Aber schließlich hatte Odysseus (lat.: *Ulixes*) eine Idee ...

Ulixes vires virorum deficere videns „Audite, Graeci“, inquit, „facilius est Troiam dolo[1] capere quam vi. Magnum equum ligneum[2] construemus[3] et ante Troiam relinquemus. Graeci fortissimi in equo ligneo[2] erunt.“
Tum Graeci equum construxerunt[3]. Equo facto Graeci de litore discesserunt et naves ascenderunt[4], equum autem ante moenia urbis reliquerunt. Ut Troiani equum ligneum[2] viderunt, donum deorum esse putantes in urbem duxerunt.
Nocte milites Graeci ex equo descenderunt et portas urbis aperuerunt. Portis apertis ceteri[5] Graeci in urbem venientes cum Troianis pugnaverunt et Troiam deleverunt[6].
Eo modo Troia victa est.

1 dolus,-i. m. List
2 ligneus, -a, -um aus Holz, hölzern
3 construere, construo, construxi bauen
4 ascendere, ascendo, ascendi besteigen
5 ceteri, -ae, -a die übrigen
6 delere, deleo, delevi zerstören

Textvorerschließung

Verschaffe dir einen Überblick – wovon handelt der Text?

a Welche Informationen gibt dir die Textumgebung (Überschrift, Einleitungstext, Bild)?
b Welche Personen kommen im Text vor?
c Was für eine Art Text liegt hier vor (Erzählung, Brief, Dialog)? Welche äußeren Anhaltspunkte im Text belegen deine Einschätzung?
d Welche Nomen (keine Eigennamen!), welche Verben kommen mehr als einmal vor?

Antike Kultur

a Wiederhole, was du von der „Vorgeschichte" des Textes weißt, dem trojanischen Krieg.
b Formuliere für jeden Textabschnitt, welchen Inhalt du erwartest.

Übersetzungstraining

a Welche Wörter gehören zusammen? Finde Wortblöcke (Substantiv (ggf. mit Präposition) + Attribut, AcI-Block, Partizip und Bezugswort).
b Unterscheide PC und Abl. abs.
c Welche Hinweise bietet der Zusammenhang des Textes bei der Wahl einer Übersetzungsmöglichkeit für die Partizipialkonstruktionen? In welchem logischen Verhältnis stehen Partizip und Prädikat?
d Unterscheide die Zeitebenen: Wann spielt – vom Leser aus gesehen – die Geschichte? Wann finden die Ereignisse der direkten Rede, vom Sprecher aus gesehen, statt?

Übersetzung

Übersetze diesen Text.

Sprachbetrachtung

Vergleiche deine Ergebnisse mit der Lösung auf S. 351–352.

a Falls du eine abweichende Erwartung über den Inhalt des Texts hattest: Welche Signale hast du falsch gedeutet?
b Welchen Vorteil hat es dir beim Übersetzen verschafft, dass du eine Vorstellung von dem Inhalt hattest?
c Hast du nicht alle Wortblöcke herausgefunden? Dann solltest du in der Gesamt-Grammatik S. 10 noch einmal nachlesen, was dort zum Thema *Kongruenz* steht.
d Hattest du Schwierigkeiten, den AcI-Block zu identifizieren? Dann lies dazu Gesamt-Grammatik S. 38.
e Hattest du Schwierigkeiten, Partizip und Bezugswort zu identifizieren und den Partizipialblock zu übersetzen? Waren dir die Unterschiede zwischen PC und Abl. abs. bei der Übersetzung nicht bewusst? Dann lies dazu Gesamt-Grammatik S. 59–61, 67 und 70–71.

Versuche, die Art deiner Fehler zu unterscheiden (Vokabeln, Formen):
Bei zu vielen Vokabelfehlern: Wiederhole die Vokabeln der Lektionen 17–19.
Bei zu vielen Formenfehlern: Lies Gesamt-Grammatik S. 66 und 68.
Bei welchen Textpassagen hat dir deine Kenntnis der Vorgeschichte weitergeholfen?

Heinrich Schliemann sucht Troja

Heinrich Schliemann (1822 – 1890), Aufnahme um 1870.

Jahrhundertelang war Troja nur ein Mythos, von dem der Dichter Homer erzählt hatte. Niemand glaubte so recht, dass es die Stadt wirklich einmal gegeben hat.
Doch seit dem 18. Jahrhundert sollte sich das ändern. Besonders der deutsche Hobby-Archäologe Heinrich Schliemann nahm Homer sehr ernst und machte sich auf die Suche nach der sagenhaften Stadt. Er fand nahe der Siedlung **Hisarlık** im Westen der Türkei Reste einer Stadt, die er als Troja identifizierte; der Fundort passte nach seiner Auffassung zu den Angaben Homers über das sagenhafte Troja.
Und er fand dort einen **Goldschatz**, den er als Schatz des Königs Priamos bezeichnete. Diesen Schatz brachte Schliemann nach Berlin, wo er lange Zeit gezeigt wurde.
Nachdem russische Truppen im Zweiten Weltkrieg den deutschen Angriff zurückgeschlagen und Berlin erobert hatten, brachten sie Schliemanns Schatz als Beute in die UdSSR. Heute ist ein kleiner Teil davon wieder auf der Berliner Museumsinsel zu besichtigen. Manche Fundstücke sind dort als originalgetreue Duplikate zu sehen. Man glaubt heute allerdings, dass der Schatz viel älter ist, als Schliemann annahm. Auch auf die Frage, ob es Troja wirklich gegeben hat und wo es lag, geben Wissenschaftler heute unterschiedliche Antworten.

Troja – mehr als ein Mythos

Ein Gleis der Feldbahn und Arbeiter mit Schubkarren auf der Burgmauer während der Ausgrabungen, ca. 1894.

Goldgefäße aus dem sogenannten Schatz des Priamos.

1. Informiere dich über das Leben von Heinrich Schliemann.
2. Warum war Schliemann für die Archäologie so wichtig?
3. Warum gibt es heute einen zweiten „Schatz des Priamos"?

Rekonstruktionszeichnung des antiken Troja (nach den Ausgrabungen von Hisarlık), Gesamtansicht von Osten. Aquarell von Peter Connolly (1986).

753 v. Chr.
nach dem Mythos

500 v. Chr.

500 n. Chr.

1000

1500

2000

Der Ursprung Roms

Askanius, der Sohn des Aeneas, gründete in Latium die Stadt Alba Longa. Ihm folgten in der Herrschaft zahlreiche Könige. Schließlich regierte dort Numitor, der eine Tochter mit Namen Rea Silvia hatte. Aber Numitors Bruder Amulius vertrieb den rechtmäßigen Herrscher und machte sich selbst zum König.
Rea Silvia sollte nach dem Willen des Amulius keine Kinder bekommen; deshalb machte er sie zur Vestalin. Aber die junge Frau bekam trotzdem Zwillinge und gab den Kriegsgott Mars als Vater ihrer Kinder an.

Auctores Romani hanc fere fabulam referunt:
Amulius rex liberos Reae Silviae timebat. Itaque servum fratres geminos[1] auferre et in ripa Tiberis exponere iussit. Liberi expositi fame vehementissime clamaverunt; quo clamore adducta lupa[2] adiit et liberos ad ripam iacentes invenit. Misericordia permota miseros nutrivit[3]. Forte Faustulus pastor[4] animalia sua ad ripam ducebat, cum subito lupam[2] liberos nutrientem[3] repperit.

Hoc videns Faustulus liberos auxilio deorum servatos esse intellexit. Itaque geminos[1] sustulit et in domum suam tulit. Ibi Romulus et Remus a Faustulo et uxore eius, novis parentibus, educati vitam pastorum[4] agebant.

1 fratres gemini m. Zwillingsbrüder
2 lupa, -ae f. Wölfin
3 nutrire, nutrio, nutrivi ernähren, füttern, säugen
4 pastor, pastoris m. Hirte

Multis annis post Numitorem avum eorum esse liberis relatum est. Odio Amulii permoti Albam Longam vi ceperunt et Amulium crudelissimum necaverunt. Amulio interfecto Numitor iterum oppidum regebat.

Romulus et Remus autem Numitore vivo novam civitatem condere cupiverunt. Oppido condito de imperio et etiam de nomine certaverunt. Quia deos de hac re consulere cogitaverunt, augurium[5] fecerunt. Quamquam dei Romulo victoriam praebuerunt, Remus id non accepit. Romulus autem Remo invito murum novae civitatis aedificare coepit. Remus autem victoriam fratris non accepit. Quia Remus hanc rem aegre tulit, muros adhuc parvos fratris irrisit et transsiluit[6]. Tum Romulus ira commotus fratrem interfecit. Nova urbs autem Romulo duce augebatur.

5 augurium, -i n. Deutung von Vorzeichen, insbesondere Deutung des Vogelflugs

6 transsilire, transsilio, transsilui hinüberspringen

INFO

Das Augurium

Unter einem *augurium* verstanden die Römer eine **Befragung** der **Götter** zu einem geplanten Unternehmen und die richtige **Auslegung** der **Zeichen**, die die Götter als Antwort schickten.

Die **Auguren** waren Männer, die sich mit der Fülle von Zeichen und Vorschriften auskannten, die bei einer solchen Befragung und der Auslegung der Zeichen zu beachten waren.

Bei wichtigen privaten und politischen Vorhaben wurden sie beauftragt, ein *augurium*, also eine Zeichendeutung, vorzunehmen. Die Auguren, von denen es in der Frühzeit Roms 3, im 1. Jh. v. Chr. 16 gab, hatten eine eigene **Amtstracht** und trugen einen Krummstab (*lituus*).

Der Wille der Götter konnte an ganz unterschiedlichen Zeichen erkannt werden: an Blitz, Donner und anderen auffälligen Himmelserscheinungen, am Flug und Schreien bestimmter Vögel, am Fressverhalten von Hühnern, am Erscheinen von Fuchs oder Wiesel und an zufälligen Ereignissen wie Niesen, Fallenlassen von Gegenständen oder Berühren der Türschwellen mit dem Fuß.

a) Benenne die Handlungsfiguren, die im Text genannt werden. Nenne auch, wo es möglich ist, jeweils einen lateinischen Begriff, mit dem die Personen charakterisiert werden.

b) Kennst du weitere Geschichten, in denen Kinder ausgesetzt werden? Vergleiche die Geschichten, die du kennst, mit der von Romulus und Remus.

c) Gestalte ein Tempusprofil des Textes und nenne die Hintergrund- und Vordergrund-Informationen.

d) Erzähle die Geschichte aus Sicht des Numitor.

e) Überlege, wie man die Ausdrücke *Numitore vivo* (Z 16) und *Remo invito* (Z 20) übersetzen könnte.

▸ Gesamt-Grammatik S. 73

1. Gut sortiert
Sortiere passende Wörter aus der Lektion nach den Sachfeldern *Bewegung, Streit* und *Familie.*

2. Eine gute Verbindung
a Suche aus dem Text alle Verben heraus, die mit einer Präposition gebildet sind.
b Versuche jeweils, die Verbindung zu erläutern.

3. Gegensätze ziehen sich an
Suche zu den folgenden Begriffen sinnverwandte Wörter oder auch Gegensätze:
discipulus – liberi – antea – pauci – dominus – malus – magnus – urbs – primum

4. Gut sortiert
a Wähle aus folgenden Wörtern sinnvoll Ergänzungen für die Lücken:
labores – auctoribus – duci – duce – res – auctore – oratores – ducibus
1. Faustulo ______ animalia ad ripam venerunt.
2. Mercatores plurimas ______ Romam tulerunt et eas vendiderunt.
3. Amulio ______ liberi in ripa Tiberis expositi sunt.

b Übersetze nun die vollständigen Sätze ins Deutsche.

5. Auf die Grundform kommt es an
▸ AH 2 S. 50 Ü 2
Führe die folgenden Formen auf die 1. Person Singular Präsens zurück:
praebuerat – adierunt – retuleramus – sustulisse – vendidisti – sustinebo – persuaserunt – relata sunt – scribebam – ducebatis – peperunt

6. Tauschbörse: Tempora
Bilde zu den folgenden Verbformen das Perfekt:
auferunt – tollebat – rexeras – nubit – vivebatis – referimus – faciebant – debes – aufertis – auferebamus

7. Streichkonzert
Wähle jeweils einen passenden Infinitiv aus und übersetze:
1. Scimus Romulum novos muros (aedificare/aedificavisse).
2. Auctores Romulum et Remum fratres (exponi/exposuisse/expositos esse) narrant.
3. Poetae[1] Romulum regnum Romae (ducere/accepisse/acceptum esse) referunt.

1 poeta, -ae m. Dichter

8. Loquamur Latine: Ausrufe

Bombax!
Vae!
Mehercle!
Ecce!
Heu! Heus!
Per Iovem!
Ah!
Heureka!

9. Römische Spuren

Nenne jeweils das Wort, auf welches das deutsche Fremdwort zurückgeht, und vergleiche die lateinische und die deutsche Bedeutung:
Autor – urban – Referat – Filiale – Novität

10. Ein Wort – mehrere Bedeutungen

▸ AH 2 S. 54 Ü 2

Übersetze folgende Sätze und suche die jeweils passende Bedeutung von *ferre* heraus:
1. Auctores Romani fabulam ferunt.
2. Faustulus fratres domum tulit.
3. Pastor[2] uxori se liberos tulisse fert.
4. Remus victoriam Romuli aegre tulit.

2 pastor, pastoris m. Hirte

11. Satzbaustelle (fakultativ)

▸ AH 2 S. 53 Ü 4

Bilde passende Sätze aus den Bausteinen der beiden Spalten und übersetze:

Numitore vivo	Remus fratrem irrisit.
Pueris expositis	novi muri aedificabantur.
Novis muris aedificatis	Romulus et Remus Romam condiderunt.
Romulo auctore	lupa[3] venit.
Romulo et Remo repertis	Faustulus de hac re narravit.

3 lupa, -ae f. Wölfin

Gut wiederholt – vorbereitet für Lektion 21

Nenne die bisher bekannten Nebensatzarten und die entsprechenden deutschen und lateinischen Subjunktionen.

um 750 v. Chr. nach dem Mythos

Rom – eine Stadt ohne Frauen

In der neu gegründeten Stadt Rom finden viele Vertriebene, Heimatlose und Flüchtlinge ein neues Zuhause. Der Großteil der Bewohner sind jedoch Männer. Aus Mangel an Frauen schickt Romulus daher Gesandte zu den umliegenden Stämmen. Diese sollen junge Frauen finden, die bereit sind, mit ihnen nach Rom zu kommen und dort eine Familie zu gründen. Aber die Gesandten kehren ohne eine einzige Frau nach Rom zurück.

Jacques Louis David (1748–1825): Die Sabinerinnen. Ölgemälde 1799.

500 v. Chr.

500 n. Chr.

1000

1500

2000

Romulus aegre tulit, quod gentes propinquae Romanis filias suas negaverunt. Itaque insidias paravit: Romulus gentes ad ludos sollemnes[1] invitavit, ut filias eorum raperet. Ad eos ludos Sabini quoque cum filiis, quae pulcherrimae omnium puellarum erant, Romam venerunt. Dum hospites ludos attente spectant, signo dato iuvenes Romani filias Sabinorum rapuerunt et ad domus suas detulerunt. Filias enim rapuerunt, ne sine uxoribus viverent. Patres et fratres eorum iratissimi fuerunt, sed urbem infecta re[2] reliquerunt, cum sine armis ad ludos venissent.

1 sollemnis, sollemnis, sollemne feierlich

2 infecta re unverrichteter Dinge

Cum Romani hoc facto hospitium[3] violavissent, Sabini diligenter de impetu consuluerunt[4], cum Romanos punire[5] et filias suas liberare cuperent.

Consilio capto urbi clam appropinquaverunt. Nocte accidit, ut Sabini Romam invaderent. Romani autem urbem suam summis viribus defenderunt. Omnes tam vehementer pugnaverunt, ut multi viri, et Sabini et Romani, in acie vulnerarentur.

Itaque Sabinae timuerunt, ne patres, fratres, mariti perirent.
Inter se clamaverunt:
alia: „Vae[6], frater meus vulneratus est!“,
alia: „Ecce pater meus! Cum marito meo contendit!“,
multae: „Ubi liberi nostri vivent, ibi patria eorum erit! Ubi liberi, ibi patria!“

Itaque fortiter se medios in hostes iniecerunt et viris pugnantibus imperaverunt: „Finem belli facite! Pacem facite, ne in acie interficeremini!“ Cum verba mulierum animos virorum valde movissent, omnes viri arma posuerunt. Sic Sabini et Romani pacem fecerunt.

3 hospitium, i n. Gastfreundschaft

4 consulere de etw. gemeinsam besprechen

5 punire bestrafen

6 Vae! Wehe!

a) Romulus hat Gesandte zu den umliegenden Stämmen geschickt, um junge Frauen mit nach Rom zu bringen. Mit welchen Argumenten haben die Gesandten versucht, Frauen nach Rom zu bringen? Verfasse ihre Rede vor den Nachbarstämmen.

b) Wie haben es die Sabinerinnen geschafft, ihre Männer und Väter vom Kampf abzuhalten? Verfasse ihre Rede auf dem Schlachtfeld.

c) Gliedere den Text in Abschnitte und gib den Abschnitten jeweils eine Überschrift.

d) Betrachte die Prädikate der Nebensätze. Einige der Nebensätze enthalten für dich neue Formen. Stelle zusammen, nach welchen Subjunktionen die neuen und die bekannten Formen auftreten.

▸ Gesamt-Grammatik S. 74–76

1. Wort-Netz

a Ordne aus dem Lektionstext Wörter und Wendungen den Sachfeldern *Gefühle* und *Kampf* zu.

b Vervollständige diese Wortliste durch Wörter und Wendungen, die dir aus den bisherigen Lektionen bekannt sind, zu einem Wort-Netz.

2. Tauschbörse: Tempus

Welche der folgenden Wörter stehen im Konjunktiv? Schreibe die Wörter heraus und bilde den jeweils „anderen" Konjunktiv (Imperfekt ←→ Plusquamperfekt).

liberavisse – praeberes – duxisset – errorem – imperatorum – adiremini – paratis – amatum erat – reperire – timoris – egissemus – missum esset – placuisse – posuisset – oratorem – ferrent – faceret

3. Tauschbörse: Modus

▸ AH 2 S. 58 Ü 3

Ändere den Modus (Indikativ ←→ Konjunktiv), behalte aber Person, Numerus und Tempus bei:

ponebant – imperarent – essemus – raptae essent – persuaderem – imploraretis – violati erant – timuissetis – tulissent

4. Eine gute Verbindung

Entscheide jeweils, welche Form in die Lücke gehört, und übersetze dann:

1. Post bellum patres ad filias: „Cum vos nobis ______ (timere), nos pacem fecimus."
2. Patres: „Cum filiae nostrae raptae essent, iratissimi ______ (esse)."

5. Streichkonzert

▸ AH 2 S. 60 Ü 3

a Entscheide dich jeweils für eine der zwei Formen, damit ein sinnvoller Satz entsteht.

1. Romani, cum Sabinis insidias ______ (paravissent/pararent), filias Sabinorum rapere potuerunt.
2. Patres timuerunt, ne filiae vitam miseram ______ (egerunt/agerent).
3. Filiae, quamquam valde ______ (timebant/timerent), medios in hostes se iniecerunt.

b Übersetze deine Sätze.

6. Ein Wort – mehrere Bedeutungen: ut

Welche Bedeutung passt hier für *ut*? Übersetze.

1. Accidit, ut Amulius fratres in ripa fluminis exponeret.
2. Faustulus Romulum et Remum servavit, ut vitam iucundam agerent.
3. Ut hospites Romam venerunt, Romani filias Sabinorum rapuerunt.
4. Filiae Sabinae tam pulchrae fuerunt, ut a Romanis raperentur.

7. Ein Wort – mehrere Bedeutungen: cum

Welche Bedeutung passt hier für *cum*? Übersetze.

1. Ascanius cum in Latium venit, urbem condere constituit.
2. Rea Silvia, cum Vestalis virgo[3] esset, nubere non debuit.
3. Romulus cum fratre novam urbem condidit.
4. Fratres, cum de urbis imperio certarent, augurium[4] fecerunt.
5. Romulus Remum necavit, cum Remus frater eius esset.

3 virgo, virginis f. Jungfrau

4 augurium, -i n. Deutung von Vorzeichen

8. Loquamur Latine: Was, wo und warum? (fakultativ)

Fragt euch gegenseitig, was ihr vor Kurzem unternommen habt, und antwortet mit Finalsätzen.

Beispiel:

„Heri tabernam adiimus."
„Cur tabernam adistis?"
„Tabernam adiimus,
ut cenam bonam gustaremus."

9. Tauschbörse (fakultativ)

Ein römischer Schriftsteller hätte etwa so über die Erlebnisse der Sabinerin Dulcia berichtet:

Dulcia, cum clamorem magnum audivisset, e domo celeriter cucurrit. Accidit, ut media nocte in acie staret et ibi patrem pugnare videret. Dulcia timuit, ne pater in bello periret. Aliae quoque filiae timuerunt, ne sine maritis et sine patribus essent. Statim Dulcia cum aliis mulieribus pugnantes imploravit, ut finem proelii facerent. Viri, cum verba mulierum audivissent, arma posuerunt.

Einige Tage nach der Schlacht berichtete Dulcia einer Freundin von ihren Erlebnissen. Dulcia hätte es so geschrieben:
Dulcia (ad amicam): „Cum clamorem magnum audivissem, ..."

Gut wiederholt – vorbereitet auf Lektion 22

Ordne den Pronomen jeweils passende Substantive zu:

cui
haec
iis
cuius
quo
quam
horum
illud

auctoritatem
oratorum
vocibus
gloria
officium
more
auctoritatis
regno

Ein römischer Spion in Gabii

um 500 v. Chr.

Nach dem Frieden mit den Sabinern vergrößerte sich die Stadt Rom Jahr für Jahr; dabei führten die Römer ständig Krieg gegen ihre Nachbarvölker.
An der Spitze Roms standen Könige, von denen auch der letzte, Tarquinius Superbus, den Machtbereich Roms auf Kosten der Nachbarvölker ausdehnen wollte. Deshalb führte er auch Krieg gegen die Gabier.
Dabei erwies sich Tarquinius Superbus als raffinierter und skrupelloser Herrscher ...

... sed gentem Gabiorum superare non potuit. Itaque secum cogitabat:

„Semper studeo fines urbis augere.
Itaque me gentem Gabiorum vincere non posse aegre fero.
Cogitans, quanta proelia cum Gabinis frustra commiserim,
quot milites Romani frustra perierint,
ira et odio moveor.
Quamquam multa bella frustra gessi,
ignoro, quomodo urbem eorum expugnem ... Quibus rebus muros hostium delere[1] potero?

Mihi opus est cognoscere, quae consilia Gabini capiant.
Itaque insidias eis parabo:
Sextum filium ad Gabinos mittam, ut consilia eorum reperiat.
Ei imperabo, ut dicat se a patre crudeli ex urbe expulsum esse.
Sic Gabinos certe vincam et res Romanae sine bello crescent.“

Sextus negotia a patre mandata libenter suscepit et Gabios iit.
Gabini statim crediderunt ea, quae Sextus iis narraverat.
Cum scirent Sextum iuvenem summa audacia esse, eum libenter acceperunt.
Neque ignorabant, quae facta egregia Sextus in aliis bellis confecisset.

Sextus, ut apud Gabinos magnam auctoritatem haberet, iis saepe utilissima consilia dabat.
Tum nuntium ad patrem misit et eum certiorem fecit Gabinos sibi maximam fiduciam[2] habere. Praeterea ex patre quaesivit, quas insidias eis pararet.

1 delere zerstören

2 fiducia, -ae f. Vertrauen

500 n. Chr. | 1000 | 1500 | 2000

Nuntio audito rex Tarquinius gaudebat.
Et crudeliter ridens nuntium in hortum duxit.
Ibi tacens summa papaverum capita[3] baculo decussit[4].
Tum ad nuntium: „Narra filio meo, quid videris!“

Nuntius cum factum regis non intellexisset, tamen Sexto rettulit, quae vidisset.
At Sextus statim cognovit, quid pater in animo haberet.

3 papaverum capita die Köpfe der Mohnpflanzen

4 baculo decutere mit einem Stock abschlagen

a Was könnte Tarquinius gemeint haben? Wie setzt Sextus den stummen Rat des Vaters um? Schreibe eine Fortsetzung der Geschichte.

b Begründe anhand des Lektionstextes, weshalb du dich für diesen Schluss entschieden hast.

c Suche Stellen im Text, aus denen hervorgeht, dass eine List angewandt wird.

1. Ein Wort – mehrere Bedeutungen: nuntius

Welche Bedeutung von *nuntius* passt hier? Übersetze:

1. Tarquinius nuntium in hortum duxit.
2. Tarquinius clamavit: „Gabinos superavi!“ Eo nuntio Romani delectabantur.

2. Wortbildung: Lautveränderungen

Die Verben *sus-cipere* „übernehmen“ und *ac-cidere* „sich ereignen“ setzen sich zusammen aus *sub + capere* (wörtl.: „unter-nehmen“) und *ad + cadere* (wörtl.: „zu-fallen“). Dabei verändert sich der Vokal im Wortstamm des Verbs von *a* zu *i*. Stelle weitere Beispiele für solche zusammengesetzten Verben mit dieser Lautveränderung zusammen – Es handelt sich meist um Zusammensetzungen mit *cadere*, *capere* und *facere*.

3. Wort-Netz

Stelle ein Sachfeld zum Begriff *schaden/schädlich sein* zusammen.

4. Von Wort zu Wort

a Suche aus dem Text zusammengesetzte Verben zu folgenden Grundwörtern heraus: mittere – pugnare – ire

b Nenne alle dir bekannten Ableitungen; Beispiel: ire – adire.

5. Ein Wort – mehrere Bedeutungen: capere

Übersetze folgende Sätze sinnvoll und überlege dir dabei eine angemessene Übersetzung von *capere*:

1. Romani oppidum Gabiorum ceperunt.
2. Tarquinius consilium cepit.
3. Milites arma ceperunt.
4. Iuvenes Romani filias Sabinorum ceperunt.

6. Gut sortiert

▸ AH 2 S. 62 Ü 2 u. 3

Sortiere die folgenden Formen. Ordne die Konjunktiv-Formen nach Konjunktiv Präsens, Imperfekt, Perfekt und Plusquamperfekt:

viam – violaret – probavit – probaverit – neglexeris – montem – munirem – mittes – regas – mansissetis – manebam – luderemus – copias

7. Auf die Grundform kommt es an

Führe folgende Formen auf die 1. Pers. Sg. Ind. Präs. zurück und übersetze diese:

possit – commiserim – augeam – occuparet – capiant – dicat – perierint – viderit

8. Was ist was?

Bestimme folgende Verbformen:

superarentur – erremus – eramus – est – possum – adeant – monuisti – datum est – studuisset – monitus sum – rogata es – commoverint

9. Im Deutschen ist manches anders

Erläutere, wie der lateinische Konjunktiv jeweils übersetzt wird:

1. Tarquinius filium rogat, ut sibi adsit.
2. Tarquinius optabat[1], ut Gabii a Romanis superarentur.
3. Cum Romani fortes fuissent, tamen Gabios diu vincere non poterant.
4. Tarquinius non ignorat, quot milites Romani interfecti sint.
5. Milites Romani a Tarquinio moniti sunt, ut Gabios vincerent.

1 optare wünschen

10. Römische Spuren

a Suche im lateinischen Text nach Wörtern, die sich den folgenden englischen (engl.) und/oder französischen (fr.) Wörtern zuordnen lassen. Versuche dabei, das jeweilige deutsche Fremdwort zu finden und dann die Bedeutungen der modernen Wörter mit Hilfe des lateinischen Ursprungs zu erschließen.

credit (engl.) – crédit (fr.)
(to) accept (engl.) – accepter (fr.)
ignorant (engl./fr.)
authority (engl.) – autorité (fr.)
quantity (engl.) – quantité (fr.)
(to) study (engl.) – étudier (fr.)
(to) move (engl.) – mouvoir (fr.)

b Welche dieser Wörter gibt es sowohl im Deutschen als auch im Englischen und Französischen?

11. Loquamur Latine: Fragen zum römischen Mythos (fakultativ)

Stelle einfache Fragen zu den römischen Mythen, die du in den letzten Lektionen kennengelernt hast. Deine Mitschüler antworten Lateinisch,
z. B.:

Quis filius Tarquinii Superbi fuit?
Quis mater Romuli et Remi fuit?
Quem lupa[2] invenit?
Ubi Romulus et Remus expositi sunt?

2 lupa, -ae f. Wölfin

12. Römische Spuren

Suche im lateinischen Text nach Wörtern, die sich den folgenden Fremd- und Lehnwörtern zuordnen lassen:
Auktion – auditiv – Patriarch – frustrierend – parat – Autorität

Gut wiederholt – vorbereitet für Lektion 23

„Wenn das Wörtchen ‚wenn' nicht wär', wär' mein Vater Millionär."

Welches Verhältnis zur Wirklichkeit drückt der Konjunktiv in diesem Spruch aus?

Test Lektion 20 – 22

Orakel an Brutus

In Delphi in Griechenland gab es ein berühmtes Apollo-Heiligtum, in dem der Gott durch den Mund einer Priesterin namens Pythia die Zukunft voraussagte. Die Herrscher vieler Länder und Städte schickten Gesandte dorthin, um sich vom Orakel Rat für ihre politischen Entscheidungen zu holen. Sie stellten ihre Fragen einem Helfer, der sie an die Pythia weiterleitete. Die Antwort der Pythia erklang dann aus einer Erdspalte heraus. Allerdings waren diese Antworten oft ganz rätselhafte Orakelsprüche.

Auch Tarquinius Superbus, der in Rom durch Anwendung von Gewalt an die Macht gekommen war und sich zum König ernannt hatte, schickte zwei Söhne nach Delphi, um Auskunft über sein zukünftiges Schicksal als römischer Herrscher zu erhalten. Die beiden wurden begleitet von ihrem Cousin Lucius Iunius Brutus. Die Söhne des Tarquinius mochten ihren Cousin aber nicht besonders gern, weil sie ihn für etwas dumm *(brutus)* hielten:

1 legatus, -i m. Gesandter
2 oraculum, -i n. Orakel(stätte)
3 interrogare (be)fragen
4 osculum, -i n. Kuss

Legati[1] Romani ducibus fratribus cum Bruto oraculum[2] Delphorum adierunt, ut Pythiam de re publica consulerent. Sed fratres omnia de sorte sua cognoscere cupiverunt. Itaque Pythiam interrogaverunt[3].
„Quis Romanos reget?“
Pythia haec verba fecit: „O Tarquinii, unus vir rem publicam reget. Is autem antea matri osculum[4] dare debebit.“
Verbis auditis fratres se id sine labore facere posse crediderunt.
Brutus autem subito ad terram cecidit, ut ei osculum[4] daret …

Textvorerschließung

Verschaffe dir einen Überblick – wovon handelt der Text?

a Welche Informationen gibt dir die Textumgebung (Überschrift, Einleitungstext)?
b Welche Personen kommen im Text vor?
c Was für eine Art Text liegt hier vor (Erzählung, Brief, Dialog)? Welche äußeren Textmerkmale belegen deine Einschätzung?
d Welche Nomen (keine Eigennamen!), welche Verben kommen mehr als einmal im Text vor?

Sammle Informationen über die „Vorgeschichte“ des Textes.

a Was weißt du über das Orakel in Delphi, die Herrschaft des Tarquinius Superbus?
b Worum geht es wahrscheinlich in diesem Text?

Übersetzungstraining

a Welche Wörter gehören zusammen? Finde Wortblöcke (Substantiv (ggf. mit Präposition) + Attribut, AcI-Block, Partizip und Bezugswort).
b Welche Hinweise bietet der Kontext bei der Wahl einer Übersetzungsmöglichkeit für die Partizipialkonstruktionen? In welchem logischen Verhältnis stehen Partizip und Prädikat zueinander?
c Unterscheide die Zeitebenen:
Wann spielt – vom Leser aus gesehen – die Geschichte?
Für welche Zeitebene gelten die Aussagen der Pythia?

Übersetzung

Übersetze diesen Text.
Warum küsst Brutus die Erde?

Sprachbetrachtung

Vergleiche deine Ergebnisse mit der Lösung auf S. 352.
a Falls du eine abweichende Erwartung über den Inhalt des Texts hattest: Welche Signale hast du falsch gedeutet?
b Welchen Vorteil hat es dir beim Übersetzen verschafft, dass du eine Vorstellung von dem Inhalt hattest?
c Hast du nicht alle Wortblöcke herausgefunden? Dann solltest du in der Gesamt-Grammatik auf S. 10 noch mal nachlesen, was dort zum Thema *Kongruenz* steht.
d Hattest du Schwierigkeiten, den AcI-Block zu identifizieren?
Dann lies dazu Gesamt-Grammatik S. 38.
e Hattest du Schwierigkeiten, Partizip und Beziehungswort zu identifizieren und den Partizipialblock zu übersetzen? Waren dir die Besonderheiten bei der Übersetzung des nominalen Abl. abs. nicht bewusst? Dann lies dazu Gesamt-Grammatik S. 73.

Versuche, die Art deiner Fehler zu unterscheiden (Vokabeln, Formen des Verbs und des Nomens):
Bei zu vielen Vokabelfehlern: Wiederhole die Vokabeln der Lektionen 20 – 22.
Bei zu vielen Formenfehlern: Lies Gesamt-Grammatik S. 72 – 76 und 79 – 81.
Bei welchen Textpassagen hat dir deine Kenntnis der Vorgeschichte weitergeholfen?

Gründungssagen

Die Kapitolinische Wölfin, Bronze, 5. Jh. v. Chr.

INFO

Rom

Der Sage nach wurde Rom 753 v. Chr. auf dem Palatin, einem Hügel am Fluss Tiber, gegründet. Der Gründer soll Romulus gewesen sein, ein Nachfahre des Aeneas. Als Säuglinge waren er und sein Bruder Remus ausgesetzt, von einer Wölfin gefunden und gesäugt worden. Noch heute ist die Wölfin das Wahrzeichen Roms.

Rekonstruktion der ältesten Siedlung auf dem Palatin: 10. – 9. Jh. v. Chr.

INFO

Berlin

Der erste Markgraf Albrecht der Bär hatte sich im Sumpfland der Spree verirrt. Von seinem wendischen Gastgeber wurde er zu einer heidnischen Kultveranstaltung mitgenommen. Der Ort der Handlung soll ein Tempel für den Gott Triglav gewesen sein, der auf der von Spreearmen gebildeten Insel stand. Dort wurden während der Veranstaltung Christen in einem Weidengeflecht als Opfer für den Gott verbrannt. Graf Albrecht, der nicht helfen konnte, gelobte die Gründung eines „Bärlyn" auf der Sumpfinsel, um die heidnischen Wenden „zusammenzutatzen".

INFO

Lüneburg

Vor 800 Jahren gingen Jäger einer verwundeten Sau nach. Diese suhlte sich im Schlamm, und als das Fell getrocknet war, glänzte es ganz weiß. Die Jäger töteten die Sau und fanden heraus, dass die Borsten ganz mit reinem Salz bedeckt waren. So wurde angeblich das Salz entdeckt, das der Stadt Lüneburg großen Reichtum brachte.

Häuser in der historischen Altstadt von Lüneburg.

1. Informiere dich über Gründungsagen aus deiner Region.
2. Warum wurde Rom auf einem der Hügel gegründet?

500 v. Chr. – um 10 v. Chr. – 500 n. Chr. – 1000 – 1500 – 2000

Wer sind die Phönizier?

Nach dem Anfangsunterricht im Griechischen war es für römische Schüler selbstverständlich, die Werke des griechischen Dichters Homer, die *Ilias* und *Odyssee*, im Original zu lesen. Auch der Lehrer Demetrius wiederholt mit den Jungen Quintus, Lucius und Tiberius den Abschnitt aus der *Ilias*, in dem Achilles zu Ehren seines im Kampf getöteten Freundes Patroklos Wettkämpfe veranstaltet und für die Sieger wertvolle Preise aussetzt. Nun will Demetrius von seinen Schülern wissen, um welche Preise es sich handelte:

Quintus: „Achilles crateram[1] pulcherrimam victori praemium proposuit. Haec cratera[1], quam Phoenices mercatores ex urbe Tyro Troiam attulerant, maxima arte ex argento confecta erat."
Lucius: „Qui mercatores?"
Tum Quintus: „Phoenices scio. Pater meus enim, cum provinciae Hispaniae praeesset, Gades a Phoenicibus conditas venit."
Statim Tiberius: „At ego id falsum esse puto. Ego Phoenices incolas[2] non Gadium, sed Carthaginis fuisse audivi." Nunc Lucius: „Erras. Ego autem illam urbem clarissimam a Poenis conditam esse nuper legi."
Quintus: „Nunc nihil iam intellego."
„Satis!" Demetrius magna voce impetrat, ut pueri disputare desinant. Discipulis tacentibus magister narrat: „Phoenices antiquis temporibus urbes clarissimas incoluisse constat. Per omnia maria navigantes merces, imprimis purpuram[3], in plurimas partes orbis terrarum portabant."

1 cratera, -ae f. Mischkrug
2 incola, -ae m. Einwohner, Bewohner
3 purpura, -ae f. Purpur, Purpurfarbe

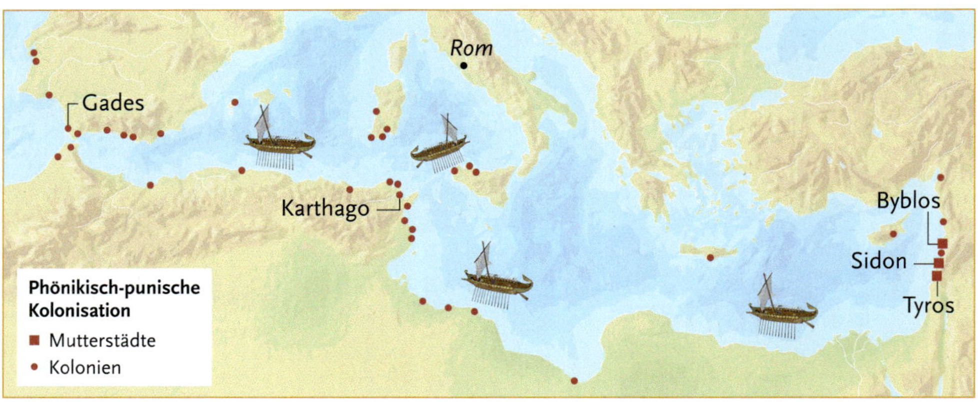

INFO

Die Phönizier

Phönizien war zu Beginn des 1. Jahrtausends v. Chr. die Landschaft am Mittelmeer, wo sich heute der Libanon und Syrien befinden. Die Griechen nannten die Menschen in Städten wie Sidon, Byblos oder Tyros *Phoinikes* (Phönizier). Dieser Name leitet sich von dem griechischen Wort für Purpurrot ab, weil die Phönizier das seltene Handwerk beherrschten, diese kostbare Farbe herzustellen. Außerdem waren sie erfahrene Schiffsbauer, Seefahrer und Händler. Sie verkauften Waren im gesamten Mittelmeerraum und gründeten an den Küsten Städte wie Gades und Karthago.

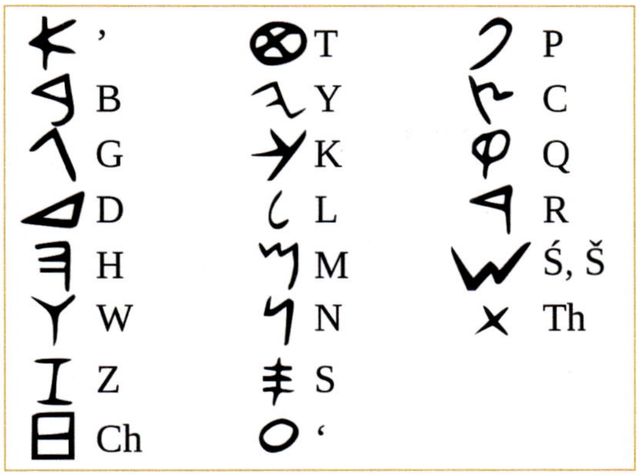

phönizische Schriftzeichen.

Lucius: „Nunc Poenos Phoenices esse, eos Carthaginem condidisse intellexi.“

Demetrius: „Ita est. Nonne pater, Quinte, tibi narravit, quas merces Phoenices vendiderint?“

Quintus: „Aurum, argentum, aes, ebur[4].“

Demetrius: „Optime! At tu, Tiberi, dic mihi, quae res mirabilis desit?“

Primo Tiberius non respondet.

Demetrius: „Si discipuli magistros attentius audirent, facilius responderent. Etiam tu, Tiberi, si me attente audivisses, nunc facile responderes.“

Tum Tiberius clamat: „Scio, scio! Purpura[3] deest.“

Magister: „Recte dicis. Sine Phoenicibus hunc colorem ignoraremus, vestes purpureae[5] Romanis numquam fuissent. Certe cognovistis Phoenices litteras invenisse. Nisi autem id fecissent, Homerus Iliada non scripsisset. Quodsi Ilias scripta non esset, nos neque Achillem neque Ulixem neque alios viros clarissimos cognovissemus.“

Lucius parva voce ad Quintum: „Nisi Ilias scripta esset, nos eam legere non debuissemus.“ His verbis auditis Demetrius: „Si vos ambo Iliada scripsissetis, fortasse nemo[6] eam legere cupivisset.“ Pueri rident.

Discipulis discedentibus Quintus e Demetrio quaerit: „Cui denique Achilles crateram[1] praemium dedit?“

4 ebur, eboris n. Elfenbein

5 purpureus, -a, -um purpurfarben

6 nemo niemand

a Suche die Orte Gades, Karthago, Tyros und Sidon auf der Karte. Welche Namen haben sie heute?

b Vergleiche die phönizischen Schriftzeichen mit den Buchstaben des lateinischen Alphabets.

c Finde durch das Internet oder durch Lexika heraus, wie man in der Antike das kostbare Purpurrot hergestellt hat. Wer trug Kleidung in dieser Farbe?

d Um welche Textsorte handelt es sich bei diesem Lektionstext?

e Benenne die Gesprächsteilnehmer. Stelle anhand der im Text genannten Nomen fest, worüber sie reden.

f Finde im Text alle Formen, die im Konjunktiv stehen. Sortiere sie nach der Form.

g Achte auf die Übersetzung der Konjunktivformen. Was fällt dir auf?

▸ Gesamt-Grammatik S. 83 – 84

1. Wort-Netz

a Stelle Wörter und Ausdrücke aus dem Lektionstext zusammen, die zu dem Sachfeld *Handel* passen.

b Ergänze dein Wort-Netz durch Wörter, die du aus früheren Lektionen kennst.

2. Auf die Form kommt es an

▸ AH 2 S. 69 Ü 2 u. 3

Bestimme die folgenden Formen:

refert – affertur – abstulerunt – afferrem – ferebamus – attuli – ablatum est – referunt – fer – allati erant – tulisses – referte

3. Satzbaustelle

Ergänze die folgenden Sätze durch ein passendes Prädikat aus dem Kasten und übersetze:

abstulit – fert – referretur

1. Ceres mortalibus frumentum et fruges ___.
2. Proserpina rapta Ceres mortalibus frumentum et fruges ___.
3. Iuppiter imperavit, ut Proserpina ad matrem ___.

4. Auf die Grundform kommt es an – Wiederholung der Pronomen

Suche aus der folgenden Wortreihe alle Pronomen heraus, bestimme sie nach Kasus, Numerus und Genus und nenne die jeweilige Grundform (Achtung! Manchmal gibt es mehrere Möglichkeiten):

huius – hos – hora – eorum – res – tui – tum – tuorum – tutus – suo – sine – quibus – quas – quia – quem – cuius – cur – cui – cum – nobis – illarum – iterum – ea – e – eis

5. Tauschbörse: Gegenwart – Vergangenheit (fakultativ)

Mache aus dem Irrealis der Gegenwart jeweils einen der Vergangenheit oder umgekehrt. Übersetze jeweils beide Sätze:

1. Libenter venirem, si possem.
2. Valde irati fuissent, si hoc scivissent.
3. Auxilio deorum vinceretis.
4. Sine sociis miles interfectus esset.

6. Streichkonzert

Nur eines der drei Wörter in der Klammer ergänzt den Satz jeweils richtig. Wähle aus und übersetze:

1. Sine Phoenicibus litteras non (habuisset/habemus/haberemus).
2. Si tu de his rebus (certior factus esses/certiores facti essent/certior factus est), statim venisses.
3. Nisi Phoenices colorem Tyrium (invenissent/invenirent/invenerint), Romani vestes purpureas[1] non (cognoverunt/cognovissent/cognoscerentur).

1 pupureus, -a, -um purpurfarben

7. Satzbaustelle 1

▸ AH 2 S. 73 Ü 5

Bilde sinnvolle lateinische Sätze und übersetze sie: In zwei Fällen fehlt die deutsche Ergänzung. Erfinde selbst etwas Passendes.

1. Si me rogares,	... dann wären viele ihrer Väter und Brüder getötet worden.
2. Si me rogavissetis,	... hätte ich euch doch sofort geholfen.
3. Nisi Hercules stabula Augiae purgavisset[2],	...
4. Si Remus Romulum necavisset,	... würde ich schon antworten.
5. Nisi filiae Sabinorum fortiter se medios in hostes iniecissent,	...

2 purgare reinigen, saubermachen

8. Satzbaustelle 2 (fakultativ)

Bilde sinnvolle Sätze und übersetze sie.

1. Nisi Paris Helenam rapuisset,	… in tergo eius non consedisset.
	… fortasse a Graecis victi non essent.
2. Si Europa taurum timuisset,	
3. Nisi Europa in tergo tauri consedisset,	… Graeci Troiam non delevissent[3].
	… Iuppiter eam rapere non potuisset.
4. Si Troiani vehementius restitissent,	

3 delere zerstören

9. Im Deutschen ist manches anders: Konjunktivformen

Benutze bei der Übersetzung der folgenden Beispiele die reinen Konjunktivformen im Deutschen, wenn es möglich ist.

1. Si venires, gauderem.
2. Nisi venires, iratus essem.
3. Si attenta esset, respondere posset.
4. Si verum[4] diceretis, gauderemus.

4 verum, -i n. Wahrheit

10. Römische Spuren (fakultativ)

Erkläre die hervorgehobenen Fremdwörter.
Von welchen lateinischen Wörtern kommen sie?

1. **Antiquitäten** sind zur Zeit sehr gefragt.
2. Die besten Teilnehmer am Fremdsprachenwettbewerb erhalten Geld- oder Buch**prämien**.
3. In der Fernsehreportage wird gerade gezeigt, wie die Besatzung einer **Orbital**station ausgetauscht wird.

11. Loquamur Latine: „Was wäre, wenn...?“ (fakultativ)

Lasst eurer Fantasie freien Lauf und überlegt euch Situationen, die theoretisch eintreten könnten, wenn...?!
Beispiel: „Si dives essem, villam emerem...“

Gut wiederholt – vorbereitet für Lektion 24

Was wünschst du dir?
Überlege, wie man in deutschen Sätzen Wünsche ausdrückt.
Formuliere Wünsche als Hauptsätze. Finde verschiedene Möglichkeiten.
Formuliere Wünsche als Satzgefüge, die mit „Ich wünsche mir, ...“ oder „Ich hoffe, ...“ beginnen.

500 v. Chr.

um 190 v. Chr.

500 n. Chr.

1000

1500

2000

Hannibal – der berühmteste Phönizier

Das antike Karthago, Rekonstruktionszeichnung.

Nachdem die Römer Hannibal im Zweiten Punischen Krieg besiegt hatten, schlossen sie 201 v. Chr. Frieden mit Karthago. Dabei legten sie harte Bedingungen fest: So mussten die Karthager viel Geld als Kriegsentschädigung an Rom zahlen. Daher ging es Karthago einige Jahre wirtschaftlich nicht gut. Erst allmählich kamen wieder Kaufleute in die Stadt, um die durch den Krieg unterbrochenen Handelsgeschäfte fortzusetzen. Darunter waren auch römische Geschäftsleute wie Lucius Iunius Silanus, der sich bereits seit einiger Zeit in Karthago aufhält. Seinem Freund Quintus schreibt er folgenden Antwortbrief:

L. Iunius Silanus Quinto suo salutem dicit.

Utinam bene valeas! Tuas litteras recepi, quibus a me quaeris, utrum adhuc vivam in urbe Hannibalis an a barbaris interfectus sim. Utinam ne Romani putent omnes Carthaginienses esse barbaros! Carthaginienses a nobis auxilio Iovis ipsius victi tamen optant, ut negotia inter nos gerantur.
E me quaesivisti, quid cives huius urbis de Hannibale dicerent.

Hannibal ipse in Asiam fugit. Sed ei hic multi amici sunt, quorum plerique dicunt: ‚Utinam ne urbem reliquisset!' Tibi referam, quam opinionem cives de Hannibale habeant:
Narrant Hannibalem ducem esse magna audacia et summo consilio in ipsis periculis. Nam ille primus erat, qui in proelium ibat, et ultimus, qui proelio excedebat. Cives huius urbis eum laudibus in caelum tollunt, quod consules Romanos cum legionibus ad lacum Trasumenum et ad Cannas vicit. Quae legiones maiores erant quam exercitus Poenorum. Tum senatus populusque Romanus timuit, ne urbs ab Hannibale vi et armis expugnaretur.

INFO

Karthago und Hannibal

Karthago (Phönizisch *Kart Hadascht – Neue Hauptstadt*) entwickelte sich zu einer mächtigen Handelsstadt. Sie beherrschte das westliche Mittelmeer. Karthago achtete eifersüchtig darauf, dass es diese Machtposition auch gegenüber Rom behielt. Das gelang, solange Rom damit beschäftigt war, die Völker Italiens zu unterwerfen. Sobald aber Roms Machtbereich ganz Italien umfasste, entstanden Konflikte um **Sizilien**. Dort besaßen sowohl Phönizier als auch Griechen Siedlungen und waren schon mehrfach in Streit geraten.
Rom griff in diese Auseinandersetzungen zugunsten der griechischen Seite ein. Rom und Karthago kämpften von 264 v. Chr. bis 241 v. Chr. (**Erster Punischer Krieg**) gegeneinander. Nach dem Sieg der Römer mussten die Karthager Sizilien, Sardinien und Korsika an Rom abtreten. Sie erschlossen daher neue Einnahmequellen in **Südspanien**. Die Führung dort hatte **Hamilkar Barkas**, der das Machtgebiet Karthagos in Spanien ausbaute. Nach seinem Tod übernahm 221 v. Chr. sein Sohn **Hannibal** diese Position. Die Römer fürchteten die Ausdehnung der karthagischen Macht, und als Hannibal die spanische Stadt Sagunt eroberte, die mit Rom befreundet war, erklärten sie Karthago 218 v. Chr. erneut den Krieg (**Zweiter Punischer Krieg**). Hannibal reagierte schnell, zog durch Südfrankreich, überquerte mit seinem Heer die Alpen und fiel in Norditalien ein. Dort besiegte er mehrere römische Heere. Die schlimmste Niederlage erlitten die Römer 216 v. Chr. bei **Cannae**. Daraufhin schickte der Senat ein Heer unter **Publius Cornelius Scipio** nach Spanien. Wie erhofft vertrieb Scipio die Karthager aus Spanien und setzte 204 v. Chr. nach Afrika über. Die Karthager riefen Hannibal aus Italien zu Hilfe. 202 v. Chr. kämpften die Heere Scipios und Hannibals bei **Zama** um die Entscheidung. Die Schlacht endete mit dem Sieg Scipios, der den Beinamen *Africanus* erhielt.

Quare multis Romanis Hannibal in odio erat. Saepe Romae Iovem et Iunonem et ipsam Minervam implorare solebamus, ut dei hostem interficerent et omnia bene verterent. Iam a pueris audivimus illum Hannibalem odium erga Romanos sic conservavisse, ut prius vitam quam odium deponeret. Usque ad hoc tempus credimus metum deorum in eo non fuisse, nihil veri aut sancti. Multi Romani putant Hannibalem imperatorem maximae crudelitatis et avaritiae fuisse.

Porträtbüste Hannibals, Marmor, römisches Kunstwerk (16. Jh.), das Material des 2. Jh.s n. Chr. verwendet.

Pater meus maiorem de Hannibale opinionem habebat. Is enim, qui post pugnam Cannensem captivus Poenorum fuerat, mores et clementiam Hannibalis laudabat. Nam ille multos captivos sine pretio Romam dimiserat.
Utinam ex hac re scias: Saepe periculum est, ne non audiatur et altera pars! Te rogo, ne litteras mittas, sed oro, ut te ipsum huc conferas et urbem videas.
Vale!

a) Silanus beantwortet einen Brief seines Freundes Quintus. Daraus kannst du auf die Fragen und Befürchtungen des Quintus schließen. Was könnte in dessen Brief gestanden haben?

b) Stelle die Elemente und Ausdrücke zusammen, an denen du den Text als Brief erkennst.

c) Silanus zeigt, dass Hannibal sehr unterschiedlich beurteilt wird.
Worauf legen dabei die Karthager großen Wert, was betonen dagegen die Römer?

d) Wie drücken Römer Wünsche aus? Suche die Wendungen im Text.

▸ Gesamt-Grammatik S. 86–88

1. Wort-Netz

a Stelle Wörter und Ausdrücke aus dem Lektionstext zusammen, die zu den Sachfeldern *Staat und Verwaltung* und *Kriegswesen* gehören.

b Ergänze dein Wort-Netz durch Wörter, die du aus früheren Lektionen kennst.

2. Wortbildung

Mit Hilfe der Präpositionen kannst du leicht die Bedeutung vieler Komposita von *ducere* erschließen:
adducere – conducere – deducere – inducere – introducere – perducere – producere – reducere

3. Ein Wort – mehrere Bedeutungen: gerere

Übersetze die folgenden Sätze. Achte bei der Übersetzung auf die unterschiedliche Bedeutung von *gerere*:

1. Romani bella cum Poenis multos annos gesserunt.
2. Nobiles[1] viri magistratus gerebant.
3. Consules rem publicam nonnumquam male gerebant.
4. Dum haec in urbe geruntur, Hannibal castra movit.
5. His rebus gestis dux in Africam rediit.

1 nobilis, nobile adlig, vornehm

4. Was ist was?

Bestimme die Pronomen nach Kasus, Numerus und Genus und nenne die jeweilige Grundform:
huic – cuius – id – illis – cui – ipsum – ipsi – hoc – eius – illud – huius – ei – ipsius – illi – ii – eis – haec – illa

5. Ein Wort – mehrere Bedeutungen: ipse

▸ Gesamt-Grammatik S. 85

Neben der Übersetzung *ipse selbst* gibt es weitere Möglichkeiten zur Hervorhebung von Personen oder Sachen:

persönlich, direkt, an und für sich, unmittelbar, genau, eigentlich

Wähle zu den folgenden Beispielen die passende Übersetzung:

1. Consules ipsi in prima acie pugnare solebant.
2. Post ipsum bellum homines pacem sperabant.
3. Plurimi imperatores gloriam ipsam non neglexerunt.
4. In ipso periculo alii aliis adfuerunt.
5. Mulieres cum liberis e montibus in ipsam urbem fugerunt.

6. Was ist was?

▸ AH 2 S. 76 Ü 3 u. 4

Übersetze die folgenden Sätze und begründe, ob es sich um einen Wunschsatz handelt.

1. Victores saepe crudeles erga captivos sunt.
2. Utinam ne victores crudeles erga captivos essent.
3. Carthaginem a Romanis captam esse notum est.
4. Utinam Carthaginienses a Romanis pacem petivissent.
5. Omnibus temporibus homines optaverunt, ut dei patriam conservarent.
6. Utinam dei preces nostras audiant.

7. Im Deutschen ist manches anders

Übersetze folgende Sätze und begründe, wann bei der Wiedergabe im Deutschen der Konjunktiv nötig wird.

► Gesamt-Grammatik S. 87–88

1. Cum Hannibal exercitum ad urbem Romam adduxisset, timor Romanorum magnus fuit.
2. Periculum est, ne oppidum expugnetur.
3. Scimus, quid Hannibal fecerit.
4. Si Poenus urbem oppugnavisset[2], populus Romanus magno in periculo fuisset.
5. Utinam Hannibal post pugnam Cannensem in Africam redisset.
6. Romani ita territi erant, ut Hannibali non resisterent.

2 oppugnare belagern

8. Gut sortiert

Dux und *ducere* können gleiche Formen haben. Suche aus den folgenden Beispielen die heraus, die beiden Wörtern angehören, und bestimme sie:
duces – ducem – ducam – ducis – duci – duce – ducas – duco – ducum

9. Römische Spuren

Erkläre die folgenden Begriffe. Von welchen lateinischen Wörtern kommen sie?
Produkt – Reduktion – Reproduktion – Aquädukt – Viadukt – Dukaten

10. Loquamur Latine: Wunschkonzert (fakultativ)

Versetzt euch in die Lage irgendeiner Person der aktuellen oder vergangenen Lektion(en) – Was hätte sich diese(r) vielleicht insgeheim wünschen können? Formuliert diesen Wunsch zunächst in direkter Rede (bzw. Gedankenblase), ein Mitschüler beschreibt diesen anschließend als abhängigen Wunschsatz.

Beispiel:
Hannibal fleht Götter um Hilfe an:

Gut wiederholt – vorbereitet auf Lektion 25

Welche Rolle im Satz übernimmt das Wort *Singen*?
Kinder *singen* gern.
Singen ist eine Kunst.
Die Kunst des *Singens* muss erlernt werden.
Durch (das) *Singen* wird man fröhlich.
Dem *Singen* widmet mancher viel Zeit.

500 v. Chr.

500 n. Chr.

1000

1500

2000

Karthagos Ende

In den über fünfzig Jahren seit der Niederlage Hannibals gegen die Römer war es den Karthagern gelungen, wieder zu Reichtum zu kommen und ihre Macht zu stärken. Die Römer beobachteten misstrauisch ihre ehemaligen Kriegsgegner und begannen erneut die Konkurrenz Karthagos im westlichen Mittelmeerraum zu fürchten:

150–146 v. Chr.

Bello Punico secundo finito Carthago duce Hannibale restituta erat. Quare senatores Carthaginiensium deliberabant[1]; unus ex iis: „Nos a Romanis victi tamen nunc iterum magnas copias atque opes habemus. Itaque Romani odio Carthaginis adducti fortasse nobis bellum inferant, ut urbem nostram deleant et opes nostras rapiant. Quid ergo faciamus?
Romanisne nos perpetuo[2] subiciamus? Sin autem illis nos subiceremus, nos omnes servi populi Romani essemus. Itaque bellum gerere debemus. Ne animos dimiseritis!"
Denique consilium bellandi[3] ceperunt.
Eo fere tempore Romae senatores invidia divitiarum Carthaginiensium adducti consulebant, num tertium bellum contra Carthaginem geri opus esset. Quare unus e senatoribus:
„Nunc", inquit, „Carthago urbs restituta multas merces in omnes partes orbis terrarum vendit, multas opes congerit[4]. Metuo, ne illa urbs maior quam Roma sit. Carthaginiensibus novum bellum inferre necesse sit. Num urbem hostium Romam opibus superare sinamus?"

1 deliberare überlegen, beraten
2 perpetuo ständig, ununterbrochen
3 bellare Krieg führen
4 congerere aufhäufen, ansammeln

INFO

Scipio der Jüngere und der Dritte Punische Krieg

Publius Cornelius Scipio Aemilianus war der Sohn des Lucius Aemilius Paullus Macedonicus. Er wurde im Jahr 185 v. Chr. geboren.
Mit 17 Jahren kämpfte Scipio in Griechenland, er wurde von Publius Cornelius Scipio adoptiert, dem Sohn des Scipio Africanus, der Hannibal besiegt hatte. Im Jahr 151 v. Chr. kämpfte der jüngere Scipio in Spanien. Im Jahr 149 v. Chr. erklärte Rom den Karthagern den Krieg, Scipio kämpfte als untergeordneter Offizier. Da die Kämpfe für Rom wenig erfolgreich verliefen, wurde Scipio im Jahr 147 v. Chr. Konsul, obwohl er eigentlich zu jung war.
Er übernahm den **Oberbefehl** im Krieg **gegen Karthago** und zerstörte die Stadt auf Befehl des Senats. 142 v. Chr. war er Censor, 134 v. Chr. wurde er wieder Konsul und beendete erfolgreich den Krieg in Spanien. Verheiratet war er mit Sempronia, der Schwester der Gracchen. Seinen Schwager Tiberius unterstützte er nicht bei dessen politischen Reformvorhaben. 129 v. Chr. starb Scipio der Jüngere unter ungeklärten Umständen.
Im **Scipionenkreis** sammelte er um sich den Historiker **Polybios**, den Philosophen **Panaitios** und die Dichter **Lucilius und Terenz**.

Römische Belagerungstechnik im Einsatz: Darstellung auf der Trajans-Säule (2. Jh. n. Chr.).

Alius senator: „Minime“, inquit. „Ne talia verba feceris! Ne sinamus Carthaginem potentissimam urbem orbis terrarum esse. Carthaginem oppugnemus! Parati ad pugnandum sumus! Omnes iuvenes arma capiant!“
Omnes iis verbis consenserunt, imprimis autem cupidissimus pugnandi fuit P. Cornelius Scipio. Is, cum superioribus bellis omnibus viris Romanis egregia virtute praestitisset, tamen non solum magnus imperator erat, sed etiam litteris summa industria studebat. Itaque amicus auctoribus et philosophis Graecis erat, qui in villa Scipionis habitantes eum docebant: Ita legendo et audiendo multum scientiae sibi peperit.
Tum senatus consulto facto Romani Carthaginiensibus bellum indixerunt[5]. Paulo post Scipio consul fuit et maximo cum exercitu in Africam missus est, ut Carthaginem deleret. In Africa Romani cum nonnullis gentibus foedera fecerant; eae gentes etiam hostes Carthaginiensium fuerunt et Romanos in bellando[5] adiuverunt. Scipio postquam Carthaginem oppugnavit, urbem delevit. Deinde milites diripiendi causa in urbem misit.

5 bellum indicere mit Dat. jemandem den Krieg erklären

a Schreibe anhand der Informationen in den Texten eine kurze Biographie Scipios.

b Sammle die Konjunktivformen aus dem Text und bestimme ihre Sinnrichtung im jeweiligen Satz.

► Gesamt-Grammatik S. 90–91

1. Ein Wort – mehrere Bedeutungen: facere

Übersetze die folgenden Sätze. Achte bei der Übersetzung auf die unterschiedliche Bedeutung von *facere*:

1. Senatores multa verba de Carthaginiensibus fecerunt.
2. Romani finem belli fecerunt.
3. Quis initium[1] belli fecerat?
4. Invidia Romanorum fecit, ut Carthago deleretur.
5. Auctores Romani libros[2] de bellis Punicis fecerunt.

1 initium, -i n. Anfang
2 liber, libri m. Buch

2. Ein Wort – mehrere Bedeutungen: praestare

Übersetze die folgenden Sätze. Achte bei der Übersetzung auf die unterschiedliche Bedeutung von *praestare*:

1. Hannibal virtute inter omnes Poenos praestabat.
2. Carthaginienses Hannibali magnum honorem[3] praestabant.
3. Pacem facere quam bellum gerere praestat.

3 honos, honoris m. Ehre

3. Gut sortiert

▸ AH 2 S. 81 Ü 3

Sortiere die Verbformen nach Indikativen und Konjunktiven:
conficias – proponeres – navigas – attuleras – narras – venias – ignoras – eras – conditum erat – constat – rogat – cognoscat – cupiat – impetrat – narrat – desinat – incolebat – portaverat

4. Zahn der Zeit

Leider sind einige Buchstaben verlorengegangen. Ergänze entweder *-nd-* oder *-nt-*. Überlege, ob es auch Formen geben kann, bei denen beides ergänzt werden kann.

vide___i – tolle___is – tange___e – specta___o – roga___em –
puta___i – quaere___ibus – porta___is – mitte___o – facie___em

5. Satzbaustelle

▸ AH 2 S. 83 Ü 4

Ergänze jeweils ein passendes Gerundium und übersetze.

Romam venimus ___ causa.	(videndi, putandi, mittendi)
Multi Germani Romam venerunt ___ causa.	(observandi, spoliandi, laborandi)
Servi officium praestabant ___	(currendo, clamando, videndo)
Discipuli magistrum ___ delectant.	(audiendo, legendo, quaerendo)
Milites ad ___ veniunt.	(videndum, certandum, rogandum)

6. Eine gute Verbindung (fakultativ)

▸ AH 2 S. 84 Ü 2

Vervollständige die Sätze mit den passenden Formen des Gerundiums.
Bilde jeweils drei Sätze zu jedem Verb; Beispiel (amare):

1. Libenter faciemus finem ... amandi.
2. Parati sumus ad … amandum.
3. Adiuvemus in … amando.

currere – clamare – observare – exspectare – laborare – quaerere – laudare – legere – canere – amare – studere

7. Was ist was?

Gib den Konjunktiv im Deutschen passend wieder.
Die Karthager klagen über die Römer...

1. Nos omnes beati simus!
2. Utinam propinqui auxilium apportent!
3. Utinam ne necemur!
4. Ubi salutem petamus?
5. Utinam vitam sine bello vivamus!
6. Ne clamaveris!
7. Ne arma ceperitis!

8. Loquamur Latine: Agamus! (fakultativ)

Was würdet ihr im Lateinunterricht gerne einmal tun, auch wenn es so gar nicht zum Üblichen „passt“? Sammelt entsprechende Aufforderungen.

Beispiel:
„Quid in ludo faciamus, Anna?“
→ „Magna voce canamus, amici!“
→ „Magistram laudemus!“

9. Römische Spuren

Erkläre die Fremdwörter. Von welchen lateinischen Wörtern stammen sie?

Patriot, zivil, Dozent, Konsens, Industrie, föderal

Test Lektion 23 – 25

Hannibal bei Prusias

Als Hannibal nach der Niederlage der Karthager wieder die Führung in Karthago übernommen hatte, forderten die Römer bald die Auslieferung ihres schlimmsten Feindes. Daraufhin floh Hannibal zu König Prusias nach Bithynien. Aber auch dort war er vor den Römern nicht sicher:

Hannibal, cum militibus Prusiae praeesset, saepe secum cogitabat:
„Utinam ne a Romanis victi essemus! Nisi hanc cladem[1] accepissem, nunc vitam felicius agerem."
Romani autem timuerunt, ne iterum consilium bellandi[2] caperet.
Itaque senatores: „Semper in Hannibale odium populi Romani erit.
Itaque legatos[3] mittamus, ut Hannibalem quaerant et capiant."
Denique legati[3] etiam in Bithyniam pervenerunt. Prusias rex ipse eis demonstravit, ubi Hannibal esset.
Hannibal hostes Romanos domum suam circumvenire[4] vidit: „Ne me capiant neque in triumpho[5] per urbem Romam ducant. Opto[6], ut tempus mortis meae ipse constituam!"
Tum Hannibal sua manu e vita discessit.

1 clades, cladis f. Niederlage
2 bellare Krieg führen
3 legatus, -i m. Gesandter
4 circumvenire umstellen
5 triumphus, -i m. Triumphzug
6 optare wünschen

Textvorerschließung

Verschaffe dir einen Überblick – wovon handelt der Text?

a Welche Informationen gibt dir die Textumgebung (Überschrift, Einleitungstext)?
b Welche Personen kommen im Text vor?
c Was für eine Art von Text liegt hier vor (Erzählung, Brief, Dialog)?
Welche äußeren Merkmale des Textes belegen deine Einschätzung?
d Welche Nomen (keine Eigennamen!), welche Verben kommen mehr als einmal im Text vor?

Wiederhole, was du zu der „Vorgeschichte" des Textes weißt:
Hannibal und die Römer (Lektion 24).

Übersetzungstraining

a Welche Wörter gehören zusammen?
Finde Wortblöcke Substantiv (ggf. mit Präposition) + Attribut, AcI-Block.
b Hannibal äußert Wünsche und Gedankenspiele. Woran erkennst du dies?

Übersetzung

Übersetze diesen Text.

Sprachbetrachtung

Vergleiche deine Ergebnisse mit der Lösung auf S. 352–353.
a Falls du eine abweichende Erwartung über den Inhalt des Texts hattest: Welche Signale hast du falsch gedeutet?
b Welchen Vorteil hat es dir beim Übersetzen verschafft, dass du eine Vorstellung von dem Inhalt hattest?
c Hast du nicht alle Wortblöcke herausgefunden? Dann solltest du in der Gesamt-Grammatik nochmal nachlesen, was dort zum Thema *Kongruenz* steht (s. S. 10).
d Hattest du Schwierigkeiten, den AcI-Block zu identifizieren? Dann lies dazu Gesamt-Grammatik S. 38.
e Hattest du Schwierigkeiten, Wünsche und Gedankenspiele zu identifizieren und sinngemäß im Deutschen wiederzugeben? Dann lies dazu Gesamt-Grammatik S. 86–88.

Versuche, die Art deiner Fehler zu unterscheiden (Vokabeln, Formen des Verbs und des Nomens):
Bei zu vielen Vokabelfehlern: Wiederhole die Vokabeln der Lektionen 23–25.
Bei zu vielen Formenfehlern: Wiederhole Gesamt-Grammatik S. 85 und 89.

Bei welchen Textpassagen hat dir deine Kenntnis der Vorgeschichte weitergeholfen?

Stadtplanung

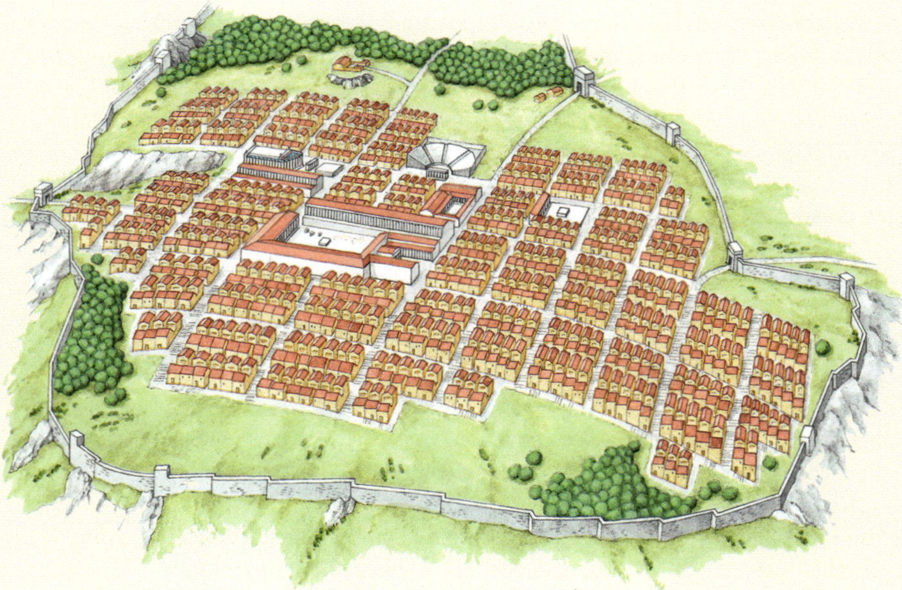

Rekonstruierte Ansicht der Stadtanlage von Priene am Ende des 4. Jh.s v. Chr.

1 Jupiter-Tempel
2 Juno-Tempel
3 Tabularium
4 Concordia-Tempel
5 Saturn-Tempel
6 Forum
7 Basilica Iulia
8 Curia Iulia
9 Basilica Aemilia
10 Aedes Vestae

Das Forum Romanum, Rekonstruktionszeichnung.

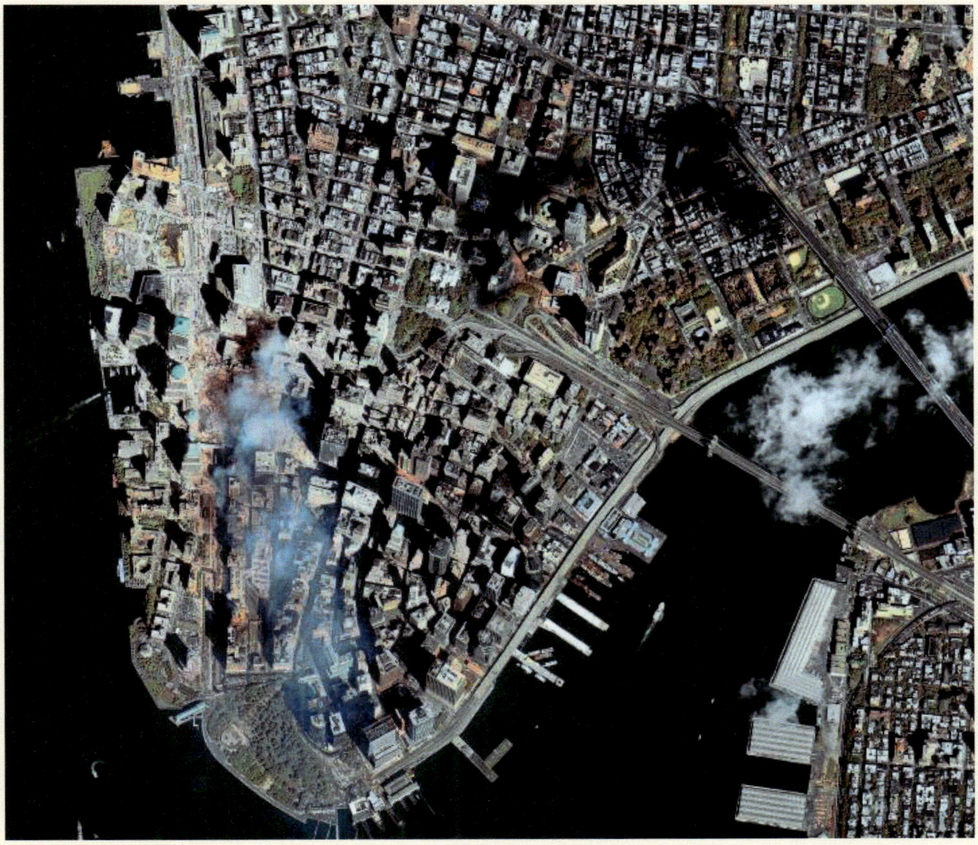

Luftbild von New York, Stadtteil Manhattan.

INFO

Stadtplaner der Antike und der Neuzeit

Hippodamos aus Milet machte sich im 5. Jh. v. Chr. grundlegende Gedanken über die Anlage einer Stadt. Er beschrieb eine Stadt, die sich durch ein **rechtwinkliges Gittersystem** von **Straßen** gliederte (hippodamisches System). Viele antike Städte sind so gebaut.

Grundsätzlich wichtig war, eine Stadt an einem **günstigen Ort** zu gründen, z. B. an einem Fluss. Es wurde aber auch auf das **Klima** geachtet: Man richtete die Straßen nach den jeweils vorherrschenden Winden aus, damit der Wind Hitze abtransportierte und frische Luft der Stadt zuführte. Man war nämlich überzeugt, dass schlechte Luft Krankheiten bewirkt.

Bei den Römern lag dann im Zentrum der Stadt meist das **Forum**; die Gebäude für die Freizeitgestaltung waren am Stadtrand angesiedelt. Besucher fanden sich so in der antiken Stadt schnell zurecht, obwohl es keine Hausnummern gab. In der Neuzeit griff man Ideen antiker Stadtplaner wieder auf.

1. Nenne typische Beispiele für antike Städte.
2. Gibt es solche Städte auch in deiner Umgebung?
3. Nenne Vor- und Nachteile von Städten, die nach dem hippodamischen System gebaut sind.
4. Wie kann man den merkwürdigen Verlauf des Broadways in New York erklären?
5. Nenne günstige und eher ungünstige Orte für Stadtgründungen.

Was ich in Lektion 14 – 25 gelernt habe

Sprache

Wort

Wissen
Ich kenne die Bedeutungen der Vokabeln und Redewendungen aus Lektion 14 – 25.
Verstehen
Ich kann die Nomen nach Deklinationen sortieren.
Ich kann Vokabeln in Wort-Netzen und nach Sachfeldern ordnen.
Können
Ich kann deutsche Fremdwörter von den lateinischen Vokabeln ableiten.
Ich kann englische Vokabeln von lateinischen Wörtern ableiten.

Form

Wissen
Ich kenne die Moduszeichen für die Konjunktivformen aller Tempora.
Ich kenne die Endungen aller Personen für Aktiv und Passiv aller Tempora.
Ich kann Nomen aller Deklination deklinieren.
Ich kenne die besonderen Endungen der Adverbien der dritten Deklination.
Ich kenne die Stammformen aller Verben aus Lektion 14 – 25.
Ich kenne die Bildungsweise des Partizips der Gleichzeitigkeit (PPA) und der Vorzeitigkeit (PPP).
Ich kenne die Formen des Gerundiums.
Verstehen
Ich kann die verschiedenen Bausteine bei Verbformen, Nomen und Adverbien unterscheiden und abtrennen.
Ich kann mehrdeutige Endungen in allen Deklinationen unterscheiden.
Ich kann die Komparativ- und Superlativ-Formen von der Grundform des Adjektivs und Adverbs unterscheiden.
Können
Ich kann die Bedeutung von Komparativ und Superlativ/Elativ erläutern und die Formen richtig übersetzen.
Ich kann die Bedeutung von Indikativ, Konjunktiv und Imperativ im Textzusammenhang erläutern und angemessen übersetzen.
Ich kann Aktiv und Passiv erklären und angemessen im Deutschen wiedergeben.
Ich kann die Bedeutung des Gerundiums erläutern und es angemessen übersetzen.

Satz

Wissen
Ich kenne die Bedeutung der Subjunktionen für Temporal-, Kausal-, Konzessiv-, Final- und Konsekutivsätze.
Ich kenne die Bestandteile eines Participium Coniunctum.
Ich kenne die Bestandteile eines Ablativus absolutus.

Verstehen

Ich kann den Unterschied zwischen Genitivus subiectivus und obiectivus erläutern.
Ich kann die Bedeutung eines Ablativus comparationis erläutern.
Ich kann die Bedeutung des Ablativus causae und qualitatis erläutern.
Ich kann zwischen Gleich- und Vorzeitigkeit unterscheiden.
Ich kann die verschiedenen Partizipialkonstruktionen voneinander unterscheiden.
Ich kann die Bedeutung von Reflexiv- (*se/sibi*) und Personalpronomen (*eum*, *eam* etc.) in einem AcI unterscheiden.
Ich kann die Bedeutung von Final- und Konsekutivsätzen unterscheiden.
Ich kann in einem Satz Wortblöcke bilden.

Text

Wissen

Ich kenne die Textsorten Brief, Dialog, historische und mythologische Erzählung.
Ich kenne Ausdrücke der Aufforderung, der Möglichkeit und des Wunsches.

Verstehen

Ich kann die Texte aus Lektion 14–25 bestimmten Textsorten zuordnen.
Ich kann in einem Satz Beiordnung und Unterordnung unterscheiden.
Ich kann verschiedene Sinnrichtungen der Partizipialkonstruktionen (Abl. abs.; PC) unterscheiden.
Ich erkenne die Zeitverhältnisse der Partizipialkonstruktionen im Satzzusammenhang.
Ich kann Konjunktivformen ihren Aufgaben im Satz zuordnen.
Ich erkenne die Rolle von Pronomen innerhalb eines Textes.

Können

Ich kann in einem Satz mehrdeutige Subjunktionen (*cum*, *ut*) angemessen übersetzen.
Ich kann Partizipialkonstruktionen auf unterschiedliche Weise angemessen übersetzen.
Ich kann verschiedene Ausdrücke für Aufforderungen, Möglichkeiten und Wünsche angemessen übersetzen.
Ich kann einen Text in Abschnitte gliedern und Überschriften für die Abschnitte finden.

Kultur

Wissen

Ich kenne den Begriff „Mythos".
Ich kenne mythologische Geschichten der Griechen und Römer (über Proserpina, Europa, Herkules, den trojanischen Krieg).
Ich kenne Mythen zur Gründung und Entwicklung der Stadt Rom.
Ich kenne die Kriege zwischen Rom und Karthago.
Ich kenne die karthagischen und römischen Feldherren in diesen Kriegen.

Verstehen

Ich kann mythischen Erzählungen typische Elemente zuordnen.
Ich kann in mythischen Erzählungen den wahren Kern benennen.
Ich kann in Werken der bildenden Kunst Figuren und Inhalte des Mythos erkennen.
Ich kann Gemeinsamkeiten und Unterschiede zwischen antikem und modernem Städtebau angeben.

500 v. Chr.
14 n. Chr.
500 n. Chr.
1000
1500
2000

Der Tatenbericht des Augustus

Bald nach dem Tod des Augustus stehen der Römer Calpurnius und Fulvius aus der Provinz Umbrien, die unter den Bürgerkriegen besonders gelitten hatte, vor dem Mausoleum des Augustus. Sie erklären einem Fremden (*peregrinus*) die Inschriften-Tafeln des *Index rerum gestarum*, die dort angebracht sind. Da der Fremde Latein zwar sprechen, aber nicht gut lesen kann, liest Calpurnius ihm Abschnitte aus dem Text vor und erläutert sie.

Calpurnius legit et explanat: „‚Annos undeviginti natus exercitum privato consilio et privata impensa comparavi, per quem rem publicam in libertatem vindicavi.' Augustus opibus suis milites conscripserat, deinde eos, qui partibus Antonii faverant, superavit. Augustum civitatem antea vexatam a magno periculo liberavisse constat. Qua de causa consul et triumvir factus est, quod hic scriptum est: ‚Populus autem me consulem, cum consul uterque in bello cecidisset, et triumvirum rei publicae creavit.'
Consul factus consilium rei publicae restituendae cepit. Augustus id bene fecit."
Peregrinus: „Sed memini patrem meum de bello crudeli inter cives Romanos gesto narrare."
Calpurnius: „Sic est. Tum bellum crudelissimum in Italia fuit.
Inimicis victis Augustus curavit, ut salus publica concordia otioque floreret.
Civibus saeculum pacis diuturnae paravit. Et in Gallia Hispaniaque bella gessit provinciarum pacandarum causa. Ecce! Ibi scriptum est: ‚Omnium provinciarum populi Romani, quibus finitimae fuerunt gentes, quae non parerent imperio nostro, fines auxi.'

Z 1 *explanare* erklären | Z 1 *undeviginti* neunzehn | Z 2 *impensa, -ae* f. Kosten, Aufwand

INFO

Das Marsfeld zur Zeit des Augustus

1555 fand man im türkischen Ancyra (heute: Ankara) auf der Innenwand des Roma-Augustus-Tempels eine Inschrift, eine Wiedergabe des *Index rerum gestarum*. Dies ist ein von Kaiser Augustus (63 v. Chr. – 14 n. Chr.) verfasster **Bericht** in 35 Kapiteln, in dem er seine Leistungen aufgelistet hat. Den Originaltext dieses nach seinem Fundort benannten *Monumentum Ancyranum* hatte Augustus seinem **Testament** beigefügt. Er stand auch als Inschrift auf zwei Pfeilern vor seinem Mausoleum auf dem Marsfeld in Rom.
Das **Mausoleum** war Teil eines Baukomplexes, der die Macht des Augustus demonstrieren sollte. Augustus stellte sich auf dem Marsfeld neben dem alten Platz, auf dem Konsulatswahlen stattfanden, wie ein Monarch dar: Ein Beispiel dafür war die riesige **Sonnenuhr**, das sogenannte *Solarium Augusti*. Ein weiteres Beispiel ist die *Ara Pacis*, ein **Altar**, den der Senat Augustus 13 v. Chr. aufgrund seiner Friedens- und Wohlstandspolitik gewidmet hatte.

Imperio ab Augusto aucto nos Romani sine curis vivere possumus. Etiam multi reges non vi superati saepe legatos in Italiam mittebant ad amicitiam nostram petendam. Ne barbari quidem Augustum oderant; qua de causa princeps pacis nominatur."

Peregrinus: „Nomina deorum illa parte inscripta mihi nota sunt. Novi Augustum deos colendos curavisse."

Calpurnius: „Recte dicis. Et aliis de causis eum laudare debemus: Non solum vitam in pace, sed etiam vitam in urbe magnificis aedificiis ornata agimus. Imperator enim in aedibus renovandis se benignum praestabat et magno sumptu confecit multa opera nova. Id ibi scriptum est: ‚In privato solo Martis Ultoris templum forumque Augustum feci et Capitolium et Pompeium theatrum utrumque opus impensa grandi refeci sine inscriptione nominis mei.' Profecto – ut dixit ipse – urbem, quam latericiam acceperat, marmoream reliquit."

Porträtbüste des Augustus.

Fulvius: „Homines stultissimi! Nonne intellegitis Augustum haec opera fecisse ad populum sibi conciliandum? Augustus numquam rem publicam liberam restituere in animo habuit. Cupiditate regendi adductus inimicos interfecit et omnem potestatem in manus suas traxit."

Z 23 *inscribere* aufschreiben, einmeißeln | Z 28 *renovare* erneuern | Z 30 *solum, -i* n. Boden | Z 32 *inscriptio, -onis* f. Eintragung, Inschrift | Z 33 *latericius, -a, -um* aus Ziegeln | Z 34 *marmoreus, -a, -um* aus Marmor | Z 36 *sibi conciliare* für sich gewinnen

a Sammle Informationen über die Ereignisse in Rom in den Jahren 44 – 43 v. Chr.
b Kläre mithilfe eines Lexikons oder des Internets, welche *inimici* gemeint sind.
c Was meint Augustus mit dem Ausdruck *rem publicam in libertatem vindicavi*?
d Was verstanden die Römer unter einem Triumvirat? Recherchiere im Lexikon oder Internet.
e Vergleiche die Gattungen Autobiographie und Geschichtsschreibung (s. S. 160 – 161).
f Schreibe alle *-nd*-Formen aus dem Text heraus. Was fällt dir auf?

▸ S. 237–239
▸ Gesamt-Grammatik S. 93

Sprach- und Textkompetenz

▸ AH 3
S. 11 Ü 5
S. 13 Ü 4
S. 14 Ü 5

1. Gliedere das Gespräch in Abschnitte und benenne die jeweiligen Themen.

2. Erläutere die Standpunkte der drei Personen des Lektionstextes.

3. Wie werden Augustus und seine Politik durch die drei Personen charakterisiert?

4. Noch mehr kannst du über Augustus erfahren, wenn du seine Texte mit Ausführungen anderer Autoren vergleichst. Der Lektionstext enthält (Z 15 – 17) ein Zitat aus dem Tatenbericht des Augustus (*Res gestae*), in dem er seine Außenpolitik darstellt. Auch der Historiker Tacitus (um 58 – 120 n. Chr.) äußert sich zu diesem Thema:
– *„Sobald [Gaius Octavius Caesar] aber die Soldaten durch Geschenke, das Volk durch eine Versorgung mit Getreide und alle durch die Annehmlichkeit von Ruhe und Frieden angenehm für sich gewonnen hatte, erhob er sich allmählich und zog die Befugnisse des Senats, der Beamten und der Gesetzgebung an sich, ohne dass irgendjemand dagegen Widerstand leistete; die Mutigsten waren nämlich in den Schlachten [der Bürgerkriege] oder durch die Proskriptionen getötet worden, die anderen Adligen wurden ... durch finanzielle Mittel und Ehrenstellen ausgezeichnet und zogen nun, durch die neuen politischen Verhältnisse bereichert, die sichere Gegenwart der gefahrvollen Vergangenheit vor." (Annalen 1,2)*
– *„Als einziger Krieg war der gegen die Germanen übrig geblieben; Augustus ließ ihn in erster Linie führen, weil er die beschämende Niederlage des zusammen mit Quinctilius Varus zugrunde gegangenen Heeres aus dem Gedächtnis der Menschen tilgen wollte, und nicht deshalb, weil er das Reich erweitern wollte oder weil ein nennenswerter Vorteil zu erzielen gewesen wäre." (Annalen 1,3).*
Vergleiche die Darstellung des Tacitus mit den Äußerungen des Augustus.

5. (fakultativ)
Im folgenden Text des italienischen Dichters Dante werden dir einige Wörter bekannt vorkommen. Schreibe alle italienischen Wörter, die du aus dem Lateinischen herleiten kannst, zusammen mit ihrem lateinischen Herkunftswort in eine Tabelle. Im Kasten neben dem Text findest du weitere lateinische Wörter und ihre deutschen Bedeutungen.
Kläre mithilfe der lateinischen Wörter den Inhalt des Textes. Wer ist der Sprecher?

„Non omo; omo già fui,
...
Nacqui *sub Julio*, ancor che fosse tardi,
e vissi a Roma sotto il buon Augusto,
...
Poeta fui, e cantai di quel giusto
figliuol d'Anchise che venne da Troia
poi che il superbo Ilión fu combusto."

ital.	Ableitung/Erklärung
nacqui	*nasci* geboren werden
sub [lat.]	unter, zur Zeit des
tardi	*tardus, -a, -um* spät, langsam
sotto	*sub*
giusto	*iustus, -a, -um* gerecht
superbo	denke an Tarquinius *Superbus*
Ilión	Troia
combusto	*comburere, comburo, combussi, combustum* verbrennen

Kulturkompetenz

6. Informiere dich über Gestaltung und Bedeutung der Sonnenuhr des Augustus.

7. *Provinciarum pacandarum causa* – Erläutere das Verständnis von Krieg und Provinzen, das in der lateinischen Wendung zum Ausdruck kommt.

Wortschatz- und Grammatikübungen

Wichtige Wörter im Lektionstext

8. Stelle Wendungen aus dem Text zusammen, die eine *Absicht* ausdrücken.

9. Im Text kommt *causa* öfter vor: Welche Wortart ist es jeweils, wie wird *causa* übersetzt?

Formen von *odisse* und *meminisse*

10. Bestimme und übersetze folgende Formen. Ein Wort passt jeweils nicht – woran liegt das?
a oderant, odisti, odii, oderitis, odisset, oderint
b memineris, meministis, meminerat, menses, meminissent

*-nd-*Formen im Deutschen angemessen wiedergeben

▸ AH 3 S. 10 Ü 3 S. 13 Ü 3

▸ Gesamt-Grammatik S. 94 – 95

11. Übersetze die folgenden möglichen Aussagen des Augustus:
1. „Exercitum mihi comparavi ad rem publicam liberandam.“
2. „Multum de re publica a periculo liberanda cogitavi.“
3. „Triumvir rei publicae constituendae[1] fui per decem annos.“
4. „Multae gentes legatos ad me miserunt pacis faciendae causa.“
5. „In bellis gerendis numquam hostibus iniuriam intuli.“
6. „Cupiditate imperii augendi adductus multis gentibus bella intuli.“
7. „Multis templis aedificandis populo Romano placui.“

1 constituere hier: ordnen

Die Kunst des Verstehens: Kongruenz I

a Suche in den Zeilen 1 – 9 Verbindungen von Substantiv und Attribut. Woran erkennst du ihre Zusammengehörigkeit? Was erschwert es dir manchmal, diese Verbindung auf den ersten Blick zu erkennen?
b In denselben Zeilen kannst du noch zwei andere Arten von Wortblöcken finden. Aus welchen KNG-kongruenten Wortarten bestehen sie?
c Suche aus dem Text alle PC- und Abl. abs.-Wortblöcke heraus. Welchen Vorteil für die Übersetzung bietet es dir, dass du eine Vorstellung von dieser Art der Wortstellung hast?
d Der Text enthält auch Beispiele für AcI-Blöcke. Aus welchen Wortarten bestehen sie? Suche diese Wortblöcke im Text.
Beispiel: Fama est deos saepe inter se certare.

Subjektsakkusativ (deos) **Prädikatsinfinitiv** (certare)

Es geht die Sage, dass die Götter oft untereinander kämpfen.

Versuche, die Art deiner Fehler zu unterscheiden (Vokabeln, Formen):
Bei mehr als zwei Vokabelfehlern: Wiederhole Vokabeln, deren Bedeutung du nicht mehr kennst, mithilfe des alphabetischen Vokabelverzeichnisses.
Bei zu vielen Formenfehlern: Schau dir in der Gesamt-Grammatik die Formentabellen an.
Wenn du noch nicht gut genug verstanden hast, was KNG-Kongruenz bedeutet, lies Gesamt-Grammatik S. 10.
Wenn du die satzwertigen Konstruktionen nicht verstehst, lies nach in der Gesamt-Grammatik S. 38 – 39 (AcI), S. 59 – 61, 67 (PC) und 70 – 71, 73 (Abl. abs.).

Neros Verschwendungssucht – Wie viel Luxus darf sich ein Princeps leisten?

500 v. Chr. | um 120 n. Chr. | 500 n. Chr. | 1000 | 1500 | 2000

Der Schriftsteller Sueton arbeitet an seinen Kaiserbiographien (*De vita Caesarum*). Zur Zeit beschäftigt er sich damit, das Leben Neros darzustellen. Vieles hatte er über diesen Kaiser gelesen und gehört. Insbesondere fiel Sueton die maßlose Verschwendungssucht Neros auf:

Die Domus Aurea, der Goldene Palast Kaiser Neros, erbaut ab 64 n. Chr., unvollendet, später überbaut. Rekonstruktionszeichung von Peter Connolly in Aquarell-Technik.

„Dei me adiuvent! De luxuria Neronis mihi scribendum est: Cenas a medio die ad mediam noctem trahebat. Nullam vestem bis induit.
Nam ille divitiarum et pecuniae fructum non alium esse putabat quam profusionem. Nec donandi nec consumendi modum tenuit. Tamen plebs fame et inopia non laborabat. Principi Romano licet in divitiis vivere, sed ei et avaritia et luxuria abstinendum est. Hanc vivendi rationem Nero sibi contemnendam esse censuit. Haec exempla luxuriae Neronis mihi commemoranda sunt:
Numquam minus mille carrucis fecit iter. Sed in nulla re Nero perniciosior fuit quam in aedificando. Nam domum magnificam aedificandam curavit, quae a Palatio usque ad Esquilias pertinebat, quam auream appellavit.
De cuius magnitudine atque cultu haec referenda sunt:
In vestibulo eius colossus CXX pedum stabat Neronis. Item lacum domus habuit mari similem, praeterea campos cum multitudine omnis generis pecudum ac bestiarum. Eius modi domum cum dedicaret, eam ita probavit, ut se diceret quasi hominem tandem habitare coepisse.

Z 1 *cena, -ae* f. Essen, Gastmahl | Z 2 *bis* (Adv.) zweimal | Z 2 *induere, induo, indui* anziehen | Z 4 *profusio, -onis* f. Verschwendung | Z 9 *carruca, -ae* f. vierrädriger Wagen | Z 11 *aureus, -a, -um* golden | Z 13 *vestibulum, -i* n. Vorplatz | Z 13 *colossus CXX pedum* m. eine riesige Statue von 120 Fuß (= ca. 35 m) Höhe | Z 15 *dedicare* einweihen

Nemo Neronem luxuria aequavit. Nero autem fuit princeps imperii Romani et vir potentissimus orbis terrarum. Multa et magnifica aedificia fecit, ut populi omnis orbis terrarum maiestatem principis cognoscerent. Illa aedificia usque adhuc gloriam populi Romani augent.

Haec omnia mihi sunt demonstranda – nihil difficilius erit hoc negotio!“

Marmorne Porträtstatue Kaiser Neros, 1. Jh. n. Chr.

INFO

Kaiser Nero

Nero (37–68 n. Chr.) wurde schon mit 17 Jahren zum Kaiser ernannt. In Wirklichkeit aber führten seine Mutter **Agrippina**, sein Erzieher, der Philosoph **Seneca** und der Offizier **Burrus** in den ersten fünf Jahren die Regierungsgeschäfte. Dieser Anfang der Herrschaft Neros wird allgemein als erfolgreich angesehen.
Später aber ließ Nero seinen Stiefbruder Britannicus und seine Mutter Agrippina ermorden. 62 n. Chr. zog sich Seneca aus der Politik zurück. Mehr und mehr entwickelte sich Nero danach zu einem unberechenbaren **Tyrannen**, der Senatoren und andere Gegner töten ließ. Nero wird mit dem großen **Brand Roms** 64 n. Chr. und den anschließenden **Christenverfolgungen** in Verbindung gebracht. In dem vom Feuer zerstörten Stadtzentrum ließ der Kaiser seine luxuriös ausgestattete **Domus Aurea** errichten. Sie ist bis heute das größte Bauwerk Roms und nur zu einem kleinen Teil ausgegraben. Nero zeigte außergewöhnliches künstlerisches Engagement, den griechischen Provinzen gewährte er Steuerfreiheit.
Schießlich revoltierte das Militär in den Provinzen; der Einmarsch der Truppen Galbas in Rom zwang Nero zur Flucht aus seinem Palast und wenig später zum Selbstmord. Den Senatoren war Nero verhasst, beim Volk blieb er aber zum Teil noch lange nach seinem Tod populär.

a Gliedere den Lektionstext in Abschnitte und gib ihnen passende Überschriften. Beachte auch Textmerkmale.

b Nenne die positiven und negativen Folgen von Neros Verschwendungssucht.

c Suche alle *-nd*-Formen aus dem Text heraus. Was fällt dir beim Übersetzen dieser Formen auf?

▸ Gesamt-Grammatik S. 94–95, 97

Sprach- und Textkompetenz

▸ AH 3 S. 20 Ü 5 S. 24 Ü 7

1. Stell dir vor, du wärest der Biograph Neros. Welche Punkte nimmst du in deine Beschreibung seines Lebens auf?

2. Gestalte ein Wortnetz zum Thema *Maß-* und *Größenangaben.*

▸ AH 3 S. 18 Ü 2 S. 21 Ü 3

3. Im Text kommen sehr viele Gerundiva vor. Welchen Eindruck hinterlassen sie beim Leser?

4. Der römische Historiker Sallust (86 – 35 v. Chr.) sieht Geschichtsschreibung als eine schwierige Aufgabe an. In seiner Schrift *De coniuratione Catilinae* (Kap. 3) äußert er sich folgendermaßen:

„Sowohl diejenigen, die Taten vollbracht haben, als auch diejenigen, die die Taten anderer aufgeschrieben haben, werden vielfach gelobt. Und mir jedenfalls scheint es, auch wenn der Geschichtsschreiber keineswegs genauso berühmt wird wie derjenige, der eine große Tat vollbracht hat, dennoch besonders schwierig, eine Geschichtsdarstellung zu schreiben:

Erstens, weil man Taten mit Worten angemessen darstellen muss, zweitens, weil die meisten Menschen glauben, sobald man etwas kritisiert, dass man aus Missgunst und Neid kritisiert. Sobald der Geschichtsschreiber aber an eine große Leistung und den Ruhm tatkräftiger Leute erinnert, nehmen die Leser das ohne besondere Aufmerksamkeit auf, was jeder glaubt, auch selbst leicht vollbringen zu können. Was darüber hinausgeht, hält der Leser für falsch, so als ob es erfunden wäre."

Nenne Gemeinsamkeiten und Unterschiede zur Einstellung Suetons.

5. a Übertrage die folgende Tabelle in dein Heft und fülle die fehlenden Kästchen aus.

Lateinisch	Spanisch	Französisch	Deutsch
donare	donar	donner	schenken
	el ejemplo	l'exemple	
	mil	mil	
	el pie	le pied	
	el género	le genre	
	la bestia	la bête	

b Vergleiche Rechtschreibung und Wortform der romanischen Vokabeln mit den lateinischen Ursprungsformen; beschreibe Gemeinsamkeiten und Unterschiede.

Kulturkompetenz

6. Was sagt dir die Tatsache, dass ein bekanntes Brennprogramm *Nero burning ROM* heißt?

Wortschatz- und Grammatikübungen

Verschiedene Konstruktionen bei *curare*

7. Wie kann man das Verb *curare* jeweils angemessen übersetzen?
1. Nero domum aedificandam curavit.
2. Nero plebem curavit.
3. Suetonius curavit, ut vita Neronis omnibus nota[1] esset.

1 notus, -a, -um bekannt

Wortfamilie

8. Stelle alle dir bekannten Komposita von *ferre*, *tenere* und *dare* zusammen und nenne ihre Bedeutungen.

9. Ersetze die Formen von *portare* durch die entsprechenden Formen von *ferre*:
portant – portavistis – portem – portarentur – portabatis – portate – portaris – portaverant – portaberis – porta – portaveris – portabitur – portaverim – portavit – portata essent

-nd-Formen und ihre Wiedergabe im Deutschen

▸ AH 3
S. 19 Ü 4
S. 22 Ü 5
S. 23 Ü 6

10. Ein römischer Feldherr hat viele Aufgaben. Übersetze:
1. Imperatori Romano cum hostibus pugnandum est.
2. Omnia uno tempore sunt agenda.
3. Ei militum virtus laudanda est.
4. Imperator castra facienda curat.
5. Senatus imperatori exercitum in hostes ducendum dat.

▸ Gesamt-Grammatik S. 94–95, 97

11. Suche für folgende Ausdrücke eine treffende Übersetzung:
ars dicendi et scribendi – in consiliis capiendis – in conficiendis aedificiis – finis orandi – in quaerendo – ars aedificandi – ad bene vivendum – spes rei publicae restituendae

Die Kunst des Verstehens: Sinnrichtungen des Ablativs

a Welche Sinnrichtungen des Ablativs kennst du? Nenne auch Beispiele.

b Welche Sinnrichtungen hat der Ablativ jeweils in den folgenden Sätzen?
1. Tamen plebs fame et inopia non laborabat.
2. Nero avaritia et luxuria non abstinuit.
3. Nero summo studio[2] aedificia exstruxit[3].
4. Nero summa adulescentia[4] princeps factus est.
5. Nihil difficilius erit hoc negotio.

Wenn du Schwierigkeiten bei einer Aufgabe hattest, lies dazu Gesamt-Grammatik S. 24–25 und S. 58.

2 studium, -i n. Eifer, Engagement

3 exstruere, exstruo, exstruxi bauen

4 adulescentia, -ae f. Jugend

„Unter diesem Zeichen wirst du siegen!“

Kaiser Diokletian (284–305 n. Chr.) hatte das Römische Reich in einen östlichen und einen westlichen Verwaltungsbereich aufgeteilt. Beide Reichsteile wurden jeweils von einem Kaiser regiert. Zu Beginn des 4. Jahrhunderts n. Chr. stritten im Westen die Feldherrn Maxentius und Konstantin um den Kaisertitel und die Vorherrschaft. Zu ihren politischen Streitigkeiten kamen noch unterschiedliche religiöse Einstellungen.

Statue des Kaisers Maxentius; Entstehungszeit zwischen 306 und 312 n. Chr.

Silbermünze Kaiser Konstantins, geprägt 313 oder 315 n. Chr.

Iam inter Maxentium et Constantinum bellum permotum erat. Ille Romae se continebat, hic cum omnibus copiis ad pontem Milvium extra urbem consederat. Maxentius prima pugna Constantinum vicerat, cum exercitus huius numero militum exercitum illius non aequaret. Tamen Constantinus divino auxilio confisus confirmato animo erat. Nam clade accepta in somno monitus erat, ut ante pugnam caeleste signum dei notaret in scutis. Constantinus hoc fecisse fertur: Littera X transversa signum Christi in scutis notavit. Quo signo armatus exercitus eius occasionem proeliandi exspectabat.

Z 6 *notare* schreiben, einzeichnen | Z 6 *scutum, -i* n. Schild | Z 7 *transversus, -a, -um* querliegend, schräg | Z 8 *proeliari* kämpfen

Tum milites Maxentii ex urbe proficiscentes proelium incipiunt. Sine imperatore pontem Milvium transgrediuntur et hostes aggrediuntur, cum Maxentius intra muros urbis Romae maneat. Olim ei oraculum datum erat: „Cave, ne extra portas urbis exieris! Periculum est, ne moriaris!“ Sed extra urbem ad pontem utraque acies concurrit, nemo proelium veretur, nemo fugere conatur, neminem cupiditas pugnandi deficere videtur.

In urbe autem fit seditio, cum populus imperatorem Maxentium non proeliari videat. Illud oraculum nemini notum fuisse videtur. Itaque cives eum saluti rei publicae deesse cupere suspicantur. Repente populus clamat Constantinum vinci non posse. Quibus verbis territus Maxentius senatores libros Sibyllinos adire iubet. In quibus repertum est illo die hostem Romanorum vinci posse. Quo responso Maxentius in spem victoriae adductus in aciem venit. Eo viso milites summis viribus proeliantur. Subito pons deletur. Milites Maxentii terrentur, ipse in fugam vertit, properat ad pontem deletum et multitudine fugientium pressus in Tiberim labitur. Ita Maxentius mortuus est. Qua re factum est, ut bellum inter Constantinum et Maxentium finiretur. Manus dei huic superfuisse, illi adfuisse creduntur. Bello confecto Romani virtutem et prudentiam Constantini mirati sunt. Senatus populusque Romanus magno cum gaudio eum imperatorem suscepit. Constantinus, cum ipse se deo adiuvante imperatorem factum esse crederet, cultum Christianum auxit. Eo imperatore nonnulli ad fidem Christianam converterunt. Eis autem, qui deos veteres colere non desierunt, verendum non erat, ne punirentur.

Z 12 *olim* (Adv.) vor langer Zeit | Z 20 *adire* hier: befragen | Z 24 *properare* laufen | Z 28 *prudentia, -ae* f. Klugheit | Z 33 *punire* bestrafen

a Gliedere den Text und wähle passende Überschriften für jeden Abschnitt. Berücksichtige dabei die Konnektoren und die Tempora.

b Suche alle Prädikate im Passiv heraus und übersetze sie. Was fällt dir auf?

c Partnerarbeit: Fasst den Inhalt des Textes zusammen, indem ihr folgende W-Fragen beantwortet: Wer? Was? Wo? Warum? Wie? Wann?

d Schreibe den Satz *Sine imperatore … Romae maneat* (Z 10–12) in dein Heft und veranschauliche dir seine Struktur durch ein *Satzbild*.
Überlege nach der Übersetzung: Welchen Vorteil hat dir die Veranschaulichung gebracht?
▸ Gesamt-Grammatik U 3

e Veranschauliche dir die Struktur des Satzes *Quibus … adire iubet* (Z 20), indem du ihn nach der Methode *Strukturbaum* in dein Heft schreibst.
Überlege nach der Übersetzung: Welchen Vorteil hat dir die Veranschaulichung gebracht?
▸ Gesamt-Grammatik U 3

f Vergleiche die Methoden *Satzbild* und *Strukturbaum*: Welche Vorteile, welche Nachteile bietet die jeweilige Visualisierung?
▸ Gesamt-Grammatik U 3

g Suche alle Infinitiv-Konstruktionen heraus, erläutere Gemeinsamkeiten und Unterschiede.
▸ Gesamt-Grammatik S. 13

h Partnerarbeit: Sucht die Sätze heraus, in denen sowohl *hic* als auch *ille* vorkommt. Wer wird mit dem jeweiligen Pronomen bezeichnet?

i Partnerarbeit: Wählt einen Satz aus. Entscheidet euch dabei jeweils für eine andere Übersetzungsmethode. Jeder Partner übersetzt mithilfe der gewählten Methode den Satz allein. Diskutiert dann, welche Vorteile, aber auch welche Nachteile die verwendete Methode bei diesem Satz hatte.
▸ Gesamt-Grammatik U 2

▸ AH 3
S. 31 Ü 5
S. 34 Ü 6

Sprach- und Textkompetenz

1. Konstantin und Maxentius hatten unterschiedliche religiöse Einstellungen. Sammle aus dem Text für beide Personen Hinweise, die ihre religiöse Einstellung deutlich werden lassen. Welcher Religionsgemeinschaft gehörten beide an?

2. Sammle für Konstantin und für Maxentius wegweisende Botschaften, die ihnen jeweils überbracht worden waren. Welche Botschaften hatten sich als günstig und förderlich erwiesen, welche als ungünstig und hinderlich? Welche Religion wird in diesem Text als die überlegene dargestellt?

3. „Unter diesem Zeichen wirst du siegen"– die Überschrift ist ein übersetztes Zitat aus einem antiken Bericht über die Schlacht an der Milvischen Brücke. Wer wird hier angesprochen? Wer spricht hier wohl? An welche Stelle des Lektionstextes kann man dieses Zitat platzieren?

4. **(fakultativ)**
Unter Historikern ist bis heute nicht geklärt, weshalb die Soldaten des Maxentius den Ausfall aus der Stadt Rom machten. Welcher Grund scheint dir plausibel? Belege deine Meinung mit Zitaten aus dem Text.

5. **(fakultativ)**
Konstantin wurde von der Nachwelt der „Große" genannt. Welche Gründe für diese hohe Wertschätzung kannst du dem Lektionstext entnehmen?

6. Welche Haltung nimmt der Erzähler den beiden Hauptfiguren gegenüber ein? Begründe deine Meinung.

Kulturkompetenz

7. Die Schlacht an der Milvischen Brücke gehört – so ein Historiker – zu den „großen Entscheidungen der Weltgeschichte". Recherchiere, welche Auswirkungen diese Schlacht hatte. Teilst du diese Einschätzung?

8. **(fakultativ)**
Recherchiere, wie das Zeichen aussah, das Konstantin auf die Schilde hat anbringen lassen.

Wortschatz- und Grammatikübungen

Pronomen und Verben

9. a Bestimme die Verbformen und gib den Infinitiv Präsens und seine Bedeutung an:
gavisi erant, aggrediamur, fias, sustulerim, aufertis, mortua, labereris, verear, eundi, proficiscentes, mirareris, repperit, transgredere

b Ersetze die folgenden Formen von *metuere* durch die entsprechenden von *vereri*:
metuunt, metuebamini, metueris, metueret, metuatis, metueramus, metuerit, metue

10. Im Text kommen mehrmals Relativpronomen vor. Erläutere jeweils ihre Funktion im Satz und gib an, wie das Pronomen übersetzt wird.

Wort-Netz

11. Gestalte ein Wort-Netz zum Thema *Glaube, Kult*.

Prädikate

12. Unterscheide in den folgenden Sätzen, ob die Prädikate als Passivform, als Teil einer NcI-Konstruktion oder als Deponens aufzufassen sind:
1. Constantinus imperator divino auxilio confisus est.
2. Constantinus imperator a populo Romano summo cum gaudio susceptus est.
3. Omnes copiae Constantini ad urbem admotae[1] sunt.
4. Somnium[2] Constantinum monuisse dicitur.
5. Omnes milites Constantini et Maxentii summis viribus proeliati[3] sunt.
6. Constantinus divino auxilio vicisse videtur.

▸ AH 3
S. 30 Ü 2
S. 31 Ü 4
S. 32 Ü 3
S. 33 Ü 4 u. 5

1 admovere heranführen

2 somnium, -i n. Traum

3 proeliari kämpfen

Cum – verschiedene Funktionen

13. Im Text kommt mehrmals das Wort *cum* vor. Unterscheide:
a *cum* als Präposition oder als Subjunktion;
b die verschiedenen logischen Verhältnisse, die durch die Subjunktion *cum* ausgedrückt werden können. Welche Hinweise zur Unterscheidung gibt dir der Text?

Die Kunst des Verstehens: Pronomen 1

a Prüfe bei folgenden Sätzen, wer jeweils mit *hic* und *ille* gemeint ist:
Inter Constantinum et Maxentium multa proelia fuisse constat. Hic a patre Maximiano exercitum receperat, ille copias ad urbem Romam admovit[1].
Licinius imperator orientis[4] fuit. Constantinus provinciis Galliae et Britanniae praefuit. Hic Treveris[5] vixit, ille in urbe Byzantio militibus providit.

b Finde heraus, worauf sich die Formen von *suus* bzw. *eius* jeweils beziehen:
1. Milites Maxentii pontem transgressi sunt, Constantinus autem milites eius terruit.
2. Constantinus fidem Christianam magni aestimavit[6], cum Maxentius Iovem et Minervam et Plutonem et alios deos Romanorum coluit. Constantinus suum cultum adiuvit, deos eius non iam magni duxit.
3. Imperator Constantinus somnio suo paruit. Romani virtutem eius mirati sunt et gloriam suam maximam duxerunt.

4 oriens, orientis m. Osten, Orient

5 Treveris in Trier, bei den Treverern

6 magni aestimare wertschätzen, hoch einschätzen

Wenn du mehr als einen Fehler gemacht hast, lies Gesamt-Grammatik S. 47 und S. 63 – 64.

Test Lektion 26–28

„Gib mir meine Legionen zurück!“

Das römische Heer rückte in Germanien weiter und weiter vor. Ziel war die Einrichtung einer römischen Provinz, die bis zur Elbe reichte. Unter der Herrschaft von Kaiser Augustus wurde P. Quinctilius Varus mit der Leitung des Heeres beauftragt. Im Jahre 9 n. Chr. aber erlitt das Heer in der Schlacht bei Kalkriese in der Nähe des heutigen Osnabrück eine vernichtende Niederlage gegen die Germanen. Als Augustus in Rom davon erfuhr, reagierte er geschockt …

„Dei me adiuvent! Romani clade maxima affecti sunt: Quid nobis faciendum est? Magnum numerum militum conscripseram, qui in Germania frustra hoc bellum crudelissimum gesserunt provinciarum pacandarum causa. Hos Germanos odi; nemini eorum confido. Hac clade nuntiata timeo, ne tumultus Romae exsistant. Itaque urbs militibus custodienda est.“

Nonnulli meminerunt Augustum dolore commotum diu nec barbam nec capillos totondisse. Praeterea Caesar caput portae illidens iterum iterumque clamavit: „Quinctili Vare, legiones redde!“

Z 1 *clade affici* eine Niederlage erleiden | Z 5 *exsistere* entstehen | Z 6 *custodire* bewachen | Z 7 *barba, -ae* f. Bart | Z 8 *capillus, -i* m. Haar | Z 8 *tondere, tondeo, totondi, tonsum* schneiden | Z 8 *illidere* stoßen an | Z 9 *reddere* zurückgeben

Textvorerschließung

Verschaffe dir einen Überblick – wovon handelt der Text?
a Welche Informationen gibt dir die Textumgebung (Überschrift, Einleitungstext, Bild)?
b Welche Personen kommen im Text vor?
c An welchen Orten spielt der Text?
d Gehört der Text zur Gattung Geschichtsschreibung? Begründe deine Einschätzung.
e Welche Nomen, welche Verben kommen mehr als einmal im Text vor?
f Äußere eine erste Vermutung zur Überschrift *(Gib mir meine Legionen zurück!)*: Wer stellt die Forderung, wer soll zurückgeben?

Antike Kultur
Wiederhole, was du von der „Vorgeschichte" des Textes weißt (vgl. Lektionen 11 und 12).

Übersetzungstraining

a In diesem Text gibt es mehrere *-nd-*Formen in verschiedenen Funktionen. Woran kannst du diese Funktionen erkennen?
b In diesem Text kommen mehrere Konjunktiv-Formen in verschiedenen Funktionen vor. Woran kannst du diese Funktionen erkennen?
c In diesem Text sind drei Partizipialkonstruktionen enthalten. Aufgrund welcher Merkmale kannst du sie unterscheiden?

Übersetzung

Übersetze diesen Text.

Sprachbetrachtung

Vergleiche deine Ergebnisse mit der Lösung auf S. 353–354.
a Falls du eine abweichende Erwartung über den Inhalt des Textes hattest: Welche Signale hast du falsch gedeutet?
b Welchen Vorteil hat es dir beim Übersetzen verschafft, dass du eine Vorstellung von dem Inhalt hattest?
c Hattest du Schwierigkeiten, die *-nd-*Konstruktionen zu unterscheiden? Dann lies in der Gesamt-Grammatik S. 89–90, 93–95 und 97.
d Hattest du Schwierigkeiten, die Konjunktiv-Formen zu unterscheiden? Dann lies noch einmal in der Gesamt-Grammatik S. 86–88 nach.
e Hattest du Schwierigkeiten, die Partizipialkonstruktionen zu unterscheiden? Dann lies noch einmal in der Gesamt-Grammatik die S. 59–61 und 70–71.

Versuche, die Art deiner Fehler zu unterscheiden:
Bei mehr als zwei Vokabelfehlern: Wiederhole die Vokabeln der Lektionen 26–28.
Bei mehr als zwei Formenfehlern: Wiederhole Gesamt-Grammatik S. 92–93, 96 und 98.

Bei welchen Textpassagen hat dir deine Kenntnis der Vorgeschichte weitergeholfen?

Mit Wörtern aufwerten und abwerten – Beispiele aus dem Alltag

Drei Jugendliche unterhalten sich über das Fernsehprogramm von gestern – es gab das neue Video einer Musikgruppe zu sehen. Sie sind sehr unterschiedlicher Meinung über den Auftritt. Der Name der Gruppe und die Handlung sind frei erfunden.

Anna, Turgut und Peter (15 Jahre alt) unterhalten sich morgens vor der Schule:
Turgut: „Hallo Anna, hast du gestern im Fernsehen das neue Video von MURX gesehen?"
Anna: „Natürlich, es war unglaublich gut. Besonders der Sänger sieht ja so supersüß aus."
Peter: „Das meinst du doch nicht ernsthaft. Ich habe noch nie so eine grauenvolle Performance gesehen. Der Sänger war so was von mies. Der kann doch gar nicht singen, nur grölen. Er ist kein Sänger, sondern nur ein Schreihals."
Turgut: „Aber dafür war das Lied wenigstens was, das hatte doch was. Da konnte man voll mitgehen."
Peter: „Echt nicht, da war doch gar keine Power drin. Da hat ja meine Oma mehr Drive."
Anna: „Ihr habt ja null Ahnung. So einen süßen Sänger gibt es nicht wieder."

1. Untersuche, wie die Schüler ihre Meinung deutlich machen und welche Wörter sie verwenden, um ihre Bewertungen möglichst wirkungsvoll zum Ausdruck zu bringen.

Personen wertend charakterisieren – Beispiele aus der römischen Geschichtsschreibung

Antike Geschichtsschreiber haben in ganz ähnlicher Weise ihre Meinung zu Personen zum Ausdruck gebracht, ohne die eigene Einstellung wortwörtlich zu benennen.

So schreibt Caesar, der Meister dieser **indirekten Charakterisierung**, über einen Helvetier:

Apud Helvetios longe nobilissimus fuit et ditissimus Orgetorix. Is M. Messala M. Pisone consulibus regni cupiditate inductus coniurationem nobilitatis fecit et civitati persuasit, ut de finibus suis cum omnibus copiis exirent: perfacile esse, cum virtute omnibus praestarent, totius Galliae imperio potiri. (Gall. 1, 2, 1–2)	Bei den Helvetiern war bei weitem der vornehmste und reichste Orgetorix. Dieser organisierte im Konsulatsjahr des M. Messala und M. Piso aus Gier nach Macht, wie sie ein König hat, eine Verschwörung des Adels und überredete seinen Stamm, mit Sack und Pack das Stammesgebiet zu verlassen: Es sei ganz leicht, sich der Herrschaft ganz Galliens zu bemächtigen, da sie ja tapferer als alle Gallier seien.

2. Überlege, wie Caesar hier Orgetorix indirekt durch seine Taten beschreibt.
Ist Orgetorix ein Freund oder ein Gegner der Politik Caesars?

Andere Autoren machen es dem Leser ganz leicht. So schreibt der **Historiker Velleius Paterculus**:

Consulatui Ciceronis non mediocre adiecit decus natus eo anno divus Augustus ab hinc annos LXXXXII, omnibus omnium gentium viris magnitudine sua inducturus caliginem. (Velleius Paterculus 2, 36, 1)	Das Konsulatsjahr Ciceros bekam einen nicht mittelmäßigen Glanz dadurch, dass in diesem Jahr der vergöttlichte Augustus – vor nun 92 Jahren – geboren wurde, der durch seine Größe den Ruhm aller Männer aller Völker verdunkeln sollte.

3. Erläutere, wodurch Paterculus in dieser Aussage deutlich macht, wie er später Augustus und seine Taten darstellen wird.

Ein anderer römischer **Geschichtsschreiber** namens **Sallust** beschreibt einen Römer in folgender Weise:

L. Catilina, nobili genere natus, fuit magna vi et animi et corporis, sed ingenio malo pravoque. Huic ab adulescentia bella intestina, caedes, rapinae, discordia civilis grata fuere, ibique iuventutem suam exercuit. Corpus patiens inediae, algoris, vigiliae supra quam quoiquam credibile est. Animus audax, subdolus, varius. (Sallust, Catilina 5, 1–4)	L. Catilina, von adliger Herkunft, hatte große Körperkraft und große Geistesanlagen, aber einen ganz üblen Charakter. Ihm waren von Jugend an Bürgerkriege, Morde, Raubzüge und politische Streitigkeiten willkommen, dort tobte er sich als junger Mann aus. Sein Körper ertrug Hunger, Kälte und Schlaflosigkeit mehr als man glauben kann. Sein Verhalten war frech, verschlagen und inkonsequent.

4. Beschreibe genau, wie der Autor hier Catilina durch seine Aussagen charakterisiert. Was ist das Besondere an dieser Person?

Der Verlierer **Varus** wird von dem **Historiker Velleius Paterculus** so beschrieben:

Varus Quinctilius inlustri magis quam nobili ortus familia, vir ingenio mitis, moribus quietus et corpore et animo immobilior, otio magis castrorum quam bellicae adsuetus militiae, pecuniae vero quam non contemptor, Syria, cui praefuerat, declaravit, quam pauper divitem ingressus dives pauperem reliquit. (Velleius Paterculus 2, 117, 2)	Quinctilius Varus stammte aus einer ziemlich angesehenen, aber nicht sehr adligen Familie, er war milde, ruhig und geistig und körperlich wenig beweglich, mehr an ein Leben im Lager als im Krieg gewöhnt, allerdings offensichtlich kein Verächter von Geld: Syrien, das er verwaltet hatte, betrat er arm als reiches Land und verließ es reich als armes Land.

5. Wie macht der Autor deutlich, dass Varus gegen den germanischen Heerführer Arminius keine Chance hatte?

Plinius: Brief an Trajan

Unter Kaiser Trajan (Regierungszeit 98–117 n. Chr.) erreichte das Römische Reich seine größte Ausdehnung: Außer Italien gehörten dazu zahlreiche Provinzen mit ganz unterschiedlichen Kulturen und Sprachen. Reiste man von Rom aus in eine der entlegeneren Provinzen, unternahm man wirklich eine Reise in die Fremde.

C. Plinius Secundus wurde 111 n. Chr. als Statthalter nach Bithynien entsandt. Er führte mit Kaiser Trajan über seine unterschiedlichen Aufgaben als Provinzverwalter einen Briefwechsel. Diese Amtsbriefe sind bis heute erhalten. Im Folgenden berichtet Plinius über den Bau einer Wasserleitung in der Stadt Nikomedia, der zunächst zu scheitern drohte.

Römischer Aquädukt von Aspendos (bei Antalya an der türkischen Südküste).

C. Plinius Traiano imperatori

In aquaeductum, domine, Nicomedenses impenderunt HS $\overline{\text{XXX CCCXVIII}}$, qui imperfectus adhuc omissus est; rursus in alium aquaeductum erogata sunt $\overline{\text{CC}}$. Hoc quoque relicto iterum magnam pecuniam solvere opus est, ut aquam habeant ei, qui tantam pecuniam male perdiderunt.
Ipse aquam quaerens perveni ad fontem quendam purissimum. Ex quo videtur aqua arcuato opere debere perduci, sicut initio temptatum erat, ne tantum ad plana civitatis perveniat. Manent adhuc paucissimi arcus prioris aquaeductus: Possunt et erigi quidam lapide quadrato, qui ex superiore opere detractus est; aliqua pars, ut mihi videtur, testaceo opere agenda erit; id enim et facilius et vilius est.
Sed imprimis necesse est vel aquilegem vel architectum a te mitti, ne rursus eveniat, quod accidit. Ego illud unum affirmo et utilitatem operis et pulchritudinem saeculo tuo dignissimam esse.

500 v. Chr. | um 111 n. Chr. | 500 n. Chr. | 1000 | 1500 | 2000

Z 2 *HS* Abkürzung für Sesterzen, eine römische Münzeinheit; $\overline{\text{XXX CCCXVIII}}$ *tricies centena et trecenta duodeviginti milia* (3 318 000) | Z 3 *imperfectus, -a, -um* unvollendet | Z 3 *erogare* ausgeben | Z 4 $\overline{\text{CC}}$ *ducenta milia* (200 000) | Z 4 *relinquere* hier: aufgeben | Z 7 *arcuato opere* auf einer Bogenkonstruktion | Z 9 *lapide quadrato* aus Quaderstein | Z 10 *detrahere* abtransportieren | Z 10 *opere testaceo agere* aus Ziegelstein bauen | Z 11 *vilis, vilis, vile* billig | Z 12 *aquilex, -legis* m. Wasserbauingenieur | Z 14 *pulchritudo, -inis* f. Schönheit

INFO

Plinius, ein bekannter Briefeschreiber

Wer sich im Lexikon oder im Internet über den Schriftsteller **C. Plinius Secundus** informiert, findet zwei Männer dieses Namens. **Plinius der Ältere** (ca. 23 – 79 n. Chr.), der Onkel, war Offizier und Beamter; von ihm ist uns eine Naturgeschichte (*Naturalis historia*) überliefert, eine umfassende Darstellung antiken Wissens über fremde Länder, Tiere und Pflanzen aller Art, Wetterkunde, Arzneimittel, Schmuck usw.
Plinius der Jüngere, der Neffe (61 – ca. 113 n. Chr.), hat **9 Bücher** kunstvoll gestalteter **literarischer Briefe** veröffentlicht, außerdem in **Buch 10** seine **amtliche Korrespondenz** als Statthalter von Bithynien mit Kaiser Trajan. In einem der literarischen Briefe beschreibt er den Ausbruch des Vulkans **Vesuv** 79 n. Chr., bei dem nicht nur sein Onkel starb, sondern auch Pompeji und Herculaneum mitsamt ihren Einwohnern vernichtet wurden. In seinen Briefen lernen wir Plinius als Anwalt, als Schöngeist und Literat, als Freund, als Kenner von Kunst und Architektur und nicht zuletzt als leitenden Beamten kennen. Die Briefe des Plinius sind eine wichtige **Quelle** für **Kultur** und **Alltagsgeschichte** des beginnenden 2. Jahrhunderts n. Chr.

Stell dir vor, Trajan hätte Plinius wirklich einen Architekten aus Rom geschickt. Sagen wir einen gewissen Pansa. Den folgenden Brief könnte er an Plinius geschrieben haben:

M. Pansa Plinio salutem

Maximas, Plini, gratias tibi ago, quod me aquaeductum Nicomedensium aedificare vis. Ego autem, ut certe scis, rem mihi mandatam non solum quam minimo tempore sed etiam secundum dignitatem Caesaris Traiani conficere volo. Aquaeductu perfecto architectus optimus totius provinciae et haberi et esse velim! Aliquis autem mihi nuntiavit te de opere saepe certiorem fieri velle. Iam litteras de rationibus et de statu operis scripturus eram, cum subito vir nomine Pherecrates ad me venit. Is vir me aquam in civitatem suam perducere nolebat. Se una mecum aquaeductum aedificare velle dixit. Ego autem nolui veritus, ne quis accederet omnia perturbaturus. Sed Pherecrates rationes aquaeductus faciendi mihi exposuit, quas probavi. Praeterea ille se hoc opus me duce maxima diligentia confecturum esse pollicitus est. Sic aliquibus ambagibus missis convenit mihi cum eo. Spero denique aquaeductum non solum utile, sed etiam pulcherrimum aedificium fore. In futurum ego aquaeductus quam villas aedificare malo. Vale!

Z 6 *totus, -a, -um* Gen.: *totius* ganz | Z 14 *aliquibus ambagibus missis* ohne Umschweife, unverzüglich

a Wiederhole die Merkmale, an denen du einen Brief erkennst (s. Lekt. 11). Erläutere diese Merkmale anhand von Text 1. ▸ S. 237

b Arbeite heraus, was man in dem Brief des Plinius über die Probleme eines Statthalters erfährt. Was sagt der Brief über sein Verhältnis zu Kaiser Trajan aus?

c Informiere dich durch ein Lexikon und/oder das Internet über die Geschichte Bithyniens. Zu welchem Land gehört das Gebiet Bithyniens heute?

Sprach- und Textkompetenz

▸ AH 3 S. 38 Ü 2 S. 41 Ü 2

1. Suche aus Text 2 Formen von *velle*, *nolle* und *malle* heraus und beschreibe ihre Bildung.

▸ AH 3 S. 38 Ü 3 S. 41 Ü 3

2. Suche aus Text 2 alle Arten von Pronomen heraus und sortiere sie nach Kategorien, z. B. Indefinitpronomen, Possessivpronomen.

▸ AH 3 S. 41 Ü 4a

3. Suche aus Text 2 alle PFA-Formen heraus. Erkläre ihre Bedeutung und Funktion.

4. Vergleiche diese beiden Briefe Ciceros an seine Frau miteinander. Beachte dabei die Anrede, Beginn und Ende des Textes sowie den Inhalt.

TULLIUS TERENTIAE SUAE S.
Si vales, bene est, ego valeo.
Valetudinem tuam velim cures diligentissime; nam mihi et scriptum et nuntiatum est te in febrim subito incidisse. Quod celeriter me fecisti de Caesaris litteris certiorem, fecisti mihi gratum. Item posthac, si quid opus erit, si quid acciderit novi, facies, ut sciam. Cura, ut valeas. Vale. D. IIII Non. Iun.

TULLIUS S. D. TERENTIAE SUAE
In Tusculanum nos venturos putamus aut Nonis aut postridie: Ibi ut sint omnia parata – plures enim fortasse nobiscum erunt et, ut arbitror, diutius ibi commorabimur –; labrum si in balineo non est, ut sit, item cetera, quae sunt ad victum et ad valetudinem necessaria. Vale. K. Oct. de Venusino.

Z 3, 10 *valetudo, -inis* f. Gesundheitszustand | Z 4 *in febrim incidere* Fieber bekommen | Z 5 *posthac* (Adv.) von jetzt an | Z 8 *Nonae, -arum* f. siebter/fünfter Monatstag | Z 8 *postridie* (Adv.) am nächsten Tag | Z 9 *arbitrari* meinen, glauben | Z 9 *commorari* sich aufhalten | Z 9 *labrum, -i* n. Wanne | Z 10 *balineum, -i* n. Bad | Z 10 *ceteri, -ae, -a* übrig | Z 10 *victus, -us* m. Lebensunterhalt | Z 10 *necessarius, -a, -um* notwendig | Z 11 *Kalendae, -arum* f. erster Monatstag | Z 11 *Venusinum, -i* n. Landgut bei Venusia (Apulien)

5. Ein Kennzeichen von Briefen ist oft die Kürze der Aussagen (*brevitas*).
Deshalb werden Eingangsformeln oft abgekürzt: *S. v. b.* für *Si vales, bene est.*
- a Was hätte Cicero demnach am Anfang des ersten Briefes auch schreiben können?
- b Löse auf: *S. v. b. e. e. q. v.*
- c Suche noch andere Beispiele für die *brevitas* des Briefstils.
- d Am Ende beider Briefe stehen Zeitangaben. Vergleiche sie mit den heutigen Angaben.
- e Vergleiche nun Ciceros Briefe mit dem Plinius-Brief. Welche Unterschiede stellst du fest?

Kulturkompetenz

6. Sammle mithilfe von Lexika oder Internet markante Punkte im Leben Trajans.

7. Informiere dich über Bauten Trajans, die noch heute in Rom zu sehen sind.

8. Informiere dich über Bau und Funktionsweise antiker römischer Wasserleitungen. Wo kannst du heute noch Reste davon sehen?

9. Welche römischen Provinzen lagen im Gebiet der heutigen Türkei? Stelle eine Liste zusammen, nenne auch damalige und heutige Namen von dort gelegenen Städten.

Wortschatz- und Grammatikübungen

Mehrdeutigkeit

10. Das Substantiv *ratio* hat viele Bedeutungen: Übersetze die folgenden Sätze und finde jeweils eine passende Bedeutung für *ratio*:
1. Ulixes omnes Graecos *ratione* ingenti superabat.
2. Etiam *ratione* usus[1] est, cum Graeci Troiam capere non possent.
3. Graeci igitur[2] hac *ratione* Troianos vicerunt: Equum ligneum[3] aedificaverunt.
4. Troiani autem *rationem* urbis conservandae non invenerunt.
5. Sic illa clara urbs magis[4] *ratione* atque consilio quam armis expugnata est.

1 uti, utor, usus sum gebrauchen, anwenden

2 igitur (Adv.) also

3 ligneus, -a, -um hölzern

4 magis (Adv.) mehr

Wortfamilie

11. Im Text kommt das Wort *civi-tas* vor, das sich aus dem Stamm *civi-* (Bürger) und der Nachsilbe (Suffix) *-tas* zusammensetzt. Alle Substantive auf *-tas* sind feminin und werden konsonantisch dekliniert. Nenne weitere Substantive aus Lektion 28 und 29 mit diesem oder anderen Suffixen (z. B. *-tio*, *-tor* u. a.) und entwirf eine Tabelle. Erläutere die Bausteine dieser Substantive und ihre Bedeutung.

Übersetze

12. *Aliquis* und *quidam* sind Indefinitpronomen.

▶ AH 3 S. 38 Ü 3 S. 41 Ü 3

a Iulia hatte heimlich eine Verabredung, Tullia hat alles beobachtet, von dem Jungen kennt sie leider nur den Namen. Als sie Claudia davon erzählt, muss sie also das Pronomen *quidam* verwenden. Ergänze jeweils die passende Form und übersetze:
1. Iulia cum Marco ________ e templo Iovis exiit.
2. Iulia amore ________ Marci capta est.
3. Iulia Marcum ________ amare videtur.

b Erkläre den Begriff *Indefinitpronomen* und nenne weitere solche Pronomen.

13. Übersetze und erläutere das zeitliche Verhältnis zwischen der AcI-Handlung und dem übergeordneten Prädikat.

▶ AH 3 S. 39 Ü 4 S. 41 – 42 Ü 4b

1. Amicus se librum lecturum esse scribit.
2. Architectus se aquaeductum novum perfecturum esse nuntiavit.
3. Te in Bithyniam venturam esse dixeras.

Die Kunst des Verstehens: Ablativus absolutus

In den Lektionstexten hast du mehrere Abl. abs. übersetzt. Übe diese wichtige Konstruktion an folgenden Beispielen. Übersetze und achte dabei auf das Zeitverhältnis.
1. Inimicis interfectis Augustus omnem potestatem in manus suas traxit.
2. Octavio de re publica curante salus civitatis concordia otioque florebat.
3. Traiano Caesare fines imperii Romani aucti sunt.

Bei mehr als 2 Vokabelfehlern: Wiederhole die Vokabeln der Lektion 29. Bei mehr als 2 Fehlern bei der Wiedergabe der Abl. abs.: Lies Gesamt-Grammatik S. 70 – 71 und 73.

Historia Apollonii

Apollonius, der König von Tyrus, ist auf der Flucht vor dem grausamen König Antiochus, der ihn ermorden lassen will. Schließlich kommt Apollonius nach Tarsus, eine antike Hafenstadt, die an der heutigen türkischen Südküste lag. Hier bleibt er einige Monate. Danach nimmt er ein Schiff und verlässt Tarsus.

Glück im Unglück

Deducitur igitur Apollonius ad mare et vale dicens hominibus conscendit navem. Qui dum navigat, intra duas horas diei mutatum est mare: Fit tempestas et deletur navis.

Omnes paene perierunt. Apollonius vero solus in Pentapolitarum litus pulsus est. Apollonius: „O Neptune, me servavisti pauperem, quo facilius rex crudelissimus Antiochus persequeretur! Quo itaque ibo? Quam partem petam? Vel quis ignoto vitae dabit auxilium?“

Et dum haec ad se ipsum loquitur, subito animadvertit quendam senem et ait: „Miserere mei, senex! Adiuva naufragum! Ego sum Tyrius Apollonius, patriae meae princeps. Precor vitae auxilium.“

Antiker Hafen, römisches Mosaik, 250 n. Chr. (Rom, Antiquarium Comunale).

Itaque piscator misericordia motus tenuit manum eius et duxit intra tectum paupertatis suae et apposuit ei epulas, quas habuit. Tribunarium suum scidit in duas partes et dedit unam adulescenti dicens: „Tolle hoc, quod habeo, et vade in civitatem: Fortasse aliquis tui misereatur. Et si non inveneris, huc revertere. Paupertas satis erit nobis. Tamen admoneo te:

Si quando redditus eris patriae tuae, et tu memineris paupertatis meae.“

Apollonius: „Nisi meminero tui, iterum naufragium patiar nec tui similem inveniam.“

Z 3 *conscendere, conscendo, conscendi* besteigen | Z 18, 25 *misereri* (mit Gen.) Mitleid haben mit jmdm. | Z 19 *naufragus, -i* m. Schiffbrüchiger | Z 22 *piscator, -oris* m. Fischer | Z 23 *apponere* servieren, auftragen | Z 23 *epulae, -arum* f. Speisen, Essen | Z 23 *tribunarium, -i* n. Umhang, Mantel | Z 23 *scindere* zerreißen | Z 28 *naufragium, -i* n. Schiffbruch

INFO

Die Historia Apollonii regis Tyri

In über fünfzig Kapiteln erzählt dieser **Roman** vom wechselvollen Leben und den abenteuerlichen Reisen des Königs Apollonius von Tyrus (griech.: Tyros), von Schicksalsschlägen, dramatischer Verfolgung und gefährlichen Irrfahrten, von Verrat, Verlust und Tod, aber auch von großer Liebe, Treue und Freundschaft. Am Schluss gibt es ein Happy-End.

Überreste der antiken Hafenstadt Tyros in der heutigen Stadt Sur (Libanon).

Wann und von wem dieses Werk verfasst wurde, wissen wir nicht, weil das Original verlorengegangen ist. Aber man vermutet, dass die *Historia Apollonii* (dt.: *Erzählung/Geschichte von Apollonius*) im 3. Jh. n. Chr. in Griechisch geschrieben und bald ins Lateinische übersetzt wurde. In der Antike war sie ein „Bestseller". Im 13. Jh. wurde sie – ohne Angabe des Verfassers – in die *Gesta Romanorum* aufgenommen, eine Sammlung lateinischer Erzählungen.
Die Handlung der *Historia Apollonii* ist fiktiv, aber die Schauplätze der Handlung sind reale antike Städte: Tyrus, Pentapolis, Tarsus, Antiochia, Kyrene, Mytilene und Ephesus.

Der Dank des Geretteten

Apollonius blieb lange Zeit in der Stadt. Er hatte sich dort mit dem König von Pentapolis angefreundet und seine schöne Tochter geheiratet. Es ist nicht bekannt, ob Apollonius seinen Retter noch einmal wiedergesehen hat. Aber die Geschichte könnte folgendermaßen weitergehen:

Apollonius: „Memoria tui numquam ex animo meo discessit. Tu es pauper, dives nunc sum ego. Salute mea gavisus paupertatem tuam dono minuere volo."
Piscator: „Magnas gratias tibi habeo. Quattuor vel quinque viros sive casu sive consilio deorum servavi, sed nemo umquam rediit me adiuturus."
Apollonius: „Si te beatum esse videro, in patriam meam libenter redibo."
Piscator: „Quid facies, si Antiochus rex te invenerit? Quo cum familia tua fugies, si naves Antiochi regis te consecutae erunt?"
Apollonius: „Antiochus rex crudelissimus nunc mortuus est. Qui timendus non iam est. Utinam Neptunus curet, ut mare tranquillum sit! Ita tempestas nobis metuenda non erit. Si Neptuno deo sacrificium fecero, certe deus nos in patriam salvos traducet."

Z 11 *sacrificium, -i* n. Opfer

a Gliedere Text 1 in Abschnitte und finde jeweils Überschriften.

b Entwirf ein Tempusprofil zu Text 1. An welcher Stelle wechselt das Tempus? Erläutere mögliche Gründe für solche Tempuswechsel.

c Schreibe den Satz *Itaque piscator ... quas habuit* (Z 22–23) in dein Heft und veranschauliche dir seine Struktur durch ein *Satzbild*.

▶ Gesamt-Grammatik U 3

d Suche alle Futurformen aus den Texten 1 und 2 heraus. Überlege, wie du diese Formen jeweils am besten ins Deutsche überträgst.

▶ Gesamt-Grammatik S. 53–54 und S. 109–111

Sprach- und Textkompetenz

1. Suche die wichtigsten Sachfelder aus Text 1 heraus und benenne sie. Ordne die jeweiligen Vokabeln ihren Sachfeldern zu.

2. memoria tui – memoria tua
Übersetze die beiden Ausdrücke. Erläutere den Unterschied in der Bedeutung und die Funktion der Pronomen.

3. Wie wird der Fischer in Text 1 charakterisiert? Schreibe dazu die entsprechenden lateinischen Begriffe heraus. Bedenke, dass auch die Handlungen des Fischers etwas über seinen Charakter aussagen.

4. Schreibe Text 1 mit seinen vielen direkten Reden in einen reinen Erzähltext um. Beschreibe die unterschiedliche Wirkung dieser Texte auf die Leser.

5. In den Gesprächen zwischen Apollonius und dem Fischer (Text 1 und 2) werden zukünftige Aussagen gemacht, die mit *si* oder verneint *nisi* eingeleitet sind. Schreibe sie heraus und erläutere das zeitliche Verhältnis zwischen den Prädikatshandlungen.

Kulturkompetenz

6. **(fakultativ)**
In Text 1 teilt der Fischer seinen Mantel mit Apollonius. Auch der heilige Martin (lat.: *Martinus*) soll einmal seinen Mantel geteilt haben. Sammle mithilfe von Lexikon und Internet biographische Angaben über ihn und seine Mantelteilung.

7. **(fakultativ)**
Stelle in einer Tabelle Ähnlichkeiten und Unterschiede beider Geschichten über die Mantelteilung einander gegenüber.

8. Suche in einem Atlas die in den Texten und der Einleitung genannten Orte heraus. Welche Länder befinden sich heute in diesen Gebieten?

9. In den Lektionstexten spielt der Schiffbruch eine wichtige Rolle. In welchen Texten kommt dieses literarische Motiv noch vor?

Wortschatz- und Grammatikübungen

Wortschatz

10. In beiden Lektionstexten findest du Verben zum Thema *helfen/retten/bewahren*.
Stelle sie zusammen.

Formen

11. Sortiere die Verbformen nach Indikativ und Konjunktiv. Achtung! Einige Verbformen sind sowohl dem Indikativ als auch dem Konjunktiv zuzuordnen:
promiserim – fuero – finimus – voluerunt – rediero –
habueris – dederim – reliquerint – sperabo – detulerunt – pariam

12. Bestimme die Formen der folgenden Substantive; setze dann die entsprechenden Formen von *aliqui* dazu:
agricolae – manus – virum – vi – fidei – animali – opera

Konditionalsätze

13. Übersetze die folgenden Sätze:
1. Si iam in patria mea viverem, rex Tyrius essem.
2. Nisi navis deleta esset, multi homines viverent.
3. Nisi senex me servavisset, iam mortuus essem.
4. Si in patriam meam rediero, magnas gratias deis agam.
5. Si hoc in litore neminem invenero, peribo.

▸ AH 3
S. 46 Ü 3
S. 48 Ü 3

Die Kunst des Verstehens: *-nd*-Formen

a In den Sätzen 1–4 sind folgende Buchstaben verlorengegangen: *nd – nd – nt – nd*.
Ergänze die Lücken und übersetze anschließend die Sätze:
1. Apollonius secum cogitavit: ‚Navem mihi comparavi ad fugie___um.'
2. Homines Apollonio oppidum relinque___i: „Vade feliciter!"
3. Apollonius in litore stans se ad pereu___um nondum paratum esse credidit.
4. Apollonius putavit se sacrificiis[1] facie___is in patriam rediturum esse.

b Die folgenden Sätze enthalten jeweils ein Gerundium.
Wenn du vergessen hast, wie diese Form übersetzt wird, wiederhole die Lektion 25 und übersetze dann folgende Sätze:
1. Apollonius consilium cepit gratias agendi.
2. Apollonius: „Paratus sum ad navigandum."
3. Senex cupidissimus audiendi fuit.
4. Senex Neptunum deum Apollonium in navigando adiuturum esse sperat.

c Übersetze die Gedanken des alten Mannes beim Anblick des schiffbrüchigen Apollonius.
Wenn du Schwierigkeiten hast, die richtige Formulierung zu finden, wiederhole die Lektion 26.
‚Iuvenis mihi servandus est. – Etiam alii homines inveniendi sunt. –
Omnia agenda sunt. – Fortasse medicus vocandus est. – Salus petenda est.'

1 sacrificium, -i n. Opfer

Bei mehr als 3 Vokabelfehlern wiederhole die Vokabeln der Lektionen 10, 14, 17 und 19.
Bei mehr als einem Fehler beim Erkennen und Wiedergabe einer *-nd*-Form: Wiederhole Gesamt-Grammatik S. 89–90, 93–95 und 97.

Gesandtschaft zum Sultan

Ogier Ghislain de Busbecq (lat.: Augerius Gislenius Busbequius), 1522–1592, war Diplomat im Dienste der Habsburger Kaiser. Im Herbst 1554 wurde er als Unterhändler von Kaiser Ferdinand I. zu Sultan Süleyman I. nach Konstantinopel geschickt. Von seinem Aufenthalt berichtete er unter anderem Folgendes über das Leben der Menschen im Osmanischen Reich:

Der Gesang des Muezzins

Neque enim horae sunt Turcis, quibus temporum, neque milliaria, quibus locorum spatia distinguant. Talisimannos habent hominum genus templorum ministerio dicatum, hi mensuris utuntur ex aqua. Quibus postquam adventare auroram cognoverunt, clamorem tollunt e celsa turri in eum usum constructa; quo homines ad venerandum Deum hortantur. Idem faciunt medio tempore inter ortum solis et meridiem: et item inter meridiem et occasum: postremo, sole occidente, voce utuntur acutissima, eam non iniucunda modulatione vibrantes; quae longius, quam credi possit, audiuntur. Sic totus dies Turcis in quattuor spatia dividitur, maiora aut contractiora, ut anni fert tempus. Noctis omne tempus incertum est.

Z 1 *milliarium, -i* n. Meilenstein | Z 2 *Talisimannos:* Busbecq meint wohl Muezzine | Z 3 *ministerium, -i* n. Dienst | Z 3 *dicare* widmen, weihen | Z 3 *mensura ex aqua* f. Wasseruhr | Z 4 *adventare* näher kommen, heranrücken | Z 4 *aurora, -ae* f. Morgenröte | Z 4 *celsus, -a, -um* hoch | Z 5 *construere* erbauen | Z 5 *venerari* verehren, anbeten | Z 6 *meridies, -ei* m. Mittag | Z 7 *occasus, -us* m. Untergang | Z 8 *non iniucunda modulatione vibrantes* wobei sie ganz gefällig in wechselnden Tonhöhen singen | Z 10 *contractus, -a, -um* kurz

INFO

Busbecq und seine Reise in das Osmanische Reich

Im 16. Jahrhundert führten die **Habsburger** Kriege gegen das Osmanische Reich – die so genannten Türkenkriege. 1554 allerdings waren die Habsburger so geschwächt, dass sie einen Waffenstillstand mit dem osmanischen **Sultan Süleyman** aushandeln wollten. Ogier Ghislain de Busbecq wurde damit beauftragt und verfasste später einen **Bericht in Briefform** über seine Gesandtschaft. Darin schilderte er sehr genau das gesellschaftliche und politische Leben, beschrieb aber auch Bauwerke, Städte und Landschaften. So wurde er berühmt dafür, dass er die **Tulpe** und den **Flieder** nach Westeuropa gebracht hat. In **Ankara** schrieb er den Rechenschaftsbericht des Kaisers Augustus (→Lektion 26) ab. Außerdem traf er Personen, die noch Krimgotisch sprachen, und lieferte so das einzige Zeugnis dieser inzwischen untergegangenen germanischen Sprache.

Das Leben der Bettler

Manche Leser bezeichneten die Kultur der Osmanen als unmenschlich. Busbecq aber verteidigte die Osmanische Kultur. Sie sei menschlicher als die Zustände in Westeuropa.

„Noli Turcas contemnere! Sunt apud Turcas mendici multo rariores quam apud nos. Magistratus cunctis civibus providere debent et salus omnis populi magistratibus cordi est. Multi, qui apud nos mendicant, apud eos serviunt et aegrotum servum nihilo minus dominus alit. Memini me militem veterem videre, qui multos annos ordines duxerat. Virtutes ei gloriae fuerant et salus eius domino curae erat. Cuius militis cum omnia membra debiliora facta essent, dominus victui militis consuluit et eum in fidem accepit. Dominus novum servum ad vicinos misit, qui liberalitatem suam praedicaret. Aliqui sunt, qui ea ratione servi quidem fiant, sed melius quam mendici vivant.“

Landgräfin Elisabeth von Thüringen (1207–1231) gibt Spenden an die Armen. Miniatur von N. Glockendon, ca. 1530.

Z 2 *mendicus, -i* m. Bettler | Z 5 *mendicare* betteln | Z 8 *videre* hier: gleich *vidisse* | Z 11 *debilis, -is, -e* gebrechlich, schwach | Z 14 *praedicare* loben, öffentlich bekanntmachen

a Suche in Text 1 Signalwörter, die dir Auskunft über den Inhalt des Textes geben.

b Suche alle Relativsätze in Text 1 und 2 heraus. Was fällt dir bei der Verwendung der Modi auf? Nenne einen Grund für die verschiedene Verwendung.

c Suche Beispiele für die Konstruktion *esse* mit Dativ aus Text 2 heraus. Suche passende deutsche Wendungen für diese Konstruktion.

Sprach- und Textkompetenz

1. Vergleiche den Brief des Plinius an Kaiser Trajan (Lektion 29) mit dem Brief Busbecqs an Kaiser Ferdinand (Text 1). Erläutere die Unterschiede.

2. Schreibe aus folgendem Text Begriffe der Badekultur im Osmanischen Reich heraus.

Potentiores balnea habent domi, quibus ipsi mulieresque laventur, sed pauperes balneis utuntur publicis. Corporis sordes tamquam scelerati contemnuntur, magis etiam quam animi impuritas, crebrae sunt ea de causa lotiones. Cum vero vulgus mulierum promiscuis balneis utatur, eo plures cum servae tum liberae conveniunt.

Z 1 *balneum, -i* n. Bad | Z 1 *domi* (Adv.) zu Hause | Z 1 *lavari* sich waschen | Z 2 *sordes, -ium* f. Schmutz | Z 2 *tamquam* so ... wie | Z 2 *sceleratus, -i* m. Verbrecher | Z 2 *magis* (Adv.) mehr | Z 3 *impuritas, -atis* f. Verfehlung | Z 3 *creber, crebra, crebrum* zahlreich | Z 3 *lotio, -onis* f. Waschen, Baden | Z 3 *vulgus, -i* n. große Menge | Z 3–4 *promiscuae balneae* Gemeinschaftsbad für Frauen verschiedener Stände | Z 4 *cum ... tum* sowohl ... als auch ganz besonders

3. (fakultativ)
Der britische Archäologe und Offizier T. E. Lawrence half während des Ersten Weltkrieges den Arabern bei ihrem Aufstand gegen die Osmanen. In seinem Bericht *Seven Pillars of Wisdom (Die sieben Säulen der Weisheit)* beschreibt er auch die Bräuche der Beduinenvölker und die Eigenarten dieses für Europäer fremden Lebensraumes Wüste.

Es geht nichts über echten Wüstenwind

The common base of all the people in this area was the ever present idea of *world-worthlessness*. This made them preach *bareness*, *renunciation* and *poverty*. A first knowledge of their sense of this *purity* was given me in early years, when we had ridden far out over the rolling plains of North Syria to a ruin of the Roman period which the Arabs believed was made by a prince of the border as a desert-place for his queen. The *clay* of its building was said to have been *kneaded* for greater richness, not with water, but with the precious essential oils of flowers. My guides, sniffing the air like dogs, led me from room to room saying „This is *jessamine*, this violet, this rose." But at last my guide drew me: „Come and smell the very sweetest *scent* of all", and we went into the main building, to the *window sockets* of its Eastern side, and there drank with open mouths of the *effortless*, empty, *eddyless* wind of the desert. That slow wind had been born somewhere beyond the distant *Euphrates* and had made its way across many days and nights of dead grass, to its first *obstacle*, the man-made walls of our broken palace. „This", they told me, „is the best: It has no taste." My Arabs were turning their backs on perfumes and luxuries to choose things in which mankind had no share or part.

(adapted and abridged from: T. E. Lawrence, Seven Pillars of Wisdom, Ware, 1997 (Wordsworth Classics of World Literature), pp. 22f.)

Z 1 *world-worthlessness* die Nichtigkeit alles Irdischen | Z 2 *bareness* Entbehrung | Z 2 *renunciation* Enthaltsamkeit | Z 2 *poverty* Armut | Z 3 *purity* Reinheit | Z 5 *clay* Lehm | Z 6 *(to) knead* kneten | Z 8 *jessamine* Jasmin | Z 9 *scent* Duft | Z 9–10 *window sockets* Fensterhöhlen | Z 10 *effortless* mühelos | Z 10 *eddyless* wirbellos | Z 12 *Euphrates* der Fluss Euphrat | Z 13 *obstacle* Hindernis

a Benenne Lebensumstände und Werte, in denen sich die Beduinenvölker der Wüste von europäischen Vorstellungen unterscheiden.

b Fasse die Beobachtungen von T. E. Lawrence in dem Wüstenschloss zusammen.

c Begründe, warum die Beduinen den Wüstenwind so sehr schätzen.

Kulturkompetenz

4. Vergleiche die im Text auf S. 178 geschilderte Badekultur der Osmanen mit der römischen.

5. Vergleiche die osmanische Badekultur mit unserer heutigen Badekultur.

6. **(fakultativ)**
Informiere dich über die Auseinandersetzungen zwischen Habsburgern und Osmanen im 16. Jahrhundert.

7. Stelle zusammen, was du in Text 1 über das Gebet im Osmanischen Reich erfährst. Vergleiche heutige Gebetsformen verschiedener Religionen.

Wortschatz- und Grammatikübungen

Wichtige Wörter im Lektionstext

8. Stelle alle Wörter aus Text 1 zusammen, die *Zeitangaben* ausdrücken.

9. Stelle Wörter zusammen, die den Aufbau der osmanischen Gesellschaft kennzeichnen. Vergleiche mit der damaligen Gesellschaft in Westeuropa.

Form und Funktion

10. Sammle aus Text 2 alle Dative. Gib an, welche Aufgabe die Dative jeweils erfüllen.

▸ AH 3 S. 52 Ü 2 S. 55 Ü 2

11. Beschreibe genau, was durch die Verbindung Noli contemnere! ausgedrückt wird. Überlege, was entsprechend bedeutet:
1. Noli alienis[1] rebus consulere!
2. Noli malos homines laudare!
3. Nolite virtutes contemnere!

1 alienus, -a, -um fremd

Die Kunst des Verstehens: Kongruenz 2

a Busbecq hätte schreiben können: Deus venerandus[2] est. (Text 1, Z 5)
Übersetze entsprechend:
1. Turcae contemnendi non sunt.
2. Mendici[3] aegroti medico curandi sunt.
3. Alter servus dimittendus fuit.
4. Libera res publica servanda est.
5. Aqua omnibus praebenda est.

b Übersetze folgende Sätze:
1. Magistratus balnea[4] civibus facienda curant.
2. Dominus servis agros colendos praebet.

c Wenn man die folgenden Sätze ins Passiv umwandelt, wird aus dem doppelten Akkusativ ein doppelter Nominativ; wandle sie dementsprechend um:
1. Romani Ciceronem consulem creaverunt.
2. Turcae optimos magistratus fecerunt.
3. Nonnumquam Turcae milites veteres servos fecerunt.

2 venerari verehren

3 mendicus, -i m. Bettler

4 balneum, -i n. Bad

Bei mehr als einem Übersetzungsfehler lies nochmals Gesamt-Grammatik S. 94–95 und 97.

Test Lektion 29–31

Rat eines Freundes

Plinius der Jüngere schickt einen Brief an seinen Freund Maximus, der die Statthalterschaft in der Provinz Achaia übernehmen soll - sie umfasste den größten Teil des heutigen Griechenlands. Plinius gibt dem Freund einige Ratschläge für die Ausübung seines neuen Amtes. Dabei geht Plinius auf die besondere Stellung Griechenlands als Wiege von Kultur und Wissenschaft ein.

Cogita te missum in provinciam Achaiam, illam veram Graeciam, in qua primum cultus animi, litterae, etiam fruges inventae esse creduntur; (cogita te) missum ad constituendum statum liberarum civitatum! Cole deos, cole gloriam veterem et hanc ipsam senectutem, quae in homine venerabilis, in urbibus sacra (est)! Antiquitatem, ingentia facta, fabulas quoque magni aestimes! Noli cives Graecos dignitate, libertate, etiam iactatione spoliare! Habe ante oculos hanc esse terram, quae leges non victis, sed petentibus dederit!

Z 4 *senectus, -utis* f. hohes Alter | Z 5 *venerabilis, -is, -e* verehrungswürdig, ehrwürdig | Z 5 *sacer, sacra, sacrum* heilig | Z 5 *antiquitas, -atis* f. hohes Alter, Geschichte der Frühzeit | Z 6 *magni aestimare* hochschätzen, wertschätzen | Z 7 *iactatio, -onis* f. Angeberei

Textvorerschließung

Verschaffe dir einen Überblick – wovon handelt der Text?

a Welche Informationen gibt dir die Textumgebung (Überschrift, Einleitungstext)?
b Der Text ist nur ein Ausschnitt aus einem Brief. Welche typischen Elemente der Textsorte Brief fehlen hier?
c Sammle Informationen über die griechische Provinz Achaia (geographische Lage/größere Städte, wissenschaftliche und kulturelle Leistungen).

Übersetzungstraining

a Suche aus dem Text die Hauptsatzprädikate heraus und bestimme sie.
Was verraten dir die grammatischen Formen über den Inhalt des Textes?
b Welche Wörter gehören zusammen? Finde Wortblöcke.
c Suche im Text eine Anapher und erkläre ihre Funktion für die Textaussage.

Übersetzung

a Übersetze den Text.
b Welche Einstellung hat Plinius zu Griechenland? Begründe deine Aussage, indem du passende Textpassagen zitierst.

Sprachbetrachtung

Vergleiche deine Ergebnisse mit der Lösung auf S. 354–355.

a Falls du eine abweichende Erwartung über den Inhalt des Textes hattest: Welche Signale hast du falsch gedeutet?
b Welchen Vorteil hat es dir beim Übersetzen verschafft, dass du eine Vorstellung von dem Inhalt hattest?
c Hast du nicht alle Wortblöcke herausgefunden? Dann lies in der Gesamt-Grammatik S. 10 noch einmal nach, was dort zum Thema *Kongruenz* steht.
d Hattest du Schwierigkeiten, den AcI- und den NcI-Block zu identifizieren?
Dann lies dazu Gesamt-Grammatik S. 38 bzw. S. 101.
e Hattest du Schwierigkeiten, das Gerundivum zu identifizieren und angemessen ins Deutsche zu übersetzen? Dann lies dazu Gesamt-Grammatik S. 93–95 und 97.

Versuche, die Art deiner Fehler zu unterscheiden:
Bei mehr als zwei Vokabelfehlern: Wiederhole die Vokabeln der Lektionen 29–31.
Bei mehr als einem Formenfehler: Wiederhole Gesamt-Grammatik S. 105 und 109.

Die fremde Welt und wir

Berichte über fremde Völker und ihre Sitten werden gern dazu benutzt, die Gedanken und Urteile des Publikums zu lenken.

So berichtet **Caesar** über die Germanen:

Caesar-Porträtbüste.

Agri culturae non student, maiorque pars eorum victus in lacte, caseo, carne consistit. Neque quisquam agri modum certum aut fines habet proprios, sed magistratus ac principes in annos singulos gentibus cognationibusque hominum quique una coierunt, quantum et quo loco visum est agri adtribuunt atque anno post alio transire cogunt. (Gall. 6, 22, 1–2)	Die Germanen betreiben keinen Ackerbau, ihre Nahrung besteht zum größeren Teil aus Milch, Käse und Fleisch. Und sie haben auch keinen privaten Grundbesitz und Boden, sondern die Beamten und Anführer teilen jedes Jahr den Stämmen, den Sippen und denen, die sich zusammengetan haben, ein Stück Land zu, wobei sie Größe und Lage willkürlich festsetzen, und zwingen sie im nächsten Jahr dazu weiterzuziehen.

Rekonstruktionszeichnung des germanischen Dorfes Galsted in Nordschleswig (ca. 50 v. Chr. – 50 n. Chr.), ausgegraben vom Museum Sønderjylland. Der Stammesname der Bewohner ist unbekannt.

1. Mit dieser sachlich falschen Darstellung der Germanen unterbricht Caesar seinen Bericht über eine eigene Niederlage gegen die Germanen. Erläutere, wie die Germanen beschrieben werden.
2. Welcher Eindruck sollte durch diese Form der Darstellung beim Publikum geweckt werden?

Einige Zeit später stellt der Historiker **Tacitus** (ca. 54 – 117 n. Chr.) die Germanen so dar:

In omni domo nudi ac sordidi in hos artus, in haec corpora, quae miramur, excrescunt. Sua quemque mater uberibus alit, nec ancillis aut nutricibus delegantur. Dominum ac servum nullis educationis deliciis dignoscas: Inter eadem pecora, in eadem humo degunt, donec aetas separet ingenuos, virtus agnoscat. (Germania 20, 1–4)	Überall entwickeln die Kinder nackt und schmutzig diesen Körperbau, den wir bewundern. Ihre eigene Mutter stillt sie und überlässt sie nicht Sklavinnen oder Ammen. Man kann die Kinder des Herrn und der Sklaven nicht unterscheiden, weil sie in der Erziehung nicht verwöhnt werden. Sie leben zusammen mit demselben Vieh und auf demselben Boden, bis das Alter die Freigeborenen von den Sklaven trennt und ihre Tüchtigkeit sie kenntlich macht.

3. Erläutere, wie Germanen auf römische Zeitgenossen des Tacitus wirken sollten.

Bei der Entdeckung Amerikas berichtet **Amerigo Vespucci** (1451 – 1512) den Europäern:

Eorum arma sunt arcus et sagittae; et quando properant ad bella, nullam sui tutandi gratia corporis partem operiunt: Adeo sunt et in hoc bestiis similes. ... Nulla ibi metallorum genera habent praeter auri; cuius regiones illae exuberant. (Mundus Novus 1503)	Als Waffen haben sie nur Pfeil und Bogen, und wenn sie in den Krieg ziehen, bedecken sie keinen Körperteil, um sich zu schützen: So sehr sind sie auch darin den Tieren ähnlich. ... Sie kennen keine Metallarten außer Gold; das aber gibt es in den dortigen Gegenden im Überfluss.

4. Vergleiche den Text von Vespucci mit den beiden antiken Beschreibungen.

500 v. Chr.

um 55 v. Chr.

500 n. Chr.

1000

1500

2000

Caesar: Bellum Gallicum

Die Lebensweise der Sueben

Darstellung von germanischen Hilfstruppen in römischem Dienst (Bildmitte) auf dem Reliefband der Trajanssäule in Rom (113 n. Chr.); die Szene zeigt eine Phase des römischen Angriffs auf Dakien 106 n. Chr.

In seinen *Commentarii* zum Krieg gegen die Gallier und die Germanen beschreibt Caesar auch die Wohngebiete und Lebensgewohnheiten der Stämme, gegen die er kämpft. Als besonders gefährlich stuft er den germanischen Stamm der Sueben *(Suebi, -orum* m.*)* ein:

Sueborum gens est longe maxima et bellicosissima Germanorum omnium. Hi centum pagos habere dicuntur, ex quibus quotannis singula milia armatorum bellandi causa ex finibus educunt. Reliqui, qui domi manserunt, se atque illos alunt; hi rursus invicem anno post in armis sunt, illi domi remanent. Sic neque agricultura nec ratio atque usus belli intermittitur. Sed privati ac separati agri apud eos nihil est, neque longius anno remanere uno in loco colendi causa licet. Neque multum frumento, sed maximam partem lacte atque pecore vivunt multumque sunt in venationibus; quae res et cibi genere et cotidiana exercitatione et libertate vitae, quod a pueris nullo officio aut disciplina assuefacti nihil omnino contra voluntatem faciunt, et vires alit et immani corporum magnitudine homines efficit. Atque in eam se consuetudinem adduxerunt, ut locis frigidissimis neque vestitus praeter pelles habeant quicquam et laventur in fluminibus.
(Gall. 4, 1, 3–10)

Z 1 *bellicosus, -a, -um* kriegerisch | Z 3 *bellare* Krieg führen, kämpfen | Z 4 *invicem* (Adv.) ihrerseits, wechselweise | Z 6 *separare* trennen | Z 8 *pecus, -oris* n. hier: Fleisch | Z 8 *venatio, -onis* f. Jagd | Z 9 *cotidianus, -a, -um* täglich | Z 10 *assuefacere, assuefacio, assuefeci, assuefactum* gewöhnen | Z 12 *frigidus, -a, -um* kalt | Z 12 *vestitus, -us* m. Kleidung | Z 13 *pellis, -is* f. Fell | Z 13 *quicquam* irgendetwas | Z 12–13 *neque … et* nicht … sondern sogar

INFO

Exkurse in der antiken Geschichtsschreibung

In den Werken antiker Geschichtsschreiber findest du immer auch Beschreibungen von Landschaften oder vom Aussehen und von der Lebensweise einzelner Völker. Solche Textsorten nennt man **geographische** bzw. **ethnographische Exkurse**. Für die Beschreibungen verwenden die Verfasser meist ein festes **Schema**, das mit der Wirklichkeit nicht übereinstimmen muss. Ein solches Darstellungsschema wird *Topos* (Pl. *Topoi*) genannt.

Handel mit den Sueben

Ein Kaufmann aus Oberitalien, der versucht hat, mit den Sueben Handel zu treiben, weiß noch mehr über sie zu berichten:

Mercator quidam narravit se saepe Rhenum flumen transire, ut mercaturas faceret. Sibi autem ad Suebos minime aditum esse. Eos mercatoribus ea, quae bello cepissent, vendere, sed perpaucas res emere desiderare. Se ne equos quidem eis vendere potuisse, cum importatis non uterentur, sed tantum equis, qui essent apud eos nati. „Cognovi," pergit, „Suebos equestribus proeliis saepe ex equis desilire ac pedibus proeliari equosque eodem remanere vestigio assuefecisse, ad quos se celeriter, cum usus sit, recipiant. Mercatoribus imperant, ne vinum ad se importent. Scio eos arbitrari hanc rem ad effeminandos animos pertinere. Et diligentissime curant, ut agri quam latissime a suis finibus vacent. Hac re significari magnum numerum hostium suam vim sustinere non posse putant, quod hostes suis finibus prohibeant. Sed sibi contigisse, ut ab ipsis in eorum fines bellum illatum esset et hostes vectigales sibi facti essent."

Z 1–2 *mercaturas facere* Handel treiben | Z 3 *perpauci, -ae, -a* sehr wenige | Z 4 *importare* einführen | Z 6 *equestre proelium* n. Reiterkampf, Kavalleriegefecht | Z 6 *desilire* herunterspringen, abspringen | Z 7 *pedibus* hier: zu Fuß | Z 7 *proeliari* kämpfen | Z 7 *assuefacere, assuefacio, assuefeci, assuefactum* gewöhnen | Z 7–8 *se recipere* sich zurückziehen | Z 10 *effeminare* verweichlichen | Z 14 *vectigalis, -is, -e* steuerpflichtig

a Suche aus Text 1 alle Begriffe heraus, die zu den Sachfeldern *Alltag* und *Krieg* gehören.

b Beide Texte sind Erzählungen. Worin unterscheiden sich die Erzähler in Text 1 und Text 2? Beschreibe, wie sich der Unterschied in der sprachlichen Darstellung zeigt. ▸ S. 238

c Veranschauliche dir die Struktur des Satzes *quae res … homines efficit* (Text 1, Z 8–11), indem du ihn nach der *Kästchenmethode* in dein Heft schreibst.
Überlege nach der Übersetzung: Welchen Vorteil hat dir die Veranschaulichung gebracht? ▸ Gesamt-Grammatik U 4

d Veranschauliche dir die Struktur des Satzes *Cognovi … recipiant* (Text 2, Z 6–8), indem du ihn nach der *Einrückmethode* in dein Heft schreibst.
Überlege nach der Übersetzung: Welchen Vorteil hat dir die Veranschaulichung gebracht? ▸ Gesamt-Grammatik U 4

e Stelle aus Text 2 alle reflexiven und nichtreflexiven Personalpronomen zusammen und erläutere jeweils, auf welche Person sie sich beziehen.

f Partnerarbeit: Wählt einen Satz aus. Entscheidet euch dabei jeweils für eine andere Übersetzungsmethode. Jeder Partner übersetzt mithilfe der gewählten Methode den Satz allein. Diskutiert dann, welche Vorteile, aber auch welche Nachteile die verwendete Methode bei diesem Satz hatte. ▸ Gesamt-Grammatik U 2

Sprach- und Textkompetenz

1. Suche alle Ablativformen aus Text 1 und 2 heraus und erläutere ihre Funktion.

▸ AH 3 S. 62 Ü 2 b u. c S. 66 Ü 2 b u. c

2. Der Text 2 enthält viel indirekte Rede. Wandle diese Textabschnitte auf Deutsch in direkte Rede um. Beschreibe den Lese-Eindruck, der sich aus der unterschiedlichen Darstellung ergibt.

3. Bei Text 1 handelt es sich um eine ethnographische Beschreibung (s. Infotext S. 185). Erläutere, auf welche Bereiche des Lebens der Erzähler besonderen Wert legt.

4. Wie werden die Sueben in den Texten 1 und 2 insgesamt charakterisiert? Diskutiert, welchen Eindruck von den Sueben Caesar bei seinen Lesern in Rom möglicherweise wecken wollte.

5. **(fakultativ)**
In einem anderen Buch seiner *Commentarii* beschreibt Caesar die Bewohner des damaligen Britannien:

Ex his omnibus longe sunt humanissimi, qui Cantium incolunt, quae regio est maritima omnis, neque multum a Gallica differunt consuetudine. Interiores plerique frumenta non serunt, sed lacte et carne vivunt pellibusque sunt vestiti. Omnes vero se Britanni vitro inficiunt, quod caeruleum efficit colorem, atque hoc horridiores sunt in pugna aspectu. (Caesar, Gall. 5, 14, 1–3)	Unter ihnen waren die bei Weitem zivilisiertesten die Bewohner Kents, einer Gegend, die ganz am Meer liegt, und sie unterscheiden sich nicht sehr von der Lebensweise der Gallier. Die meisten Bewohner des Landesinneren bauen kein Getreide an, sondern leben von Milch und Fleisch und bekleiden sich mit Fellen. Aber alle Britannier bemalen sich mit Waid, das eine blaue Farbe hervorruft, und sind dadurch im Kampf ziemlich schrecklich anzusehen.

Vergleiche die Darstellung der Britannier mit der Beschreibung der Sueben in Text 1. Welche Topoi (s. Infotext S. 185) fallen dir auf? Stelle Gemeinsamkeiten und Unterschiede heraus. Beurteile die Zuverlässigkeit solcher ethnographischen Aussagen bei Caesar.

Kulturkompetenz

6. Informiere dich über die Wohnsitze der Sueben. In welcher heutigen Region lag ihr Siedlungsgebiet?

Wortschatz- und Grammatikübungen

Wortbildung

7. Das Adjektiv *permagnus* hat die Bedeutung *sehr groß*. Die Vorsilbe (das Präfix) *per-* drückt hier eine Verstärkung aus. Was bedeuten dann die folgenden Wörter:
persaepe, percarus[1], permulti, perbrevis, peramplus, perantiquus, perbonus

1 carus, -a, -um lieb

Wortfamilie

8. Gestalte ein Wortnetz zum Thema *Kleidung und Ernährung*.

Übersetze

9. Übersetze die folgenden Sätze:
1. Nonnullis annis post Caesar in Aegypto fuit.
2. Paulo post Cleopatram, Aegypti reginam, adamavit[2].
3. Ille autem multis annis maior fuit quam regina.

2 adamare aliquem sich in jmdn. verlieben

Die Kunst des Verstehens: oratio obliqua

10. Wie gefährlich die Sueben sind, zeigte sich schon zu Beginn des Gallischen Krieges, als Caesar den Häduern (*Haedui, -orum* m.) gegen den Suebenkönig Ariovist zu Hilfe gekommen war, der das Gebiet links des Rheins beanspruchte. Bevor es allerdings zu Kämpfen gekommen war, verhandelten beide Seiten:

► AH 3 S. 62 Ü 2 b u. c S. 66 Ü 2 b u. c

Caesar postulavit, ne aut Haeduis aut eorum sociis bellum inferret, obsides redderet, ne quos amplius Rhenum transire pateretur. Caesar ab Ariovisto postulavit, ut ad se veniret. Ariovistus respondit: ius esse belli, ut ei, qui vicissent, iis, quos vicissent, imperarent, quemadmodum vellent. Si ipse populo Romano non praescriberet, quemadmodum suo iure uteretur, se populo Romano in suo iure non esse impediendum. Hostes sibi, quoniam belli fortunam temptavissent et superati essent, stipendiarios esse factos. Se prius in Galliam venisse quam populum Romanum; numquam ante hoc tempus exercitum populi Romani Galliae provinciae finibus egressum. Quid sibi vellet? Cur in suas possessiones veniret? Provinciam suam hanc esse Galliam, sicut illam nostram.

Z 1 *postulare* fordern | Z 1 *obses, -idis* m. u. f. Geisel | Z 2 *transire* überqueren | Z 3 *ius, iuris* n. Recht | Z 4 *quemadmodum* (Adv.) so, wie | Z 4 *praescribere* vorschreiben | Z 5 *impedire* behindern | Z 5 *quoniam* da ja | Z 6 *fortuna, -ae* f. Glück | Z 6 *stipendiarius, -i* m. Söldner, Steuerpflichtiger | Z 8 *egredi, egredior, egressus sum* (mit Abl.) etw. überschreiten | Z 8 *possessio, -onis* f. Besitz(ung)

a Welche Sätze wären in der direkten Rede Hauptsätze?
b Erläutere die Funktion der Nebensätze.
c Übersetze den Text. Beachte, dass auch in deutschen Nebensätzen der indirekten Rede der Konjunktiv steht.

Wenn du an mehr als zwei Stellen Schwierigkeiten mit den Analyse-Fragen oder mit der Übersetzung hattest, lies noch einmal Gesamt-Grammatik S. 116–117.

Tacitus: Germania

500 v. Chr.

um 98 n. Chr.

500 n. Chr.

1000

1500

2000

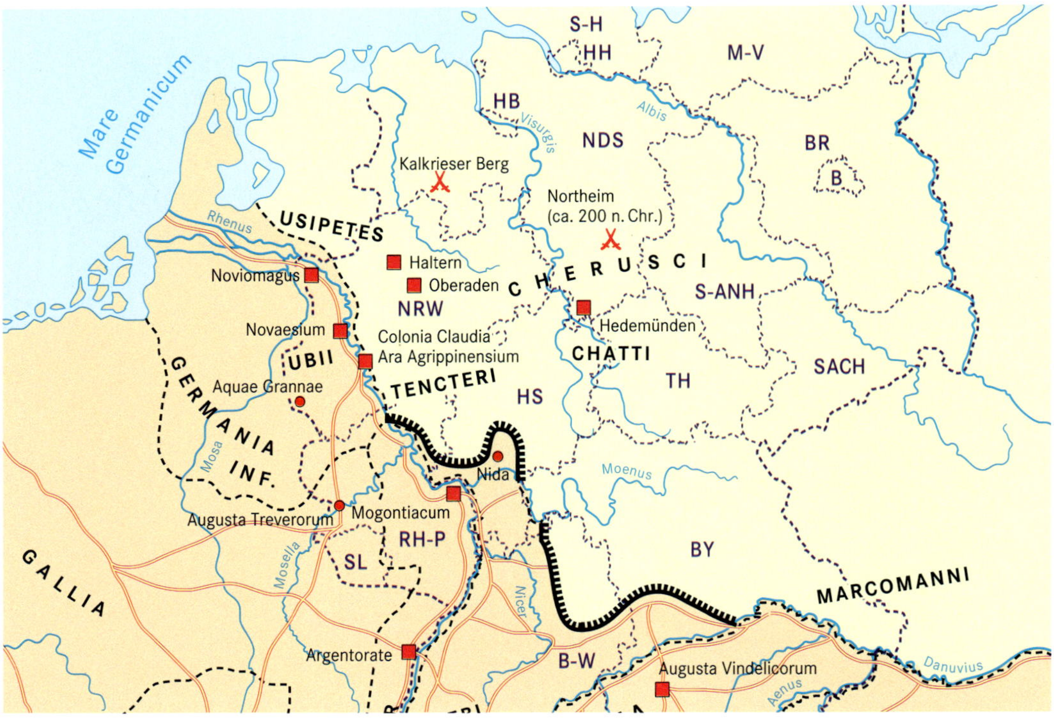

Germanien um 100 n. Chr.

Aus der ethnographischen Schrift *Germania*, die der römische Geschichtsschreiber Tacitus 98 n. Chr. veröffentlicht hat, erfahren wir über das Familienleben der Germanen Folgendes:

Germani semper pudicitia agunt, nullis spectaculorum illecebris, nullis conviviorum irritationibus corrupti. Litterarum secreta viri pariter ac feminae ignorant. Paucissima in tam numerosa gente adulteria, quorum poena praesens et maritis permissa: abscisis crinibus nudatam coram propinquis expellit domo maritus ac per omnem vicum verbere agit; publicatae enim pudicitiae nulla venia: non forma, non aetate, non opibus maritum invenerit. Nemo enim illic vitia ridet, nec corrumpere et corrumpi saeculum vocatur. Melius quidem adhuc eae civitates, in quibus tantum virgines nubunt et cum spe votoque uxoris semel transigitur. Sic unum accipiunt maritum quomodo unum corpus unamque vitam, ne ulla cogitatio ultra, ne longior cupiditas, ne tamquam maritum, sed tamquam matrimonium ament. Numerum liberorum finire aut quemquam ex agnatis necare flagitium habetur, plusque ibi boni mores valent quam alibi bonae leges.

(Germ. 19)

Z 1 *pudicitia, -ae* f. Keuschheit | Z 1 *illecebra, -ae* f. Verführung, Verlockung | Z 2 *irritatio, -onis* f. Reiz, Anreiz | Z 2 *pariter ac* genauso wie | Z 3 *numerosus, -a, -um* zahlreich, bevölkerungsreich | Z 3 *adulterium, -i* n. Ehebruch | Z 4 *abscindere, abscindo, abscidi, abscis(s)um* abschneiden | Z 4 *crinis, -is* m. Haar | Z 4 *nudatus, -a, -um* entkleidet, ausgezogen | Z 4 *coram* (mit Abl.) in Anwesenheit von | Z 5 *verber, -eris* n. Schlag | Z 6 *publicare* öffentlich zugänglich machen, preisgeben | Z 8 *saeculum* hier: Stil der Zeit | Z 9 *transigere* (Zeit) verbringen | Z 10 *cogitatio, -onis* f. Überlegung | Z 12 *agnatus, -i* m. Verwandter (von väterlicher Seite)

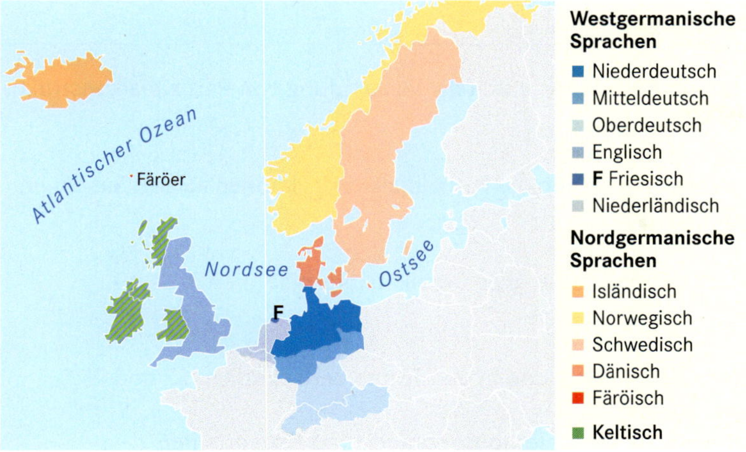

Die germanischen Sprachen heute.

Die folgende Darstellung behandelt ähnliche Themen wie der Text auf S. 188:

Severa illic matrimonia, nec ullam morum partem magis laudaveris.
Nam prope soli barbarorum singulis uxoribus contenti sunt.
Sororum filiis idem honor est apud avunculum, qui ad patrem.
Quidam sanctiorem artioremque hunc nexum sanguinis arbitrantur.
Heredes successoresque sunt sui cuique liberi, et nullum testamentum.
Quanto plus propinquorum numerus, tanto gratior senectus; nec orbitas ullum commodum putatur.
Quisquis consuetudines Germanorum considerat, eos nec luxuriam nec libidinem cuiusquam perferre posse cognoscit.
(Germ. 18; 20)

Z 3 *avunculus, -i* m. Onkel | Z 4 *artus, -a, -um* eng | Z 4 *nexus, -us* m. Verbindung | Z 5 *heres, -edis* m./f. Erbe, Erbin | Z 5 *successor, -oris* m. Nachfolger | Z 5 *testamentum -i* n. Testament | Z 6 *orbitas, -atis* f. Kinderlosigkeit

a Suche aus beiden Texten Begriffe heraus, die Personen bezeichnen, und ordne sie nach Zugehörigkeit und Aufgaben.

b Suche aus Text 2 alle Pronomen heraus und nenne jeweils ihre Funktion.

c Welche Pronomen kommen nur in Sätzen vor, die eine Verneinung oder eine Einschränkung enthalten?

d Oft lässt Tacitus Verben und Konnektoren aus. Dadurch erreicht er eine Kürze im Ausdruck (*brevitas*), die für seine Form der Darstellung charakteristisch ist. Finde im Text 1 Beispiele für diese *brevitas*.

e Veranschauliche dir die Struktur des Satzes *abscisis crinibus ... verbere agit* (Text S. 188, Z 4–5), indem du ihn nach der Methode *Strukturbaum* in dein Heft schreibst (Achtung: Zwei Prädikate!). Welche Wirkung hat die Anordnung der Satzteile auf dich?

▸ Gesamt-Grammatik U 3

f Veranschauliche dir die Struktur des Satzes *Sic unum ... matrimonium ament* (Text S. 188, Z 9–12), indem du ihn nach der *Einrückmethode* in dein Heft schreibst. Überlege nach der Übersetzung: Welchen Vorteil hat dir die Veranschaulichung gebracht?

▸ Gesamt-Grammatik U 4

g Partnerarbeit: Wählt einen Satz aus. Entscheidet euch dabei jeweils für eine andere Übersetzungsmethode. Jeder Partner übersetzt mithilfe der gewählten Methode den Satz allein. Diskutiert dann, welche Vorteile, aber auch welche Nachteile die verwendete Methode bei diesem Satz hatte.

▸ Gesamt-Grammatik U 2

Sprach- und Textkompetenz

1. Kürze im Ausdruck erreicht der Autor auch durch die Verwendung von Partizipialkonstruktionen.

▸ AH 3 S. 65 Ü 3 d S. 69 Ü 3 d

a Suche in beiden Texten nach Beispielen.
b In welchem Sinnzusammenhang stehen die Partizipialkonstruktionen zu den Sätzen, in die sie eingebettet sind?

2. Erläutere Tempus- und Modusgebrauch bei allen Prädikatsinformationen in Text 1.

3. **(fakultativ)**
Vergleiche den Tempusgebrauch in Text 1 und in den Texten der Lektionen 27 und 28.
a Welche Textsorten liegen jeweils vor?
b Stelle einen Zusammenhang zwischen Tempusgebrauch und Textsorte her.

4. Wie werden die Germanen in Text 1 und 2 charakterisiert? Diskutiert, welchen Eindruck von den Germanen Tacitus bei seinen römischen Lesern möglicherweise erwecken wollte.

5. **(fakultativ)**
Vergleiche die Darstellung der Germanen bei Tacitus mit den Angaben Caesars über die Sueben in Lektion 32. Wo scheinen dir auch bei Tacitus Topoi vorzuliegen?

6. Bei der Entwicklung vom Lateinischen zu den romanischen Sprachen haben manche Wörter ihre ursprüngliche Bedeutung verändert: Vergleiche die lateinischen Bedeutungen mit den romanischen und erkläre den Bedeutungswandel.

Lateinisch	Romanische Sprachen
poena: Strafe	*fr.* la peine: Strafe; Mühe, Arbeit *sp.* ¡qué pena!: wie schade!
magis: mehr, eher	*fr.* mais / it. mà: aber
commodum: Vorteil	*it.* il còmodo: Komfort
vota (Pl.): Gelübde, Versprechen	*sp.* la boda: Hochzeit
sic: so	*sp.* sí / it. sì: ja

Kulturkompetenz

7. a Stelle aus beiden Texten alle Wertbegriffe zusammen. Unterscheide dabei, sofern möglich, positive und negative Bedeutung.
b Diskutiert, welche Begriffe auch heute noch Gültigkeit besitzen.

8. Stelle anhand der Karte auf S. 189 fest, in welchen Ländern heute germanische Sprachen gesprochen werden.

9. Vergleiche diese Verteilung mit den Siedlungsgebieten der Germanen zur Zeit des Tacitus (s. Karte auf S. 188).

Wortschatz- und Grammatikübungen

Wortfeld

10. Stelle alle Wörter zusammen, die im Lateinischen *Verwandte* bezeichnen.

Mehrdeutigkeit

11. Übersetze *aetas* jeweils in angemessener Weise:
1. Aetate Romuli Remique Roma parva fuit.
2. Germani prima aetate a suis matribus aluntur.
3. Prudentes homines aetatem non perdunt.
4. Duae aetates inter nos avosque nostros sunt.

12. Übersetze *permittere* jeweils entsprechend dem Sinnzusammenhang:
1. Senatus consulibus summum imperium permisit.
2. Populus se fidei senatus permisit.
3. Mater liberis permisit, ut in horto luderent.

13. Übersetze *quisquam* jeweils kontextgerecht:
1. Tacitus negavit quemquam tam libere vivere quam Germanos.
2. Plurimi Germani cuiquam servire aut cuiusquam servi esse nolebant.
3. Nonnulli hostes Romanorum fortius pugnaverunt quam quisquam credere poterat.
4. Tacitus aliquas res falsas neque quicquam mali de Germanis scripsit.

14. Übersetze *quisquis* und *quisque* jeweils kontextgerecht:
1. Quisquis vitam in pudicitia[1] agebat, a Germanis laudabatur.
2. Suam quisque uxorem et suum quaeque maritum amare debet.
3. Quidquid facis, prudenter fac!

[1] pudicitia, -ae f. Keuschheit

Die Kunst des Verstehens: Partizip 2 und Pronomen 2

a Benenne die Partizipialkonstruktionen und übersetze:
1. Romani cupiditate imperii adducti bella cum Germanis gesserunt.
2. Multis bellis gestis magna Germaniae pars provincia Romana facta est.
3. Germani autem nulla luxuria corrupti fortiter contra Romanos pugnabant.

b Übersetze:
1. Cives cuiusque urbis moenia aedificant, ne quis urbes expugnare possit.
2. Aliquis ex amicis tuis mihi donum promiserat, neque vero quicquam mihi apportavit.
3. Romulus et Remus fratres fuerunt. Uterque novam urbem regere voluit: Scitisne, uter rex factus sit?
4. Ulixes in mari errabat metuens, ne quisquam se ex periculis non eriperet.

Wenn du bei mehr als einer Partizipialkonstruktion Schwierigkeiten hattest, lies noch einmal Gesamt-Grammatik S. 59–61, 67 (PC) bzw. 70–71, 73 (Abl. abs.).
Bei mehr als einem Fehler im Bereich Pronomen lies nochmals Gesamt-Grammatik S. 92, 96, 106 und 108.

Einhard: Vita Karoli Magni

Karl der Große und seine Frauen und Kinder

Karl der Große (747/748 – 814) herrschte als König über das Fränkische Reich, das er durch Eroberungen vergrößerte. Karl war aber nicht nur an Landgewinn interessiert, sondern förderte auch die Beschäftigung mit Kultur und Wissenschaft der Antike. Dazu rief er bedeutende Gelehrte an den Hof. Auch bei seinen Kindern legte Karl Wert auf eine gute Ausbildung. Einhard, ein Berater Karls, berichtet in der *Vita Karoli Magni* über das Familienleben des Königs:

[Karolus] cum matris hortatu filiam Desiderii regis Langobardorum duxisset uxorem, incertum qua de causa, post annum eam repudiavit et Hildigardam de gente Sueborum praecipuae nobilitatis feminam in matrimonium accepit; de qua tres filios totidemque filias genuit. Habuit alias tres filias et duas de Fastrada uxore, quae de Orientalium Francorum, Germanorum videlicet, gente erat, tertiam de concubina quadam, cuius nomen modo memoriae non occurrit. Mortua Fastrada Liutgardam Alamannam uxorem duxit, de qua nihil liberorum tulit. Post cuius mortem quattuor habuit concubinas. Liberos suos ita censuit instituendos, ut tam filii quam filiae primo liberalibus studiis, quibus et ipse operam dabat, erudirentur.

Z 1 *hortatus, -us* m. hier: Rat, Anraten, Aufforderung | Z 3 *praecipuus, -a, -um* besonders, hervorragend | Z 4 *totidem* (nicht deklinierbar) ebenso viele | Z 6 *concubina, -ae* f. Nebenfrau; Geliebte | Z 10 *liberalia studia* = *artes liberales* die freien (eines freigeborenen Menschen würdigen) Künste; im Mittelalter gehörten neben Lesen und Schreiben dazu Grammatik, Rhetorik, Argumentationslehre, Rechnen, Geometrie, Astronomie und Musik

Karl der Große mit seiner Frau Hildegard, links davon Pippin III. und Bertha, rechts davon Ludwig I. und Judith. Kolorierte Lithographie nach einer Zeichnung von Eugène Lejeune, um 1860.

Tum filios, cum primum aetas patiebatur, more Francorum equitare, armis ac venatibus exerceri iussit, filias vero lanificio assuescere, ne per otium torperent, operam dare atque ad omnem honestatem erudiri iussit. Ex his omnibus duos tantum filios et unam filiam, priusquam moreretur, amisit, Karolum, qui natu maior erat, et Pippinum, quem regem Italiae praefecerat, et Hruodtrudem, quae filiarum eius primogenita erat. Quorum Pippinus unum filium suum Bernhardum, filias autem quinque, Adalhaidem, Atulam, Gundradam, Berhthaidem ac Theoderadam, reliquit. In quibus rex pietatis suae praecipuum documentum ostendit, cum filio mortuo nepotem patri succedere et neptes inter filias suas educari iussisset. Filiorum ac filiarum tantam in educando curam habuit, ut numquam domi positus sine ipsis cenaret, numquam iter sine illis faceret. Adequitabant ei filii, filiae vero pone sequebantur. Quae cum pulcherrimae essent et ab eo plurimum diligerentur, mirum erat, quod nullam earum cuiquam nuptum dare voluit, sed omnes secum usque ad mortem suam in domo sua retinuit, dicens se earum contubernio carere non posse.

(Vita Karoli Magni 18–19)

Z 11 *equitare* reiten | Z 12 *venatus, -us* m. Jagd | Z 12 *lanificium, -i* n. Wollarbeit (= Spinnen und Weben) | Z 12 *assuescere* (sich) gewöhnen | Z 13 *torpere, torpeo* hier: faul sein; nichts tun | Z 16 *primogenitus, -a, -um* erstgeboren | Z 20 *neptis, -is* f. Enkelin | Z 22 *cenare* speisen, essen | Z 22 *adequitare* (mit Dat.) neben jemanden her reiten | Z 23 *pone* (Adv.) dahinter, hinterher | Z 24 *filiam ei nuptum dare* seine Tochter mit ihm verheiraten | Z 26 *contubernium, -i* n. Gesellschaft

Widmungen für verstorbene Ehefrauen

C. Maenius Cimber würdigte seine verstorbene Frau Mevia Sophe folgendermaßen:

Coniugi sanctissimae et conservatrici, desiderio spiritus mei, quae vixit mecum annos XIIX, menses III, dies XIII, quod vixi cum ea sine querella. (CIL 6, 7579)

Z 1 *conservatrix, -tricis* f. Bewahrerin; hier: sparsame, sorgfältige Hausfrau

Auf einem Grabdenkmal Sardiniens schrieb der Ehemann für seine Frau Atilia Pomptilla:

Unum et viginti bis iuncti viximus annos
una fides nobis gaudia multa dedit. (CIL 6, 34060)

a Suche aus jedem Abschnitt des Textes 1 das zentrale Sachfeld heraus. Orientiere dich dabei an häufig vorkommenden Wörtern.

b Welchen Textsorten kannst du die Texte zuordnen? Achte besonders auf die Prädikate.

c Veranschauliche dir die Struktur des Satzes *[Karolus] … accepit* (Z 1 – 3), indem du ihn nach der *Einrückmethode* in dein Heft schreibst.

► Gesamt-Grammatik U 4

d Setzt euch in Gruppen zu je 4 Schülern. Jedes Gruppenmitglied wendet dann jeweils eine andere Methode auf den Satz *Liberos … erudirentur* (Z 9 – 10) an. Vergleicht nach der Übersetzung die Veranschaulichungsmethoden und diskutiert: Welche Vorteile, welche Nachteile hat jede Methode? Nach welchen Gesichtspunkten sollte man eine Methode wählen?

► Gesamt-Grammatik U 3 – 4

e Suche aus den Texten die Zahlwörter heraus. Was sagen sie über den Inhalt aus?

Sprach- und Textkompetenz

1. Stelle die Zahlwörter und ihre Bezugswörter aus allen Texten zusammen. Welche Informationen erhältst du über die Art und Form von Zahlwörtern?

2. Suche aus Text 1 alle Prädikate im Konjunktiv heraus und erläutere den Modusgebrauch.

▸ AH 3 S. 65 Ü 2 S. 69 Ü 2

3. Einhard beschreibt in seiner Biographie das Leben und die Taten Karls des Großen.
- a Inwiefern stellst du dies schon im syntaktischen Aufbau des Textes fest?
- b Stelle aus Text 1 Ausdrücke zusammen, die Karl den Großen charakterisieren.
- c Manchmal wendet sich der Biograph auch selbst an das Publikum – allerdings meist indirekt. Mit welchen Bemerkungen tut Einhard dies?

4. (fakultativ)
Ein Mann namens Marcus ließ die folgende Grabinschrift für seine verstorbene Frau Amymone anfertigen. Vergleiche diese Grabinschrift mit den beiden im Text 2 genannten. Nenne Unterschiede und Gemeinsamkeiten.

Hic sita est Amymone Marci optima et pulcherrima lanifica pia pudica frugi casta domi seda.	Hier liegt Amymone, [Frau] des Marcus, die sehr gut und sehr schön, fleißig bei der Wollarbeit, pflichterfüllend, ehrbar, sparsam, keusch und häuslich war.

Kulturkompetenz

5. a Welche Eigenschaften der Ehefrauen wurden auf Grabinschriften herausgestellt? Vergleiche die Inschriften mit heutigen Todesanzeigen.
b Inwiefern werden sicher auch für Grabinschriften Topoi (s. Info-Text S. 185) verwendet?

6. Welche heutigen Länder schloss das Fränkische Reich ein?

7. Karl der Große fühlte sich als Nachfolger der römischen Kaiser. Nenne Gründe dafür.

Wortschatz- und Grammatikübungen

Wörter und Wort-Netze

8 a Ersetze Formen von *velle* durch die entsprechenden von *cupere*:
volunt, voluerant, velim, volam, volebas, volumus, velles, vult, voluerimus, velint, volueram, volent

b Ersetze alle Formen von *velle* durch die entsprechenden von *malle*.

9. Knüpfe ein Wort-Netz zum Thema *persönliche Beziehungen*.

10. Knüpfe ein Wort-Netz zum Thema *Ausbildung und Erziehung*.

Verwendung des Wörterbuchs

11. In einem Wörterbuchartikel findest du für *pietās, -ātis* f. folgende Bedeutungen:
„das pflichtgemäße Verhalten gegen Götter und Menschen, Pietät, Pflichtgefühl[1]*"*
Suche anhand dieses Wörterbucheintrages eine passende Bedeutung für Text 1, Zeile 19.

1 Zitiert nach Stowasser, Lateinisch-deutsches Schulwörterbuch. München: Oldenbourg 2006.

Zahlen, Zahlen ...

12. Übersetze folgende Zahlwörter und drücke sie als römische Ziffer aus:
octo, tredecim, septendecim, viginti quattuor, quadraginta, duodequinquaginta, centum undecim, sescenti octoginta tres, duo milia duodecim

13. (fakultativ) Welches historische Ereignis ist jeweils mit folgenden Jahreszahlen verbunden?
1. anno ante Christum natum septingentesimo quinquagesimo tertio
2. anno a. Chr. n. centesimo quadragesimo sexto
3. anno post Christum natum (p. Chr. n.) nono

14. (fakultativ) Übersetze die folgenden Sätze:
1. Hannibal puer novem annorum cum patre in Hispaniam iit.
2. Cornelia femina triginta duorum annorum est.
3. M. Cicero quadraginta tres annos natus consul factus est.
4. M. Cicero sex annis maior fuit quam C. Caesar.
5. Ergo C. Caesar sex annis minor quam M. Cicero fuit.

Die Kunst des Verstehens: -nd-Formen angemessen wiedergeben

1. Carolus Magnus in liberis educandis diligens fuit.
2. Rex alienis[2] terris occupandis regnum Francorum auxit.
3. Carolus consilium humanitatis[3] Romanae restituendae cepit.
4. Carolus ad filias in matrimonium dandas paratus non erat.
5. Rex in augendo Francorum regno crudelis erat.
6. Einhardus laudandi causa librum de vita Caroli Magni scripsit.
7. Carolus imperium Romanum sibi restituendum esse putavit.

2 alienus, -a, -um fremd, ausländisch
3 humanitas, -atis f. Bildung

Wenn du bei der Übersetzung eines Satzes Schwierigkeiten hattest, lies noch einmal Gesamt-Grammatik S. 93–95 und 97.

Test Lektion 32–34

Die Druiden

Caesar stellt in seinen *Commentarii* auch das gesellschaftliche System in Gallien dar. Er unterscheidet dabei das einfache Volk (*plebs*), die Ritter (*equites*) und die Druiden (*druides*). Caesar beschreibt die Privilegien, die Ausbildung und die Lehren der Druiden genauer:

Druides a bello absunt neque tributa una cum reliquis Gallis ferunt.

Omnium rerum habent immunitatem. Tantis excitati praemiis et sua sponte multi in disciplinam conveniunt et a parentibus propinquisque mittuntur.

Magnum ibi numerum versuum ediscere dicuntur. Itaque nonnulli annos viginti in disciplina manent. Neque fas esse putant disciplinam druidum litteris mandare.

Id mihi duabus de causis instituisse videntur, quod neque disciplinam druidum omnibus nuntiari velint neque discipulos minus memoriae studere.

Praeterea druides volunt persuadere non perire animas, sed ab aliis post mortem ad alios transire, atque hoc maxime ad virtutem excitari putant metu mortis neglecto.

(Gall. 6, 14, 1–5)

Z 1 *druides, -um* m. Druiden | Z 1 *tributum, -i* n. Steuer, Abgabe | Z 1 *una* (Adv.) gemeinsam | Z 1 *reliquus, -a, -um* übrig | Z 2 *immunitas, -atis* f. Vergünstigung, Privileg | Z 2 *excitare* antreiben, motivieren | Z 3 *disciplina, -ae* f. Schule; Unterricht, Lehre | Z 4 *versus, -us* m. Vers (Das Wissen der Druiden wurde in Versdichtungen weitergegeben.) | Z 4 *ediscere* auswendig lernen | Z 5 *viginti* zwanzig | Z 5 *fas* n. göttliches Recht | Z 7 *instituere, instituo, institui* festsetzen | Z 9 *anima, -ae* f. Seele | Z 10 *transire* übergehen, wandern

Textvorerschließung

Verschaffe dir einen Überblick – wovon handelt der Text?

a Welche Informationen gibt dir die Textumgebung (Bild, Überschrift, Einleitungstext)?

b Welche Nomen, welche Verben kommen mehr als einmal im Text vor? Was sagt dir das über den Inhalt des Textes?

Übersetzungstraining

a Suche aus dem Text alle satzwertigen Konstruktionen heraus und benenne sie.

b Nenne zu allen satzwertigen Konstruktionen das zeitliche Verhältnis zum übergeordneten Verb.

c Analysiere Satz 2 nach Satzgliedern und benenne sie jeweils.

d Welche Wörter gehören zum Bereich „Privilegien“, welche zur Ausbildung, welche zur Lehre? Gliedere den Text nach deinem Befund.

Übersetzung

Übersetze den Text.

Interpretation

Zu welcher Gattung gehört der Text? Begründe deine Entscheidung.

Sprachbetrachtung

Vergleiche deine Ergebnisse mit der Lösung auf S. 355.

a Falls du Schwierigkeiten hattest, die satzwertigen Konstruktionen zu erkennen, lies Gesamt-Grammatik S. 38–39 (AcI), S. 59–61 und 67 (PC), S. 70–71 und 73 (Abl. abs.) und S. 101 (NcI).

b Wenn du Schwierigkeiten hattest, die Textgattung sicher zu bestimmen, lies den Infotext auf S. 185.

Alles germanisch?

Ein Holzhaus in Schweden.

Ein manor house in Großbritannien.

Die Skyline von Frankfurt am Main.

1. Überlege, warum es *die* Germanen überhaupt nicht gibt.
2. Überlege, ob es *die* Germanen zur Römerzeit gab.
3. Überlege, was die Germanen denn überhaupt je gemeinsam hatten und haben.
4. Überlege, warum man zu bestimmten Zeiten gerne von einer Gemeinschaft der Germanen gesprochen und geschrieben hat.

INFO

Die sogenannten Germanen

„Germanen" war eine **Sammelbezeichnung** der **Griechen** und **Römer** für Stämme, die im nördlichen Europa wohnten. Diese Stämme haben sich **nie selbst so genannt** und auch nicht als gemeinsames Volk verstanden. „Germane" war für die Römer wohl nur eine etwas genauere Bezeichnung für „Barbar". Für die Römer seit Caesar war der Rhein die Grenze zu den Germanen, was aber nicht stimmt. Es wohnten sowohl rechts als auch links des Rheins germanische Stämme. Die Einwohner rechts des Rheins als „Germanen" zu verstehen, ist eine **Erfindung** des 19./20. Jahrhunderts.
Die heutige Forschung geht nicht von einer einheitlichen germanischen Volksgruppe aus. Archäologie, Geschichtswissenschaft und Linguistik können keine gemeinsame Definition der „Germanen" finden. Antike Autoren liefern oft eine Ansammlung von **Vorurteilen** gegenüber fremden Völkern, die als unzivilisiert hingestellt werden.

Germanien wird im Westen von seinen Ufern (gemeint ist der Rhein) bis zu den Alpen, im Süden durch die Alpen, im Osten durch die benachbarten Sarmaten, im Norden durch den Ozean begrenzt.
Die Bewohner sind gewaltig an Geist und Körper, und diese angeborene Wildheit üben sie, den Mut im Kämpfen und die Körper durch Gewöhnung an Anstrengungen, besonders an Kälte. Nackt leben sie, bis sie erwachsen sind ...
Kriege führen sie mit den Nachbarn ...
Sie haben das Faustrecht, so sehr, dass sie sich nicht mal für Raubzüge schämen, nur bei Gästen sind sie gutmütig und milde bei um Hilfe Flehenden.

(Mela 3,25ff.)

Es gibt aber andere Texte, die auch positive Eigenschaften der Germanen nennen. So lesen wir bei einem späteren Autor über einen germanischen Stamm:

Tiberius regierte als dritter römischer Kaiser. Die Goten blieben unter seiner Herrschaft frei. Es war für sie sehr nützlich, dass sie alles, was ihr Berater Dicineus ihnen geraten hatte, auf alle Arten versuchten umzusetzen. Der bemerkte, dass sie ihm in allem gehorchten und eine natürliche Begabung hatten; daher unterrichtete er sie in Philosophie. ... Er unterrichtete sie in Ethik und vertrieb dadurch ihre barbarischen Sitten. Durch Unterricht in der Physik brachte er ihnen ein der Natur angepasstes Leben bei. Er brachte ihnen Logik bei und machte sie dadurch anderen Völkern überlegen. Er zeigte ihnen mithilfe praktischer Philosophie, sich mit guten Taten zu beschäftigen. Anhand der theoretischen Philosophie lehrte er sie, die Bahnen der zwölf Himmelskörper und die Bahnen der Planeten zu beobachten und die Astronomie zu verstehen. Er lehrte sie, wie der Mond zunimmt und abnimmt ...
Welche Freude muss es für ihn gewesen sein, dass tapferste Männer, wenn sie etwas Zeit hatten, ohne Waffen zu sein, sich mit Philosophie beschäftigten? So konnte er etwa einen sehen, der die Situation am Himmel, einen anderen, der die Natur von Gräsern und Büschen erforschte. ...

(Jordanes, Getica XI 68 – 70)

Ovid: Metamorphoses

Jupiter hat sich in die phönizische Königstochter Europa verliebt und sucht nach einem Weg, sich ihr zu nähern. Er muss sich auch eine Tarnung überlegen, um die eifersüchtige Juno zu täuschen. Dies beschreibt der römische Dichter Ovid (43 v.Chr. – 17/18 n.Chr.) in seinem mythologischen Epos *Metamorphoses* („Verwandlungen“).

Eine seltsame Liebe: Jupiter und Europa

Europa auf dem Stier: Ausschnitt aus einem römischen Mosaik, gefunden in Praeneste (Palestrina), entstanden um 50 n. Chr.

Ille pater rēctorque deum, cui dextra trisulcīs
īgnibus armāta est, quī nūtū concutit orbem,
induitur faciem taurī. Mixtusque iuvencīs
mūgit et in tenerīs fōrmōsus obambulat herbīs.
Quippe color nivis est, quam nec vestīgia dūrī
calcāvēre pedis nec solvit aquāticus auster.
Colla torīs exstant, armīs paleāria pendent,
cornua vāra quidem, sed quae contendere possīs
facta manū, pūrāque magis perlūcida gemmā.
Nūllae in fronte minae, nec fōrmīdābile lūmen:
Pācem vultus habet. Mīrātur Agēnore nāta,
quod tam fōrmōsus, quod proelia nūlla minētur;
sed quamvīs mītem metuit contingere prīmō,
mox adit et flōrēs ad candida porrigit ōra.
(met. 2, 848 – 861)

Z 1 *rector, -oris* m. Lenker (gemeint ist Jupiter) | Z 1 *deum = deorum* | Z 1 *trisulcus (ignis)* dreizackig(er Blitz) | Z 2 *nutus, -us* m. Nicken | Z 2 *concutere* erschüttern | Z 2 *orbis* ergänze: *terrarum* | Z 3 *indui* (Pass.) annehmen | Z 3 *iuvencus, -i* m. junger Stier | Z 4 *mugire* muhen | Z 4 *formosus, -a, -um* schön | Z 4 *obambulare = ambulare* | Z 5 *quippe* ja; schließlich | Z 5 *nix, nivis* f. Schnee | Z 6 *calcare* betreten | Z 6 *aquaticus auster* der wasserreiche Südwind | Z 7 *collum, -i* n. Hals | Z 7 *torus, -i* m. Muskel | Z 7 *exstare* (mit Abl.) strotzen vor | Z 7 *armus, -i* m. Seite | Z 7 *palearia* n. Pl.: Haut(falte) zwischen Hals u. Brust | Z 8 *varus, -a, -um* krumm; ergänze: *sunt* | Z 8 *quae (= cornua)* hier: so dass (sie) | Z 9 *facta* ergänze: *esse* (AcI) | Z 9 *perlucidus, -a, -um* durchscheinend | Z 9 *gemma, -ae* f. Edelstein; ergänze: *sunt* | Z 10 *frons, -ntis* f. Stirn | Z 10 *minae* Pl. f. Bedrohung; ergänze: *sunt* | Z 10 *formidabilis, -is, -e* furchterregend | Z 11 *Agenore nata* f. Tochter des Agenor | Z 12 *formosus* ergänze: *est* | Z 12 *minari* (Dep.) androhen | Z 13 *quamvis … contingere* sie hat Angst, ihn – auch wenn er sanft ist – zu berühren | Z 14 *candidus, -a, -um* weiß | Z 14 *porrigere* hinstrecken.

INFO

Ovid – ein vielseitiger Dichter

P. Ovidius Naso (geb. 43 v. Chr.) kam als junger Mann nach Rom. Dort entwickelte er sich zum beliebtesten Dichter. 8 n. Chr. verbannte Augustus ihn aus nicht bekannten Gründen aus der Stadt: Ovid verbrachte die letzten Lebensjahre in Tomi (heute Constanza) am Schwarzen Meer, wo er 17/18 n. Chr. starb. Bekannt wurde Ovid durch Gedichte über **Liebe** und **Erotik**. Besonders beliebt ist sein Epos *Metamorphoses* („Verwandlungen") in 15 Büchern. Darin beschreibt Ovid ca. 250 mythologische Verwandlungs-Geschichten – aber auch das Thema Liebe kommt sehr häufig vor. Dieses Epos ist eine der wichtigsten Quellen zur antiken Mythologie.

Jupiter hat sein Ziel erreicht und freut sich, dass Europa keine Angst vor ihm in seiner Gestalt als Stier hat ...

Gaudet amāns et, dum veniat spērāta voluptās,
ōscula dat manibus. Vix iam, vix cētera differt.
Et nunc adlūdit viridīque exsultat in herbā,
nunc latus in fulvīs niveum dēpōnit harēnīs.
Paulātimque metū dēmptō modo pectora praebet
virgineā plaudenda manū, modo cornua sertīs
impedienda novīs. Ausa est quoque rēgia virgō
nescia, quem premeret, tergō cōnsīdere taurī,
cum deus ā terrā siccōque ā lītore sēnsim
falsa pedum prīmīs vestīgia pōnit in undīs.
Inde abit ulterius, mediīque per aequora pontī
fert praedam. Pavet haec, lītusque ablāta relictum
respicit et dextrā cornū tenet; altera dorso
imposita est. Tremulae sinuantur flāmine vestēs.
(met. 2, 862 – 875)

Z 15 *amans <Iuppiter>* der verliebte <Jupiter> | Z 16 *vix iam* kaum noch | Z 17 *adludere* herumspielen | Z 17 *viridis, -is, -e* grün | Z 17 *exsultare* herumspringen | Z 18 *fulvus, -a, -um* gelb | Z 18 *niveus, -a, -um* weiß | Z 19 *demere, demo, dempsi, demptum* fortnehmen, beseitigen | Z 20 *virgineus, -a, -um* jungfräulich; des Mädchens | Z 20 *plaudere* tätscheln | Z 20 *sertum, -i* n. Kranz | Z 21 *novus, -a, -um* hier: frisch | Z 21 *regius, -a, -um* königlich | Z 22 *nescius, -a, -um* unwissend; ohne zu ahnen | Z 23 *siccus, -a, -um* trocken | Z 23 *sensim* (Adv.) allmählich | Z 24 *vestigium, -i* n. hier: Hufe | Z 25 *aequor, -oris* n. Fläche | Z 25 *pontus, -i* m. Meer | Z 26 *pavere* sich fürchten | Z 27 *respicere* zurückblicken auf | Z 27 *altera* ergänze: *manus* | Z 27 *dorsum, -i* n. Rücken | Z 28 *tremulus, -a, -um* zitternd | Z 28 *sinuari* sich aufbauschen | Z 28 *flamen, -inis* n. Wind.

a) Die Geschichte von Jupiter und Europa ist dir bereits aus Lektion 15 bekannt; erzähle die Geschichte nach; beachte dabei besonders folgende Punkte: Jupiters Aussehen, Europas Reaktion, das Ende der Geschichte.

b) Suche die dir bekannten Bestandteile der Geschichte aus den vorliegenden Texten heraus.

c) Suche Ausdrücke, die Aussehen und Verhalten des Stieres beschreiben.

d) Suche Ausdrücke, die Europas Reaktion angeben.

e) Welche Szene der Geschichte ist auf dem römischen Mosaik dargestellt? Gib die Verse an, deren Inhalt der Szene des römischen Mosaiks entspricht.

f) In Text 1 sind alle Hyperbata farblich markiert. Suche auch in Text 2 die (farblich nicht markierten) Hyperbata heraus.

Sprach- und Textkompetenz

1. In den lateinischen Texten stehen (wie im Vokabelverzeichnis) Balken über den Vokalen, die lang ausgesprochen werden. Wenn du die langen und kurzen Silben richtig aussprichst, entsteht beim lauten Vorlesen der Texte ein Rhythmus. Dazu musst du allerdings auch bei den Doppelkonsonanten – wie im Italienischen – jeden Konsonanten deutlich aussprechen: *gem-ma* oder *quip-pe*.

a Lies den lateinischen Text nach diesen Vorgaben laut vor.

b Suche im folgenden Vers selbst mithilfe von Vokabelverzeichnis und Grammatik (Endungen in den Deklinations-/Konjugations-Tabellen) die Längen und Kürzen der Vokale heraus:

unus erat toto naturae vultus in orbe
„die Natur hatte im ganzen Kosmos nur ein einziges Aussehen"

2. Gliedere den gesamten Lektionstext (Text 1 und 2) in Abschnitte und erläutere dein Gliederungsprinzip.

3. Du kanntest den Inhalt der Geschichte vor der Lektüre:

a Erläutere, welche Vorkenntnisse dir bei der Übersetzung des vorliegenden Textes geholfen haben.

b Auch den antiken Lesern war dieser Mythos schon vor der Veröffentlichung von Ovids Metamorphosen bekannt. Erläutere die Besonderheiten der ovidischen Fassung: Was hebt Ovid in seiner Darstellung besonders hervor?

Kulturkompetenz

4. Nenne die wichtigsten Eigenschaften Jupiters, des obersten römischen Gottes; vergleiche nun hiermit das Verhalten des im Text dargestellten Gottes Jupiter.
Welche Reaktionen könnte Ovids Darstellung bei den römischen Lesern hervorgerufen haben?

Die Statue des Zeus im Zeustempel von Olympia (5. Jh. v. Chr.); Rekonstruktionszeichnung. Holzstich von Georg Rehlender (1903).

Wortschatz- und Grammatikübungen

Verwendung des Wörterbuchs

5. Im Wörterbuch findest du für *ōs, ōris* n. folgende Bedeutungen:
„Mund, Maul; Schnabel, Rachen; Mündung, Öffnung, Eingang; Sprache, Rede; Antlitz, Gesicht; Augen, Gegenwart; Maske, Larve; Frechheit, Dreistigkeit[1]*".*
Suche anhand dieser Angaben die passende Bedeutung für *ora* (Z 14) heraus.

6. Im Wörterbuch findest du für *voluptās, -ātis* f. folgende Bedeutungen:
„Vergnügen, Lust; Sinnengenuss, Lüste, Wollust; Pl.: *Vergnügungen, Schauspiele; Wonne; voluptas* [Göttin der Lust][2]". Suche jetzt die passende Bedeutung für *voluptās* (Z 15) heraus.

1, 2 Zitiert nach Stowasser, Lateinisch-deutsches Schulwörterbuch. München: Oldenbourg 2006

Mehrdeutigkeit

7. Die Grundbedeutung von *dare* lautet „geben"; in bestimmten Verbindungen kannst du im Deutschen eine treffendere Wiedergabe wählen: *oscula dare* „Küsse geben" → „küssen".
Suche entsprechend für folgende Ausdrücke passende Übersetzungen:

1. Servus operam dat.
2. Senator in senatu verba dat.
3. Europa se in fugam non dat.
4. Iuno veniam dat.
5. Romani Germanis agros dant.
6. Caesar Germanis spem agrorum dat.
7. Milites impetum in hostes dant.
8. Amicis fidem damus.

Der poetische Plural

8. (fakultativ)
In Zeile 14 findest du den Ausdruck *flores porrigit ad candida ora* „sie hält die Blumen an sein weißes Maul": Dichter benutzten oft den Plural, wo eigentlich ein Singular gemeint ist (sogenannter „poetischer Plural"). Suche hierfür weitere Beispiele in den Lektionstexten.

Die Kunst des Verstehens: Wortstellung in poetischen Texten

Ein typisches Merkmal poetischer Texte sind die Hyperbata, d. h. Attribut und Bezugswort stehen nicht beieinander. Du kannst zur leichteren Übersicht die Wortgruppen eines Verses in eine Tabelle übertragen. In die unteren Zeilen schreibst du die deutschen Übersetzungen der Wortgruppen: Wenn du dabei die zusammengehörigen Wörter jeweils in dieselbe Zeile schreibst, verschaffst du dir einen schnelleren Überblick über die Struktur lateinischer Verse:

in teneris	**formosus**	**obambulat**	**herbis**
in (den) zarten			Kräutern
	schön	spaziert (er)	

latus	**in fulvis**	**niveum**	**deponit**	**harenis**
die Seite		(die) weiße		
	im gelben			Sand
			legt (er) nieder	

Auf diese Weise kannst du auch selbst die Verse, die dir schwer gefallen sind, in eine solche Tabelle eintragen und dir die Struktur der Wortstellung bewusst machen.

500 v. Chr. | um 11 v. Chr. | 500 n. Chr. | 1000 | 1500 | 2000

Ovid: Ars amatoria

Flirt im Circus Maximus

Ovid zählt in seiner „Liebeskunst“ *(Ars amatoria)* diejenigen Plätze in Rom auf, wo man(n) Frauen kennenlernen kann. Ein besonders vielversprechender Platz ist der Circus Maximus, und das aus historischem Grund, denn hier soll der „Raub der Sabinerinnen" stattgefunden haben. Ovid erzählt diese Sage nach und gibt anschließend Tipps für die Gegenwart:

Scīlicet ex illō sollemnī mōre theātra
  nunc quoque fōrmōsīs īnsidiōsa manent.
Nec tē nōbilium fugiat certāmen equōrum:
  Multa capāx populī commoda Circus habet.
Proximus ā dominā nūllō prohibente sedētō;
  iunge tuum laterī, quā potes ūsque, latus.
Et bene, quod cōgit, sī nōlit, līnea iungī,
  quod tibi tangenda est lēge puella locī.
Hīc tibi quaerātur sociī sermōnis orīgō,
  et moveant prīmōs pūblica verba sonōs:
cuius equī veniant, facitō studiōse requīrās,
  nec mora, quisquis erit, cuī favet illa, favē.

Z 1 *sollemnis, -is, -e* feierlich | Z 2 *formosus, -a, -um* schön | Z 2 *insidiosus, -a, -um* gefährlich | Z 4 *capax populi* viel Platz für das Publikum bietend | Z 6 *qua potes usque* so nah wie du kannst | Z 7 *bene* ergänze: *est* | Z 7 *nolit* ergänze: *puella* | Z 7 *linea, -ae* f. Sitzmarkierung | Z 8 *lege loci* unter den örtlichen Bedingungen | Z 10 *publica verba* hier: Klatsch | Z 11 *fac(ito) requiras* übersetze wie: *require* | Z 11 *studiosus, -a, -um* eifrig | Z 12 *nec mora* hier: und unverzüglich

INFO

Circus Maximus

Im Circus Maximus fanden regelmäßig **Wagenrennen** statt. Zu Beginn dieser Wagenrennen wurden in einer feierlichen **Prozession** *(pompa)* Götterbilder auf Wagen in den Circus hineingefahren. Die Wagenrennen waren ein bedeutendes gesellschaftliches Ereignis, bei dem auch Frauen als Zuschauerinnen zugelassen waren. Die Wettkämpfe dauerten meist den ganzen Tag. Zu Ovids Zeiten bot der Circus Maximus Platz für etwa 150 000 Zuschauer.

Nach diesen ersten Tipps gibt Ovid weitere Ratschläge:

At cum pompa frequēns caelestibus ībit eburnīs,
tū Venerī dominae plaude favente manū.
Utque fit, in gremium pulvis sī forte puellae
dēciderit, digitīs excutiendus erit.
Etsī nūllus erit pulvis, tamen excute nūllum:
Quaelibet officiō causa sit apta tuō.
Pallia sī terrā nimium dēmissa iacēbunt,
collige et immundā sēdulus effer humō:
Prōtinus, officiī prētium, patiente puellā
contingent oculīs crūra videnda tuīs.
Respice praetereā, post vōs quīcumque sedēbit,
nē premat oppositō mollita terga genū.
Parva levēs capiunt animōs: Fuit ūtile multīs
pulvīnum facilī composuisse manū;
prōfuit et tenuī ventōs mōvisse tabellā
et cava sub tenerum scamna dedisse pedem. (ars 1, 133–162)

Z 13 *pompa, -ae* f. Prozession | Z 13 *caelestibus eburnis* mit Götterfiguren aus Elfenbein | Z 14 *plaudere* Beifall klatschen | Z 15 *utque fit* wie es sich ergibt | Z 15 *gremium, -i* n. Schoß | Z 16 *decidere* herabfallen | Z 16 *digitus, -i* m. Finger | Z 16 *excutere* ausschütteln, entfernen | Z 18 *quilibet* jeder beliebige | Z 19 *pallium, -i* n. Kleid | Z 20 *immundus, -a, um* schmutzig | Z 20 *sedulus, -a, -um* fleißig | Z 21 *protinus* (Adv.) sofort | Z 22 *crus, cruris n.* Bein | Z 24 *mollitus, -a, -um* weich, zart | Z 24 *genu, genus* n. Knie | Z 26 *pulvinus, -i* m. Kissen | Z 27 *tabella, -ae* f. Fächer | Z 28 *scamnum cavum* Bänkchen (mit gewölbter Auflagefläche für die Füße)

INFO

Ovids *Ars amatoria*

Ovid hat mit seiner *Ars amatoria (Liebeskunst)* einen Ratgeber für junge Männer und Frauen verfasst über den Umgang mit dem anderen Geschlecht. Er rät ihnen, wie sie sich kleiden und wie sie sich verhalten sollen. Außerdem nennt er ihnen Orte, wo man in Rom am einfachsten erotische Kontakte knüpfen kann. Aber Ovid meint seine Tipps und Tricks nicht immer ernst, sondern parodiert oft die Gattung „Ratgeberliteratur“.

a Lies den Infotext auf S. 204 und suche aus dem Lektionstext, Z 1 – 12 Ausdrücke heraus, die sich auf den Veranstaltungsort beziehen.

b Suche alle Ausdrücke aus dem Lektionstext, Z 1 – 12 heraus, die eine Aufforderung bezeichnen.

c Welche Verse in den Lektionstexten beziehen sich auf die im Bild dargestellte Szene?

d Suche aus dem Lektionstext, Z 1 – 12 die Hyperbata heraus.

e Untersuche Vers 6: Analysiere die Formen. Beschreibe die Wortstellung und erläutere den Zusammenhang zwischen dem Aufbau des Verses und seinem Inhalt.

f In Vers 5 und 11 findest du eine neue Verbform; beschreibe ihre Funktion.

Sprach- und Textkompetenz

1. Beschreibe deinen Höreindruck des elegischen Distichons und vergleiche den Eindruck mit dem Versmaß in den *Metamorphosen* (Lektion 35).

2. Vergleiche die syntaktische Gestaltung des Lektionstextes mit dem Versbau.

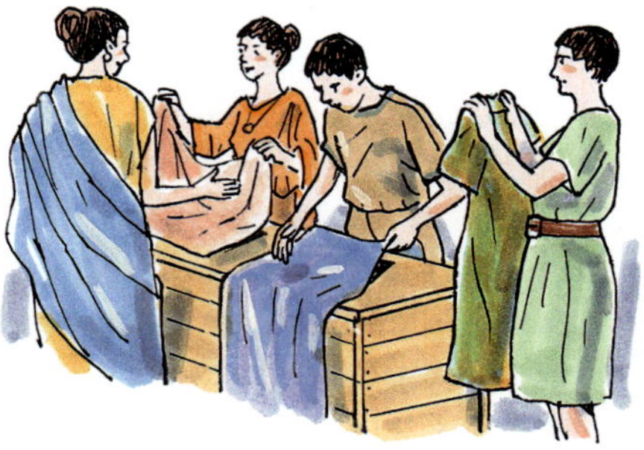

3. Stelle alle Ausdrücke des Lektionstextes zusammen, die *Körper* und *Kleidung* bezeichnen.

4. Stelle aus dem Lektionstext Merkmale der Ratgeberliteratur zusammen.
Untersuche dazu besonders die Verbformen.

5. Suche im Text übertriebene oder nicht ganz ernst gemeinte Ratschläge.

6. Ein anderer römischer Dichter, Vergil (70 v. Chr. – 19 v. Chr.), hat ein Lehrgedicht mit dem Titel *Georgica* geschrieben, das aber ein ganz anderes Thema behandelt als der Liebesratgeber des Ovid. Vergil hat sein Gedicht Maecenas gewidmet. Er war nicht nur ein Vertrauter des Augustus, sondern hat auch Künstler seiner Zeit, darunter Vergil, gefördert. Vergil beginnt sein Lehrgedicht mit folgenden Versen:

Quid faciat laetas segetes, quo sidere terram
vertere, Maecenas, ulmisque adiungere vites
conveniat, quae cura boum, qui cultus habendo
sit pecori, apibus quanta experientia parcis,
hinc canere incipiam.

Hilfe zur Satzkonstruktion: Hinc canere incipiam, quid laetas segetes faciat, quo sidere terram vertere conveniat, Maecenas, et vites ulmis adiungere conveniat, quae cura boum, qui cultus habendo pecori sit, quanta experientia apibus parcis sit.

Z 1 *laetus, -a, -um* hier: fruchtbar, üppig | Z 1 *seges, -etis* f. Saat | Z 1 *sidus, -eris* n. Stern | Z 2 *ulmus, -i* f. Ulme | Z 2 *adiungere* (mit Dat.) hier: anbinden an | Z 2 *vitis, -is* f. Weinstock, Weinranke | Z 3 *convenit* hier: es ist nötig, man soll | Z 3 *esse* (mit Dat.) hier: gehören zu | Z 3 *habendo pecori* (Dat.) zur Haltung von Kleinvieh | Z 4 *apis, -is* f. Biene | Z 4 *experientia, -ae* f. Erfahrung | Z 4 *parcus, -a, -um* sparsam | Z 5 *hinc* von jetzt an

Über welches Thema schrieb Vergil ein Lehrgedicht? Finde anhand der Eingangsverse die Anzahl der Bücher, in die das Werk eingeteilt ist, und das jeweilige Buchthema heraus.

Kulturkompetenz

7. Welchen Eindruck von Männern und Frauen zur Zeit Ovids gewinnst du aus seiner Darstellung?

8. Nenne Gemeinsamkeiten und Unterschiede zum Kennenlernen in der heutigen Zeit.

9. **(fakultativ)**
Schreibe einen vergleichbaren Ratgeber für deine Mitschülerinnen und Mitschüler.

Wortschatz und Grammatikübungen

Verwendung des Wörterbuchs

10. Im Wörterbuch[1] findest du für *quaerere* folgende Bedeutungen:
1. *(auf)suchen;* a. *vermissen;* b. *erfordern;* metaph. 2. *versuchen zu erlangen;* a. *bewerkstelligen, bereiten;* b. *erwerben, verdienen;* 3. *versuchen zu erfahren; fragen, sich erkundigen;* occ. a. *wissenschaftlich untersuchen;* b. *gerichtlich befragen;* c. *sich beraten;* 4. *auf etw. sinnen;* occ. *verlangen, wünschen.*

Die Bedeutung „fragen" trifft nur auf die Konstruktion *quaerere aliquid a/ex/de aliquo* zu. Suche anhand dieser Wörterbuchangaben die passende Bedeutung für *quaerere* in Vers 9.

1,2 Zitiert nach Stowasser, Lateinisch-deutsches Schulwörterbuch. München: Oldenbourg 2006

11. Im Wörterbuch[2] findest du für *causa* folgende Bedeutungen:
I. *Rücksicht, Interesse;* abl. *causā* (meist nachgestellt und mit gen.:) *wegen, um ... willen.* II. meton. 1. *Grund, Ursache;* 2. *Beweggrund, Anlass, Veranlassung;* occ. a. *(guter) Grund, (volles) Recht;* b. *(begründete) Entschuldigung, Einwand;* c. *Scheingrund, Vorwand, Ausrede;* d. *Krankheitsanlass, Krankheit.* III. *Sache.* 1. *Streit-, Rechtssache, Rechtsfall, Prozess;* 2. metaph. a. *Thema, Streitpunkt, Rechtspunkt;* b. *Sache, Interesse, Partei;* 3. meton. a. *Angelegenheit, Auftrag;* b. *Lage, Verhältnis;* c. *persönliche Beziehungen, Verhältnisse;* d. *Rechtszustand.*

Die Bedeutung „wegen" hat *causa* im Ablativ mit vorangestelltem Genitiv. Suche anhand dieser Wörterbuchangaben die passende Bedeutung für *causa* in Vers 18.

Form und Funktion

12. Suche die -nd-Formen aus dem Lektionstext heraus und beschreibe ihre Funktion.

13. Suche die Konjunktiv-Formen im Hauptsatz heraus und beschreibe ihre Funktion.

14. (fakultativ)
Suche die Partizipialkonstruktionen heraus, gib ihre syntaktische Funktion an und erläutere ihre genaue Bedeutung im jeweiligen Kontext der Sätze.

Die Kunst des Verstehens: *cum* - ein vieldeutiges Wort

Übersetze folgende Sätze:
1. Caesar mores Germanorum cum moribus Romanorum comparavit.
2. Multis cum lacrimis hostes pacem a Caesare petiverunt.
3. Iuvenis, cum in Circo sedebat, puellas pulchras observabat.
4. Iuvenis, cum multas puellas cognoscere vellet, Ovidii artem amatoriam legit.
5. Caesar bellum cum Germanis gessit.
6. Cum in Circo multae puellae fuissent, iuvenis tamen solus domum rediit.
7. Europa cum amicis flores colligebat.
8. Cum Caesar Galliam reliquisset, Gallia omnis provincia Romana fuit.

Stelle die hier verwendeten Funktionen von *cum* systematisch zusammen.

Wenn du bei mehr als einem Satz Schwierigkeiten hattest, die Funktion von *cum* zu erkennen, lies noch einmal Gesamt-Grammatik S. 76–77.

500 v. Chr. | um 8 v. Chr. | 500 n. Chr. | 1000 | 1500 | 2000

Ovid: Heroides

Eine schwere Entscheidung

Der trojanische Königssohn Paris wuchs nicht bei seinen Eltern im Palast auf, sondern unter Hirten. Er hütet seine Herden in einer idyllischen Gegend:

Est locus in mediīs nemorōsae vallibus Īdae
  dēvius et piceīs īlicibusque frequēns,
quī nec ovis placidae nec amantis saxa capellae
  nec patulō tardae carpitur ōre bovis; (her. 16, 53 – 56)

Z 1 *nemorosus, -a, -um* waldreich | Z 2 *devius, -a, -um* abgelegen | Z 2 *picea, -ae* f. Kiefer | Z 2 *ilex, -icis* f. Eiche | Z 3 *placidus, -a, -um* sanft | Z 3 *capella, -ae* f. Ziege | Z 4 *patulus, -a, -um* offen

Das Urteil des Paris, griechisches Vasenbild (um 520 v. Chr.).

INFO

Ovids *Heroides*
In seinem Werk lässt Ovid mythologische Figuren **Briefe** an ihre Partner verfassen. 15 dieser Briefe werden von Frauen geschrieben, die von ihren Männern verlassen werden oder wurden und sich nun im Brief darüber beklagen (z. B. von Penelope, Dido, Helena, Medea). Daher trägt die Schrift den Titel (*Heroides = Heldinnen*). Allerdings finden sich auch drei Briefe von Männern, wie etwa ein Brief des Paris an Helena.

Als er sich eines Tages auf der Weide befand und an einen Baum gelehnt auf seine Heimatstadt Troja blickte, hatte Paris eine Begegnung, die sein ganzes Leben verändern sollte. Davon erzählt er in einem Brief an Helena:

Ecce, pedum pulsū vīsa est mihi terra movērī -
  vēra loquar vērī vix habitūra fidem -
cōnstitit ante oculōs āctus vēlōcibus ālīs
  Atlantis magnī Plēiōnēsque nepōs -
trēsque simul dīvae, Venus et cum Pallade Iūnō,
  grāminibus tenerōs inposuēre pedēs.
.....
Obstupuī, gelidusque comās ērēxerat horror,
  cum mihi 'pōne metum!' nūntius āles ait:
'Arbiter es fōrmae; certāmina siste deārum,
  vincere quae fōrmā dīgna sit ūna duās.' -
Mēns mea convaluit, subitōque audācia vēnit
  nec timuī vultū quamque notāre meō.
.....
Vincere erant omnēs dīgnae iūdexque querēbar
  nōn omnēs causam vincere posse suam.
Sed tamen ex illīs iam tunc magis ūna placēbat,
  hanc esse ut scīrēs, unde movētur amor.
Tantaque vincendī cūra est; ingentibus ardent
  iūdicium dōnīs sollicitāre meum.
Rēgna Iovis coniūnx, virtūtem fīlia iactat;
  ipse potēns dubitō fortis an esse velim.
Dulce Venus rīsit; 'nec tē, Pari, mūnera tangant
  utraque suspēnsī plēna timōris,' ait;
'nōs dabimus, quod amēs, et pulchrae fīlia Lēdae
  ībit in amplexūs pulchrior illa tuōs.'
Dīxit, et ex aequō dōnīs fōrmāque probāta
  victōrem caelō rettulit illa pedem.

(her. 16, 59 – 88)

Z 1 *pulsus, -us* m. Stoßen, Stampfen | Z 2 *fides, -ei* f. *hier:* Eindruck (von etwas) | Z 3 *agere hier:* herantreiben, herantragen | Z 3 *velox, velox, velox,* Gen.: *velocis* schnell | Z 4 *nepos, -otis* m. Enkel | Z 6 *gramen, -inis* n. Gras | Z 7 *obstupescere, obstupesco, obstupui* erstarren | Z 7 *gelidus, -a, -um* kalt, kühl | Z 7 *coma, -ae* f. Haar | Z 7 *horror, -oris* m. Schauder, Entsetzen, Schrecken | Z 8 *ponere hier:* ablegen | Z 8 *ales, -itis* geflügelt | Z 9 *arbiter, -tri* m. Schiedsrichter | Z 11 *convalescere, convalesco, convalui* sich erholen | Z 15 *tunc = tum* | Z 22 *suspensus, -a, -um* sorgenvoll, ungewiss, zweifelhaft | Z 24 *amplexus, -us* m. Umarmung

a Woran erkennst du, dass es sich bei Text 1 um eine Ortsbeschreibung handelt?

b Beachte in Text 1, Zeile 1 die syntaktische Funktion und die Wortstellung von *est*. Wie kannst du es im Deutschen am besten übersetzen?

c Was weißt du über die Geschichte des Paris?

d Welche Personen treten auf? Welche Handlungen sind mit den Personen jeweils verbunden?

e Gestalte zu jedem Abschnitt ein Tempusprofil und beachte die Personalendungen.

f Stelle aus Text 2 alle Ausdrücke zum Sachfeld Wettstreit zusammen. Was erfährst du dadurch über den Inhalt des Textes?

Sprach- und Textkompetenz

1. Beschreibe deinen Höreindruck des elegischen Distichons und vergleiche den Eindruck mit dem Versmaß in den Metamorphosen (Lektion 35).

2. Vergleiche die syntaktische Gestaltung des zweiten Lektionstextes mit dem Versbau.

3. Finde mithilfe eines Lexikons oder des Internets heraus, welche Person in Vers 3 – 4 gemeint ist. Wie drückt Ovid den Namen aus?
Finde weitere Beispiele für diese Personenbezeichnung.

4. Die Dichter setzen oft kennzeichnende Attribute zu Personen und Gegenständen. Stelle aus dem ersten Lektionstext solche Wortpaare zusammen.
Welche Wirkung haben sie auf deine Vorstellung von der beschriebenen Szene?

5. Gliedere den zweiten Lektionstext in Absätze und finde passende Überschriften.

6. Was wird im zweiten Lektionstext in direkter Rede und was als Erzählung dargestellt? Welchen Eindruck gewinnst du durch diese Darstellung Ovids?

7. Wie charakterisiert Paris in seiner Erzählung das Verhalten der drei Göttinnen?

Kulturkompetenz

8. Recherchiere zu den im zweiten Lektionstext genannten Göttern deren Aufgaben und Attribute.

9. Welche Elemente des Textes findest du auf der Abbildung S. 208 wieder?

10. Erläutere, welche Konsequenzen das ‚Paris-Urteil' jeweils für wen hatte.

Wortschatz- und Grammatikübungen

Mehrdeutigkeit und Wörterbucharbeit

11. Im Wörterbuch[1] findest du für *virtūs, -ūtis* f. folgende Bedeutungen:

Tüchtigkeit 1. *Mannhaftigkeit;* 2. a. *Kraft, Stärke;* b. *Tapferkeit, Mut;* c. *Tüchtigkeit, gute Eigenschaft;* pl. *Vorzüge;* d. *Tugendhaftigkeit, Sittlichkeit;* 3. person. *Virtus;* 4. meton. pl. *mannhafte Taten, Heldentaten;* occ. *Verdienst;* 5. *(göttliche) Wirkkraft, Machterweis, Wunderkraft; Wunder;* meton. pl. *Kräfte* [ein Engelchor] Chr.

Suche anhand dieser Wörterbuch-Angaben die passende Bedeutung für *virtus* in Vers 19 und begründe deine Entscheidung durch den Kontext der Verse 15–24.

1 Zitiert nach Stowasser, Lateinisch-deutsches Schulwörterbuch. München: Oldenbourg 2006

Grammatik und Stil

12. Suche alle Hyperbata aus dem zweiten Lektionstext heraus.

13. Suche alle Verben im Konjunktiv aus dem zweiten Lektionstext heraus.
Welche Funktion übernimmt der Konjunktiv jeweils in diesen Sätzen?

Die Kunst des Verstehens: Ortsschilderung (Ekphrasis)

INFO

Eine **Ekphrasis** (eigentlich „Beschreibung“) bezeichnet hier speziell eine Ortsbeschreibung. Dichter verwenden sie häufig am Anfang von Erzählungen, um für die folgende Darstellung eine bestimmte Stimmung zu erzeugen. Eine Ekphrasis hat also eine ähnliche Funktion wie heute die Hintergrundmusik in Filmen oder wie Bühnenbilder im Theater.

Eine andere Erzählung aus Ovids *Metamorphosen* beginnt mit folgender Ekphrasis:

Fons erat inlimis, nitidis argenteus undis, quem neque pastores neque pastae monte capellae contigerant aliudve pecus, quem nulla volucris nec fera turbarat nec lapsus ab arbore ramus; gramen erat circa, quod proximus umor alebat, silvaque sole locum passura tepescere nullo. (Ov. met. 3, 407–412)	Es existierte eine Quelle, frei von Schlamm und silberhell durch ihre glänzenden Wellen, die weder Hirten noch Ziegen, nachdem sie am Berghang geweidet hatten, oder anderes Vieh berührt hatten, die kein einziger Vogel und kein Wild und auch kein vom Baum gefallener Zweig getrübt hatten; Gras befand sich ringsherum, das die nahegelegene Quelle nährte, und ein Wald, der den Platz durch keinen einzigen Sonnenstrahl warm werden lassen wollte.

a Stelle Gemeinsamkeiten dieser Beschreibung zum ersten Lektionstext heraus. Gib dazu auch die lateinischen Begriffe an.
b Stelle dann Unterschiede zwischen beiden Beschreibungen fest.
c Vergleiche den Gebrauch von Attributen und Negationen in beiden Texten. Welchen Eindruck vermittelt dies?
d Stelle einen Zusammenhang her zwischen der im ersten Lektionstext hervorgerufenen Stimmung und dem Fortgang der weiteren Geschichte des Paris.

Das frühe Rom – eine raue Zeit

Romulus und Remus – Stadtgründung und Brudermord

Kapitolinische Wölfin. Bronze, 5. Jh. v. Chr.; die Zwillinge Romulus und Remus sind nicht in antiker Form erhalten und wurden viel später ergänzt.

Rom wurde von den Zwillingen Romulus und Remus gegründet. Der Sage nach waren eine Vesta-Priesterin von königlicher Herkunft namens Rea Silvia und der Kriegsgott Mars die Eltern der Zwillinge. Eine Vesta-Priesterin durfte nicht heiraten und schon gar nicht schwanger werden. Als nun Rea Silvia Romulus und Remus geboren hatte, wurden die frisch geborenen Zwillinge in einem Weidenkörbchen im Fluss Tiber ausgesetzt. Das Körbchen trieb an Land und eine vorbeikommende Wölfin fand die beiden vor Hunger weinenden Säuglinge darin. Doch zum Glück hatte die Wölfin Mitleid mit den hilflosen Zwillingen und gab ihnen Milch aus ihren Zitzen. Schließlich fanden Hirten die Wölfin, die Romulus und Remus friedlich stillte. Sie nahmen die Kinder an sich und zogen sie auf, ohne zu wissen, dass es sich um die Kinder der Rea Silvia mit königlicher Herkunft handelte.

Als Romulus und Remus schon fast erwachsen waren, kam ihre Herkunft an den Tag und sie beschlossen eine neue Stadt zu gründen: Rom. Um die Stadt vor äußeren Feinden zu schützen, baute Romulus eine Mauer. Doch die war zunächst noch so niedrig, dass sein Bruder Remus einfach darüber sprang, um sich über diese „Stadtmauer" lustig zu machen. Aus Zorn über diesen Spott soll Romulus seinen Bruder erschlagen haben.

Für das Jahr der Gründung Roms gibt es übrigens einen Merkspruch: 7 5 3 – Rom schlüpft aus dem Ei.

Raub der Sabinerinnen – Zwangsehe mit friedlichem Ausgang

Nicolas Poussin (1594 – 1665): Raub der Sabinerinnen. Ölgemälde.

Die neue Stadt Rom wuchs allmählich heran, aber sie hatte bald ein Problem: Es gab viel zu wenig Frauen und damit keine Hoffnung auf genug Nachwuchs. Die Nachbarstädte waren auch nicht bereit, ihre jungen Frauen mit den heiratswilligen Römern zu verheiraten.

So überlegte sich Romulus eine List: Er lud die Familien der umliegenden Sabiner-Städte mit den unverheirateten Töchtern zu einem neuen Fest für den Gott Neptun ein. Als nun die eingeladenen Sabiner in Rom eingetroffen waren und das Fest begonnen hatte, stürzten sich die jungen Römer auf ein verabredetes Zeichen hin auf die sabinischen Mädchen und rissen sie mit Gewalt von ihren Familien fort. Die Mädchen weinten vor Schreck und wollten zu ihren Familien zurück. In der Folgezeit begannen die Sabiner aus Rache für den Mädchenraub einen Krieg gegen Rom, doch die Sabinerinnen wollten ein Blutvergießen zwischen ihren Ehemännern und ihren Vätern verhindern: Sie stellten sich tapfer zwischen die Heere. So kam es zum Frieden zwischen Rom und den Sabinern, und in der Folgezeit regierten abwechselnd römische und sabinische Könige in Rom.

Lucretia – eine ideale Frau?

Die Königszeit dauerte ungefähr 250 Jahre. Am Ende regierte eine etruskische Königsfamilie in der Stadt: die Tarquinier. Als Rom einen der vielen Kriege gegen Nachbarstädte führte, kam es im Feldlager zu einem „Gespräch unter Männern“: Die jungen Soldaten lobten jeweils ihre Ehefrauen und gerieten in einen Wettstreit, welche Ehefrau wohl die beste sei. Man schlug vor, doch einfach einen Überraschungsbesuch bei den Frauen zu Hause zu machen, um zu sehen, was die Frauen in der Abwesenheit ihrer Männer so treiben. Zuerst kamen die Männer in das Haus des Sextus Tarquinius, eines Sohnes des Königs. Dort veranstalteten die Frauen gerade eine fröhliche Feier mit viel Wein. Anschließend kamen sie zum Haus des Collatinus. Dessen Frau Lucretia saß dort mit ihren Mägden und war mit Handarbeit beschäftigt, wie es sich damals für Ehefrauen gehörte. Der etruskische Prinz Sextus Tarquinius verliebte sich sofort in die hübsche und fleißige Lucretia, die offenbar viel bessere Eigenschaften hatte als seine eigene Frau.
Nach der Rückkehr ins Feldlager kam der verliebte Sextus Tarquinius heimlich wieder zum Haus der Lucretia, um sie zu verführen.

Tizian: Lukrezia und Tarquinius. Ölgemälde (1515).

Doch sie weigerte sich zunächst standhaft. Daraufhin drohte Sextus Tarquinius damit, sie umzubringen und einen nackten Sklaven neben sie zu legen. Lucretia gab nach, d.h. sie wurde von Sextus Tarquinius vergewaltigt. Allerdings rief sie nach der Tat ihren Mann und seine Freunde, erzählte ihnen die Tat, ließ sie Rache schwören und brachte sich dann mit einem heimlich unter der Bettdecke versteckten Dolch um. Die Römer rächten sich: Sie vertrieben die Tarquinier aus Rom, schafften das Königtum ab und verwandelten den Staat in eine Republik.

Horatius Cocles – ein Held springt in den Tiber

Die Tarquinier sannen aber ebenfalls auf Rache: Sie hatten einen befreundeten Etrusker-König namens Porsenna aus der Stadt Clusium überredet, ihnen zu helfen. Die Etrusker griffen daher die Stadt an.

Horatius Cocles und zwei Römer verteidigen die Tiberbrücke gegen die Etrusker. Französische Druckgrafik.

Als sie schon kurz davor waren, über eine Tiber-Brücke in die Stadt einzudringen und die ersten Römer bereits die Flucht ergriffen, rettete ein mutiger Mann die Stadt: Horatius Cocles. Er stellte sich den Etruskern entgegen und feuerte die Römer zum Weiterkämpfen an. Außerdem bewahrte er inmitten des Getümmels klaren Verstand und überlegte sich einen Plan: Die Römer hinter ihm sollten die Brücke abbrechen, um den Feinden den Weg abzuschneiden. Er selbst kämpfte vorn weiter, um die Etrusker abzuhalten. Als die Brücke laut krachend hinter ihm einstürzte, sprach Horatius Cocles ein Gebet zum Flussgott Tiber und stürzte sich in die Tiefe. Der Fluss beschützte ihn und ließ ihn sicher unter dem Pfeilhagel der Feinde auf die römische Seite des Ufers hinübergelangen.

Mucius Scaevola – ein Mordanschlag auf den König

Antonio Pellegrini (1675 – 1741): Mucius Scaevola vor Porsenna. Ölgemälde.

Doch die Etrusker ließen nicht locker. Porsenna setzte den Krieg gegen Rom fort und belagerte die Stadt mit der Aussicht auf Erfolg. Doch ein junger Römer namens Mucius wollte sich nicht mit der drohenden Etruskerherrschaft abfinden. Er drang heimlich in das Lager der Feinde ein, um König Porsenna mit einem versteckten Dolch zu ermorden. Als er im Etruskerlager war, saß neben dem König der prächtig gekleidete Schreiber des Königs und verteilte den Sold an die Soldaten. Mucius wusste nicht, wer von beiden der König war, und tötete daher versehentlich den Schreiber.

Er wurde verhaftet und vom König verhört. Mucius gab den Mordanschlag auf Porsenna offen zu und behauptete, außer ihm gebe es noch viele andere, die ihn ermorden wollten. Porsenna wollte ihn durch Folter zwingen, die genauen Mordpläne zu verraten; doch Mucius steckte freiwillig seine rechte Hand ins Feuer und ließ sie ohne Schmerzenslaute verbrennen. Porsenna erschrak, bewunderte aber auch diese erstaunliche Tat und ließ Mucius frei. Mucius soll anschließend nach dem Verlust seiner rechten Hand von den Römern den Beinamen Scaevola (Linkshänder) bekommen haben.

Cloelia – ein Mädchen beweist Mut

Domenico Beccafumi (1486 – 1551): Cloelia und die jungen Römerinnen fliehen aus dem Lager des Porsenna. Ölgemälde (1530 – 1535).

Porsenna aber war so verängstigt wegen des Mordanschlags und der Tollkühnheit des Mucius, dass er den Römern Friedensbedingungen anbot. Etrusker und Römer handelten einen Friedensvertrag aus, der den Abzug der Etrusker von Rom festlegte. Zur Sicherung des Vertrages mussten die Römer den Etruskern allerdings Geiseln stellen. Eine dieser römischen Geiseln bei den Etruskern war die junge Cloelia. Sie hatte natürlich von der Tat des Mucius Scaevola gehört und wollte auch zum Ruhm ihrer Heimatstadt Rom beitragen. Sie entkam aus dem etruskischen Lager, schwamm als Anführerin einer Gruppe junger Mädchen unter den Geschossen der Feinde durch den Tiber und brachte alle wohlbehalten nach Rom zu ihren Familien zurück.

Porsenna geriet zunächst über den Vertragsbruch in Zorn und verlangte die Geiseln zurück. Doch dann schlug sein Zorn in Bewunderung um und er verlangte nur Cloelia zurück. Er versprach sogar, sie wieder nach Rom zurückzuschicken, wenn man sie ihm wiederbrächte. Die Römer ließen sich darauf ein und übergaben Cloelia an Porsenna. Der König hielt ebenfalls Wort und erlaubte Cloelia sogar, einen Teil der noch verbliebenen Geiseln wieder nach Rom zurückzubringen. Cloelia suchte sich dafür die noch ganz jungen Kinder heraus, kam mit ihnen nach Rom zurück und wurde dort mit einer Reiterstatue geehrt.

Zeus *(lat. Jupiter)*
oberster Gott und Herrscher über Himmel, Blitz und Donner
Bruder und Ehemann der Hera; Vater zahlreicher Kinder, darunter der Götter Athene, Apollo, Artemis, Ares, Aphrodite, Dionysos und Hermes und der Halbgötter Herkules und Perseus
Kennzeichen: Zepter, gebündelte Blitze in einer Hand, Adler als Begleittier

undatierte griechische Statue, Bronze.

Hera *(lat. Juno)*
oberste Göttin und Beschützerin von Ehe, Geburt und Familie
Schwester und Ehefrau des Zeus; Mutter des Ares, des Hephaistos, der Hebe; oft eifersüchtig auf die Liebschaften ihres Mannes
Kennzeichen: Zepter, Kopfbinde oder Diadem, Schleier, Opferschale, Pfau als Begleittier

Statue aus dem Nymphaeum in Treviso, Italien; 1554 – 1558, Marmor.

Poseidon *(lat. Neptun)*
Gott des Meeres, der Erdbeben und der Pferde
Bruder des Zeus; Vater mehrerer Kinder, unter anderem des Polyphem
Kennzeichen: Dreizack, Streitwagen, Delfin als Begleittier

Hades *(lat. Pluto)*
Herrscher über das Reich der Toten (die Unterwelt)
Bruder des Zeus; Ehemann der Persephone (Proserpina)
Kennzeichen: Zepter oder Zweizack, Krone, der dreiköpfiger Hund Kerberos (Cerberus) als Begleittier

Statue des Hades, begleitet von Kerberos, aus Gortyn, Kreta; 1. Jh. v. Chr.

Athene *(lat. Minerva)*
Göttin der Weisheit, der Wissenschaften, des Handwerks, der Kriegstaktik und Beschützerin der Städte
Tochter des Zeus, dem sie aus dem Kopf gewachsen sein soll;
Kennzeichen: Rüstung mit Helm, Schild und Speer, Ölbaum, Eule als Begleittier

goldverzierte Statue in Athen.

Apollo *(lat. Apollo, Phoebus)*
Gott der Poesie und Musik, der Heilkunst, der Weissagung, der Sonne und des Lichts
Sohn des Zeus und der Leto, Zwillingsbruder der Artemis, Vater des Asklepios (Äskulap), des Gottes der Chirurgie und Kräuterkunde
Kennzeichen: Leier (Kithara), Pfeil und Bogen, Lorbeer, oft ein Rabe als Begleittier

bemalte antike Marmorstatue.

Artemis *(lat. Diana)*
Göttin der Jagd und des Mondes
Tochter des Zeus und der Leto, Zwillingsschwester des Apollo
Kennzeichen: Pfeil, Köcher über der Schulter, Bogen, Mondsichel, Hirschkuh als Begleittier

Diana-Brunnen, Schloss Anet; Skulptur von Jean Goujon, um 1549.

Aphrodite *(lat. Venus)*
Göttin der Schönheit und der Liebe
Tochter des Zeus, Ehefrau des Hephaistos; Mutter des Eros (Amor) und des Aeneas
Kennzeichen: Muschel, Spiegel, Gürtel, u. a. Taube und Schwan als Begleittiere

Geburt der Aphrodite, Marmorstatue.

Hermes *(lat. Merkur)*
Götterbote, Gott des Handels, Beschützer der Reisenden und Diebe,
Sohn des Zeus, Vater des Pan, des Gottes der Wälder und Weiden, Beschützer der Hirten
Kennzeichen: Reisehut oder Kappe mit Flügeln, Flügelschuhe, Hermesstab

Statue von Ramón Barba (1767 – 1831).

Ares *(lat. Mars)*
Gott des Krieges
Sohn des Zeus und der Hera, Liebhaber der Aphrodite
Kennzeichen: Rüstung mit Schild, Speer und Helm, Hund und Geier als Begleittiere

Skulptur auf dem Rathaus von Dublin (Irland), 18 Jh.

Übersetzungstraining

Lesen in der Fremdsprache – übersetzen

Lesen gehört zu den alltäglichen Beschäftigungen. Man liest beim Frühstück, in Bahn und Bus, in der Badewanne, im Bett – und natürlich in der Schule. Lesen macht Spaß! Wenn du ein spannendes Buch liest, vergeht die Zeit wie im Flug und die Tätigkeit des Lesens ist dir dabei nicht bewusst.

Wie **funktioniert** eigentlich der **unbewusste Vorgang des Lesens**?

Man kann verschiedene **Teilschritte des Lesevorgangs** unterscheiden:

Du **erkennst** die **Buchstaben**, **ziehst** diese Buchstaben **zu Lauten zusammen**, **erfasst** den **Sinn** des Wortes, **stellst Beziehungen** zwischen den Wörtern **her**, **verstehst** zuerst **Sätze**, dann **Texte**.

Schon während du die ersten Wörter entzifferst, hast du eine **Vorstellung** davon, was der **Inhalt** des Textes sein könnte. Diese erste Vorstellung bestätigt oder verändert sich während des Lesens; nach der Lektüre kannst du dann sagen: „Im Text geht es um ....“

Es laufen also gleichzeitig **zwei verschiedene Vorgänge** ab: Einerseits versucht der Leser, den Text zu verstehen, indem er **von** den **Buchstaben** und **Wörtern ausgeht**.

Andererseits hat der Leser zunächst eine erste, noch sehr unklare **Vermutung**, worum es in dem Text insgesamt gehen könnte. Während er einzelne Bestandteile von Sätzen liest, bildet sich bei ihm eine immer **deutlichere Vorstellung** vom Inhalt des Textes.

Grundsätzlich funktioniert das Lesen von lateinischen Texten so wie das Lesen von Texten in deiner Muttersprache, allerdings viel langsamer, denn du kennst die Wörter und die Grammatik der lateinischen Sprache (noch) nicht.

Gedankliche Schritte auf dem Weg zum Verstehen des Textes, die beim Lesen in deiner Muttersprache ganz automatisch und unbewusst ablaufen, funktionieren beim Lesen lateinischer Texte nicht.

Du musst bei lateinischen Texten ganz **bewusst nach Wortbedeutungen** oder **grammatikalischen Zusammenhängen** suchen.

Deshalb ist es nützlich, sich beim Lesen lateinischer Texte die Teilschritte bewusst zu machen und diese Schritte an die Besonderheiten der lateinischen Sprache anzupassen. Im Übersetzungstraining lernst du diese Schritte jetzt kennen!

Übersetzungstraining

1. Vermutungen über den Textinhalt anstellen
2. Latein richtig aussprechen
3. Wörter erkennen und verstehen
4. Sätze gliedern
5. Sätze verstehen
6. Texte verstehen
7. Tipps zur Wörterbuchbenutzung

Vermutungen über den Textinhalt anstellen

Welchen **Nutzen** hat der Leser/Übersetzer, wenn er vorher Vermutungen über den Inhalt anstellt?

Wörter und Formen und die Beziehungen der Wörter zueinander sind oft **mehrdeutig**. Wenn ich aber eine **begründete Vermutung** über den Inhalt habe, dann wird Zweideutiges **eindeutig**!

Herr Müller kauft sich ein *Schloss*.

Was kauft Herr Müller? Ein *Schloss*, um etwas zu *verschließen*, oder ein *Schloss*, um darin zu *wohnen*?

Wenn der Text davon handelt, dass Herr Müller Sorge hat, dass sein Fahrrad gestohlen wird, kann ich diese Frage beantworten!

Wie kannst du zu einer begründeten Vermutung kommen? Zunächst hilft dir die **„Textumgebung“**:

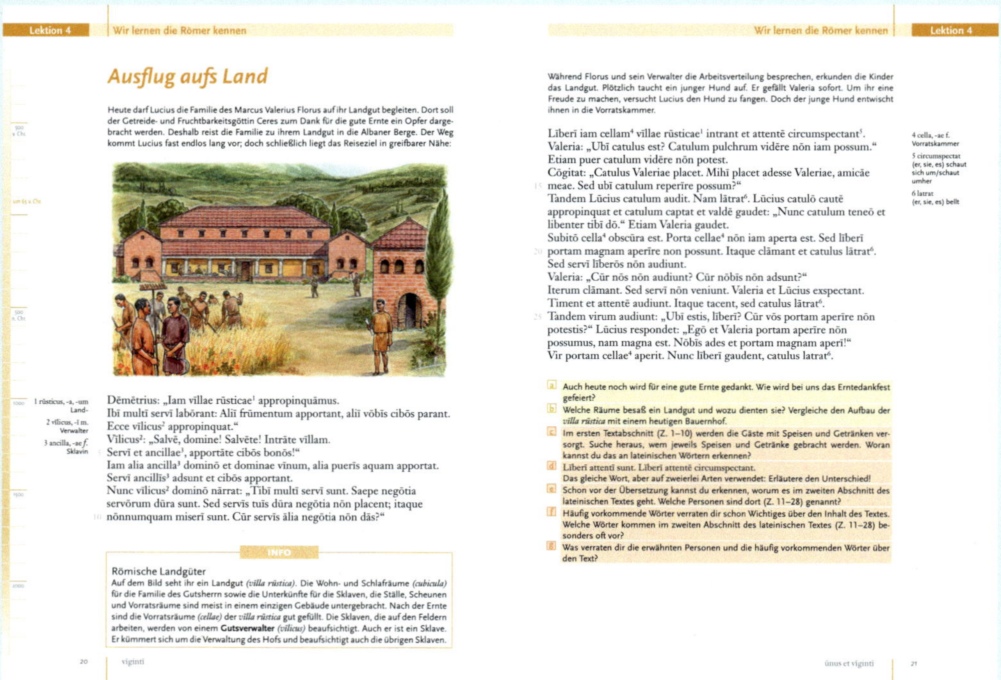

Lektion 4 | Wir lernen die Römer kennen

Ausflug aufs Land

Heute darf Lucius die Familie des Marcus Valerius Florus auf ihr Landgut begleiten. Dort soll der Getreide- und Fruchtbarkeitsgöttin Ceres zum Dank für die gute Ernte ein Opfer dargebracht werden. Deshalb reist die Familie zu ihrem Landgut in die Albaner Berge. Der Weg kommt Lucius fast endlos lang vor; doch schließlich liegt das Reiseziel in greifbarer Nähe:

Dēmētrius: „Iam vīllae rūsticae[1] appropinquāmus. Ibī multī servī labōrant: Aliī frūmentum apportant, aliī vōbīs cibōs parant. Ecce vīlicus[2] appropinquat.“ Vīlicus[2]: „Salvē, domine! Salvēte! Intrāte vīllam. Servī et ancillae[3], apportāte cibōs bonōs!“ Iam alia ancilla[3] dominō et dominae vīnum, alia puerīs aquam apportat. Servī ancillīs[3] adsunt et cibōs apportant. Nunc vīlicus[2] dominō nārrat: „Tibī multī servī sunt. Saepe negōtia servōrum dūra sunt. Sed servīs tuīs dūra negōtia nōn placent; itaque nōnnumquam miserī sunt. Cūr servīs ālia negōtia nōn dās?“

1 rūsticus, -a, -um Land-
2 vīlicus, -ī m. Verwalter
3 ancilla, -ae *f.* Sklavin

INFO

Römische Landgüter
Auf dem Bild seht ihr ein Landgut *(vīlla rūstica)*. Die Wohn- und Schlafräume *(cubicula)* für die Familie des Gutsherrn sowie die Unterkünfte für die Sklaven, die Ställe, Scheunen und Vorratsräume sind meist in einem einzigen Gebäude untergebracht. Nach der Ernte sind die Vorratsräume *(cellae)* der *vīlla rūstica* gut gefüllt. Die Sklaven, die auf den Feldern arbeiten, werden von einem **Gutsverwalter** *(vīlicus)* beaufsichtigt. Auch er ist ein Sklave. Er kümmert sich um die Verwaltung des Hofs und beaufsichtigt auch die übrigen Sklaven.

20 | vīgintī

Wir lernen die Römer kennen | Lektion 4

Während Florus und sein Verwalter die Arbeitsverteilung besprechen, erkunden die Kinder das Landgut. Plötzlich taucht ein junger Hund auf. Er gefällt Valeria sofort. Um ihr eine Freude zu machen, versucht Lucius den Hund zu fangen. Doch der junge Hund entwischt ihnen in die Vorratskammer.

Līberī iam cellam[4] vīllae rūsticae[1] intrant et attentē circumspectant[5]. Valeria: „Ubī catulus est? Catulum pulchrum vidēre nōn iam possum.“ Etiam puer catulum vidēre nōn potest. Cōgitat: „Catulus Valeriae placet. Mihī placet adesse Valeriae, amicāe meae. Sed ubī catulum reperīre possum?“ Tandem Lūcius catulum audit. Nam lātrat[6]. Lūcius catulō cautē appropinquat et catulum captat et valdē gaudet: „Nunc catulum teneō et libenter tibī dō.“ Etiam Valeria gaudet. Subitō cella[4] obscūra est. Porta cellae[4] nōn iam aperta est. Sed līberī portam magnam aperīre non possunt. Itaque clāmant et catulus lātrat[6]. Sed servī līberōs nōn audiunt. Valeria: „Cūr nōs nōn audiunt? Cūr nōbīs nōn adsunt?“ Iterum clāmant. Sed servī nōn veniunt. Valeria et Lūcius exspectant. Timent et attentē audiunt. Itaque tacent, sed catulus lātrat[6]. Tandem virum audiunt: „Ubī estis, līberī? Cūr vōs portam aperīre nōn potestis?“ Lūcius respondet: „Egō et Valeria portam aperīre nōn possumus, nam magna est. Nōbīs ades et portam magnam aperī!“ Vir portam cellae[4] aperit. Nunc līberī gaudent, catulus latrat[6].

4 cella, -ae f. Vorratskammer
5 circumspectat (er, sie, es) schaut sich um/schaut umher
6 latrat (er, sie, es) bellt

a Auch heute noch wird für eine gute Ernte gedankt. Wie wird bei uns das Erntedankfest gefeiert?
b Welche Räume besaß ein Landgut und wozu dienten sie? Vergleiche den Aufbau der *vīlla rūstica* mit einem heutigen Bauernhof.
c Im ersten Textabschnitt (Z. 1–10) werden die Gäste mit Speisen und Getränken versorgt. Suche heraus, wem jeweils Speisen und Getränke gebracht werden. Woran kannst du das an lateinischen Wörtern erkennen?
d Līberī attentī sunt. Līberī attentē circumspectant.
Das gleiche Wort, aber auf zweierlei Arten verwendet: Erläutere den Unterschied!
e Schon vor der Übersetzung kannst du erkennen, worum es im zweiten Abschnitt des lateinischen Textes geht. Welche Personen sind dort (Z. 11–28) genannt?
f Häufig vorkommende Wörter verraten dir schon Wichtiges über den Inhalt des Textes. Welche Wörter kommen im zweiten Abschnitt des lateinischen Textes (Z. 11–28) besonders oft vor?
g Was verraten dir die erwähnten Personen und die häufig vorkommenden Wörter über den Text?

ūnus et vīgintī | 21

Die Texte, die du in diesem Buch findest, sind in eine Umgebung „eingebettet“: Sie sind Teil einer Lektion, die ein **Thema** hat; dieses Lektionsthema muss sich in den Texten wiederfinden!

Die Überschrift lautet: *Ausflug aufs Land* – und genau darum wird es wohl auch in diesem Text gehen!

In den Lektionen findest du auch **Bilder**, **Zeichnungen** oder **Karten**. Sie veranschaulichen das Thema der Texte. Wenn du nun das Lektionsthema zu dem Bildmaterial in Beziehung setzt, wird aus deiner ersten Vermutung eine **deutlichere** und **klarere Vorstellung** vom Inhalt des Textes.

Die Abbildung auf S. 22 zeigt ein Bild vom Leben auf dem Land: Leute, die auf dem Feld arbeiten, Gebäude, die ähnlich wie ein Bauernhof aussehen. Sind die Kinder auf dem Bild vielleicht Lucius und Valeria? Auf jeden Fall weisen das Bild und die Lektionsüberschrift darauf hin, dass der Text von einem Ausflug aufs Land handelt!

Jeder Lektionstext hat einen deutschen **Einleitungstext**. Dieser Text hat die Aufgabe, in den lateinischen Text einzuführen; das bedeutet, dass der lateinische Text die Fortführung des Einleitungstextes ist. Wenn du also sorgfältig die Aussagen des Einleitungstextes zusammenstellst, kannst du **Schlüsse** ziehen, **wie es** wahrscheinlich **weitergeht**.

Der Einleitungstext bestätigt die Vermutung: Lucius und Valeria sind dabei, der Ausflug geht auf das Landgut des Senators. Der 2. Einleitungstext verrät, dass Lucius einen Hund zu fangen versucht. Gelingt ihm das?

Jetzt kannst du deine bisherigen Vermutungen mit deinen neuen Erkenntnissen vergleichen: Wird deine Vermutung bestätigt, erfährst du neue Einzelheiten? Musst du deine Vermutung vielleicht ändern?

Außerdem bringt dich ein **Blick von „oben“** auf den Lektionstext weiter:

Fallen dir beim Überfliegen des Textes **Eigennamen** (Personen, Orte) auf, die auf einen bestimmten **Textinhalt** hinweisen?

Manchmal gibt der Aufbau des Textes Hinweise: **Eigennamen**, denen eine **direkte Rede** (Anführungszeichen) folgt, lassen den Schluss zu, dass eben diese Personen sich miteinander unterhalten.

Auch die **Personalendungen** der **Prädikate** liefern sichere Hinweise: **1.** und **2. Person** (ich, du, wir, ihr) verraten dir, dass ein **Gespräch** geführt wird. Siehst du am häufigsten die **3. Person**, dann deutet das auf eine **Erzählung** über ein Ereignis, einen Ort oder über einen Menschen hin.

Im ersten lateinischen Text sieht man sofort, wer spricht: Demetrius, der Lehrer der Kinder (Ob er – typisch Lehrer – etwas erklärt?) und ein gewisser *vilicus*, der Verwalter des Landgutes.

Im zweiten lateinischen Text kannst du die Namen der beiden Kinder entdecken: Wahrscheinlich versuchen sie, den Hund zu fangen. Dann spricht am Ende des Textes ein Unbekannter die Kinder an. Die Anführungszeichen zeigen dir, wer mit wem ein Gespräch führt.

Wiederholungen von **Wörtern** (Nomen, Verben) weisen auf ein **Thema** des Textes hin. Wenn du beim Überfliegen darauf achtest, welche Wörter mehr als einmal wiederholt werden, diese sammelst und dir dann überlegst, in welcher Beziehung sie zueinander stehen, erhältst du wertvolle Hinweise auf den Inhalt des Textes.
Im **Zusammenspiel** einiger dieser Verfahren kannst du vor dem Übersetzen wirklich **begründete Vermutungen** über den Inhalt eines Textes anstellen!

Im ersten lateinischen Text fallen folgende Wortwiederholungen auf:
appropinquamus, *appropinquat*: Da kommt jemand näher; *vilicus* (3 mal): der Verwalter, und zwar im Nominativ und demnach als Subjekt: Er macht wohl einiges.
servi (3 mal), *servis* (2 mal), *servorum*; *ancillae*, *ancilla*, *ancillis*: 9 mal werden in diesem kurzen Text Sklaven und Sklavinnen erwähnt: Sie stehen wahrscheinlich im Mittelpunkt dieses Textes.
negotia (2 mal) und *dura* (2 mal): harte Tätigkeiten – Handelt es sich dabei um die Arbeit der Sklaven?
villa (2 mal): Das ist der Ort der Handlung, das Landgut.
cibos (2 mal): Wer bekommt wohl diese Speisen? Vielleicht die angekommenen Gäste nach ihrer langen Reise?

Līberī iam cellam[4] vīllae rūsticae[1] intrant et attentē circumspectant[5].
Valeria: „Ubī catulus est? Catulum pulchrum vidēre nōn iam possum.“
Etiam puer catulum vidēre nōn potest.
Cōgitat: „Catulus Valeriae placet. Mihī placet adesse Valeriae, amicāe meae. Sed ubī catulum reperīre possum?“
Tandem Lūcius catulum audit. Nam lātrat[6]. Lūcius catulō cautē appropinquat et catulum captat et valdē gaudet: „Nunc catulum teneō et libenter tibī dō.“ Etiam Valeria gaudet.
Subitō cella[4] obscūra est. Porta cellae[4] nōn iam aperta est. Sed līberī portam magnam aperīre non possunt. Itaque clāmant et catulus lātrat[6].
Sed servī līberōs nōn audiunt.
Valeria: „Cūr nōs nōn audiunt? Cūr nōbīs nōn adsunt?“
Iterum clāmant. Sed servī nōn veniunt. Valeria et Lūcius exspectant.
Timent et attentē audiunt. Itaque tacent, sed catulus lātrat[6].
Tandem virum audiunt: „Ubī estis, līberī? Cūr vōs portam aperīre nōn potestis?“ Lūcius respondet: „Egō et Valeria portam aperīre nōn possumus, nam magna est. Nōbīs ades et portam magnam aperī!“
Vir portam cellae[4] aperit. Nunc līberī gaudent, catulus latrat[6].

Im zweiten lateinischen Text kommt besonders oft das Wort *catulus*, *Hund*, vor:
Das passt zum Einleitungstext. Dieser Hund bellt ziemlich viel – das Verb *latrat* wird nämlich oft wiederholt.
Außerdem kommt das Wort *cella* oft vor. Dort verschwindet der Hund laut Einleitungstext, und die Kinder versuchen ihn dort wahrscheinlich zu fangen.
Porta und *aperire* fallen noch auf: Eine Tür spielt offenbar eine Rolle und wie/ob/dass sie zu öffnen ist. Jetzt ist vor dem Übersetzen fast schon klar, worum es im Text der Lektion 4 geht!

Latein richtig aussprechen

Anders als in den modernen Fremdsprachen, z. B. in Englisch und Französisch, geht es im Lateinunterricht nicht darum, sich lateinisch unterhalten zu können. Trotzdem ist es wichtig zu wissen, wie lateinische Wörter ausgesprochen werden, und sie auch laut auszusprechen. Dafür gibt es mehrere Gründe:

1. **Sprache** kommt von **sprechen**; du kannst dir Wörter besser **merken** und Wörter leichter lernen, wenn du weißt, wie sie ausgesprochen werden, und sie auch aussprichst, und zwar laut!

Liberi pila ludunt.
Welcher Kasus ist *pila*? Nominativ oder Ablativ?

2. Die richtige Aussprache hilft dir, bei mehrdeutigen Formen die im Text verwendete Form zu erkennen.

Deine Lehrkraft wird dir diesen Satz so vorlesen:
Līberī pilā lūdunt. Langes a – Ablativ, alles klar!

3. In der Regel liest dir die Lehrkraft den lateinischen Text vor. Es lohnt sich, hier auf den **Lesevortrag** zu achten: Wörter, die grammatisch und inhaltlich zusammengehören, werden zusammen gelesen und von den anderen durch größere Pausen getrennt.

Servī   māchinā trāctōriā   statuās pulchrās
dē carrīs   tollunt.

Wörter erkennen und verstehen

Es gibt einen grundlegenden Unterschied zwischen der deutschen und lateinischen Sprache: Während im **Deutschen** die **Rolle**, die die Wörter **im Satz** spielen, z. B. **durch Artikel** und **Personalpronomen** verdeutlicht wird, geschieht dies im **Lateinischen** durch **Endungen**.
Du achtest im **Deutschen** also immer auf den **Anfang des Wortes**, weniger auf das Wortende.
Im **Lateinischen** dagegen musst du besonders auf das **Wortende** achten.

Ich sehe den Hund. *Video catulum.*

Wenn du einen Satz übersetzt, beschäftigst du dich zunächst mit den einzelnen **Wörtern**. Du versuchst, ihre **Bedeutung** zu erfassen, und manchmal ist dir schon durch die Bedeutung der Wörter klar, welchen **Sinn** der Satz haben könnte.

Obelix militem Romanum verberat.
(*verberare* verprügeln)

Was sagt dir deine Lebenserfahrung? Wer verprügelt wen? Wie kannst du das beweisen?

Das funktioniert manchmal. Besser findest du dich zurecht, wenn du dir genau die **Endungen** anschaust, denn sie geben dir Auskunft darüber, in welcher **Beziehung** die **Wörter zueinander** stehen, welche **Wörter zusammengehören** und welche **Rolle** sie im **Satz** einnehmen.

Schon beim Vokabellernen bereitest du dich auf das Übersetzen vor, wenn du die Vokabeln „richtig" lernst! Es genügt nicht, nur die deutsche Bedeutung zu lernen. Auch die **weiteren Angaben** zu dem lateinischen Wort sollten mitgelernt werden. Sie geben dir nämlich wichtige Hinweise für die Übersetzung.

senator, -oris m. Senator
Der Genitiv *senatoris* zeigt an, dass dieses Wort zur konsonantischen Deklination gehört. Jetzt ist klar, wie das Wort dekliniert wird; außerdem kann ich nun die Kasus im lateinischen Text bestimmen!
Dieses Wort hat das Genus maskulinum – nun kann das zugehörige Adjektiv als Attribut sicherer bestimmt werden: Es muss auch maskulinum sein!

Wenn mehr als eine deutsche Bedeutung angegeben ist, welche muss dann gelernt werden? Ganz klar – alle! Dir kann es sonst passieren, dass du eine unpassende Bedeutung lernst.

Lucius et Quintus servo adesse cupiunt.
Lucius und Quintus wollen dem Sklaven helfen.

Lucius: „Quintus adest!" Lucius: „Quintus ist da!"
Wie würdest du diese beiden Sätze verstehen und übersetzen, wenn du nur eine Bedeutung von *adesse* wüsstest?

Besonders gut lernst du, wenn du dir beim Lernen klar machst, was das lateinische Wort **eigentlich bedeutet**. Du musst das lateinische Wort nicht mit genau der Bedeutung, die im Buch steht, wiedergeben. Um den deutschen Ausdruck zu verbessern, kannst du **ein anderes**, **passenderes** Wort einsetzen.

intrare betreten – das bedeutet irgendwo hineingehen.
Wenn du dir das klargemacht hast, kannst du folgenden Satz besonders gut übersetzen:
„*Curiam intra!*" – „Geh in die Kurie hinein!"

Sätze gliedern

Übersicht ist alles – auch beim Übersetzen! Wenn die Sätze länger werden, empfiehlt es sich, vor dem Übersetzen die Sätze zu **gliedern**.

Multi senatores de pace et bello disputant, dum Lucius forum Romanum, centrum imperii Romani, spectat.

1. Gliederungsebene: Haupt- und Nebensätze

Wie kann man Haupt- und Nebensätze **unterscheiden**?
Woran **erkennt** man **Hauptsätze**?
Alle die Sätze sind Hauptsätze, die keine Nebensätze sind.
Alle die Sätze sind **Nebensätze**, die durch eine **Subjunktion** (z. B. *dum*) oder durch ein **Relativpronomen** eingeleitet werden.

dum Lucius ... spectat
Das ist ein Nebensatz, denn *dum* ist eine Subjunktion.

Kombiniere: *multi senatores ... disputant* – das ist demnach der Hauptsatz!

2. Gliederungsebene: Wortblöcke

Im Haupt- und im Nebensatz werden nun jeweils die **Wortblöcke** abgetrennt.
Welche Wortblöcke kennst du bereits?

- Nomen + adjektivisches Attribut — *multi senatores*
- Nomen + substantivisches Attribut — *centrum imperii*
- Präposition + Nomen — *de pace et bello*

3. Wohin kommt das Prädikat in der deutschen Übersetzung?

Das **Prädikat** des **Hauptsatzes** kommt an die **zweite Stelle**.

Multi senatores de pace et bello disputant.
Das Prädikat wird also im Deutschen nach *senatores* eingefügt.

Das **Prädikat** des **Nebensatzes** kommt an das **Ende** des Satzes.

dum Lucius ... spectat Das Prädikat kommt hier auch im Deutschen an die letzte Stelle!

Wenn du einen Satz so gegliedert hast, gelingt die Übersetzung gut!

Sätze verstehen

Du hast begründete Vermutungen über den Textinhalt angestellt und eine Vorstellung davon bekommen, worum es in dem Text geht. Dabei hast du sozusagen **„von oben“** auf den Text geschaut und ein **allgemeines Textverständnis** erworben.

„Die Passagiere des Fluges nach Rom werden gebeten, die Sicherheitsgurte anzulegen!“

Wenn du dir nun einen einzelnen Satz ansiehst, um diesen im Detail zu verstehen, erkennst du zunächst einzelne **Wörter**. Dein Wissen um Formen und Grammatik ermöglicht dir, die **Beziehungen** der Wörter zueinander zu erkennen, den Satz in **Wortblöcke** zu gliedern und den Platz zu bestimmen, an den in der deutschen Übersetzung das **Prädikat** gehört. Jetzt – manchmal auch schon vorher – verstehst du den Satz und kannst ihn übersetzen. Wie bildet sich in deinem Kopf dieses Verständnis?

Wenn du einen Text in deiner Muttersprache liest, nimmst du zuerst die **Aussagen** wahr. Diese formen sich in deinem Gehirn zu einem **Bild**, ja sogar zu einem **Film** – „Kopfkino“ sozusagen. Zusammen mit diesem Bild (oder Film) entstehen in dir **Gefühle**, die du persönlich mit den Bildern in deinem Kopf verbindest. Diese Bilder und Gefühle erlauben dir, die Aussagen des Textes besser zu verstehen. **Wechselseitig** werden die **Aussagen** im Satz **deutlicher**, die **Bilder** in deinem Kopf **schärfer** – du hast den Satz verstanden.
Dieser Verstehensprozess funktioniert beim Übersetzen aus dem Lateinischen im Prinzip genauso. Allerdings solltest du – anders als beim Lesen in deiner Muttersprache, wo das unbewusst abläuft – dir das „Kopfkino“ bewusst machen, denn es gilt Unterschiede zu beachten:

1. In lateinischen Sätzen erfasst du Aussagen langsamer als in deiner Muttersprache, da du erst Wörter erkennen und analysieren, Formen erkennen, Beziehungen zwischen Wörtern herstellen musst. Dabei besteht die Gefahr, dass du dir vorschnell eine falsche Vorstellung vom Inhalt des Satzes machst und damit einen Film auslöst, aufgrund dessen du eindeutige grammatische Signale übersiehst – Du hast dann den Satz nicht richtig verstanden, also falsch übersetzt.

Publius ursum devoravit.
Publius – Bär – fressen:

Dein Weltwissen sagt dir, dass Bären manchmal Menschen fressen. Was liegt also näher, als diesen Satz zu übersetzen: *Der Bär hat Publius gefressen.* Wenn du allerdings genau hinsiehst, erkennst du, dass es sich umgekehrt verhält!

Du musst also **nach** deiner **Übersetzung überprüfen**, ob sie eine **sprachliche Grundlage** im **lateinischen Text** hat. Dazu ist es nützlich, sich zu vergegenwärtigen, welche Rollen im Satz einzelne Wörter, Wortarten, Kasus und Satzteile übernehmen.

2. Wenn eine Aussage das „Kopfkino“ auslöst, spielt dieses Kino in deiner Welt und speist sich aus dem, was du über die Welt weißt. Lateinische Texte spielen jedoch in einer fernen Welt, in der manches ganz anders war als heute. Um diese „anderen“, „fremden“ Dinge zu beschreiben, benutzen wir in unserer Sprache Begriffe, über die in der Antike und heute unterschiedliche Vorstellungen herrschen. Du musst also darauf achten, ob über **Wörter** und **Begriffe heute** und **damals** die gleiche Vorstellung existiert. Dazu ist es nützlich, sich bereits beim **Vokabellernen** eine klare Vorstellung davon zu machen, was ein **Wort bedeutet** (vgl. auch *Wörter erkennen und verstehen*).

villa, -ae f. Landhaus, Landgut (vgl. Lekt. 4) bedeutet im Lateinischen etwas ganz anderes als unser Lehnwort *Villa!*

magister, ludus
Dass Lehrer und Schule in der Antike und heute etwas Verschiedenes bezeichen, hast du in Lekt. 3 kennengelernt!

3. Ein Autor beschreibt meist nur so viel, wie ein Leser benötigt, um den Satz zu verstehen. Er setzt darauf, dass nach bestimmten Wörtern beim Leser das „Kopfkino“ in Gang kommt und genau der Film abläuft, der zum Verständnis nötig ist. Es bleiben nämlich in allen Texten viele Dinge offen und ungesagt, bei denen davon auszugehen ist, dass sie dem Leser bekannt sind.

„Da, eine Parklücke! Er bremste scharf und parkte ein.“
Was für ein Film liefe im Kopf eines Römers ab? Welche Informationen bräuchte er, um diesen kurzen Text zu verstehen?

Das gilt auch für lateinische Texte – aber was passiert, wenn ein Leser den hier benötigten Film nicht kennt oder sein Film aus der „Jetztzeit“ nicht passt? In diesem Fall fehlen wichtige Informationen, was das Übersetzen des Satzes sehr erschwert.
Auch aus diesem Grund ist es notwendig, sich beim Vokabellernen über die Bedeutung der Wörter für die Römer klar zu werden und das mitzulernen.

Cäsar beschrieb eine gefährliche Situation, als sein Heer von feindlichen Truppen überfallen wurde, während die Soldaten ein Lager errichteten:
„Cäsar musste alles zugleich tun: Die Fahne musste gehisst werden, die Soldaten mussten von der Schanzarbeit zurückgerufen werden, die Kampfreihe aufgestellt, die Soldaten motiviert, das Angriffsignal geblasen werden.“
Welche zusätzlichen Informationen brauchst du, damit in deinem Kopf ein ähnlicher Film wie im Kopf eines Römers ablaufen könnte?

Sehr hilfreich ist es bei der genauen Übersetzung einzelner Sätze, das Ergebnis des Arbeitsschritts *Vermutungen über den Textinhalt anstellen* zu beachten – wenn du weißt, worüber der gesamte Text handelt, dann bist du ja auch schon darüber im Bilde, was in den Einzelsätzen das Thema ist!

Texte verstehen

Das Fremdwort *Text* kommt, wie so viele andere Fremdwörter auch, aus dem Lateinischen und bedeutet *Gewebe, Geflecht* von Wörtern und Sätzen. Damit ein Text ein Text ist, muss er bestimmten **Bauprinzipien** folgen. Wenn du diese kennst, kannst du nicht nur die Aussagen der einzelnen Sätze zu einer **Gesamtaussage** des Textes bündeln, sondern erhältst auch eine wichtige **Hilfe** bei der **Übersetzung** von Einzelsätzen.

Damit ein Gewebe entsteht, müssen die Einzelsätze miteinander verknüpft sein. Das geschieht hauptsächlich durch folgende „Maßnahmen“:

1. Durch **„Satzverbinder“**, **Konnektoren**. Es lohnt sich für dich, diesen „kleinen“ Wörtern wie z. B. *nam*, *itaque*, *subito*, *denique* beim Lernen besondere Sorgfalt zu widmen und dir deren Bedeutung ganz bewusst einzuprägen, denn sie verraten dir den Inhalt des Satzes, den sie einleiten.

In Germanorum vicis mercatores merces suas vendunt. Etiam ego merces meas ibi vendidi.

In den germanischen Dörfern verkaufen Kaufleute ihre Waren. Auch ich .... Dank *etiam* ist eigentlich klar, wie der Satz weitergeht!

Wenn ein Satz mit *nam* oder *itaque* beginnt, dann wird dir schon vor dem Übersetzen klar, dass in diesem Satz die Folgerung aus dem im vorhergehenden Satz Geschriebenen steht; beginnt er mit *subito*, weißt du, dass etwas Überraschendes, Unerwartetes geschildert wird (für dich als aufmerksamen Leser ist das aber nicht so überraschend, da du weißt, dass sich das auf den Inhalt des vorangegangenen Satzes bezieht); *denique* am Satzanfang verrät dir, dass in diesem Satz eine Handlung/ein Vorgang seinen Endpunkt findet.

Publius erzählt vom Überfall eines Bären: *„Denique auxilio aliorum virorum ursum depellere potui!“*
Dank *denique* weißt du, dass das Bärenabenteuer zu Ende ist, der Bär in dieser Geschichte nicht mehr auftaucht!

2. Das Geflecht wird auch dadurch geknüpft, dass am **Anfang** eines **neuen Satzes** das **Thema** des **vorangegangenen Satzes wiederholt** wird. Das erleichtert dir als Übersetzer/Leser den Zugang zum Verständnis des neuen Satzes. Wenn du das weißt, kennst du schon den Beginn des Satzes!
   Du kannst also mit Hilfe von Konnektoren und dem Wissen um die inhaltliche Verknüpfung von Sätzen begründete Voraussagen treffen, was in dem neuen Satz enthalten sein muss. Gleichzeitig erschließt sich dir der Gehalt eines Textes, da dir bewusst wird, in welchem logischen Verhältnis die Sätze zueinander stehen.

Decimus Antonius senator nonnullos amicos ad cenam invitaverat. Amicos suos in atrio salutaverat.

Tipps zur Wörterbuchbenutzung

Das Wörterbuch – eine reich gefüllte Schatztruhe

Das ist doch eine Erleichterung! Du hast zwar meistens die Vokabeln gelernt, aber der Mensch vergisst. Da ist es praktisch, solche Wörter nachzuschlagen. Was findest du also z. B. unter dem Eintrag *absum*?

ab-sum, abesse, āfuī, āfutūrus; *coni. impf.* dicht. āforem, *inf. fut.* āfore.

I. 1. **abwesend, fern sein;** *occ.* **nicht teilnehmen, fernbleiben;** 2. **nicht beistehen;** 3. *metaph.* **nicht vorhanden sein, abgehen, fehlen.**
II. 1. **entfernt, getrennt sein;** *metaph.* 2. **fern sein, fernbleiben;** 3. *occ. a.* **befreit, frei sein;** *b.* **verschieden sein, abweichen, fern stehen;** *c.* **unpassend sein;** 4. *a.* **non multum abest, quin;** *b.* **tantum abest, ut . . ., ut.** *c.* **absit, ut.**

Alle Wörterbuch-Beiträge auf den Seiten 228–232 sind zitiert nach Stowasser, Lateinisch-deutsches Schulwörterbuch, München: Oldenbourg 2006

Wenn du auf schnelle Hilfe, auf „die" Bedeutung hofftest, bist du nun vielleicht enttäuscht. So viele Angaben zu einem Wort! Das **Wörterbuch** hat ja die Aufgabe, die **gesamte Bedeutungsbreite** eines Wortes abzubilden. Deshalb werden alle möglichen Bedeutungsvarianten wiedergegeben: Außerdem findest du zu diesen Bedeutungsvarianten kurze lateinische **Beispiele** (mit Angaben, welcher lateinische Schriftsteller diese Wendungen benutzt), **grammatische Erläuterungen** und **Hinweise** auf **Formen**. Um diese reich gefüllte Schatztruhe effektiv nutzen zu können, musst du den Umgang mit dem Wörterbuch lernen.

Dabei sind zwei Bereiche wichtig:
1. Kenntnisse über den **Aufbau** des Wörterbuches, damit du die gesuchten Wörter findest.
2. **Strategien**, um aus der gesamten Bedeutungsbreite, die dir das Wörterbuch bietet, die von dir **aktuell benötigte Bedeutung herauszufinden**.
   Wie das geht, wird dir nach einer kurzen „technischen" Einführung anhand zweier Texte vorgeführt.

Wie schlage ich nach?

Für alle Wörterbücher gilt:
1. Die Wörter sind **alphabetisch** angeordnet.
2. **Nomen** findest du im **Nominativ Singular** (Nomen, die nur im Plural vorkommen, natürlich im Nominativ Plural).
3. **Adjektive** findest du im **Nominativ Singular masculinum**.
4. **Verben** findest du in der Regel in der **1. Person Singular Präsens Aktiv** (Deponentien natürlich in der 1. Person Singular Präsens Passiv), manchmal auch im Infinitiv Präsens/der Gleichzeitigkeit.
5. **Formen**, bei denen die **„Grundform"** sich nur **schwer erschließen lässt** oder die unregelmäßig gebildet werden, haben einen **Verweis** auf die Form, unter der nachgeschlagen werden muss.

Du musst also eine Vorstellung davon haben, welche **Wortart** das nachzuschlagende Wort ist und wie die jeweilige **Grundform** lautet.

Text 1: Die Druiden

Wie schon oben erwähnt, bietet das Wörterbuch für die jeweiligen Einträge alle möglichen Bedeutungen. Diese alle auszuprobieren und abzuwägen, kostet zu viel Zeit und kann zu falschen Ergebnissen führen. Deshalb ist es eine kluge Strategie, vor dem Nachschlagen und Übersetzen zu versuchen herauszufinden, **wovon** der **Text handelt**. Du kannst dabei die Verfahren anwenden, die S. 220–222 (Vermutungen über den Textinhalt anstellen) beschrieben sind.

Stelle dir vor, dir wären in diesem Text folgende Wörter unbekannt:
absunt, ferunt, mandare, memoriae studere, persuadere.

Die Druiden

Caesar stellt in seinen *Commentarii* auch das gesellschaftliche System in Gallien dar. Er unterscheidet dabei das einfache Volk (*plebs*), die Ritter (*equites*) und die Druiden (*druides*). Caesar beschreibt die Privilegien, die Ausbildung und die Lehren der Druiden genauer:

Druides a bello absunt neque tributa una cum reliquis Gallis ferunt. Omnium rerum habent immunitatem. Tantis excitati praemiis et sua sponte multi in disciplinam conveniunt et a parentibus propinquisque mittuntur. Magnum ibi numerum versuum ediscere dicuntur. Itaque nonnulli annos viginti in disciplina manent. Neque fas esse putant disciplinam druidum litteris mandare.

Id mihi duabus de causis instituisse videntur, quod neque disciplinam druidum omnibus nuntiari velint neque discipulos minus memoriae studere. Praeterea druides volunt persuadere non perire animas, sed ab aliis post mortem ad alios transire, atque hoc maxime ad virtutem excitari putant metu mortis neglecto.

(Gall. 6, 14, 1–5)

Z 1 *druides, -um* m. Druiden | Z 1 *tributum, -i* n. Steuer, Abgabe | Z 1 *una* (Adv.) gemeinsam | Z 1 *reliquus, -a, -um* übrig | Z 2 *immunitas, -atis* f. Vergünstigung, Privileg | Z 2 *excitare* antreiben, motivieren | Z 3 *disciplina, -ae* f. Schule; Unterricht, Lehre | Z 4 *versus, -us* m. Vers (Das Wissen der Druiden wurde in Versdichtungen weitergegeben.) | Z 4 *ediscere* auswendig lernen | Z 5 *viginti* zwanzig | Z 5 *fas* n. göttliches Recht | Z 7 *instituere, instituo, institui* festsetzen | Z 9 *anima, -ae* f. Seele | Z 10 *transire* übergehen, wandern

Bevor du sie nachschlägst, sollte der Text so weit erschlossen sein, dass der Wörterbucheintrag gezielt nach einer passenden Bedeutung durchforstet werden kann.

Die **Überschrift** und das **Bild** legen nahe, dass der Text über die **Druiden** berichtet; der Einleitungstext nennt die Bereiche, von denen der Text erzählt: *Privilegien, Ausbildung, Lehre*. Untersuchst du das **Wortmaterial**, das die Vokabelangaben bieten, kannst du den Text für diese **drei** Bereiche in **Abschnitte gliedern**:

– In den ersten beiden Sätzen fallen Wendungen auf, die zum Bereich **Privilegien** gehören: *neque tributa (keine Steuern), immunitatem (Vergünstigung)*.
– In den folgenden Sätzen findest du viele Wörter, die zum Bereich **Ausbildung** passen: *ediscere, versus, disciplina* (3 x), *discipulus*.
– Nach Z 8 finden sich keine Wörter mehr, die zum Thema Ausbildung passen; der Satz Z 9 wird durch den Konnektor *praeterea* eingeleitet. Sollte also hier der Abschnitt über die **Lehre** beginnen?

Jetzt endlich kannst du nachschlagen!
absunt kannst du unter *absum* finden. Nun, die Bedeutungen passen nicht recht zum Thema *Privilegien*; vielleicht muss man ein Nomen hinzunehmen. Jetzt passt's: *a bello absunt* – nehmen am Krieg nicht teil. Das ist ein echtes Privileg!

Der Blick auf die Beispiele zu dieser Bedeutung zeigt dir, dass das auch grammatisch funktioniert, denn das, woran man nicht teilnimmt, steht im Ablativ + Präposition *a*.

ferunt findest du unter dem Eintrag *fero*.
Hmm- dieser Eintrag ist nicht gerade kurz ...
Bei solchen **langen Einträgen** kann man sich mit einem **Trick** behelfen, besonders, wenn die übrigen Vokabeln bekannt sind:
Für das unbekannte Wort **setzt** du ein **X** ein – Oft ergibt sich die Bedeutung des gesuchten Wortes, und das Wörterbuch wird zur Kontrolle eingesetzt.
„... und sie xen keine Steuern zusammen mit den übrigen Galliern". Auf das Thema *Privilegien* weist die Tatsache hin, das die Druiden keine Steuern zahlten. Dazu passt der Eintrag *darbringen, entrichten*; wenn du dir die Beispiele zu dieser Bedeutung ansiehst, findest du sogar das Beispiel *tributum* und die Bedeutung *zahlen*. Bingo!

ferō, ferre (ai. bhárati 'trägt', gr. φέρω, got. bairan 'tragen'), **tulī,** tetulī *CoCa* (von dem alten ***tulo**), **lātus** (statt ***tlātus**, vgl. gr. τλῆναι, dor. τλᾶναι, τέτληκα) **tragen**

A. I. 1. **tragen;** 2. *a.* auf, an, in sich **tragen;** *b.* (tragend) **hervorbringen;** *metaph.* 3. (Abstraktes) **tragen, führen;** *bildl.* **prae se ferre zeigen, merken lassen, verraten, an den Tag legen;** *refl.* **sich zeigen als ...;** 4. **ertragen, erdulden, aushalten.**
II. 1. **bringen;** 2. **darbringen, entrichten;** *metaph.* 3. **melden, berichten;** *occ. a.* (Gesetze) **einbringen, beantragen, vorschlagen;** *b.* (die Stimme) **abgeben;** *c.* (Richter) **vorschlagen;** 4. [mit abstr. Subj.] **mit sich bringen, verlangen;** 5. (im Rechnungsbuch) **eintragen, verbuchen.**
III. 1. **herumtragen;** *pass.* **herumgehen;** *metaph.* 2. (mündlich) **verbreiten;** *occ.* **preisen, rühmen, feiern;** 3. **allgemein behaupten, überall erzählen, sagen** (bes. **ferunt, fertur**).
IV. 1. **wegführen, forttragen;** 2. *a.* (als Beute) **wegtragen, rauben;** *b.* **entführen, entreißen, hinwegnehmen;** *c.* **zu Grabe tragen;** 3. *metaph.* (als Gewinn oder Lohn) **davontragen, gewinnen, erhalten, einheimsen.**
B. 1. **bewegen, in Bewegung setzen;** 2. *metaph.* **treiben, führen;** 3. *refl. med.* **sich rasch bewegen, stürzen, eilen, hineilen;** 4. *pass.* **fortgeführt, fortgerissen werden.**

mandare findest du unter dem Eintrag *mando*.
Leider stehen unter diesem Eintrag zwei Verben, die eine völlig unterschiedliche Bedeutung haben!
Wir befinden uns ja in dem Textabschnitt, der von der **Ausbildung** handelt – *kauen, essen* passen nicht recht dazu. Heureka: Hier wird ja sogar unser Text zitiert: *litteris mandare – dem Papier anvertrauen*!

I. mandō 1. **1. übergeben, anvertrauen:** forum siccis zuweisen *H*, corpus humo *V*, se (vitam) fugae fliehen, aliquem vinculis einsperren, ea animis einprägen, litteris dem 'Papier', Latinis litteris auf Lateinisch behandeln; memoriae sich merken; der Nachwelt überliefern. **2.** [mit *coni.*, ut, ne; *inf. T.*:] **auftragen, anweisen, befehlen:** res mandata Auftrag; *occ.* sagen lassen, melden *Ml.*
E: wahrsch. v. ***man-dhō** (aus ***manum-dhō**) 'lege in die Hand'.
II. mandō 3. mandī, mānsus (gr. μασάομαι, μαστάζω) **1.** kauen: omnia minima mansa ganz klein gekaut, mandere humum 'ins Gras beißen' *V.* **2.** essen, verzehren: lora [vor Hunger] *L.*

memoriae findest du unter dem Eintrag *memoria*, und hier winkt dir das Glück des Tüchtigen:
Auch hier wird am Anfang des Eintrags unser Text zitiert: *memoriae studere das Gedächtnis üben* – und dieser Ausdruck passt sehr gut zum Thema *Ausbildung*!

memoria, ae, *f.* (memor). **1. Gedächtnis, Erinnerungskraft:** memoriae studere das Gedächtnis üben, memoriam perdere verlieren, memoriā tenere im Gedächtnis haben, ex memoria 'aus dem Kopf', memoriae mandare sich merken. **2. Andenken, Erinnerung:** post hominum memoriam seit Menschengedenken; res memoriā dignae Denkwürdiges *N*, memoriae prodere (tradere, mandare) berichten, überliefern, in memoriam dare (tradere) in die Geschichte eingehen lassen *Se*; sceleris Bewusstsein *T*, periculi Gedanke an *L*; sanctae memoriae seligen Angedenkens, verstorben *Chr. meton.* Gedenkstätte *Chr.* **3. Zeit** [als Gegenstand der Erinnerung]: patrum memoriā zur Zeit der Väter, supra hanc memoriam vor unserer Zeit, meā, nostrā memoriā, zu meiner, unserer Zeit, huius memoriae philosophi; **occ. Ereignis:** vetus. **4. Erwähnung, Nachricht, Kunde:** de hominum memoria (mündliches Zeugnis) tacere, duplex *N*, aliquid memoriā prodere mündlich, memoriā ac litteris mündlich und schriftlich, omnis rerum memoria Weltgeschichte; aequalis aetatis suae m. Zeitgeschichte.

persuadere – Diesem **Verb** siehst du nicht an, zu welcher **Konjugation** es gehört. Du musst also unter *persuadeo* oder *persuado* nachschlagen.
Der Blick ins Wörterbuch belehrt dich: Es heißt *persuadeo*! Das Wörterbuch bietet dir die Bedeutungen *überreden* und *überzeugen*. Mit beiden Bedeutungen könnte man, obwohl sie unterschiedlich sind, bei dem Bereich *Lehre* zurechtkommen. Wie gut, dass das Wörterbuch auch **Hinweise zur Grammatik** bietet!
Zur Bedeutung *überreden* findest du den Hinweis, dass in dieser Bedeutung das Wort im Passiv steht – *persuadere* ist eindeutig Aktiv! Außerdem: Nach der Bedeutung *überzeugen* folgt ein AcI – wie in diesem Satz! Es ist also eindeutig: *persuadere* heißt hier *überzeugen*!

per-suādeō 2. sī, sum (meist mit *dat.* der Person, *acc.* der Sache) **1. überreden;** [pass. unpers.] **Siculis hoc persuasum est** die S. sind dazu entschlossen; (selten mit *coni.*, ut, *inf.*); *trans.* **persuasus fecit** *Ph*; *abs.* **litora** locken *Pr.* **2. überzeugen: id** (davon) **ei** *N*; [mit *AcI*:] **consilium esse Apollinis**; [pass. unpers.] **mihi persuadetur** ich lasse mir einreden, mich überzeugen, **mihi persuasi** ich bin überzeugt *T*; **persuasum (persuasissimum) mihi est, persuasum (mihi) habeo** ich bin (fest) überzeugt, es steht für mich (unerschütterlich) fest; [im *abl. abs.*:] **eo malo viso atque persuaso.**

Text 2: Martial, Epigramme (1, 79): Immer in Aktion!

In diesem Gedicht wird ein gewisser Attalus angesprochen, und zwar in jedem Vers. Dass er der **Adressat** der Botschaft ist, die dieses Gedicht übermittelt, erkennst du an der **Vokativform** und besonders daran, dass das zugehörige **Prädikat** in der **2. Person Sing.** steht (*du*).

Semper agis causas[1] et res[2] agis, Attale, semper,
Est, non est, quod agas, Attale: semper agis.
Si res et causae desunt, agis, Attale, mulas.
Attale, ne, quod agas, desit, agas animam!

1 causa, -ae f. hier: Prozess
2 res, rei f.- hier: Geschäft

Besonders auffällig ist, dass Martial in diesen 4 Versen 7-mal das Verb *agere* gebraucht; diese häufige Verwendung spricht dafür, dass *agere* **für** das **Verständnis** dieses Gedichtes **zentral** ist. Auch passt zu der häufigen Wiederholung, dass dreimal das Adverb *semper* (*immer*) bei *agere* steht.
Der erste Vers wird sogar von *semper* „eingerahmt".
Du hast zwar die Bedeutung von *agere* gelernt (*treiben; tun*), aber – wenn schon ein Wörterbuch zur Verfügung steht, kann man nachschlagen, zumal *agere* hier sehr wichtig zu sein scheint.
Der Blick ins Wörterbuch belehrt dich, dass das wohl keine gute Idee war – so viele Bedeutungen! Wie soll man hier die passende Bedeutung herausfinden? Allerdings: Wenn so viele Bedeutungen angegeben sind, besteht dann nicht auch die Notwendigkeit, alle diese Bedeutungen zu prüfen? Das kostet Zeit! Tröstlich ist: Oberhalb des Kastens, der die Bedeutungen bietet, ist die Bedeutung angegeben, die du gelernt hast (*treiben, tun*): Das ist dann wohl die **Grundbedeutung**, die Kernbedeutung des Verbs *agere*.

agō 3. ēgī, āctus (ἄγω) **treiben; tun**

A. [konkr. I. mit äußerem Obj.] 1. **bewegen;** *refl.* und *med.* sich bewegen = **kommen, gehen;** 2. **treiben, führen;** *occ.* **forttreiben, -führen, rauben;** *metaph.* **heraustreiben; aushauchen;** 3. **hetzen, jagen, verfolgen, treiben, vertreiben;** *occ. a.* **gerichtlich verfolgen, anklagen;** *b.* **antreiben, verleiten.** II. [mit prolept. Obj.] **hervorbringen, machen;** *occ.* **ziehen, anlegen.**
B. metaph. I. *trans.* 1. **tun, treiben, ausführen, vollbringen** *a.* [mit unbestimmtem,] *b.* [mit bestimmtem Sachobj. (auch Ämter bekleiden, Feste begehen)]; *occ.* **zustande bringen, ausrichten;** 2. **betreiben,** auf etw. **hinarbeiten,** etw. **vorhaben,** nach etw. **streben;** 3. [mit abstr. Obj.] **an den Tag legen, zeigen;** 4. (eine Zeit) **verleben, zubringen;** *pass.* (die Zeit) **läuft ab, vergeht;** 5. *abs.* **leben, sein;** (irgendwo) **sich aufhalten, wohnen.** II. *intr.* 1. **tätig sein, handeln;** 2. (irgendwie) **handeln, verfahren; agitur:** es geht (irgendwie); 3. age, agite (im Sinne einer Aufforderung).
C. [Fachwort der Bühne:] **darstellen, spielen,** 'agieren'; *occ.* [vom Schriftsteller und Redner:] **vortragen, darstellen;** *metaph.* (eine Rolle) **spielen,** se agere (irgendwie) **sich benehmen.**
D. **verhandeln, besprechen, reden;** 1. [ganz allgemein; bes.:] agitur *a.* **es wird verhandelt** über . . .; *b.* **es handelt sich** um . . ., die Sache steht auf dem Spiel; actum est es ist abgemacht, abgetan; 2. [im Bes.:] vor Gericht:] (eine Rechtssache) **führen;** *intr. a.* vom Kläger: **klagen;** *b.* vom Verteidiger: **Rechtsgeschäfte führen.**

Die **sinnvollste Strategie** in einem solchen Fall (langer Eintrag bei einem Verb) ist es, sich die **Objekte anzuschauen**, die dieses Verb ergänzen. In der Regel ergibt sich dann, ausgehend von der Grundbedeutung, die hier geforderte Bedeutung von selbst: *causas agere – Prozesse (treiben, tun)*: Hier passt *führen.*
res agere – Geschäfte (treiben, tun): Hier passt *führen*, aber auch *(be)treiben.*
mulas agere – Maultiere (treiben, tun): Hier passt *treiben.*
animam agere – die Seele (treiben, tun): Hier erschließt sich die Bedeutung von *agere* nicht. In diesem Fall sollte man bei *anima* im Wörterbuch nachschlagen.

Das Wörterbuch bietet in Verbindung mit *agere* zwei Bedeutungen an: *Atem* (in Zusammenhang mit *agere schwer atmen*) oder *Leben* (in Zusammenhang mit *agere in den letzten Zügen liegen*, d. h. *sterben*). Was passt hier?

anima, ae, *f.* (*gen.* ai *Lu*) (vgl. animus) **1. Wind, Luftzug:** ignes animaeque (des Blasebalgs) *V*, Thraciae *H.* **occ. a. Luft. b. Atem, Hauch:** ducere animam Atem holen, agere schwer atmen *Ca*; graves Gifthauch *O*; dicht. amphorae Weinduft *Ph.* **2. Lebenskraft, Seele, Leben:** animam edere, exspirare die Seele aushauchen; deponere, dicht. effundere, finire, dare sterben; agere in den letzten Zügen liegen; trahere sein Leben fristen *T*; alterum anima reliquit *N*; dicht. **Blut:** purpurea purpurner Lebenssaft *V.* **3.** *pl.* Seelen der Verstorbenen, **Schatten, Manen:** indefletae *O.* **4.** [Kose- und Scheltwort]: egregiae *V*, servientium Sklavenseelen *T.* **5.** (= animus, selten) **Geist,** Denkkraft: rationis particeps.

Diese Entscheidung können wir jetzt noch nicht treffen - vorher muss wohl bis zu diesem Vers übersetzt werden ...
Die Übersetzung zeigt: Attalus ist jemand, der immer, auch wenn nichts zu tun ist, etwas tut. Offensichtlich **spielt** hier **Martial** mit der **Bedeutungsvielfalt** von *agere* (*Prozesse führen, Geschäfte betreiben, Maultiere treiben...*). Dieses Spiel mit der Bedeutungsvielfalt **betont** die **Sinnlosigkeit von** Attalus' **„Aktionismus“**.
Dabei ist eine Steigerung zu erkennen, deren Höhepunkt ja dann im letzten Vers läge. Die Bedeutung *schwer atmen* scheidet dann wohl aus. Die letzten Worte sind demnach zu übersetzen: ... *treibe deine Seele aus!*

Immer führst du Prozesse und treibst, Attalus, immer Geschäfte; gibt es etwas oder gibt es nichts, was du tun kannst, Attalus: Immer tust du etwas!
Wenn die Geschäfte und Prozesse fehlen, Attalus, treibst du Maultiere.
Attalus, damit nicht fehlt, was du tun kannst, ... !

Nun solltest du aber in deiner **Übersetzung** versuchen, es Martial nachzumachen und immer die gleiche Bedeutung für *agere* einsetzen; das gelingt (fast), wenn du *(be-, aus-) treiben* einsetzt!
Manchmal ist es gut, besonders bei langen Wörterbuchartikeln, das Wörterbuch nicht zu benutzen!

Zusammenfassung: Prinzipien des Wörterbuchgebrauchs

1. Schlage nie blindlings und ohne Plan im Wörterbuch nach, sondern
2. **Lies** dir vorher den **ganzen Text durch** und **wende** die **Verfahren** an, die S. 220–222 (Vermutungen über den Textinhalt anstellen) beschrieben sind.
3. Wenn du im Wörterbuch nachschlägst, dann nur, wenn du weißt, wonach du suchen musst (Formen, Bedeutungen).
4. Bei langen Wörterbucheinträgen: Schlage zuerst die Bedeutungen der übrigen Wörter nach.
   In der Regel gelingt es dir dann, die Bedeutung so einzugrenzen, dass sich manchmal das Nachschlagen erübrigt!

Tipps zum Vokabellernen

Was steht eigentlich alles im Vokabelverzeichnis?

Im Vokabelverzeichnis stehen links lateinische Wörter, dabei viele Zusatzinformationen, in der Mitte deutsche Bedeutungen und rechts verwandte Wörter moderner Sprachen:

hora, -ae *f.* die/eine Stunde (*engl.* hour; *fr.* heure; *sp.* hora; *it.* ora)

Dem lateinischen Wort sind oft grammatische Informationen hinzugefügt (hier Genitivendung *-ae* und *f.*; das Wort *hora* gehört also zur a-Deklination und hat das Genus femininum).
Diese Informationen sind wichtig, um Formen der Wörter im Text richtig bestimmen zu können. Das ist für die Übersetzung entscheidend. Weiteres dazu im Übersetzungstraining S. 223.
In der Spalte rechts von den deutschen Bedeutungen findest du als Lernhilfe zusätzliche Informationen zum Fortleben des lateinischen Wortes in modernen Sprachen: Wenn du die Bedeutung des Wortes aus einer anderen Sprache schon kennst, nützt dir das beim Lernen.

Wie sollte man Vokabeln lernen?

Mäßig, aber regelmäßig! Mäßig: Nicht mehr als ungefähr sieben Vokabeln in einem Lerndurchgang. Sonst besteht die Gefahr, dass du vieles in deinem Kopf durcheinanderwirfst.
Regelmäßig: Nach nur einem Tag hast du ungefähr die Hälfte des Gelernten wieder vergessen, wenn du es nicht wiederholst! Du solltest also regelmäßig, möglichst täglich, Vokabeln wiederholen.

Welche Lerntechniken gibt es?

Abdecken der Bedeutungen

Halte die mittlere Spalte mit den deutschen Bedeutungen zu und überlege, welche Bedeutung zu dem lateinischen Wort passt. Überprüfe das, indem du die mittlere Spalte aufdeckst. Wiederhole später, was du noch nicht wusstest. Das machst du so lange, bis du alle Bedeutungen weißt.

Lernen mit dem Ampelkasten

Lege für jedes lateinische Wort eine Karteikarte an. Lege sie in das rote Fach *Lernen*.
Prüfe nun dein Wissen: Lege die Vokabelkarten, die du auf Anhieb konntest, in das gelbe Fach *Wiederholen*. Was du nicht oder nicht sicher konntest, bleibt im Fach *Lernen*.
Nimm dir die Karteikarten nach nicht allzu langer Zeit erneut vor: Lege die Karten des gelben Faches, wenn du sie konntest, in das grüne Fach *Wissen*, die Karten des roten Faches, wenn du sie konntest, in das gelbe Fach. Lege die Karten des gelben Faches, die du nicht konntest, zurück in das rote Fach. Auch die Karten des roten Faches müssen da bleiben, wenn du sie noch nicht konntest.
Übe so lange, bis alle Karten im grünen Fach gelandet sind.

Vokabelheft
Manche Menschen können sich Dinge gut merken, wenn sie sie (öfter) aufschreiben. Im Vokabelheft kannst du auch zusätzliche Lernhilfen notieren, z. B. verwandte Wörter, Wörter, die das Gegenteil bedeuten oder Eselsbrücken.

Vokabeln hören
Manche Menschen können sich Dinge gut merken, die sie (oft) hören. Wenn du zu diesem Typ gehörst, kannst du die Vokabeln (lateinisches Wort – Zusatzinformationen – deutsche Bedeutungen) aufnehmen und sie dir auch mehrmals vorspielen.

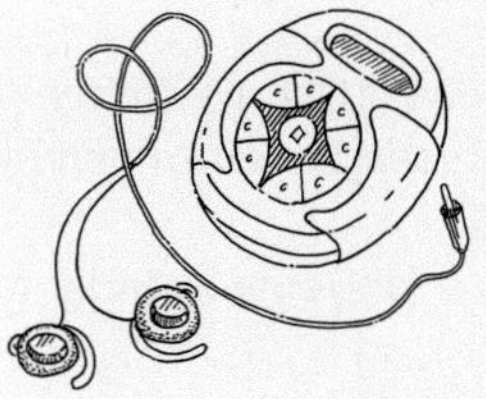

Lernen mit anderen
Manche Menschen können sich Dinge gut merken, wenn sie mit anderen zusammen lernen. Es macht Spaß und ist nützlich, wenn ihr euch gegenseitig Vokabeln abfragt – in beliebiger Reihenfolge.

Computer-Lernprogramme
Ein Computer hat immer Zeit, verliert nie die Geduld und ist unbestechlich. Er gibt dir eine sofortige Rückmeldung, ob du die Vokabeln beherrschst. Ein gutes Lernprogramm ermöglicht dir, die Vokabeln auf verschiedene Weisen zu üben.

Welche Lerntechnik ist die beste für dich?

Das musst du selbst ausprobieren. Die Menschen lernen verschieden, gehören unterschiedlichen Lerntypen an. Wenn du also merkst, dass du mit einer bestimmten Lerntechnik die Vokabeln besonders leicht lernst und behalten kannst, dann ist sie die richtige für dich!

Interpretation von Texten

In *Via Mea* hast du bei vielen Lektionstexten schon Arbeitsaufträge zur Interpretation kennen gelernt, die typisch für den Lateinunterricht sind und die auch nach dem Abschluss des Lehrbuchs bei der Originallektüre wichtig sein werden.
Eine grundsätzliche Frage beim Umgang mit fast allen Texten ist die Frage: *Was* wird *wie* im Text dargestellt? Das heißt praktisch: Du kannst denselben Inhalt oft als Krimi oder als Komödie oder als Roman usw. darstellen – je nachdem, welche Wirkung bei einem möglichen Leser/Hörer du damit erreichen möchtest. Daher ist auch die Frage wichtig, *warum* etwas so und nicht anders in einem Text dargestellt wird. Diese Grundsätze sind übrigens auch bei der Interpretation von Bildern anwendbar.
Für einen systematischen Umgang mit Texten solltest du Folgendes können:

Textsorten kennen/unterscheiden und deren formale Merkmale beschreiben:
Handelt es sich um einen Dialog oder eine Erzählung oder einen Brief etc.; woran ist dies erkennbar?

Mythen/literarische Motive/historische Hintergründe kennen:
Dieses Sachwissen hilft dir bei der Vorerschließung und Übersetzung unbekannter Texte.

Inhalt eines Textes wiedergeben:
Dies lässt erkennen, ob du einen Text inhaltlich richtig verstanden hast; außerdem kannst du dir selbst so den Inhalt noch einmal vergegenwärtigen.

Gliederungsmerkmale eines Textes benennen und für das Verständnis nutzen:
Hierzu gehören Konnektoren, Pronomen, die Verteilung der grammatischen Personen (Wechsel 1./2./3. Pers.) oder der Tempuswechsel.

Stilmerkmale eines Textes erkennen und erläutern:
Hierzu gehören z. B. auch die Wortstellung (betonte Satzstellen) oder Stilmittel (Alliteration, Parallelismus u. ä.).

Handlungsfiguren charakterisieren:
Handlungsfiguren können „explizit" – d. h. direkt durch wertende Äußerungen im Text (z. B. *pius Aeneas*) – charakterisiert werden oder lediglich „implizit" – d. h. indirekt durch ihr Handeln oder ihre Reden.

„Leerstellen" im Text erfassen und ausfüllen:
In Texten wird nie alles ausgedrückt, was man z. B. in einem Film auch sehen oder hören könnte; auch werden oft die Gründe für bestimmte Gefühlsregungen im Text nicht genannt, vor allem wenn der Leser die Gründe hierfür leicht aus dem Zusammenhang erschließen kann.

Texte mit Bildern vergleichen:
Bilder können nur kleine punktuelle Augenblicke aus einer Handlung darstellen.
Texte dagegen haben auch die Möglichkeit, verschiedene, zeitlich nacheinander abfolgende Ereignisse zu schildern. Dafür kann ein Bild „Leerstellen" in Texten ausfüllen, z. B. das Aussehen der Handlungsfiguren oder der Szenerie.

Lektionstexte kreativ umschreiben:
Wenn du einen Lektionstext umschreibst, d. h. aus einem Dialog einen Erzähltext oder Brief machst, kannst du dir gut die Unterschiede der Textsorten klar machen. Außerdem lernst du dabei, eine andere Perspektive als im ursprünglichen Text einzunehmen.

Beispiel aus Lektion 26 „Der Tatenbericht des Augustus"

Die meisten dieser Fertigkeiten zur Interpretation lassen sich gut anhand des Textes von Lektion 26 zeigen:

Textsorten kennen/unterscheiden:

Der ganze Lektionstext ist an sich ein *Dialog* zwischen Calpurnius, Fulvius und einem Fremden (*peregrinus*), wie man an den abwechselnden direkten Reden erkennt. Allerdings gibt es im Dialog mehrere Zitate aus einer *Ich-Erzählung* (genauer: „Tatenbericht") des Augustus. Dies ist einmal an den Satzzeichen (einfache ‚Anführungszeichen'), zum anderen an den Perfektformen der 1. Pers. Sg. erkennbar (Z 2 *comparavi, vindicavi*).

Historische Hintergründe kennen:

In Lektion 8 hast du schon einiges über das Ende der Republik und den Beginn der Herrschaft des Augustus gelernt, was dir bei der Erschließung von Lektion 26 helfen kann: Es sind die notwendigen Hintergrundinformationen zum *Tatenbericht des Augustus*. Bei der Lektüre von Lektion 26 kannst du die bekannten Informationen mit den neuen Informationen verbinden.

Stilmerkmale erkennen und beschreiben:

Die beiden Textsorten *Dialog* und *Tatenbericht* lassen sich gut an dem unterschiedlichen Stil erkennen: Der *Dialog* ist durch den ständigen Sprecherwechsel und Einwände/Zustimmung wie *sed* (Z 10), *sic est* (Z 12) usw. sowie den Wechsel von kurzen und langen Sätzen viel lebendiger als der *Tatenbericht*. Der wiederum weist einen sehr gleichmäßigen Satzbau auf und wirkt fast eintönig, auf jeden Fall monumental: Typisch ist der sehr klare Satzbau: Adv. + Obj. + Präd (1. Sg. Pf.) oder: Subj. + Obj. + Präd. (3. Sg./Pl. Pf.).

Handlungsfiguren charakterisieren:

In seinem *Tatenbericht* scheint Augustus auf den ersten Blick neutrale Informationen für den Leser der Inschrift zu geben. Aber die Inschrift war vor dem monumentalen Grabmal angebracht, das Augustus zur Verherrlichung seiner Person hatte errichten lassen (Hintergrundinformation!), so dass antike Leser den Text nicht „neutral" lesen konnten. Außerdem lobt sich Augustus indirekt in dem Tatenbericht, denn er zählt alle Leistungen auf, die er für das römische Volk vollbracht hat und das auch noch auf eigene Kosten (Z 1 *exercitum privato consilio et privata impensa comparavi*). Calpurnius charakterisiert Augustus explizit bzw. direkt als positiven Herrscher, z. B. in Z 9–10: *id bene fecit*. Flavius dagegen charakterisiert Augustus direkt/explizit negativ, so in Z 35–39: *Augustus numquam rem publicam liberam restituere in animo habuit. Cupiditate regendi adductus inimicos interfecit (...)*.

Leerstellen erfassen und ausfüllen:

Besonders die Zitate von Augustus' *Tatenbericht* enthalten deutliche Leerstellen: So muss man in Z 1–2 *exercitum ... comparavi* wissen, warum Augustus eigentlich ein Heer brauchte, nämlich wegen der Bürgerkriege. Das Fehlen dieser Information ist eine Leerstelle, deren Inhalt der Leser aber aus dem Zusammenhang erschließen kann.

Texte mit Bildern vergleichen:

Die Lektion enthält zwei Bilder: Einmal die Zeichnung auf S. 152 mit den drei Sprechern des Lektionstextes und dem Marsfeld im Hintergrund. Die Zeichnung hilft dem Leser dabei, sich die Szene bildlich vorzustellen: z. B. das Aussehen der beiden Römer in einer Toga und ohne Bart sowie des Fremden mit einem bunten Gewand und Vollbart. Dies lässt auf einen *peregrinus* aus der griechischen Osthälfte des römischen Reiches schließen. Diese Einzelinformationen gehen aus dem Text selbst nicht klar hervor („Leerstellen"). Die beiden Römer erläutern dem Fremden den Text einer Inschrift – der Lektionstext selbst macht dann den genauen Wortlaut des Textes deutlich. Das Porträt des Augustus auf S. 153 ist eine Darstellung, die der Princeps selbst in Auftrag gab. Es passt gut zur Selbstdarstellung in seinem Tatenbericht: Augustus erscheint durch den Lorbeerkranz auf seinem Kopf als Herrscher; auch sein Blick strahlt die Würde und Macht eines Monarchen aus. Dies passt gut zum Stil seines Tatenberichts: Sowohl der Bericht als auch das Porträt wirken zugleich schlicht und respekteinflößend.

Literarische Gattungen

Biographie

Der Begriff kommt aus dem Griechischen (griech. *bíos Leben* und *graphé Schrift*). Es handelt sich also um die **Lebensgeschichte** *(vita)* einer Person. In der Regel wird das Leben von der Geburt bis zum Tod erzählt. Biographien stellen das Leben von Philosophen, Dichtern und Schriftstellern, Politikern, Feldherren oder Herrschern dar. In Rom waren Biographen seit dem 1. Jh. v. Chr sehr beliebt. Oft wurden wie von Cornelius Nepos (ca. 100 – nach 28 v. Chr) in seinem Werk *De viris illustribus* verschiedene Biographien zu Sammlungen zusammengefasst und römischen Männern nicht-römische gegenübergestellt. Der Biograph kann die Vita chronologisch von der Geburt bis zum Tod darstellen oder wie etwa Sueton (ca. 70 – ca. 122 n. Chr) in seinen 12 Kaiserviten nach Rubriken ordnen, z. B. nach Abstammung, politischer Laufbahn, besonderen Interessen oder nach Tugenden und Lastern.

Da ein Erzähler die Lebensgeschichte einer Person erzählt, stehen die Texte zumeist in der 3. Person eines Vergangenheitstempus. Als wichtige sprachliche Elemente findet man **direkte Charakterisierungen** durch Angabe von guten und schlechten Eigenschaften und Verhaltensweisen oder **indirekte Charakterisierungen** durch Anekdoten oder Zitate von Äußerungen der Person. Diese Textsorte überschneidet sich oft thematisch mit anderen Gattungen, wie z. B. der Lobrede oder der Geschichtsschreibung. Allerdings sind Biographen nicht an historischen Hintergründen interessiert und erwähnen geschichtliche Ereignisse nur, wenn sie für die Vita der beschriebenen Person wichtig sind. Anders als in der Lobrede werden auch negative Eigenschaften aufgeführt. Antike Biographien wollen das Publikum nicht nur unterhalten, sondern haben auch oft ein pädagogisches Ziel, indem sie die Leser anhand der Biographie über richtiges und falsches Verhalten belehren wollen.

Ein Sonderfall der Biographie ist die **Autobiographie**, die von der betreffenden Person selbst oder doch wenigstens unter ihrem Namen geschrieben wird. Das Ziel einer Autobiographie liegt im Wesentlichen in der Rechtfertigung der eigenen Taten und der Sicherung des eigenen Ruhms.

Brief

Der ursprünglich der **privaten Kommunikation** dienende Brief erhält in der Antike den Rang einer **literarischen Gattung** und dokumentiert so das Interesse der antiken Menschen an persönlichen und privaten Dingen. In der lateinischen Literatur finden sich Briefe privaten Inhalts und privater Natur (so z. B. die Briefe Ciceros), aber auch Briefe, die zur Veröffentlichung geschrieben wurden und die Gedanken und Ansichten des Briefschreibers deutlich machen (z. B. die Briefe Plinius' d. J.). Ovid schrieb in dichterischer Sprache und Form fiktive Liebesbriefe von Frauen der Mythologie (*Heroides*).

Auch für Kunstbriefe sind die sprachlichen Mittel von echten Briefen kennzeichnend: Sie beginnen mit der Nennung des Absenders und des Adressaten; die Form des Dialogs zeigt sich in der Verwendung der 2. Person; ein Brief ist nicht so lang wie z. B. ein Epos oder ein Roman. Der Briefschreiber versetzt sich in die Lage des Empfängers und wählt das entsprechende Tempus. Insgesamt ist die Sprache eher einfach.

Elegie

Die antiken Elegien waren **kleinere Gedichte**, die ursprünglich bei Gastmählern (Symposien) gesungen wurden. Ihr Versmaß ist das **„elegische Distichon"**, d. h. eine Kombination aus Hexameter und Pentameter. Die Themen der Elegien waren sehr vielfältig: In Griechenland gab es z. B. Kampflieder, Klagelieder oder auch Elegien mit philosophischen und erotischen Inhalten. In Rom ist vor allem die **Liebeselegie** wichtig: Hier beschreibt ein verliebter Dichter aus der Ich-Perspektive seine wenig erfolgreichen Liebesabenteuer mit meist untreuen Mädchen (*dura puella*). Trotzdem unterwirft sich der Liebhaber in eigentlich unmännlicher Weise seinen Freundinnen (*servitium amoris*) und vergleicht sein erotisches Werben mit dem Dienst des Soldaten (*militia amoris*). Überliefert sind vor allem die Gedichte der augusteischen Liebeselegiker Properz, Tibull und Ovid.

Epos

Das Epos ist eine umfangreiche **Erzählung** im **Hexameter**. Zunächst wurden Geschichten von Kriegen, Göttern und heldenhaften Männern mündlich vorgetragen, wobei ein Saiteninstrument den Erzähler begleitete. Etwa im 8. Jh. v. Chr. begann man in Griechenland, diese Geschichten aufzuschreiben. Die frühesten Epen sind die berühmten mythologischen Erzählungen des griechischen Dichters **Homer**, die *Ilias* und *Odyssee*. Im 3. Jh. v. Chr. kam diese Form der Dichtung nach Rom, indem **Livius Andronicus** die homerischen Epen ins Lateinische übersetzte. Die römischen Dichter machten auch historische Ereignisse zum Thema ihrer Epen. So hat **Ennius** (239–169 v. Chr.) in seinem Epos *Annales* die Geschichte Roms von der Gründung bis zu seiner Gegenwart behandelt. Er dichtete sein Werk im Hexameter, der von da an auch für die römischen Dichter das charakteristische Versmaß für ein Epos wurde. Außer Homer wird vor allem Ennius zum großen Vorbild für die *Aeneis* des **Vergil** (70–19 v. Chr.). In seinem Epos verbindet Vergil die Geschichte des trojanischen Helden **Aeneas** und die Ereignisse um Troja mit der **Gründungsgeschichte Roms**.

Ein Epos hat bestimmte charakteristische Elemente: Im Mittelpunkt der Erzählung steht ein **Held**, der Kämpfe, Abenteuer oder Irrfahrten erlebt. Die **Götter** beteiligen sich am Geschehen, sprechen untereinander oder auch mit den Menschen (Götterapparat oder Götterszenen). Die Ereignisse werden von einem Erzähler berichtet, der selbst an der Handlung nicht beteiligt ist (**auktorialer Erzähler**). Daher steht ein Epos in einem **Vergangenheitstempus** oder im historischen Präsens. Gelegentlich wendet sich der Erzähler aber mit einer Erläuterung oder einer Bewertung auch direkt an sein Publikum. Die fortlaufende Handlung wird oft unterbrochen durch eine ausführliche **Beschreibung** von **Orten** oder **Gegenständen** (Ekphrasis) und von Aufzählungen, z. B. von Schiffen oder Wettkämpfern (Kataloge). Dazu kommen **Prophezeiungen** durch Götter oder Priester, die die Zukunft sehen können.

Wichtige sprachliche Formen sind ferner die **Vergleiche** von Personen oder Situationen und die Verwendung von **Attributen**, um eine Person oder einen Gegenstand zu **charakterisieren** (Epitheton ornans).

Einen Sonderfall in der Textsorte Epos stellen die *Metamorphosen* des Ovid dar (43–ca. 17 n. Chr.), der mythologische Geschichten von Menschen und Göttern erzählt. Im Bezug auf Umfang, Versmaß und Inhalt ist das Werk ein echtes Epos. Aber es berichtet nicht von einem Helden und einem zusammenhängenden Ereignis, sondern von zahlreichen Verwandlungen, die z. T. sehr kunstvoll miteinander verbunden, aber dennoch aneinandergereiht sind.

Geschichtsschreibung

Die Römer haben schon früh begonnen, ihre eigene Geschichte in literarischen Werken darzustellen. Geschichtsschreiber wie **Livius** (59–17 n. Chr.) begannen mit der mythischen Frühzeit Roms und führten die Darstellung bis zur eigenen Gegenwart fort.

Andere Historiker wie **Sallust** (86–ca. 35 v. Chr.) beschrieben nur kleinere Ausschnitte aus der selbst erlebten Geschichte. Anders als moderne Geschichtsforschung enthält die römische Geschichtsschreibung auch erfundene oder mythische Elemente, die man heute eher in einem historischen Roman erwarten würde. So beschreibt Livius z. B. auch die mythische Geschichte von Romulus und Remus. Außerdem verwenden alle Geschichtsschreiber in ihren Werken **erfundene Reden** zur Verlebendigung der Darstellung oder zur Charakterisierung der jeweiligen Figuren. Die römischen Leser erwarteten allerdings nicht unbedingt eine in allem historisch „wahre" Darstellung im modernen Sinne, sondern außer historischen Informationen auch spannende oder unterhaltsame Geschichten. Dieser Erwartung werden die vielen erzählerischen Mittel zur Dramatisierung im Text gerecht.

Verwandt mit der Geschichtsschreibung sind die *Commentarii*, die C. Iulius Caesar (100–44 v. Chr.) als eine Art Kriegstagebuch zu seiner Eroberung Galliens verfasste. Sie sind im Gegensatz zur echten Geschichtsschreibung in einem **nüchternen Stil** verfasst, der auf Dramatisierung und direkte Reden weitgehend verzichtet. Der Autor und Handlungsträger Caesar spricht von sich immer in der 3. Person, was zunächst sonderbar wirkt. Hierdurch will Caesar den Eindruck größtmöglicher Objektivität beim Leser erzielen. Allerdings lenkt der Autor seine Leser durch diese Darstellung geschickt in eine von ihm gewünschte Richtung, denn Caesars *Commentarii* sind nicht so neutral, wie sie erscheinen. Vielmehr versucht der Autor, seine römischen Leser von der Notwendigkeit seiner eigentlich unrechtmäßigen Eroberung Galliens zu überzeugen.

Lehrgedicht

Das Lehrgedicht gibt es seit dem 7. Jahrhundert v. Chr. in Griechenland. Die Dichter hatten den Ehrgeiz, auch komplizierte wissenschaftliche Inhalte in der Sprache und in der Form der Dichtung darzustellen. So finden sich Lehrgedichte z. B. über Naturphänomene, Landwirtschaft und Literaturwissenschaft. Diese Lehrgedichte haben ernsthaften Charakter. Durch die Wahl des Themas „Liebe" parodiert Ovid mit seinem Werk *Ars amatoria* die Gattung Lehrgedicht. Der belehrende Charakter dieser Gattung wird auch sprachlich deutlich: Es gibt Adressaten in der 2. Person; die Belehrungen erfolgen im Imperativ oder im Konjunktiv Präsens.

Roman

In der Antike gab es bereits die Gattung Roman, die in vielem dem modernen Roman entspricht und die auch das Vorbild für die Entwicklung des modernen Romans war. Die antiken Romane handeln meist von **Abenteuer- und Liebesgeschichten**, oft – wie der Apollonius-Roman (ca. 3. Jh. n. Chr.) – auch von der Trennung einer Familie. Die antiken Romane enden immer glücklich und führen entweder das Liebespaar oder die Familie nach zahllosen spannenden Abenteuern wieder zusammen. Typisch sind die **festgelegten Charaktere**, d. h. es gibt ein junges, gutes und außergewöhnlich hübsches Liebespaar oder die böse Stiefmutter, Räuber, Piraten etc. Wie auch die Geschichtsschreibung enthalten die Romane viele direkte Reden und Dialoge, die die Handlung zusätzlich lebendig machen. Interessanterweise war die antik-römische Bezeichnung für den Roman *historia*! In der Antike scheint man also nicht so genau zwischen Roman und Geschichtsschreibung unterschieden zu haben.

Im Vokabelverzeichnis sind links die lateinischen Wörter genau in der Reihenfolge aufgeführt, in der sie im Lektionstext vorkommen. Die Ziffern links am Rand neben den Vokabeln erleichtern das Abzählen.
In der mittleren Spalte findest du die deutschen Bedeutungen der Vokabeln. In der rechten Spalte stehen deutsche, englische, französische, spanische und italienische Vokabeln, die ebenfalls von der lateinischen Vokabel abgeleitet sind. Oft kannst du hier Merkhilfen finden (Beispiel *Video*). Du siehst aber auch, wie die Kenntnis lateinischer Vokabeln es dir erleichtert, Wörter moderner Sprachen zu verstehen. Die aufgeführten Wörter sind entnommen

- dem *Schülerduden Wortgeschichte* (Deutsch)
- dem Lernvokabular des Lehrwerkes *English G 21* (A1 für Lekt. 1–13, A1–2 für Lekt. 14–25, A1–3 für Lekt. 26–37) (Englisch)
- dem Lernvokabular des Lehrwerkes *À plus! Band 1* (Band 1 für Lekt. 1–13, Band 1–2 für Lekt. 14–25, Band 1–3 für Lekt. 26–37) (Französisch)

Über 90 % der Vokabeln der romanischen Sprachen stammen aus dem Lateinischen. Entsprechend umfangreich ist die Zahl der möglichen Vergleichswörter aus dem Spanischen und Italienischen. Hier sind nur ausgewählte Beispiele aus dem alltäglichen Vokabular angegeben.

Nenne selbst weitere verwandte Wörter aus dem Spanischen, Italienischen oder anderen dir bekannten Sprachen.

Lektion 1

	stat	(er, sie, es) steht	*engl.* stands
	exspectat	(er, sie, es) erwartet, wartet (auf)	
	subitō *(Adv.)*	plötzlich	
	intrat	(er, sie, es) betritt, kommt herein	*fr.* entre; *sp.* entra
5	**avus** *m.*	der/ein Großvater	
	est	(er, sie, es) ist	*engl.* is; *fr.* est; *sp.* es; *it.* è
	gaudet	(er, sie, es) freut sich	
	et **et ... et**	und; auch sowohl ... als auch	*fr.* et; *sp.* e/y; *it.* e
	rīdet	(er, sie, es) lacht	
10	**salūtat**	(er, sie, es) grüßt, begrüßt	*fr.* Salut!, *Hallo!, Grüß Dich!,* auch *Tschüss!*
	valdē *(Adv.)*	sehr	
	amat	(er, sie, es) liebt	*fr.* aime; *sp./it.* ama
	nunc *(Adv.)*	nun, jetzt	*engl.* now
	puella *f.*	das/ein Mädchen	
15	**appropinquat**	(er, sie, es) nähert sich, kommt näher	
	videt	(er, sie, es) sieht	*dt.* das Video; *sp.* ve
	tum *(Adv.)*	da; dann, darauf; damals	

	autem *(nachgestellt)*	aber, jedoch	
	cōgitat	(er, sie, es) denkt (nach), überlegt, beabsichtigt	
20	**quid?**	was?	
	portat	(er, sie, es) trägt, bringt	*fr.* porte
	ecce!	sieh (mal)! schau (mal)! da!	
	dōnum *n.*	das/ein Geschenk	
	iterum *(Adv.)*	wiederum, zum zweiten Mal, noch einmal	

Lektion 2

	māgnus, -a, -um	groß; bedeutend	
	spectat	(er, sie, es) betrachtet, sieht/schaut an	
	turba *f.*	die/eine Menschenmenge, die/eine Masse, das/ein Gewimmel	
	adest *(beim Dat.)*	(er, sie, es) ist da; hilft	
5	**fīlius** *m.* **fīlia** *f.*	der/ein Sohn die/eine Tochter	*dt.* die Filiale; *fr.* fils; *it.* figlio *fr.* fille; *it.* figlia
	respondet	(er, sie, es) antwortet	*fr.* répond
	dominus *m.* **domina** *f.*	der/ein Herr, der/ein Hausherr die/eine Herrin, die/eine Hausherrin	*dt.* dominieren
	amplus, -a, -um	weit, groß, geräumig	
	multus, -a, -um **multī, -ae, -a**	viel viele, zahlreiche	*dt.* multiplizieren
10	**patrōnus** *m.*	der/ein Patron; der/ein Anwalt; der/ein Beschützer	
	itaque *(Adv.)*	deshalb, daher	
	cūncti, -ae, -a	alle	
	auxilium *n.*	die/eine Hilfe, die/eine Unterstützung	
	spērat	(er, sie, es) hofft (auf), erhofft	*sp.* espera
15	**servus** *m.* **serva** *f.*	der/ein Sklave die/eine Sklavin	*dt.* servieren
	labōrat	(er, sie, es) strengt sich an, arbeitet	*dt.* das Labor
	negōtium *n.*	die/eine Tätigkeit, die/eine Aufgabe	
	sed	aber; sondern	
	nōn	nicht	*engl.* no; *fr.* non; *sp./it.* no *dt. nein*

20 **cūr?**	warum?	
quis?	wer?	*fr.* qui?
iam *(Adv.)* **nōn iam**	schon; jetzt; bald nicht mehr	
appāret	(er, sie, es) erscheint, zeigt sich	
salvē! **salvēte!**	Hallo! Sei gegrüßt! Guten Tag! Hallo! Seid gegrüßt! Guten Tag!	
25 **avē!** **avēte!**	Sei gegrüßt! Seid gegrüßt!	
gaudium *n.*	die/eine Freude, das/ein Vergnügen	
etiam	auch; sogar	

Lektion 3

discipulus, -ī *m.* **discipula, -ae** *f.*	der/ein Schüler die/eine Schülerin	*dt.* die Disziplin
bonus, -a, -um	gut	*fr.* bon, bonne; *sp.* bueno, -a; *it.* buono, -a
meus, -a, -um	mein	*engl.* my; *fr.* mon, ma; *sp.* mío, mía; *it.* mio, mia
magister, magistrī *m.* **magistra, -ae** *f.*	der/ein Lehrer die/eine Lehrerin	*dt.* der Meister *dt.* die Meisterin
5 **noster, nostra, nostrum**	unser	*fr.* notre; *sp.* nuestro, -a; *it.* nostro, -a
tuus, -a, -um	dein	*fr.* ton, ta; *sp.* tuyo, tuya; *it.* tuo, tua
grātus, -a, -um	dankbar; willkommen; nett	
puer, puerī *m.* **puerī, puerōrum** *m.*	der/ein Junge (die) Kinder	
lūdus, -ī *m.*	die/eine Schule; das/ein Spiel	
10 **nam**	denn	
nōs *(Nom. u. Akk.)*	wir (*Akk.* uns)	*fr.* nous; *it.* noi
laudat, laudō	(er, sie, es) lobt; ich lobe	
libenter *(Adv.)*	gern	
vōs *(Nom. u. Akk.)*	ihr (*Akk.* euch)	*fr.* vous; *it.* voi
15 **miser, misera, miserum**	unglücklich, elend	
vester, vestra, vestrum	euer	*fr.* votre; *sp.* vuestro, -a; *it.* vostro, -a
tū *(Akk.* **tē***)*	du (*Akk.* dich)	*fr.* tu; *sp.* tú; *it.* tu
hīc *(Adv.)*	hier	
fābula, -ae *f.*	die/eine Geschichte, die/eine Erzählung, die/eine Sage	*dt.* die Fabel

20	**Graecus, -a, -um** **Graecus, -ī** *m.* **Graeca, -ae** *f.*	griechisch der/ein Grieche die/eine Griechin	*sp.* griego, -a; *it.* greco, -as*p.* griego; *it.* greco *sp.* griega; *it.* greca
	audit, audiō	(er, sie, es) hört; ich höre	*engl.* audience *die Zuschauer, die Zuhörer, das Publikum*
	pulcher, pulchra, pulchrum	schön	
	nārrat, nārrō	(er, sie, es) erzählt; ich erzähle	
	venit, veniō	(er, sie, es) kommt; ich komme	*fr.* vient; *sp./it.* viene
25	**attentus, -a, -um**	aufmerksam	
	tacet, taceō	(er, sie, es) schweigt; ich schweige	
	verbum, -ī *n.*	das/ein Wort	*dt.* das Verb; *engl.* verb
	egō *(Akk.* **mē***)*	ich (*Akk.* mich)	*dt.* egoistisch; *sp.* yo; *it.* io
	littera, -ae *f.* **litterae, -ārum** *(Pluralwort) f.*	der/ein Buchstabe der/ein Brief; (die) Literatur; die/eine Wissenschaft	*engl.* letter *der Buchstabe; der Brief*
30	**tabula, -ae** *f.*	die/eine Tafel; das/ein Bild	*dt.* die Tafel, die Tabelle; *engl./fr.* table; *it.* tavola

Lektion 4

	vīlla, -ae *f.*	das/ein Landhaus, das/ein Landgut	
	ibī *(Adv.)*	dort	
	alius, alia, aliud *Gen.:* **alterīus** *Dat.:* **alterī** *(selten* **aliī***)* **alius … alius** **aliī … aliī**	ein anderer der eine … der andere die einen … die anderen	
	frūmentum, -ī *n.*	das/ein Getreide	
5	**cibus, -ī** *m.*	die/eine Speise, (das) Futter	
	apportāre, apportō	(herbei)bringen	
	parāre, parō	(zu)bereiten	*engl.* (to) prepare; *fr.* préparer
	vīnum, -ī *n.*	der/ein Wein	*sp./it.* vino
	aqua, -ae *f.*	(das) Wasser	*dt.* das Aquarium; *fr.* eau; *sp.* agua; *it.* acqua
10	**saepe** *(Adv.)*	oft	
	dūrus, -a, -um	hart; streng	*dt.* Dur
	placēre, placeō	gefallen	*engl.* please *bitte; fr.* s'il vous plaît *bitte; wörtlich: wenn es Ihnen gefällt*
	nōnnumquam *(Adv.)*	manchmal	

	dare, dō	geben	*dt.* der Dativ; *sp.* dar
15	**līberī, -ōrum** *m. (Pluralwort)*	(die) Kinder	
	ubī? *(Adv.)*	wo?	*fr.* où?
	catulus, -ī *m.*	der/ein junge(r) Hund	
	posse, possum	können	*fr.* pouvoir
	amīcus, -ī *m.* **amīca, -ae** *f.*	der/ein Freund die/eine Freundin	*fr.* ami; *sp.* amigo; *it.* amico *fr.* amie; *sp.* amiga; *it.* amica
20	**reperīre, reperiō**	finden, wiederfinden	
	tandem *(Adv.)*	endlich, schließlich	
	cautus, -a, -um	vorsichtig	
	captāre, captō	greifen, fassen	
	tenēre, teneō	(fest)halten	*sp.* tener; *it.* tenere
25	**obscūrus, -a, -um**	dunkel	
	porta, -ae *f.*	die/eine Tür, das/ein Tor	*dt.* der Portier; *fr.* porte
	apertus, -a, -um	offen	*sp.* abierto, -a
	aperīre, aperiō	öffnen	*dt.* der Aperitif
	clāmāre, clāmō	schreien, laut rufen	
30	**timēre** *(mit Akk.)*, **timeō** **timēre** *(mit Dat.)*, **timeō**	fürchten, Angst haben vor fürchten für, in Angst sein um	
	vir, virī *m.*	der/ein Mann	

Lektion 5

	rūrsus *(Adv.)*	wieder, wiederum	
	per *(mit Akk.)*	durch	*fr.* par exemple *zum Beispiel*
	Rōma, -ae *f.*	Rom	
	īre, eō	gehen; reisen	*sp.* ir
5	**quō?** *(Adv.)*	wohin?	
	ad *(mit Akk.)*	zu, nach; bei	
	circus, -ī *m.*	der/ein Zirkus *(Veranstaltungsort)*	*fr.* cirque
	equus,-ī *m.*	das/ein Pferd	
	dēsīderāre, dēsīderō	wünschen, begehren	
10	**dēlectāre, dēlectō**	Freude bereiten, Spaß machen	
	in *(mit Akk.)*	in, nach *(auf die Frage: wohin?)*	
	iuvat	es freut, es macht Spaß	
	prope *(mit Akk.)*	nahe bei	
	clārus, -a, -um	klar; berühmt	*engl.* clear; *sp.* claro, -a

15	**-que**	und	
	Rōmānus, -ī *m.* **Rōmāna, -ae** *f.* **Rōmānus, -a, -um**	der/ein Römer die/eine Römerin römisch	
	cupere, cupiō	wünschen, wollen	
	abesse, absum	abwesend sein, fehlen	
	quaerere, quaerō	suchen, fragen	*engl.* question *die Frage*; *it.* chiedere
20	**discēdere, discēdō**	weggehen	
	hōra, -ae *f.*	die/eine Stunde	*dt.* die Uhr; *engl.* hour; *fr.* heure; *sp.* hora; *it.* ora
	īgnōtus, -a, -um	unbekannt	
	statim *(Adv.)*	sofort	
	fugere, fugiō	fliehen, flüchten	
25	**dūcere, dūcō**	ziehen, führen	
	medicus, -ī *m.*	der/ein Arzt	*dt.* das Medikament; *fr.* médecin; *sp.* médico; *it.* medico
	currere, currō	laufen	*dt.* der Kurs; *fr.* cours *die Unterrichtsstunde, der Unterricht, der Kurs*
	dēbēre, dēbeō	müssen; schulden; verdanken	*fr.* devoirs *die Hausaufgaben*
	posteā *(Adv.)*	nachher, später	
30	**venēnum, -ī** *n.*	das/ein Gift	
	medicīna, -ae *f.*	die/eine Medizin, das/ein Heilmittel; die/eine Heilkunst	*sp./it.* medicina
	Rōmam	nach Rom	

Lektion 6

	cum *(mit Abl.)* **mēcum** **tēcum** **nōbīscum** **vōbīscum**	(zusammen) mit (zusammen) mit mir (zusammen) mit dir (zusammen) mit uns (zusammen) mit euch	
	in *(mit Abl.)*	in, an, auf (*auf die Frage:* wo?)	
	lūdere, lūdō	spielen	
	parvus, -a, -um	klein, jung	
5	**locus, -ī** *m.* **loca, -ōrum** *n.*	der/ein Ort, der/ein Platz, die/eine Stelle, die/eine Gegend, das/ein Gelände	*dt.* das Lokal; *engl.* local *lokal, örtlich*
	licet	es ist erlaubt, man darf	

dēsinere, dēsinō	aufhören	
dē *(mit Abl.)*	von, von ... her(ab), über	*fr.* de
ē/ex *(mit Abl.)*	aus, seit	
tertius, -a, -um	der, die, das dritte	
novus, -a, -um	neu	*engl.* new; *sp.* nuevo, -a; *it.* nuovo, -a
procul *(Adv.)*	fern; in die Ferne	
ā/ab *(mit Abl.)*	von	
statua, -ae *f.*	die/eine Statue, das/ein Standbild	*engl.* statue
tollere, tollō	(auf)heben, erheben; verherrlichen; beseitigen	
modus, -ī *m.*	das/ein Maß, die/eine Art, die/eine Weise	*dt.* die Mode
movēre, moveō	bewegen	*dt.* der Motor; *sp.* mover; *it.* muovere
ōrnāre, ōrnō	schmücken	*dt.* das Ornament
fluere, fluō	fließen, strömen	*engl.* flow chart *das Flussdiagramm*
minimē *(Adv.)*	keineswegs, überhaupt nicht	
mīrus, -a, -um	seltsam, verwunderlich	
sine *(mit Abl.)*	ohne	*fr.* sans; *sp.* sin; *it.* senza
tangere, tangō	berühren, anfassen	
cavēre, caveō *(mit Akk.)*	sich vorsehen, sich in Acht nehmen vor	
via, -ae *f.*	die/eine Straße, der/ein Weg	*sp.* vía; *it.* via
cadere, cadō	fallen	*dt.* der Kasus
prae *(mit Abl.)*	vor, wegen	*dt.* die Präposition
lacrima, -ae *f.*	die/eine Träne	
intellegere, intellegō	verstehen, begreifen, merken	*dt.* intelligent; *fr.* intelligent, -e
prō *(mit Abl.)*	vor, für, anstelle von	*dt.* Pro und Kontra; das Pronomen
domum	nach Hause	
paene *(Adv.)*	beinahe	

Lektion 7

quod	weil	
aegrōtus, -a, -um	krank	
īgnōscere, īgnōscō	verzeihen	
quamquam	obgleich, obwohl	
diū *(Adv.)*	lange	

īrātus, -a, -um	böse, zornig	
dum *(mit Ind. Präs.)*	während	
forum, -ī *n.*	das/ein Forum, der/ein Marktplatz	
aedificium, -ī *n.*	das/ein Gebäude	
templum, -ī *n.*	der/ein Tempel, das/ein Heiligtum	
caput, capitis *n.*	der/ein Kopf, das/ein Haupt; die/eine Hauptstadt	*dt.* der Kapitän; *engl.* captain; *fr.* capitale *die Hauptstadt*
imperium, -ī *n.*	das/ein Reich; die/eine Herrschaft; der/ein Befehl; (die) Befehlsgewalt	
cūria, -ae *f.*	die/eine Kurie (*Versammlungsgebäude des Senats*)	
senātor, senātōris *m.*	der/ein Senator	
ante *(mit Akk.)*	vor	*engl.* *am* = ante meridiem *vormittags bei Zeitangaben*
disputāre, disputō	diskutieren	
quoque *(nachgestellt)*	auch	
officium, -ī *n.*	die/eine Pflicht; die/eine Aufgabe	*dt.* offiziell; *fr.* office de tourisme *das Fremdenverkehrsamt, die Touristeninformation; sp.* oficio *der Beruf, das Amt*
lēx, lēgis *f.*	das/ein Gesetz	*dt.* legal; *sp.* ley; *it.* legge
bellum, -ī *n.*	der/ein Krieg	*dt.* der Rebell
pāx, pācis *f.*	der/ein Friede	*dt.* der Pazifismus; *sp.* paz; *it.* pace
sententia, -ae *f.*	die/eine Meinung, die/eine Ansicht	*engl.* sentence *der Satz*
dīcere, dīcō	sagen, sprechen	*dt.* diktieren; *fr./it.* dire
ōrātor, ōrātōris *m.*	der/ein Redner	
valē! **valēte!** **valēre, valeō**	Auf Wiedersehen! (sei gesund!) Auf Wiedersehen! (seid gesund!) kräftig sein, gesund sein; Einfluss haben	
quam	wie	
plēnus, -a, -um *(mit Gen.)*	voll (von)	
vōx, vōcis *f.*	die/eine Stimme	*dt.* der Vokal; *engl.* voice; *sp.* voz; *it.* voce
pater, patris *m.*	der/ein Vater	*dt.* der Patenonkel/die Patentante; *engl.* father; *fr.* père; *sp./it.* padre

Lektion 8

	aedificāre, aedificō, aedificāvī	bauen, erbauen	
	colere, colō, coluī	bebauen, pflegen; ehren, verehren	*dt.* kultivieren
	deus, -ī *m.* **dea, -ae** *f.*	der/ein Gott die/eine Göttin	*sp.* dios
	nihil	nichts	
5	**mortuus, -a, -um**	tot	*sp.* muerto, -a; *it.* morto, -a
	diēs, diēī *m. u. f.*	der/ein Tag; der/ein Termin	*engl.* day; *sp.* día
	mors, mortis *f.*	(der) Tod	*dt.* der Mord; *sp.* muerte; *it.* morte
	timor, timōris *m.*	die/eine Angst, die/eine Furcht	
	rēs, reī *f.*	die/eine Sache, das/ein Ding	*dt./engl.* real
10	**pūblicus, -a, -um**	öffentlich, staatlich	*dt.* das Publikum
	rēs pūblica, reī pūblicae *f.*	der/ein Staat	*dt.* die Republik
	perīculum, -ī *n.*	die/eine Gefahr	
	servāre, servō, servāvī	retten, bewahren	
	homō, hominis *m.*	der/ein Mensch, der/ein Mann	*fr.* homme; *sp.* hombre; *it.* uomo
15	**nōnnūllī, -ae, -a**	einige	
	enim	denn, nämlich	
	spēs, speī *f.*	die/eine Hoffnung, die/eine Erwartung	*sp.* esperanza; *it.* speranza
	imperātor, imperātōris *m.*	der/ein Feldherr, der/ein Kaiser	
	semper *(Adv.)*	immer	*sp.* siempre; *it.* sempre
20	**beneficium, -ī** *n.*	die/eine Wohltat, die/eine Gefälligkeit	
	praebēre, praebeō, praebuī	hinhalten, (dar)reichen, geben	

Das Fragepronomen *quis*?

Nom.:	**quis?**	wer?
Gen.:	**cuius?**	wessen?
Dat.:	**cuī?**	wem?
Akk.:	**quem?**	wen?
Abl.:	**ā quō?**	von wem?

Verben der Lektionen 1–7: u- und v-Perfekt

Merke dir: Verben der ā-Konjugation haben in der Regel ein v-Perfekt.

abesse, absum, āfuī	abwesend sein, fehlen
adesse, adsum, adfuī (affuī)	da sein; helfen

aperīre, aperiō, aperuī	öffnen
appārēre, appāreō, appāruī	erscheinen, sich zeigen
audīre, audiō, audīvī	hören
cupere, cupiō, cupīvī	wünschen, wollen
dēbēre, dēbeō, dēbuī	müssen; schulden; verdanken
esse, sum, fuī	sein
īgnōscere, īgnōscō, īgnōvī	verzeihen
licet, licuit	es ist erlaubt, man darf
placēre, placeō, placuī	gefallen
posse, possum, potuī	können
quaerere, quaerō, quaesīvī	suchen, fragen
tacēre, taceō, tacuī	schweigen
tenēre, teneō, tenuī	(fest)halten
timēre, timeō, timuī	fürchten, Angst haben
valēre, valeō, valuī	kräftig sein, gesund sein; Einfluss haben

Lektion 9

nūbere, nūbō, nūpsī *(mit Dat.)*	(einen Mann) heiraten	
honestus, -a, -um	angesehen, anständig	
benīgnus, -a, -um	gütig, freundlich; wohltätig	
in mātrimōnium dare	zur Frau geben, verheiraten	
5 **auctōritās, auctōritātis** *f.*	(das) Ansehen, (der) Einfluss	*dt.* die Autorität
dīvitiae, -ārum *f. (Pluralwort)*	(der) Reichtum	
propinquus, -a, -um **propinquus, -ī** *m.* **propinqua, -ae** *f.*	benachbart, verwandt der/ein Verwandte(r) die/eine Verwandte	
prīnceps, prīncipis *m.*	(der) erste (Mann), der/ein Anführer, der/ein Kaiser	*dt.* der Prinz
quī, quae, quod **quōcum** **quācum** **quibuscum**	welcher, welche, welches; der, die, das mit welchem; mit dem mit welcher; mit der mit welchen; mit denen	
10 **iuvenis, iuvenis** *m.*	jung; der/ein junge(r) Mann	
inter *(mit Akk.)*	zwischen, unter	*dt./engl.* international, Internet; *fr.* entre
is, ea, id	dieser, diese, dieses; er, sie, es	
dēmōnstrāre, dēmōnstrō, dēmōnstrāvī	zeigen, beweisen	*dt.* demonstrieren; *fr.* montrer
in mātrimōnium dūcere	(eine Frau) heiraten	

repente *(Adv.)*	plötzlich	*sp.* de repente
aspicere, aspiciō, aspexī	erblicken, anschauen, betrachten	*dt.* der Aspekt
nox, noctis *f.*	die/eine Nacht	*engl.* night; *sp.* noche; *it.* notte
manēre, maneō, mānsī	bleiben	
laetus, -a, -um	froh, fröhlich	
canere, canō, cecinī	singen, besingen, ertönen lassen	*dt.* die Kantate, der Kantor; *fr.* chanter; *sp.* cantar; *it.* cantare

Verben der Lektionen 1–8:

s-Perfekt

dīcere, dīcō, dīxī	sagen
discēdere, discēdō, discessī	weggehen
dūcere, dūcō, dūxī	ziehen, führen
fluere, fluō, flūxī	fließen, strömen
intellegere, intellegō, intellēxī	verstehen, begreifen, merken
lūdere, lūdō, lūsī	spielen
rīdēre, rīdeō, rīsī	lachen

Dehnungsperfekt

cavēre, caveō, cāvī	sich vorsehen, sich in Acht nehmen
fugere, fugiō, fūgī	fliehen, flüchten
iuvat, iūvit	es freut, es macht Spaß
movēre, moveō, mōvī	bewegen
venīre, veniō, vēnī	kommen
vidēre, videō, vīdī	sehen

Reduplikationsperfekt

cadere, cadō, cecidī	fallen
currere, currō, cucurrī	laufen
dare, dō, dedī	geben
reperīre, reperiō, repperī	finden, wiederfinden
stāre, stō, stetī	stehen
tangere, tangō, tetigī	berühren, anfassen

ohne Veränderung des Stammes

respondēre, respondeō, respondī	antworten

Unregelmäßige Perfektbildung

īre, eō, iī	gehen; reisen
tollere, tollō, sustulī	(auf)heben, erheben; verherrlichen; beseitigen

Lektion 10

mōns, montis *m.*	der/ein Berg	*engl.* mountain; *fr.* montagne; *sp./it.* monte
magnificus, -a, -um	großartig, prächtig	*sp.* magnífico, -a
-ne?	*(Fragepartikel, an ein Wort angehängt; wird nicht übersetzt)*	
nōn sōlum ... sed etiam	nicht nur ... sondern auch	
num?	etwa wirklich? *(legt ablehnende Antwort nahe)*	
apud *(mit Akk.)*	bei	
trēs, tria, *Gen.:* **trium**	drei	*dt.* das Trio; *engl.* three; *fr.* trois; *sp.* tres; *it.* tre
ūnus, -a, -um, *Gen.:* **ūnīus** *Dat.:* **ūnī**	ein, eine, einer	*dt.* die Union, die Uniform; *engl.* unit *das Kapitel, die Lektion*; *fr.* un, une; *sp./it.* un, una
atque	und	
creāre, creō, creāvī	erschaffen, hervorbringen; wählen	*dt.* die Kreatur
ita *(Adv.)*	so	
cōnstat, cōnstitit	es steht fest, ist bekannt	*dt.* konstant
crēdere, crēdō, crēdidī	glauben	*dt.* der Kredit
maximē *(Adv.)*	am meisten, besonders	
scīre, sciō, scīvī	wissen, kennen, verstehen	*engl.* science *die Wissenschaft*
post *(mit Akk.)*	nach, hinter	*engl. pm* = post meridiem *nachmittags bei Zeitangaben*
uxor, uxōris *f.*	die/eine Ehefrau	
dux, ducis *m. u. f.*	der/ein Führer, die/eine Führerin; der/ein Feldherr	*it.* duce
putāre, putō, putāvī	glauben, meinen; halten für	
regere, regō, rēxī	lenken, leiten, regieren	*dt.* der Regent, *sp.* regente; *it.* reggente
rogāre, rogō, rogāvī	fragen, bitten	
dēnique *(Adv.)*	endlich, schließlich, überhaupt	
morbus, -ī *m.*	die/eine Krankheit	
dēpellere, dēpellō, dēpulī	wegstoßen, vertreiben	
facere, faciō, fēcī	tun, machen	*dt.* der Faktor; *fr.* faire; *it.* fare
fāma, -ae *f.* **fāma est**	das/ein Gerede, das/ein Gerücht; die/eine Sage es geht die Sage	*dt.* famos
scelus, sceleris *n.*	das/ein Verbrechen	

sē *(Akk.)* **sēcum** **inter sē**	sich mit sich, bei sich unter sich, untereinander	*it.* si
certāre, certō, certāvī	kämpfen, streiten, Wettkämpfe austragen	
necāre, necō, necāvī	töten	
nōnne?	nicht? *(legt eine zustimmende Antwort nahe)*	
īgnis, īgnis *m.*	das/ein Feuer	
perpetuus, -a, -um	ununterbrochen, fortdauernd	
ārdēre, ārdeō, ārsī	brennen	

Lektion 11

suus, -a, -um	sein, ihr	*fr.* son, sa; *sp.* suyo, -a; *it.* suo, -a
salūs, salūtis *f.*	(die) Gesundheit, (das) Wohlergehen; (die) Rettung; der/ein Gruß	*fr.* Salut! *Hallo!, Grüß dich!*; auch: *Tschüss!*; *sp.* salud; *it.* salute
accipere, accipiō, accēpī, acceptum	annehmen, bekommen, empfangen	*dt.* akzeptieren
bene *(Adv.)*	gut	*fr.* bien; *it.* bene
exercitus, exercitūs *m.*	das/ein Heer	*engl.* exercise *die Übung, die Aufgabe*; exercise book *das Schulheft, das Übungsheft*
mīles, militis *m.*	der/ein Soldat	*dt.* das Militär, militärisch
propter *(mit Akk.)*	wegen	
vīta, -ae *f.*	das/ein Leben	*dt.* vital; *fr.* vie; *sp.* vida; *it.* vita
āmittere, āmittō, amīsī, amissum	wegschicken; verlieren	
domus, domūs *f.*	das/ein Haus	*dt.* der Dom
opprimere, opprimō, oppressī, oppressum	unterdrücken; überfallen, bedrängen	
fēmina, -ae *f.*	die/eine Frau	*fr.* femme
capere, capiō, cēpī, captum	fassen, fangen; nehmen	*dt.* kapieren
servitūs, servitūtis *f.*	die/eine Sklaverei	
iussū *(Adv.)*	auf Befehl	
postquam *(mit Ind. Perf.)*	nachdem	
redīre, redeō, rediī, reditum	zurückkehren, zurückkommen	

	cultus, cultūs *m.*	die/eine Lebensweise; die/eine Verehrung; die/eine Pflege; die/eine Bebauung	*dt.* der Kult; die Kultur
	crūdēlitās, crudelitātis *f.*	die/eine Grausamkeit	
20	**factum, -ī** *n.*	die/eine Tat, die/eine Handlung	
	odium, -ī *n.*	(der) Hass	*sp./it.* odio
	patria, -ae *f.*	das/ein Vaterland, die/eine Heimat	*dt.* der Patriot; *it.* patria
	occupāre, occupō, occupāvī, occupātum	einnehmen, besetzen	
	magistrātus, magistrātūs *m.*	das/ein Amt; der/ein Beamte	
25	**prōvincia, -ae** *f.*	der/ein Amtsbereich, die/eine Provinz	
	oppidum, -ī *n.*	die/eine befestigte Siedlung; die/eine Stadt	
	nūntiāre, nūntiō, nūntiāvī, nūntiātum	melden, verkünden	*dt.* die Annonce, annoncieren
	tumultus, tumultūs *m.*	der/ein Aufruhr, (der) Lärm; der/ein Aufstand	*dt.* der Tumult
	mōs, mōris *m.*	der/ein Brauch, die/eine Gewohnheit, die/eine Sitte	*dt.* die Moral
30	**neglegere, neglegō, neglēxī, neglēctum**	nicht beachten, vernachlässigen	
	īra, -ae *f.*	der/ein Zorn	
	satis *(Adv.)*	ausreichend, genug	
	scrībere, scrībō, scrīpsī, scrīptum	schreiben	*fr.* l' écrivain *der Schriftsteller*; *sp.* escribir
	māter, mātris *f.*	die/eine Mutter	*engl.* mother; *fr.* mère; *sp./it.* madre
35	**mittere, mittō, mīsī, missum**	schicken, senden; ent-, loslassen; werfen	*dt.* die Mission

Verben der Lektionen 1–10: Partizip Perfekt Passiv

u-Perfekt

aperīre, aperiō, aperuī, apertum	öffnen
colere, colō, coluī, cultum	bebauen, pflegen; ehren, verehren
praebēre, praebeō, praebuī, praebitum	hinhalten, (dar)reichen, geben
tenēre, teneō, tenuī, tentum	(fest)halten

v-Perfekt

audīre, audiō, audīvī, audītum	hören
cupere, cupiō, cupīvī, cupītum	wünschen, wollen
quaerere, quaerō, quaesīvī, quaesītum	suchen, fragen

s-Perfekt

ārdēre, ārdeō, ārsī, ārsum	brennen
aspicere, aspiciō, aspexī, aspectum	erblicken, anschauen, betrachten
dīcere, dīcō, dīxī, dictum	sagen
discēdere, discēdō, discessī, discessum	weggehen
dūcere, dūcō, dūxī, ductum	ziehen, führen
intellegere, intellegō, intellēxī, intellēctum	verstehen, begreifen, merken
lūdere, lūdō, lūsī, lūsum	spielen
manēre, maneō, mānsī, mānsum	bleiben
nūbere, nūbō, nūpsī, nūptum	(einen Mann) heiraten
regere, regō, rēxī, rēctum	lenken, leiten, regieren
rīdēre, rīdeō, rīsī, rīsum	lachen

Reduplikationsperfekt

canere, canō, cecinī, cantātum	singen, besingen, ertönen lassen
crēdere, crēdō, crēdidī, crēditum	glauben
currere, currō, cucurrī, cursum	laufen
dare, dō, dedī, datum	geben
reperīre, reperiō, repperī, repertum	finden, wiederfinden
stāre, stō, stetī, statum	stehen
tangere, tangō, tetigī, tāctum	berühren, anfassen

Dehnungsperfekt

cavēre, caveō, cāvī, cautum	sich vorsehen, sich in Acht nehmen
fugere, fugiō, fūgī, fugitum	fliehen, flüchten
movēre, moveō, mōvī, mōtum	bewegen
venīre, veniō, vēnī, ventum	kommen
vidēre, videō, vīdī, vīsum	sehen

Ohne Veränderung des Stammes

respondēre, respondeō, respondī, respōnsum	antworten

Unregelmäßige Perfektbildung

dēpellere, dēpellō, dēpulī, dēpulsum	wegstoßen, vertreiben
facere, faciō, fēcī, factum	tun, machen
tollere, tollō, sustulī, sublātum	(auf)heben, erheben; verherrlichen; beseitigen

Lektion 12

	salvus, -a, -um	wohlbehalten, unversehrt	
	agere, agō, ēgī, āctum	treiben; tun	*dt.* der Akt; *engl.* to act
	labor, labōris *m.*	die/eine Anstrengung, die/eine Mühe, die/eine Arbeit	*dt.* das Laboratorium; *it.* lavoro
	subīre, subeō, subiī, subītum	auf sich nehmen	
5	**anteā** *(Adv.)*	vorher	
	mercātor, mercatōris *m.*	der/ein Kaufmann	*dt.* der Markt; *fr.* marché
	tūtus, -a, -um	sicher, geschützt	
	merx, mercis *f.*	die/eine Ware	
	spoliāre, spoliō, spoliāvī, spoliātum *(mit Abl.)*	berauben, plündern	
10	**iter, itineris** *n.*	der/ein Weg, die/eine Reise	
	monēre, moneō, monuī, monitum	mahnen, erinnern; warnen	
	tamen	dennoch, trotzdem	
	cōnstituere, cōnstituō, cōnstituī, cōnstitūtum	festsetzen, beschließen	*it.* costituire
	aliquandō *(Adv.)*	einst, (irgend)einmal	
15	**oculus, -ī** *m.*	das/ein Auge	
	prīmum *(Adv.)*	zuerst; zum ersten Mal	
	rōbur, rōboris *n.*	die/eine Kraft, die/eine Stärke	*dt.* robust
	beātus, -a, -um	glücklich	*it.* beato, -a
	gēns, gentis *f.*	das/ein Volk, der/ein Stamm; die/eine Sippe, das/ein Geschlecht	*fr.* les gens; *sp./it.* gente
20	**cōgnōscere, cōgnōscō, cōgnōvī, cōgnitum**	kennen lernen; erkennen; untersuchen	
	fīnis, fīnis *m.* **fīnēs, fīnium** *m.*	die/eine Grenze; das/ein Ende, das/ein Ziel das/ein Gebiet	*dt.* das Finale; *fr.* fin; *it.* fine
	vīcus, -ī *m.*	das/ein Dorf	
	vendere, vendō, vendidī, venditum	verkaufen	*fr.* le/la vendeur/-euse *der Verkäufer, die Verkäuferin*
	paucī, -ae, -a	(nur) wenige	
25	**annus, -ī** *m.*	das/ein Jahr	
	hostis, hostis *m.*	der/ein Feind, der/ein Landesfeind	
	gerere, gerō, gessī, gestum **bellum gerere**	tragen, ausführen Krieg führen	
	quōmodo? *(Adv.)*	wie?	
	hodiē *(Adv.)*	heute	*fr.* aujourd'hui

30	**aut** **aut … aut**	oder entweder … oder	
	mūtāre, mūtō, mūtāvī, mūtātum	(ein)tauschen; ändern, wechseln	

Lektion 13 (fakultativ)

	invītāre, invītō, invītāvī, invītātum	einladen	*engl.* (to) invite; *fr.* inviter
	prīmō *(Adv.)*	zuerst, anfangs; zum ersten Mal	*dt.* prima
	poēta, -ae *m.*	der/ein Dichter	*fr.* poète; *sp./it.* poeta
	prūdēns, *Gen.:* **prūdentis**	klug, erfahren	
5	**sapiēns,** *Gen.:* **sapientis**	weise, einsichtsvoll	
	incipere, incipiō, coepī, inceptum	anfangen, beginnen	
	nōmen, nōminis *n.*	der/ein Name	*fr.* nom; *sp.* nombre; *it.* nome
	Hispānia, -ae *f.*	Spanien	*sp.* España
	urbs, urbis *f.*	die/eine Stadt, die/eine Hauptstadt (*oft gleichbedeutend mit* Rom)	
10	**īnstitūtum, -ī** *n.*	die/eine Einrichtung, die/eine Sitte, der/ein Brauch	*dt.* das Institut
	nātūra, -ae *f.*	die/eine Natur, das/ein Wesen, die/eine Sinnesart	*fr.* nature; *it.* natura
	celer, celeris, celere	schnell	
	ille, illa, illud	jener, jene, jenes	
	neque / nec **neque … neque / nec … nec**	und nicht, auch nicht weder … noch	
15	**toga, -ae** *f.*	die/eine Toga	
	vestis, vestis *f.*	das/ein Kleid, das/ein Gewand	*sp.* vestido; *it.* veste
	nōbilis, nōbile	adlig, edel, vornehm, berühmt	
	thermae, -ārum *f. (Pluralwort)*	(die) Thermen	
	campus, -ī *m.*	das/ein Feld, die/eine Ebene	
20	**hic, haec, hoc**	dieser, diese, dieses	
	dormīre, dormiō, dormīvī, dormītum	schlafen	*sp.* dormir; *it.* dormire
	clāmor, clāmōris *m.*	das/ein Geschrei, (der) Lärm	
	ingēns, *Gen.:* **ingentis**	gewaltig, ungeheuer (groß)	
	similis, simile	ähnlich	
25	**carmen, carminis** *n.*	das/ein Gedicht, das/ein Lied	
	dēns, dentis *m.*	der/ein Zahn	*sp.* dentado; *it.* dente
	ratiō, ratiōnis *f.*	die/eine Überlegung, der/ein Plan, die/eine Berechnung, (die) Vernunft	

emere, emō, ēmī, ēmptum	kaufen	

Lektion 14

	immortālis, immortālis, immortāle, *Gen.:* **immortālis** (▷ mors, mortuus Lekt. 8)	unsterblich	
	frūx, frūgis *f.*	die/eine (Feld-)Frucht	*engl.* fruit; *fr.* fruits; *it.* frutto
	maximus, -a, -um (▷ magnus Lekt. 2)	der größte, der bedeutendste	
	īnsula, -ae *f.*	die/eine Insel	*engl.* island; *fr.* île
5	**dēscendere, dēscendō, dēscendī, dēscēnsum**	hinab-, herabsteigen	
	flōs, flōris *m.*	die/eine Blume, die/eine Blüte	*engl.* flower; *fr.* fleur
	colligere, colligō, collēgī, collēctum	sammeln	*dt.* die Kollekte, die Kollektion, kollektiv; *engl.* (to) collect
	manus, manūs *f.*	die/eine Hand; die/eine Schar	*dt.* das Manuskript; *fr.* main; *sp./it.* mano
	terra, -ae *f.*	die/eine Erde, das/ein Land	*dt.* das Territorium; *engl.* territory; *fr.* terre
10	**rēx, rēgis** *m.* **rēgīna, -ae** *f.* (▷ regere Lekt. 10)	der/ein König die/eine Königin	*dt.* der Regent; *fr.* roi; *sp.* rey; *it.* re
	īnferī, -ōrum *m. (Pluralwort)*	die Unterwelt *(wörtlich: die Unterirdischen)*	
	amor, amōris *m.* (▷ amāre Lekt. 1)	die/eine Liebe	
	vehemēns, vehemēns, vehemēns, *Gen.:* **vehementis**	heftig	
	vīvere, vīvō, vīxī (▷ vīta Lekt. 11)	leben	*fr.* vie *Leben*; *sp.* vivir; *it.* vivere
15	**sibi** *(Dat. zu* **sē***)*	sich; *hier:* ihm	
	rapere, rapiō, rapuī, raptum	rauben, reißen; entführen	
	celer, celeris, celere, *Gen.:* **celeris**	schnell	
	rēgnum, -ī *n.* (▷ regere Lekt. 10)	die/eine Königsherrschaft, die/eine Herrschaft, das/ein Reich	
	adiuvāre, adiuvō, adiūvī, adiūtum *(mit Akk.)*	unterstützen, (jmdm.) helfen	*fr.* aider
20	**frūstrā** *(Adv.)*	vergeblich, umsonst	
	ingēns, ingēns, ingēns, *Gen.:* **ingentis**	gewaltig, ungeheuer (groß)	
	dēesse, dēsum, dēfuī (▷ dē Lekt. 6, esse Lekt. 1)	fehlen, nicht da sein	

omnis, omnis, omne, *Gen.:* **omnis**	jeder; ganz; *Pl.:* alle	*dt.* der Omnibus
cūra, -ae *f.*	die/eine Sorge, die/eine Sorgfalt; die/eine Pflege	*dt.* die Kur
vestīgium, -ī *n.*	der/ein Fuß, die/eine Spur	
recipere, recipiō, recēpī, receptum (⊳ capere Lekt. 11)	annehmen, aufnehmen; zurücknehmen, zurückziehen	*dt.* das Rezept; *fr.* recevoir
cūrāre, cūrō, cūrāvī, cūrātum (⊳ cūra)	sorgen für, versorgen	*dt.* kurieren; *sp.* curar
prūdēns, prūdēns, prūdēns, *Gen.:* **prūdentis**	klug, erfahren	*fr.* prudent, -e
prōvidēre, prōvideō, prōvīdī, prōvīsum *(mit Akk.)* *(mit Dat.)* (⊳ prō Lekt. 6, vidēre Lekt. 1)	vorhersehen; sorgen für	*dt.* die Provision, provisorisch
ager, agrī *m.*	der/ein Acker, das/ein Feld; das/ein Gebiet	*dt.* Agrar-
mortālis, mortālis, mortāle *Gen.:* **mortālis** (⊳ mors, mortuus Lekt. 8)	sterblich	
sapiēns, sapiēns, sapiēns, *Gen.:* **sapientis**	weise, einsichtsvoll	
dēcernere, dēcernō, dēcrēvī, dēcrētum	entscheiden, beschließen	
tot	so viele	
mēnsis, mēnsis *m.*	der/ein Monat	*engl.* month; *fr.* mois
quot?	wie viele?	*dt.* die Quote

Lektion 15

observāre, observō, observāvī, observātum	beobachten, beachten	*dt.* das Observatorium; *fr.* observer
taurus, -ī *m.*	der/ein Stier	
incrēdibilis, incrēdibilis, incrēdibile, *Gen.:* **incrēdibilis** (⊳ crēdere Lekt. 10)	unglaublich	
fōrma, -ae *f.*	die/eine Gestalt, die/eine Erscheinung; (die) Schönheit	*dt.* die Form; *engl.* form
corpus, corporis *n.*	der/ein Körper	*dt.* korpulent
color, colōris *m.*	die/eine Farbe	*engl.* colour
umquam *(Adv.)*	jemals	
vultus, vultūs *m.*	das/ein Gesicht; die/eine Miene, der/ein Ausdruck	
sinere, sinō, sīvī *und* **siī, situm**	lassen, zulassen	
iūcundus, -a, -um	angenehm, erfreulich	

	quam *(mit Komparativ)*	als	
	cōnspicere, cōnspiciō, cōnspexī, cōnspectum (▷aspicere Lekt. 9)	erblicken	
	meā/tuā/nostrā/vestrā/suā sponte	von selbst, aus eigenem Antrieb	
	adīre, adeō, adiī, aditum (▷ īre Lekt. 5)	herangehen, hingehen	
15	**brevis, brevis, breve,** *Gen.:* **brevis**	kurz	
	tempus, temporis *n.*	die/eine Zeit	*dt.* das Tempo; *engl.* time; *fr.* temps; *sp.* tiempo
	ferus, -a, -um	wild	
	tergum, -ī *n.*	der/ein Rücken	
	cōnsīdere, cōnsīdō, cōnsēdī *und* **cōnsīdī, cōnsessum**	sich niederlassen	
20	**celeritās, celeritātis** *f.* (▷ celer Lekt. 14)	(die) Schnelligkeit	
	relinquere, relinquō, relīquī, relictum	verlassen; zurücklassen	*dt.* die Reliquie
	nē ... quidem	nicht einmal	
	tenuis, tenuis, tenue, *Gen.:* **tenuis**	dünn; fein; schwach	
	cernere, cernō, crēvī, crētum	wahrnehmen, sehen	
25	**longus, -a, -um**	lang; weit	*engl.* long; *fr.* long, -ue
	cōnficere, cōnficiō, cōnfēcī, cōnfectum (▷ facere Lekt. 10)	zu Ende bringen, zurücklegen	
	impellere, impellō, impulī, impulsum	(an)stoßen, bewegen, veranlassen	*dt.* der Impuls
	fēlīx, fēlīx, fēlīx, *Gen.:* **fēlīcis**	glücklich	*sp.* feliz; *it.* felice
	parere, pariō, peperī, partum	hervorbringen, gebären; erwerben	

Lektion 16

	iubēre, iubeō, iussī, iussum *(mit Akk.)* (▷ iussū Lekt. 11)	(jmdm.) befehlen	
	hic, haec, hoc	dieser, diese, dieses	
	ille, illa, illud	jener, jene, jenes	
	bōs, bovis *m. u. f.* *Gen. Pl.:* **boum,** *Dat./Abl. Pl.:* **bobus**	das/ein Rind, die/eine Kuh, der/ein Ochse	
5	**stabulum, -ī** *n.*	der/ein Stall	
	numquam *(Adv.)* (▷ umquam Lekt. 15)	nie(mals)	

cōpia, -ae *f.* **cōpiae, -ārum** *f. (Pluralwort)*	die/eine Menge, die/eine Masse (die) Truppen	*dt.* die Kopie, kopieren; *engl.* copy
odor, odōris *m.*	der/ein Geruch, der/ein Gestank	*fr.* odeur
malus, -a, -um *(Komp.:* **pēior, pēius,** *Gen.:* **peiōris** / *Sup.:* **pessimus, -a, -um***)*	schlecht, schädlich, böse	*sp.* malo, -a; *it.* male
vexāre, vexō, vexāvī, vexātum	quälen	
cīvis, cīvis *m.*	der/ein Bürger	*dt.* zivil
removēre, removeō, remōvī, remōtum (▷ movēre Lekt. 6)	entfernen, beseitigen	
glōria, -ae *f.*	(der) Ruhm	*sp./it.* gloria
augēre, augeō, auxī, auctum	vergrößern, vermehren, fördern	*dt.* die Auktion
cōgere, cōgō, coēgī, coāctum	(ver)sammeln; zwingen	
pars, partis *f.* **partēs, partium** *f.*	der/ein Teil; die/eine Richtung; die/eine Seite die/eine Partei	*engl.* part; *fr.* partie
facilis, facilis, facile, *Gen.:* **facilis** (▷ facere Lekt. 10)	leicht (zu tun), bequem	*fr.* facile; *sp.* fácil; *it.* facile
flūmen, flūminis *n.*	der/ein Fluss	*it.* fiume
līberāre, līberō, līberāvī, līberātum	befreien	*fr.* libre *frei*; *it.* liberare
inquit *(nachgestellt)*	(er, sie, es) sagt(e)	
prōmittere, prōmittō, prōmīsī, prōmissum	versprechen	*engl.* (to) promise
at	aber, dagegen	
praetereā *(Adv.)*	außerdem	

Lektion 17

castra, -ōrum *n. (Pluralwort)*	das/ein Lager	*engl.* castle; *fr.* château
contendere, contendō, contendī	eilen, sich anstrengen, kämpfen	
fortis, fortis, forte, *Gen.:* **fortis**	tapfer, mutig, stark	*fr.* fort, -e; *it.* forte
pūgnāre, pūgnō, pūgnāvī, pūgnātum	kämpfen	
vulnerāre, vulnerō, vulnerāvī, vulnerātum	verwunden, verletzen	
gravis, gravis, grave, *Gen.:* **gravis**	schwer; bedeutend; streng	*fr./sp./it.* grave
dolor, dolōris *m.*	der/ein Schmerz	*sp.* dolor
sustinēre, sustineō, sustinuī, sustentum (▷ tenēre Lekt. 4)	aushalten, (er)tragen	
terrēre, terreō, terruī, territum	erschrecken	*dt.* der Terror

10	**obviam** *(Adv.)*	entgegen	
	petere, petō, petīvī, petītum	erbitten, zu erreichen suchen, (einen Ort) aufsuchen, angreifen	
	retinēre, retineō, retinuī, retentum (▷ tenēre Lekt. 4)	aufhalten, zurückhalten	
	senex, senis *m.*	der/ein alter Mann, der/ein Greis	
	crūdēlis, crūdēlis, crūdēle, *Gen.:* **crūdēlis**	grausam, roh	*engl.* cruel
15	**persuadēre, persuādeō, persuāsī, persuāsum** *(mit Dat.)*	jmdn. überreden, überzeugen	
	aciēs, aciēī *f.*	die/eine Schlachtreihe	
	proelium, -ī *n.*	der/ein Kampf, die/eine Schlacht	
	nāvis, nāvis *f.*	das/ein Schiff	*dt.* die Navigation
	virtūs, virtūtis *f.* (▷ vir Lekt. 4)	(die) Tapferkeit, (die) Tatkraft, die/eine Tugend	
20	**vallum, -ī** *n.*	der/ein Wall	*engl.* wall
	dēfendere, dēfendō, dēfendī, dēfēnsum	verteidigen	*dt.* defensiv, die Defensive
	resistere, resistō, restitī	sich widersetzen, Widerstand leisten	
	vincere, vincō, vīcī, victum	(be)siegen	*sp.* vencer
	cēdere, cēdō, cessī, cessum	gehen, weichen	
25	**unda, -ae** *f.*	die/eine Welle, die/eine Flut	
	victōria, -ae *f.* (▷ vincere)	der/ein Sieg	*sp.* victoria
	negāre, negō, negāvī, negātum	verweigern, verneinen, nein sagen	*dt.* negativ
	sors, sortis *f.*	das/ein Los; das/ein Schicksal	*fr.* sort
	frāter, frātris *m.*	der/ein Bruder	*fr.* frère
30	**arma, -ōrum** *n. (Pluralwort)*	(die) Waffen	*dt.* die Armee
	superāre, superō, superāvī, superātum	besiegen, übertreffen	
	precēs, precum *f. (Pluralwort)*	die/eine Bitte, das/ein Gebet	
	probāre, probō, probāvī, probātum	gutheißen, billigen; prüfen	*dt.* probieren; *sp.* probar

Lektion 18

decem	zehn	*dt.* dezimal; *it.* dieci
mare, maris *n.*	das/ein Meer	*dt.* die Marine; *fr.* mer; *sp.* mar; *it.* mare
errāre, errō, errāvī, errātum	(sich) irren; umherirren	

socius, -ī *m.* **socius, -a, -um**	der/ein Gefährte gemeinsam	*dt.* sozial
pervenīre, perveniō, pervēnī, perventum (▷ venīre Lekt. 3)	hinkommen, gelangen	
lītus, lītoris *n.*	die/eine Küste, der/ein Strand	
iacēre, iaceō, iacuī	liegen	
misericordia, -ae *f.* (▷ miser Lekt. 3)	(das) Mitleid, (die) Barmherzigkeit	
permovēre, permoveō, permōvī, permōtum (▷ movēre Lekt. 6)	bewegen, erregen	
vestis, vestis *f.*	das/ein Kleid, das/ein Gewand	*fr.* vêtements
error, errōris *m.* (▷ errāre)	der/ein Irrtum, (das) Umherirren	
moenia, moenium *n.* *(Pluralwort)*	(die) Stadtmauern, (die) Mauern	
urbs, urbis *f.*	die/eine Stadt, die/eine Hauptstadt	
vīs, *Akk.:* **vim,** *Abl.:* **vī** *f.*	die/eine Kraft, (die) Gewalt, die/eine Stärke	
animal, animālis *n.*	das/ein Lebewesen, das/ein Tier	*engl./fr.* animal
famēs, famis *f.*	(der) Hunger	*fr.* faim
vix *(Adv.)*	kaum, mit Mühe	
cum *(mit Ind.)*	jedes Mal, wenn; dann, wenn; damals, als	
tempestās, tempestātis *f.*	der/ein Sturm, das/ein Unwetter	
agitāre, agitō, agitāvī, agitātum (▷ agere Lekt. 12)	antreiben, treiben	
dēficere, dēficiō, dēfēcī, dēfectum (▷ dē Lekt. 6, facere Lekt. 10)	abfallen; ausgehen; schwinden	*dt.* der Defekt, das Defizit
imprīmīs *(Adv.)*	besonders	
mulier, mulieris *f.*	die/eine Frau	*sp.* mujer
speciēs, speciēī *f.*	(das) Aussehen, das/ein Äußere(s); (die) Schönheit; (der) Schein; die/eine Art	*dt.* die Spezies, speziell
saxum, -ī *n.*	der/ein Stein, der/ein Fels	
sedēre, sedeō, sēdī, sessum (▷ cōnsīdere Lekt. 15)	sitzen	
dulcis, dulcis, dulce, *Gen.:* **dulcis**	süß; lieblich, angenehm	
perniciēs, perniciēī *f.*	(das) Verderben, (der) Untergang	
auris, auris *f.*	das/ein Ohr	
explēre, expleō, explēvī, explētum	ausfüllen, vollenden	
ubī *(mit Ind.)*	sobald	

	vinculum, -ī *n.* **vincula, -ōrum** *n.*	das/ein Band, die/eine Fessel (die) Fesseln; das/ein Gefängnis	
	fīrmus, -a, -um	stark, fest, sicher	
	ut (prīmum) *(mit Ind.)*	sobald	
35	**solvere, solvō, solvī, solūtum**	lösen, auflösen; bezahlen	
	addūcere, addūcō, addūxī, adductum (▷ dūcere Lekt. 5)	heranführen, zuführen, veranlassen	

Lektion 19

	ōra, -ae *f.*	die/eine Küste	
	summus, -a, -um	höchster, oberster	
	ēripere, ēripiō, ēripuī, ēreptum (▷ rapere Lekt. 14)	reißen, entreißen, rauben	
	invītāre, invītō, invītāvī, invītātum	einladen	*engl.* (to) invite, invitation; *fr.* inviter
5	**incendium, -ī** *n.*	der/ein Brand, das/ein Feuer	
	expellere, expellō, expulī, expulsum	vertreiben, ausstoßen	
	invenīre, inveniō, invēnī, inventum	finden, erfinden	*engl.* (to) invent
	incipere, incipiō, coepī, inceptum (▷ capere Lekt. 11)	anfangen, beginnen	
	mūnīre, mūniō, mūnīvī, mūnītum	befestigen, sichern	
10	**profectō** *(Adv.)* (▷ facere Lekt. 10)	in der Tat, sicherlich	
	invītus, -a, -um	unwillig, gegen den eigenen Willen	
	contentus, -a, -um	zufrieden	*fr.* content, -e
	vocāre, vocō, vocāvī, vocātum (▷ vōx Lekt. 7)	rufen	
	fātum, -ī *n.*	der/ein Göttersspruch, das/ein Schicksal	
15	**condere, condō, condidī, conditum**	gründen	
	portus, portūs *m.*	der/ein Hafen	*fr.* port; *sp.* puerto
	deinde *(Adv.)*	dann, darauf	
	aedēs, aedis *f.* **aedēs, aedium** *f.* (▷ aedificium Lekt. 7)	das/ein Gotteshaus, der/ein Tempel das/ein (Wohn-)Haus	
	rēgius, -a, -um (▷ rēx Lekt. 14)	königlich	
20	**oportet, oportuit**	es ist notwendig, man muss	

	nāvigāre, nāvigō, nāvigāvī, nāvigātum (▷ nāvis Lekt. 17)	segeln	
	addere, addō, addidī, additum (▷ ad Lekt. 5, dare Lekt. 4)	hinzufügen, beifügen	*dt.* addieren; *engl.* (to) add
	caelum, -ī *n.*	der/ein Himmel, das/ein Wetter, das/ein Klima	*fr.* ciel; *sp.* cielo
	perīre, pereō, periī (▷ īre Lekt. 5)	zugrunde gehen, umkommen	
25	**postrēmum** *(Adv.)*	zum letzten Mal	

Lektion 20

	auctor, auctōris *m.*	der/ein Gewährsmann, der/ein Förderer, der/ein Urheber	*dt.* der Autor
	ferē *(Adv.)*	fast, beinahe	
	referre, referō, rettulī, relātum (▷ ferre)	zurückbringen, berichten	*dt.* das Referat, der Referendar; *engl.* (to) refer
	auferre, auferō, abstulī, ablātum (▷ ā Lekt. 6, ferre)	wegtragen, wegreißen	
5	**rīpa, -ae** *f.*	das/ein Ufer	
	expōnere, expōnō, exposuī, expositum	ausstellen, aussetzen	
	clāmor, clāmōris *m.* (▷ clāmāre Lekt. 4)	das/ein Geschrei, der/ein Lärm	*dt.* die Reklame
	forte *(Adv.)*	zufällig	
	ferre, ferō, tulī, lātum	tragen, bringen; ertragen	
10	**parentēs, parentum** *m.* (▷ parere Lekt. 15)	(die) Eltern	*engl./fr.* parents
	ēducāre, ēducō, ēducāvī, ēducātum (▷ dūcere Lekt. 5)	erziehen	
	interficere, interficiō, interfēcī, interfectum (▷ facere Lekt. 10)	töten, umbringen	
	vīvus, -a, -um	lebendig, unverbraucht	
	cīvitās, cīvitātis *f.* (▷ cīvis Lekt. 16)	die/eine Bürgerschaft, die/eine Stadt	*engl.* city; *sp.* ciudad; *it.* città
15	**nōmen, nōminis** *n.*	der/ein Name	*dt.* der Nominativ; *fr.* nom
	quia	weil, da	
	cōnsulere, cōnsulō, cōnsuluī, cōnsultum *(mit Akk.)* *(mit Dat.)*	um Rat fragen sorgen für	
	mūrus, -ī *m.*	die/eine Mauer	

	aeger, aegra, aegrum **aegrē ferre**	leidend, schmerzlich mit Mühe/kaum ertragen	
20	**adhūc** *(Adv.)* (▷ ad Lekt. 5, hīc Lekt. 3)	bis jetzt	
	irrīdēre, irrīdeō, irrīsī, irrīsum (▷ rīdēre Lekt. 1)	verspotten	
	commovēre, commoveō, commōvī, commōtum (▷ movēre Lekt. 6)	bewegen, veranlassen	*it.* commuovere

Lektion 21

	quod *(bei Verben, die Gefühle ausdrücken)*	dass	
	īnsidiae, -ārum *f. (Pluralwort)*	der/ein Hinterhalt, die/eine Falle	
	ut *(mit Konj.)*	(so) dass, damit, um ... zu	
	hospes, hospitis *m.*	der/ein Gast	*dt.* das Hospital; *engl.* hospital
5	**sīgnum, -ī** *n.*	das/ein Zeichen	*dt.* das Signal; *engl.* signal
	dēferre, dēferō, dētulī, dēlātum (▷ dē Lekt. 6, ferre Lekt. 20)	wegtragen, (hin-)tragen	
	nē *(mit Konj.)*	dass nicht, damit nicht	
	cum *(mit Konj.)*	weil; nachdem, als; obwohl	
	violāre, violō, violāvī, violātum	verletzen	
10	**dīligēns, dīligēns, dīligēns,** *Gen.:* **dīligentis**	sorgfältig, gewissenhaft	
	impetus, impetūs *m.* (▷ in Lekt. 5, petere Lekt. 17)	der/ein Angriff	
	cōnsilium, -ī *n.* **cōnsilium capere**	der/ein Entschluss, der/ein Plan; die/eine Beratung einen Entschluss fassen	
	clam *(Adv.)*	heimlich	*dt.* klammheimlich
	accidere, accidō, accidī **accidit, accidit**	sich ereignen, zustoßen es ereignet sich	*engl.* accident *der Unfall*
15	**invādere, invādō, invāsī, invāsum** (▷ in Lekt. 5)	angreifen, überfallen; eindringen	*dt.* die Invasion
	tam *(Adv.)*	so	
	marītus, -ī *m.*	der/ein Ehemann	
	medius, -a, -um	in der Mitte gelegen; mitten	*sp./it.* medio, -a
	inicere, iniciō, iniēcī, iniectum	hinein-, hinwerfen	*dt.* die Injektion
20	**imperāre, imperō, imperāvī, imperātum** (▷ imperātor Lekt. 8)	befehlen	*dt.* der Imperativ
	animus, -ī *m.*	der/ein Geist; das/ein Gemüt	

pōnere, pōnō, posuī, positum	setzen, stellen, legen	*dt.* die Position
sīc *(Adv.)*	so	

Lektion 22

	studēre, studeō, studuī *(mit Dat.)*	sich bemühen um; studieren	*engl.* (to) study
	quantus, -a, -um?	wie groß?	*dt.* das Quantum, die Quantität; *fr.* quantité;
	committere, committō, commīsī, commissum **proelium committere**	zusammenführen; beginnen; begehen; anvertrauen eine Schlacht beginnen, kämpfen	*dt.* die Kommission
	īgnōrāre, īgnōrō, īgnōrāvī, īgnōrātum **nōn īgnōrāre** (▷ īgnōtus Lekt. 5)	nicht kennen, nicht wissen genau wissen	*dt.* ignorieren
5	**expūgnāre, expūgnō, expūgnāvī, expūgnātum** (▷ pūgnāre Lekt. 17)	erobern	
	opus, operis *n.* **opus est** *(mit AcI)*	das/ein Werk, das/ein Bauwerk es ist nötig	
	certus, -a, -um **certē** *(Adv.)*	sicher, zuverlässig, bestimmt sicher(lich)	
	crēscere, crēscō, crēvī, crētum	wachsen, sich steigern, größer/stärker werden	*it.* crescendo
	mandāre, mandō, mandāvī, mandātum	anvertrauen, auftragen, befehlen	*dt.* das Mandat
10	**suscipere, suscipiō, suscēpī, susceptum**	auf sich nehmen, übernehmen	
	audācia, -ae *f.*	die/eine Kühnheit, (der) Mut, die/eine Frechheit	*it.* audacia
	neque/nec **neque ... neque / nec ... nec**	und nicht, auch nicht weder ... noch	
	ēgregius, -a, -um	außergewöhnlich	*it.* egregio
	habēre, habeō, habuī, habitum	haben, halten	*engl.* (to) have; *fr.* avoir; *it.* avere
15	**ūtilis, ūtilis, ūtile,** *Gen.:* **ūtilis**	nützlich	*fr.* utile
	nūntius, -ī *m.* (▷ nūntiāre Lekt. 11)	der/ein Bote; die/eine Botschaft, die/eine Meldung, die/eine Nachricht	
	certiōrem facere	jmdn. benachrichtigen	
	in animō habēre	im Sinne haben, beabsichtigen	

Lektion 23

victor, victōris *m.* (▷ vincere Lekt. 17)	der/ein Sieger	
praemium, -ī *n.*	der/ein Lohn, die/eine Belohnung, der/ein Preis	*dt.* die Prämie
prōpōnere, prōpōnō, prōposuī, prōpositum (▷ prō Lekt. 6, pōnere Lekt. 21)	versprechen, in Aussicht stellen, aufstellen, sich vornehmen	*fr.* proposer
afferre, afferō, attulī, allātum (▷ ad Lekt. 5, ferre Lekt. 20)	(herbei)bringen, mitbringen, zufügen	
ars, artis *f.*	die/eine Kunst, die/eine Kunstfertigkeit, das/ein Handwerk	
argentum, -ī *n.*	(das) Silber	*fr.* l'argent
praeesse, praesum, praefuī *(mit Dat.)* (▷ prae Lekt. 6, esse Lekt. 1)	verwalten, leiten, kommandieren	
falsus, -a, -um	falsch	
nūper *(Adv.)*	neulich	
legere, legō, lēgī, lēctum	lesen, sammeln	*fr.* lire; *sp.* leer; *it.* leggere
impetrāre, impetrō, impetrāvī, impetrātum	erreichen, durchsetzen, zustande bringen	
antīquus, -a, -um	alt, früher	*dt.* antik, die Antiquität
incolere, incolō, incoluī, incultum (▷ in Lekt. 6, colere Lekt. 8)	bewohnen, wohnen	
orbis, orbis *m.* **orbis terrārum** *m.*	der/ein Kreis, die/eine Scheibe der/ein Erdkreis, die/eine Welt	
aurum, -ī *n.*	(das) Gold	
aes, aeris *n.*	(das) Erz, (das) Kupfer, (die) Bronze	
mīrābilis, mīrābilis, mīrābile, *Gen.:* **mīrābilis** (▷ mīrus, -a, -um Lekt. 6)	erstaunlich, bewundernswert	
prīmō *(Adv.)*	zuerst, anfangs; zum ersten Mal	
sī	wenn	
rēctus, -a, -um	richtig, gerade	
nisī	wenn nicht	
quodsī	wenn also, wenn aber	
ambō, -ae, -ō	beide	
fortāsse *(Adv.)*	vielleicht	

Lektion 24

	utinam (nē) *(mit Konj.)*	wenn doch (nicht)! Hoffentlich (nicht)!	
	utrum … an	ob … oder	
	barbarus, -ī *m.*	der/ein Ausländer, der/ein Fremder, der/ein Barbar	
	ipse, ipsa, ipsum	selbst	
5	**optāre, optō, optāvī, optātum**	wünschen	
	plērīque, plēraeque, plēraque	die meisten	
	opīniō, opīniōnis *f.*	die/eine Meinung, das/ein Gerücht, die/eine Erwartung	
	prīmus, -a, -um (▷ prīmō Lekt. 23)	erster, vorderster; vornehmster	*dt.* prima; *fr.* premier, -ière
	ultimus, -a, -um	letzter, äußerster	*dt.* das Ultimatum
10	**excēdere, excēdō, excessī, excessum** (▷ ex Lekt. 6, cēdere Lekt. 17)	herausgehen, verlassen	
	laus, laudis *f.* (▷ laudāre Lekt. 3)	das/ein Lob, (der) Ruhm	
	cōnsul, cōnsulis *m.*	der/ein Konsul *(oberster Beamter)*	
	legiō, legiōnis *f.*	die/eine Legion *(größte militärische Einheit im römischen Heer)*	
	lacus, lacūs *m.*	der/ein See	*fr.* lac
15	**senātus, senātūs** *m.* (▷ senātor Lekt. 7)	der/ein Senat, die/eine Senatsversammlung	
	populus, -ī *m.*	das/ein Volk, die/eine Menge	*dt.* populär; *engl.* people
	quārē	dadurch; wodurch?	
	implōrāre, implōrō, implōrāvī, implōrātum	flehentlich bitten, erflehen	
	solēre, soleō	gewohnt sein	
20	**vertere, vertō, vertī, versum**	drehen, wenden	
	ergā *(mit Akk.)*	gegen, gegenüber *(im freundlichen Sinn)*	
	cōnservāre, cōnservō, cōnservāvī, cōnservātum	erhalten, bewahren, retten	*dt.* konservieren, konservativ
	prius *(Adv.)*	früher, eher	
	dēpōnere, dēpōnō, dēposuī, dēpositum (▷ dē Lekt. 6, pōnere Lekt. 21)	niederlegen, ablegen	
25	**ūsque ad** *(mit Akk.)*	bis zu	
	metus, metūs *m.*	(die) Furcht, (die) Angst	
	vērus, -a, -um	wahr, echt, wirklich	*fr.* vérité
	sānctus, -a, -um	heilig	*sp./it.* santo, -a

	avāritia, -ae *f.*	(die) Habgier, (der) Geiz	
30	**pūgna, -ae** *f.* (▷ pūgnāre Lekt. 17)	der/ein Kampf, die/eine Schlacht	
	captīvus, -ī *m.* (▷ capere Lekt. 11)	der/ein Gefangener	
	clēmentia, -ae *f.*	(die) Milde	
	pretium, -ī *n.*	der/ein Preis	
	dimittere, dimittō, dimīsī, dimissum (▷ dē Lekt. 6, mittere Lekt. 11)	wegschicken, entlassen	
35	**alter, altera, alterum**	der eine (von beiden), der andere	*dt.* alternativ, die Alternative
	ōrāre, ōrō, ōrāvī, ōrātum	bitten	
	hūc *(Adv.)*	hierher	
	cōnferre, cōnferō, contulī, collātum (▷ cum Lekt. 6, ferre Lekt. 20) **sē cōnferre**	zusammentragen; vergleichen sich begeben	*dt.* die Konferenz

Lektion 25

	secundus, -a, -um	zweiter, nächster	
	fīnīre, fīniō, fīnīvī, fīnītum (▷ fīnis Lekt. 12)	beenden, begrenzen	
	restituere, restituō, restituī, restitūtum	wiederherstellen, wieder aufbauen	
	opēs, opum *f. (Pluralwort)*	(die) Hilfsmittel; die/eine Macht, (der) Reichtum, (die) Truppen	
5	**īnferre, īnferō, intulī, illātum** (▷ in Lekt. 5, ferre Lekt. 20)	hineintragen; zufügen	
	bellum īnferre *(mit Dat.)*	mit jmdm. Krieg anfangen	
	dēlēre, dēleō, dēlēvī, dēlētum	zerstören	
	ergō *(Adv.)*	also	
	subicere, subiciō, subiēcī, subiectum	unterwerfen, unterordnen, preisgeben	
10	**sīn** (▷ sī Lekt. 23)	wenn aber	
	animum dimittere	den Mut verlieren	
	invidia, -ae *f.*	(der) Neid	
	contrā *(mit Akk.)*	gegen	*dt.* kontern; *fr.* contre
	metuere, metuō, metuī (▷ metus Lekt. 24)	fürchten	
15	**necesse est**	es ist nötig, notwendig	*engl.* necessary
	tālis, tālis, tāle, *Gen.:* **tālis**	solcher, solche, solches	

	potēns, potēns, potēns, *Gen.:* **potentis** (▷ posse Lekt. 4)	mächtig	*dt.* die Potenz
	oppūgnāre, oppūgnō, oppūgnāvī, oppūgnātum (▷ pūgnāre Lekt. 17)	angreifen, bestürmen	
	cōnsentīre, cōnsentiō, cōnsēnsī, cōnsēnsum	übereinstimmen, zustimmen, sich einig sein	
20	**cupidus, -a, -um** *(mit Gen.)* (▷ cupere Lekt. 5)	gierig, begierig (auf)	
	superior, superius, *Gen.:* **superiōris**	früher, vorig, höher	
	praestāre, praestō, praestitī *(mit Dat.)* *(mit Akk.)* (▷ prae Lekt. 6, stāre Lekt. 1)	jmdm. voranstehen, jmdn. übertreffen; etwas leisten	
	industria, -ae *f.*	(der) Fleiß	*dt.* die Industrie, industriell
	philosophus, -ī *m.*	der/ein Philosoph, der/ein Gelehrte(r)	
25	**habitāre, habitō, habitāvī, habitātum**	wohnen	*fr.* habiter, l'habitant, e
	docēre, doceō, docuī, doctum	lehren	
	scientia, -ae *f.* (▷ scīre Lekt. 10)	(das) Wissen, die/eine Kenntnis	*engl.* science
	cōnsultum, -ī *n.* (▷ cōnsulere Lekt. 20)	der/ein Plan, der/ein Beschluss	
	paulō post *(Adv.)*	wenig später	
30	**foedus, foederis** *n.*	das/ein Bündnis	
	dīripere, dīripiō, dīripuī, dīreptum (▷ rapere Lekt. 14)	(aus)plündern, rauben	
	causā *(mit Gen.)*	wegen	

Lektion 26

	nātus, -a, -um	geboren	*dt.* die Nation, national; *engl.* nation, national
	prīvātus, -a, -um	privat, persönlich	
	comparāre, comparō, comparāvī, comparātum (▷ parāre Lekt. 4)	vorbereiten; beschaffen; vergleichen	*engl.* (to) compare; *fr.* comparer
	lībertās, lībertātis *f.* (▷ līberāre Lekt. 16, līber Lekt. 26 unten)	(die) Freiheit	*sp.* libertad
5	**vindicāre, vindicō, vindicāvī, vindicātum**	beanspruchen; schützen; bestrafen; befreien	

	cōnscrībere, cōnscrībō, cōnscrīpsī, cōnscrīptum (▷ scrībere Lekt. 11)	eintragen, aufschreiben; ausheben *(Soldaten)*	
	favēre, faveō, fāvī, fautum *(mit Dat.)*	begünstigen, unterstützen	*dt.* der Favorit; *engl.* favourite
	causa, -ae *f.* (▷ causā *(m. Gen.)* Lekt. 25) **quā dē causā**	der/ein Grund, die/eine Ursache; der/ein Prozess, die/eine Rechtsangelegenheit aus diesem Grund, deshalb	*engl.* cause; *sp./it.* causa
	triumvir, triumvirī *m.* (▷ trēs, tria, *Gen.* trium Lekt. 10, vir Lekt. 4)	der/ein Triumvir *(Mitglied eines Triumvirats)*	
10	**uterque, utraque, utrumque**	jeder (von zweien), beide	
	peregrīnus, -a, -um	fremd, ausländisch	
	meminisse, meminī	sich erinnern an, denken an	
	inimīcus, -a, -um **inimīcus, -ī** *m.*	feindlich der/ein *(persönliche/r)* Feind	*engl.* enemy; *sp.* enemigo
	concordia, -ae *f.*	(die) Eintracht, (die) Harmonie	
15	**ōtium, -ī** *n.*	(die) freie Zeit, (die) Ruhe; (der) Frieden	
	flōrēre, flōreō, flōruī (▷ flōs Lekt. 14)	blühen	*engl.* flower
	saeculum, -ī *n.*	das/ein Zeitalter; das/ein Jahrhundert	*fr.* le siècle
	diuturnus, -a, -um (▷ diū Lekt. 7)	lange, lange andauernd	
	pācāre, pācō, pācāvī, pācātum (▷ pāx Lekt. 7)	befrieden; unterwerfen	
20	**fīnitimus, -a, -um**	benachbart; verwandt	
	pārēre, pāreō, pāruī	gehorchen	*dt.* parieren
	lēgātus, -ī *m.*	der/ein Gesandte(r); der/ein Feldherr	
	amīcitia, -ae *f.* (▷ amīcus, amīca Lekt. 4)	die/eine Freundschaft	*fr.* l'amitié; *it.* amicizia
	ōdisse, ōdī (▷ odium Lekt. 11)	hassen	
25	**nōmināre, nōminō, nōmināvī, nōminātum** (▷ nōmen Lekt. 14)	nennen, benennen	
	cūrāre *(mit Gerundivum)* (▷ cūrāre, cūra Lekt. 14)	sorgen für; lassen	*dt.* kurieren; *sp.* curar
	sūmptus, sūmptūs *m.*	der/ein Aufwand; (die) Kosten	
	theātrum, -ī *n.*	das/ein Theater	
	grandis, grandis, grande, *Gen.*: **grandis**	groß; bedeutend	*fr.* grand, -e
30	**reficere, reficiō, refēcī, refectum** (▷ facere Lekt. 10)	wiederherstellen	

	stultus, -a, -um	dumm	
	līber, -a, -um (▷ līberāre Lekt. 16, lībertās Lekt. 26 oben)	frei	
	cupiditās, cupiditātis *f.* (▷ cupere Lekt. 5, cupidus Lekt. 25)	(das) Verlangen, (die) Begierde, die/eine Leidenschaft	
	potestās, potestātis *f.* (▷ potēns Lekt. 25)	die/eine (Amts)Gewalt; (die) Macht; die/eine Möglichkeit	
35	**trahere, trahō, trāxī, tractum**	ziehen, schleppen	*dt.* der Traktor

Lektion 27

	luxuria, -ae *f.*	(die) Verschwendung(ssucht)	*dt.* der Luxus
	nūllus, -a, -um *Gen.:* **nūllīus;** *Dat.:* **nūllī**	kein	*dt.* null; *fr.* nul,-le
	pecūnia, -ae *f.*	(das) Geld	
	frūctus, frūctūs *m.* (▷ frūx Lekt. 14)	der/ein Gewinn, der/ein Ertrag, der/ein Nutzen	*dt.* die Frucht; *engl.* fruit; *it.* frutto
5	**dōnāre, dōnō, dōnāvī, dōnātum** (▷ dōnum Lekt. 1)	schenken	*fr.* donner; *it.* donare
	cōnsūmere, cōnsūmō, cōnsūmpsī, cōnsūmptum	verbrauchen, verwenden	*dt.* konsumieren, der Konsum
	plēbs, plēbis *f.*	(die) „Plebs" (*alle Nichtpatrizier*), der/ein Pöbel, der/ein Mob; die/eine Menge	
	inopia, -ae *f.*	der/ein Mangel, (die) Not	
	abstinēre, abstineō, abstinuī, abstentum *(mit Abl.)* (▷ ā/ab Lekt. 6, tenēre Lekt. 4)	sich fernhalten von	*dt.* die Abstinenz
10	**ratiō, ratiōnis** *f.*	die/eine Überlegung, der/ein Plan, die/eine Berechnung, (die) Vernunft	*dt.* die Ration
	contemnere, contemnō, contempsī, contemptum	geringschätzen, verachten	
	cēnsēre, cēnseō, cēnsuī, cēnsum	schätzen, meinen; beschließen	
	exemplum, -ī *n.*	das/ein Beispiel	*dt.* das Exemplar; *engl.* example; *fr.* l'exemple
	commemorāre, commemorō, commemorāvī, commemorātum	erwähnen	
15	**mīlle**	tausend	*dt.* die Meile; *engl.* mile; *sp.* mil; *it.* mille
	perniciōsus, -a, -um (▷ perniciēs Lekt. 18)	verderblich, schädlich	
	pertinēre, pertineō, pertinuī (▷per Lekt. 5, tenēre Lekt. 4)	sich erstrecken	
	appellāre, appellō, appellāvī, appellātum	anrufen; nennen	*dt.* der Appell, appellieren; *fr.* appeler

	magnitūdō, magnitūdinis *f.* (▷ magnus Lekt. 2)	die/eine Größe	
20	**pēs, pedis** *m.*	der/ein Fuß	*dt.* das Pedal; *fr.* le pied
	item *(Adv.)*	ebenso	
	similis, similis, simile, *Gen.*: **similis**	ähnlich	
	multitūdō, multitūdinis *f.* (▷ multus, multī Lekt. 2)	die/eine Menge	
	genus, generis *n.*	das/ein Geschlecht; die/eine Gattung; die/eine Art	*dt.* die Generation; *fr.* le genre
25	**pecus, pecoris** *n.*, **pecudis** *f.*	(das) Vieh	
	ac	und	
	bēstia, -ae *f.*	das/ein (wilde/s) Tier	*dt.* die Bestie
	quasi	sozusagen, quasi	
	nēmō *Gen.*: **nūllīus**	niemand	
30	**aequāre, aequō, aequāvī, aequātum**	eben/gerade/gleich machen; erreichen	*dt.* der Äquator
	māiestās, māiestātis *f.*	(die) Würde, (die) Größe; (die) Hoheit	*dt.* die Majestät
	difficilis, difficilis, difficile, *Gen.*: **difficilis**	schwierig, schwer	*engl.* difficult; *sp.* difícil; *it.* difficile

Lektion 28

	continēre, contineō, continuī, contentum (▷ tenēre Lekt. 4)	zusammenhalten, einschließen; in Schranken halten	
	pōns, pontis *m.*	die/eine Brücke	*fr.* le pont; *it.* ponte
	extrā *(mit Akk.)* (▷ ē/ex Lekt. 6)	außerhalb (von)	*dt./engl.* extra
	numerus, -ī *m.*	die/eine Zahl, die/eine Anzahl; der/ein Takt	*dt.* die Nummer; *engl.* number; *fr.* le numéro
5	**dīvīnus, -a, -um**	göttlich, weissagend	*dt.* die Diva; *sp./it.* divino, -a
	cōnfīdere, cōnfīdō, cōnfīsus sum *(mit Dat./Abl.)* (▷ fidēs Lekt. 28 unten)	vertrauen; hoffen auf	
	cōnfirmāre, cōnfirmō, cōnfirmāvi, cōnfirmātum (▷ fīrmus Lekt. 18)	stärken, bekräftigen, versichern	*dt.* die Konfirmation
	clādēs, clādis *f.*	die/eine Niederlage; der/ein Verlust; das/ein Unglück	
	somnus, -ī *m.*	der/ein Schlaf	

10	**caelestis, caelestis, caeleste,** *Gen.:* **caelestis** (▷ caelum Lekt. 19)	himmlisch, göttlich	
	armāre, armō, armāvī, armātum (▷ arma Lekt. 17)	bewaffnen, ausrüsten	
	occāsiō, occāsiōnis *f.*	die/eine Gelegenheit	*engl.* occasion
	proficīscī, proficīscor, profectus sum	abreisen, aufbrechen; ausgehen von	
	trānsgredī, trānsgredior, trānsgressus sum	hinübergehen, überschreiten	
15	**aggredī, aggredior, aggressus sum**	sich wenden an; angreifen; beginnen	
	intrā *(mit Akk.)* (▷ in Lekt. 6)	innerhalb	
	ōrāculum, -ī *n.*	die/eine Orakelstätte; der/ein Orakelspruch	
	exīre, exeō, exiī, exitum (▷ ē/ex Lekt. 6, īre Lekt. 5)	hinausgehen, weggehen; enden	
	morī, morior, mortuus sum (▷ mors Lekt. 8)	sterben	*sp.* morir; *it.* morire
20	**concurrere, concurrō, concurrī, concursum** (▷ currere Lekt. 5)	zusammenlaufen, zusammentreffen	*dt.* der Konkurs, die Konkurrenz
	verērī, vereor, veritus sum	scheuen, fürchten; verehren	
	cōnārī, cōnor, cōnātus sum	versuchen, wagen	
	vidērī, videor, vīsus sum (▷ vidēre Lekt. 1)	scheinen	
	fierī, fīō, factus sum (▷ facere Lekt. 10)	gemacht werden, werden; geschehen	
25	**sēditiō, sēditiōnis** *f.*	der/ein Aufstand, der/ein Aufruhr	
	notus, -a, -um	bekannt	
	suspicārī, suspicor, suspicātus sum	argwöhnen, vermuten	
	liber, librī *m.*	das/ein Buch	*engl.* library; *fr.* le livre; *sp.* libro
	respōnsum, -ī *n.* (▷ respondēre Lekt. 2)	die/eine Antwort, der/ein Bescheid	*dt.* die Korrespondenz; *fr.* répondre
30	**fuga, -ae** *f.* (▷ fugere Lekt. 5)	die/eine Flucht; die/eine Verbannung	*it.* fuga
	premere, premō, pressī, pressum (▷ opprimere Lekt. 11)	drücken, pressen; unterdrücken	*dt.* die Presse
	lābī, lābor, lāpsus sum	fallen; (aus)gleiten	
	superesse, supersum, superfuī (▷ esse Lekt. 1)	übrig sein, im Überfluss vorhanden sein; *(mit Dat.)* überlegen sein	
	mīrārī, mīror, mīrātus sum (▷ mīrus Lekt. 6)	staunen, bewundern, sich wundern	

35	**fidēs, fideī** *f.* (▷ cōnfīdere Lekt. 28 oben)	(die) Treue; (das) Vertrauen; die/eine Zusicherung	
	convertere, convertō, convertī, conversum (▷ vertere Lekt. 24)	(sich) umdrehen, (sich) wenden	
	vetus, vetus, vetus, *Gen.:* **veteris**	alt	*fr.* vieux, vieil, -le

Verben der Lektionen 1–27:
Semideponentien

gaudēre, gaudeō, gāvīsus sum	sich freuen
solēre, soleō, solitus sum	gewohnt sein

Lektion 29

	aquaeductus, aquaeductūs *m.* (▷ aqua Lekt. 4, ▷ dūcere Lekt. 5)	die/eine Wasserleitung, der *oder* das/ein Aquädukt	
	impendere, impendō, impendī, impēnsum	(Geld) aufwenden, ausgeben	
	omittere, omittō, omīsī, omissum	aufgeben, einstellen	
	tantus, -a, -um	so groß, so viel	*sp.* tanto, -a
5	**perdere, perdō, perdidī, perditum**	zugrunde richten; verschwenden; verlieren	
	fōns, fontis *m.*	die/eine Quelle	
	quīdam, quaedam, quiddam *(subst.)* **quīdam, quaedam, quoddam** *(adjekt.)* (▷ quī, quae, quod Lekt. 9)	ein gewisser, ein bestimmter; *Pl.:* einige, manche irgendein; *Pl.:* einige, manche	
	pūrus, -a, -um	rein, sauber	*dt.* pur
	perdūcere, perdūcō, perdūxī, perductum (▷ per Lekt. 5, ▷ dūcere Lekt. 5)	(hindurch)führen	
10	**sīcut** (▷ sīc Lekt. 21)	(so) wie	
	initium, -ī *n.*	der/ein Anfang, der/ein Beginn	*dt.* die Initiative
	temptāre, temptō, temptāvī, temptātum	versuchen	
	tantum *(Adv.)*	nur; so sehr, so viel, so weit	
	plānus, -a, -um	flach, eben	*dt.* die Plane
15	**arcus, arcūs** *m.*	der/ein Bogen	
	prior, prior, prius *Gen.:* **priōris** (*Superlativ*: **prīmus, -a, -um**)	der frühere, erste (von zweien), der vorige; der vorderste	

	ērigere, ērigō, ērēxī, ērēctum (▷ ē/ex Lekt. 6, ▷ regere Lekt. 10)	errichten, aufrichten	
	lapis, lapidis *m.*	der/ein Stein	
20	**aliquis, aliquid** *(subst.)* (▷ alius Lekt. 4, ▷ quis Lekt. 2, ▷ quid Lekt. 1)	(irgend)jemand, (irgend)etwas	
	aliquī, aliqua, aliquod *(adjekt.)* (▷ alius Lekt. 4, ▷ quī, quae, quod Lekt. 9)	irgendein	
	ut *(mit Ind.)*	wie	
	vel **vel … vel**	oder entweder ... oder	
	architectus, -ī *m.*	der/ein Baumeister, der/ein Architekt	
	ēvenīre, ēveniō, ēvēnī, ēventum (▷ ē/ex Lekt. 6, ▷ venīre Lekt. 3)	geschehen, sich ereignen; in Erfüllung gehen; ausgehen	*engl.* event
25	**affirmāre, affirmō, affirmāvī, affirmātum** (▷ fīrmus Lekt. 18, ▷ cōnfirmāre Lekt. 28)	versichern; bestätigen	
	ūtilitās, ūtilitātis *f.* (▷ ūtilis Lekt. 22)	(die) Tauglichkeit; der/ein Nutzen	*engl.* (to) use; *fr.* utiliser, utile
	dīgnus, -a, -um	würdig, angemessen, wert	
	grātiās agere (▷ grātus Lekt. 3, ▷ agere Lekt. 12)	jmdm. danken	
	velle, volō, voluī	wollen	*fr.* vouloir; *it.* volere
30	**secundum** *(mit Akk.)*	gemäß, nach; zugunsten von	
	dīgnitās, dīgnitātis *f.*	(die) Würde	
	perficere, perficiō, perfēcī, perfectum (▷ per Lekt. 5, ▷ facere Lekt. 10)	bauen; beenden, vollenden	*dt.* perfekt, das Perfekt
	status, statūs *m.* (▷ stāre Lekt. 1)	der/ein Stand, der/ein Zustand; die/eine Lage	*dt.* der Staat, die Station; *sp.* estado; *it.* stato
	nōlle, nōlō, nōluī	nicht wollen	
35	**accēdere, accēdō, accessī, accessum** (▷ ad Lekt. 5, ▷ cēdere Lekt. 17)	(heran)kommen, herantreten; sich nähern	
	perturbāre, perturbō, perturbāvī, perturbātum (▷ per Lekt. 5, ▷ turba Lekt. 2)	verwirren, stören, in Unordnung bringen	
	dīligentia, -ae *f.*	(die) Sorgfalt	*it.* diligenza
	pollicērī, polliceor, pollicitus sum	versprechen	
	convenīre, conveniō, convēnī, conventum **convenit, convēnit** (▷ cum Lekt. 6, ▷ venīre Lekt. 3)	zusammenkommen; zustande kommen; sich einigen man einigt sich, man kommt überein	

40	**fore, futūrum esse** (▷ esse Lekt. 1)	sein werden, in Zukunft sein	*dt.* das Futur; *engl.* future
	mālle, mālō, māluī	lieber wollen	

Lektion 30

	dēdūcere, dēdūcō, dēdūxī, dēductum (▷ dē Lekt. 6, ▷ dūcere Lekt. 5)	wegführen; hinbringen, geleiten	
	igitur	also	
	duo, duae, duo	zwei	*dt.* das Duo; *engl.* two; *fr.* deux; *it.* due
	vērō *(Adv.)*	aber	
5	**sōlus, -a, -um** *Gen.:* **sōlīus** *Dat.:* **sōlī**	allein	*dt.* das Solo; *fr.* seul,-e
	pellere, pellō, pepulī, pulsum	treiben; stoßen, schlagen	*dt.* der Puls
	pauper, pauper, pauper, *Gen.:* **pauperis**	arm	
	persequī, persequor, persecūtus sum (▷ per Lekt. 5)	nachfolgen; verfolgen	
	loquī, loquor, locūtus sum	sagen, reden, sprechen	
10	**animadvertere, animadvertō, animadvertī, animadversum** (▷ animus Lekt. 21, ▷ ad Lekt. 5, ▷ vertere Lekt. 24)	bemerken	
	āit	er, sie, es sagt/sagte	
	precārī, precor, precātus sum	bitten	
	tēctum, -ī *n.*	das/ein Dach; das/ein Haus	
	paupertās, paupertātis *f.*	(die) Armut	
15	**adulēscēns, adulēscentis** *m. u. f.*	der/ein junge/r Mann; die/eine junge Frau	
	vādere, vādō	gehen; losgehen	
	revertī, revertor, revertī	zurückkehren; umkehren	
	admonēre, admoneō, admonuī, admonitum (▷ ad Lekt. 5, ▷ monēre Lekt. 12)	ermahnen; erinnern	
	reddere, reddō, reddidī, redditum (▷ dare Lekt. 4)	zurück-, wiedergeben	
20	**patī, patior, passus sum**	(er)dulden	*dt.* der Patient, das Passiv
	memoria, -ae *f.* (▷ meminisse Lekt. 26)	die/eine Erinnerung; das/ein Gedächtnis	*engl.* memory; *fr.* memoire; *sp.* memoria

	dīves, dīves, dīves, *Gen.:* **dīvitis** (▷ dīvitiae Lekt. 9)	reich	
	minuere, minuō, minuī, minūtum (▷ minimē Lekt. 6)	vermindern; verringern	*dt.* minus
	grātiās habēre (▷ grātus Lekt. 3, ▷ habēre Lekt. 22)	danken	
25	**quattuor**	vier	*dt.* das Quartal; *fr.* quatre
	quīnque	fünf	*fr.* cinq
	sīve **sīve … sīve**	oder, oder wenn sei es, dass … oder dass; entweder … oder	
	cāsus, cāsūs *m.* (▷ cadere Lekt. 6)	der/ein (Zu)Fall	*dt.* der Kasus; *engl.* case
	familia, -ae *f.*	die/eine Familie *(umfasst alle Mitglieder der Hausgemeinschaft, auch Sklaven)*	*engl.* family; *fr.* famille; *sp.* familia
30	**cōnsequī, cōnsequor, cōnsecūtus sum**	folgen; erreichen	*dt.* die Konsequenz, konsequent
	trānquillus, -a, -um	ruhig	
	trādūcere, trādūcō, trādūxī, trāductum (▷ dūcere Lekt. 5)	hinüberführen	

Lektion 31

	spatium, -ī *n.*	der/ein Zwischenraum; die/eine Wegstrecke	*dt.* spazieren; *engl.* space
	dīstinguere, dīstinguō, dīstīnxī, dīstīnctum	unterscheiden	
	ūtī, ūtor, ūsus sum *(mit Abl.)* (▷ ūtilis Lekt. 22, ▷ ūtilitās Lekt. 29)	benutzen, gebrauchen	*dt.* die Utensilien; *engl.* (to) use
	turris, turris *f.*	der/ein Turm	
5	**ūsus, ūsūs** *m.* (▷ ūtilis Lekt. 22, ▷ ūtilitās Lekt. 29, ▷ ūtī Lekt. 31 oben)	(der) Gebrauch, (die) Benutzung; der/ein Nutzen, der/ein Vorteil	*engl.* use
	hortārī, hortor, hortātus sum	auffordern, ermahnen	
	īdem, eadem, idem (▷ is, ea, id Lekt. 9)	derselbe, dieselbe, dasselbe	*dt.* identisch, die Identität
	ortus, ortūs *m.*	(der) Aufgang *(eines Gestirns)*	
	sōl, sōlis *m.*	(die) Sonne	*dt.* das Solarium; *fr.* soleil; *sp.* sol; *it.* sole
10	**postrēmō** *(Adv.)* (▷ post Lekt. 10)	schließlich, endlich, zuletzt	
	occidere, occidō, occidī, occāsum	untergehen *(eines Gestirns)*	
	acūtus, -a, -um	scharf; scharfsinnig	*dt.* akut

tōtus, -a, -um *Gen.:* **tōtīus** *Dat.:* **tōtī**	ganz	*dt.* total; *fr.* tout, -e; *sp.* todo, -a
dīvidere, dīvidō, dīvīsī, dīvīsum	trennen; unterscheiden; (zu)teilen	*dt.* dividieren, die Division; *engl.* (to) divide; *sp.* dividir; *it.* dividere
15 **incertus, -a, -um** (▷ certus Lekt. 22)	unsicher, unschlüssig; ungewiss, unklar	
rārus, -a, -um	selten	*dt.* rar, die Rarität
cor, cordis *n.*	das/ein Herz; die/eine Seele	*fr.* cœur
servīre, serviō, servīvī, servītum (▷ servus Lekt. 2)	Sklave sein; dienen	*dt.* servieren, der Service; *engl.* service
nihilō minus *(Adv.)* (▷ nihil Lekt. 8)	trotzdem	
20 **alere, alō, aluī, altum**	ernähren, fördern	
ōrdo, ōrdinis *m.* **ōrdinēs dūcere** (▷ dūcere Lekt. 5)	der/ein Stand; die/eine Reihe; (die) Ordnung eine (*militärische*) Abteilung anführen	*dt.* ordnen, der Orden; *engl.* order
membrum, -ī *n.*	das/ein Teil; das/ein Glied	
vīctus, vīctūs *m.*	(der) (Lebens)Unterhalt; (die) Nahrung	
in fidem accipere (▷ in Lekt. 5, ▷ fidēs Lekt. 28, ▷ accipere Lekt. 11)	unter seinen Schutz nehmen	
25 **vīcīnus, -ī** *m.*	der/ein Nachbar	
līberālitās, līberālitātis *f.* (▷ līberāre Lekt. 16, ▷ līber Lekt. 26)	(die) Freundlichkeit; (die) Freigebigkeit	
quidem *(Adv.)* (▷ nē … quidem Lekt. 15)	wenigstens; freilich; zwar	

Lektion 32

longē *(mit Superlat.)* (▷ longus, -a, -um Lekt. 15)	weitaus, bei Weitem	*engl.* long; *fr.* long, longue
centum	hundert	*dt.* der Zentimeter, der Zentner; *fr.* cent; *sp.* cien(to); *it.* cento
pāgus, -ī *m.*	der/ein Bezirk; das/ein Dorf	
quotannīs *(Adv.)* (▷ annus Lekt. 12)	jedes Jahr	
5 **singulī, -ae, -a**	jeweils eine/r/s; einzeln	*dt.* Singular; *engl.* single
ēdūcere, ēdūcō, ēdūxī, ēductum (▷ ē/ex Lekt. 6, ▷ dūcere Lekt. 5)	herausführen	
reliquus, a, -um (▷ relinquere Lekt. 15)	übrig; *Pl.* die Übrigen	*dt.* die Reliquie

domī *(Adv.)* (▷ domus Lekt. 11)	zu Hause	*dt.* der Dom
remanēre, remaneō, remānsī, remānsum (▷ manēre Lekt. 9)	zurückbleiben	*it.* rimanere
agrīcultūra, -ae *f.* (▷ ager Lekt. 14, ▷ colere Lekt. 8)	(die) Landwirtschaft	
intermittere, intermittō, intermīsī, intermissum (▷ inter Lekt. 9, ▷ mittere Lekt. 11)	unterbrechen; verstreichen lassen	
multum *(Adv.)* (▷ multus Lekt. 2)	sehr; häufig	*dt.* multiplizieren; *engl.* multicultural
lac, lactis *n.*	(die) Milch	*fr.* lait
exercitātiō, exercitātiōnis *f.*	das/ein Training, die/eine Übung, der/ein Sport	*engl.* exercise; *fr.* exercice
ā puerīs (▷ ā/ab Lekt. 6, ▷ puer Lekt. 3)	von Kindheit an	
disciplīna, -ae *f.*	(der) Unterricht; (die) Erziehung; (die) Disziplin	*fr.* discipline
omnīnō *(Adv.)* (▷ omnis Lekt. 14)	überhaupt, gänzlich	
voluntās, voluntātis *f.*	der/ein Wille, die/eine Absicht; (die) Zustimmung	
immānis, immānis, immāne, *Gen.:* **immānis**	ungeheuer, riesig	
efficere, efficiō, effēcī, effectum (▷ ē/ex Lekt. 6, ▷ facere Lekt. 10)	bewirken; erzeugen; machen	*dt.* der Effekt; *fr.* effet
cōnsuētūdō, cōnsuētūdinis *f.*	die/eine Gewohnheit	
praeter *(mit Akk.)*	an ... vorbei; außer	
lavāre, lavō, lāvī, lautum	waschen	*fr.* laver
trānsīre, trānseō, trānsiī, trānsitum (▷ īre Lekt. 5)	überschreiten, durchqueren	
aditus, aditūs *m.* (▷ adīre Lekt. 15)	der/ein Zugang	
emere, emō, ēmī, ēmptum	kaufen	
nāscī, nāscor, nātus sum	geboren werden; entstehen	*dt.* Renaissance; *it.* nascere
pergere, pergō, perrēxī, perrēctum	aufbrechen; weitermachen; *(in der Rede)* fortfahren	
arbitrārī, arbitror, arbitrātus sum	glauben, meinen	
lātus, -a, -um	breit; ausgedehnt	
vacāre, vacō, vacāvī, vacātum *(mit Abl.)*	frei sein von; unbewohnt sein; Zeit haben	*dt.* das Vakuum; *engl.* vacation; *fr.* vacances

sīgnificāre, sīgnificō, sīgnificāvī, sīgnificātum (▷ sīgnum Lekt. 21, ▷ facere Lekt. 10)	bezeichnen, bedeuten	*dt.* das Signal; *engl.* sign
prohibēre, prohibeō, prohibuī, prohibitum *(mit Abl.)*	fernhalten von, abhalten; hindern	
contingit, contigit	es geschieht; es gelingt	

Lektion 33

spectāculum, -ī *n.* (▷ spectāre Lekt. 2)	das/ein Schauspiel; das/ein öffentliche/s Vergnügen	*dt.* das Spektakel
convīvium, -ī *n.* (▷ cum Lekt. 6, ▷ vīvere Lekt. 14)	das/ein Gastmahl; die/eine Party	
corrumpere, corrumpō, corrūpī, corruptum	verderben; bestechen	*dt.* korrupt, die Korruption
sēcrētus, -a, -um **sēcrētum, -ī** *n.*	geheim; verborgen das/ein Geheimnis	
5 **poena, -ae** *f.*	die/eine Strafe	*dt.* die Pein, peinigen; *engl.* pain
praesēns, praesēns, praesēns, *Gen.:* **praesentis** (▷ prae Lekt. 6, ▷ esse Lekt. 1)	gegenwärtig	*dt.* das Präsens; *engl.* present; *fr.* présenter
permittere, permittō, permīsī, permissum (▷ per Lekt. 5, ▷ mittere Lekt. 11)	überlassen, anvertrauen; erlauben	
venia, -ae *f.*	(die) Verzeihung, (die) Nachsicht; der/ein Gefallen	
aetās, aetātis *f.*	die/eine Zeit; die/eine Epoche; das/ein (Lebens)Alter; die/eine Generation	*engl.* age; *fr.* l'âge
10 **illīc** *(Adv.)*	dort	
vitium, -ī *n.*	der/ein Fehler	
virgō, virginis *f.*	die/eine Jungfrau; das/ein Mädchen; die/eine junge bzw. unverheiratete Frau	
vōtum, -ī *n.*	das/ein feierliche/s Versprechen; das/ein Gebet; der/ein Wunsch	*engl.* vote
semel *(Adv.)*	einmal	
15 **ūllus, -a, -um** (▷ nōnnūllī Lekt. 8)	irgendein/e/s	
ultrā *(Adv.)*	darüber hinaus	*dt.* der Ultraschall
tamquam *(Adv.)* (▷ tam Lekt. 21, ▷ quam Lekt. 7)	gewissermaßen; gleichsam; *Subjunktion*: als ob	
mātrimōnium, -i *n.*	Ehe	
quisquam, quicquam (▷ quis Lekt. 2, ▷ quid Lekt. 1)	(irgend)eine(r), (irgend)etwas	

flāgitium, -ī *n.*	das/ein Verbrechen; die/eine Schande	
alibī *(Adv.)* (▷ alius Lekt. 4, ▷ ibī Lekt. 4)	anderswo	*dt.* das Alibi
sevērus, -a, -um	streng	
magis *(Adv.)*	mehr; eher	
soror, sorōris *f.*	die/eine Schwester	*fr.* sœur
honor, honōris *m.*	die/eine Ehre; das/ein Ehrenamt	*dt.* das Honorar; *sp.* honor; *it.* onore
sanguis, sanguinis *m.*	(das) Blut	
arbitrārī, arbitror, arbitrātus sum	glauben, meinen	
quantō ... tantō (▷ quantus Lekt. 22, ▷ tantus Lekt. 29)	je ... desto	
senectūs, senectūtis *f.* (▷ senex Lekt. 17)	das/ein hohe/s Alter	
commodum, -ī *n.*	der/ein Vorteil	
quisquis (▷ quis Lekt. 2) **quidquid** (▷ quid Lekt. 1)	jeder, der; wer auch immer alles, was; was auch immer	
cōnsuētūdō, cōnsuētūdinis *f.*	die/eine Gewohnheit	
cōnsīderāre, cōnsīderō, cōnsīderāvī, cōnsīderātum	betrachten; überlegen	
libīdō, libīdinis *f.*	(die) Wollust, (die) Lust; (die) Willkür	
perferre, perferō, pertulī, perlātum (▷ per Lekt. 5, ▷ ferre Lekt. 20)	ertragen	

Lektion 34

uxōrem dūcere (▷ dūcere Lekt. 5)	als Ehefrau heimführen, (eine Frau) heiraten	
incertus, -a, -um (▷ certus Lekt. 22)	unsicher, unschlüssig; ungewiss, unklar	
repudiāre, repudiō, repudiāvī, repudiātum	zurückweisen, ablehnen; *hier:* verstoßen	
nōbilitās, nōbilitātis *f.*	die/eine Berühmtheit; (der) Adel, (die) vornehme Abstammung	*dt.* nobel
gignere, gignō, genuī, genitum	zeugen; gebären; hervorbringen	
videlicet *(Adv.)*	offenbar, natürlich; nämlich	
modo *(Adv.)* (▷ modus Lekt. 6)	gerade, sogleich; nur	

occurrere, occurrō, occurrī *und* **occucurrī, occursum** (▷ currere Lekt. 5)	entgegeneilen, begegnen; sich zeigen; einfallen	
īnstituere, īnstituō, īnstituī, īnstitūtum	aufstellen; einrichten; unterrichten	*dt.* das Institut
opera, -ae *f.* **operam dare** (▷ dare Lekt. 4)	(die) Mühe; (die) Arbeit sich Mühe geben, sich bemühen	*dt.* die Oper, die Operation; *it.* opera
ērudīre, ērudiō, ērudīvī *und* **ērudiī, ērudītum**	ausbilden, unterrichten	
aetās, aetātis *f.*	die/eine Zeit; die/eine Epoche; das/ein (Lebens)Alter; die/eine Generation	*engl.* age; *fr.* l'âge
exercēre, exerceō, exercuī, exercitum (▷ exercitus Lekt. 11)	bewegen, umhertreiben; üben, ausüben	*engl.* exercise
honestās, honestātis *f.* (▷ honestus, -a, -um Lekt. 9)	Ehre; Ehrenhaftigkeit, Ansehen, Würde	
priusquam	bevor, ehe	
māior nātū (▷ nāscī Lekt. 32)	(von Geburt älter) = älter; *hier:* der älteste	
praeficere, praeficiō, praefēcī, praefectum (▷ prae Lekt. 6, ▷ facere Lekt. 10) **praeficere eum exercituī**	an die Spitze stellen, den Befehl übertragen ihn an die Spitze des Heeres stellen, ihm den Befehl über das Heer übertragen	
pietās, pietātis *f.*	(das) Pflichtbewusstsein; (die) Frömmigkeit; (die) Liebe	*dt.* die Pietät
documentum, -ī *n.*	der/ein Beweis; das/ein Beispiel	*dt.* das Dokument;
ostendere, ostendō, ostendī, ostentum	zeigen, darlegen	
nepōs, nepōtis *m.*	der/ein Enkel	
succēdere, succēdō, successī, successum *(mit Dat.)* (▷ cēdere Lekt. 17)	jemandem nachfolgen; zu jemandes Nachfolger werden	
domī *(Adv.)* (▷ domus Lekt. 11)	zu Hause	*dt.* der Dom
sequī, sequor, secūtus sum	folgen	
plūrimum *(Adv.)*	sehr viel *hier:* sehr innig; über alles	*dt.* der Plural
dīligere, dīligō, dīlēxī, dīlēctum (▷ dīligentia Lekt. 29)	lieben, hochschätzen	
quisquam (▷ quis Lekt. 2)	irgendjemand	
carēre, careō, caruī *(mit Abl.)*	etw. entbehren	

	dēsīderium, -ī *n.* (▷ dēsīderāre Lekt. 5)	(die) Sehnsucht, (das) Verlangen	
30	**spīritus, spīritūs** *m.*	(der) Atem; (das) Leben; (der) Geist	
	querēl(l)a, -ae *f.*	die/eine Klage; die/eine Beschwerde	
	vīgintī	zwanzig	*fr.* vingt
	bis *(Adv.)*	zweimal	
	iungere, iungō, iūnxī, iūnctum	verbinden, vereinigen	*dt.* die Konjunktion, die Subjunktion

Lektion 35

	dexter, dextra, dextrum **dextra (manus), dextrae (manūs)** *f.* (▷ manus Lekt. 14)	rechts die/eine rechte (Hand)	*it.* destro, -a
	armātus, -a, -um (▷ arma Lekt. 17)	bewaffnet; ausgestattet mit	*dt.* die Armee
	faciēs, facieī *f.*	das/ein Gesicht; (das) Aussehen, die/eine Gestalt	*dt.* die Fassade; *engl.* face
	miscēre, misceō, miscuī, mixtum	mischen	*engl.* (to) mix
5	**tener, tenera, tenerum**	zart	
	herba, -ae *f.*	das/ein Kraut; das/ein Gras	*engl.* herb
	pendēre, pendeō, pependī	hängen	*dt.* das Pendel
	cornū, cornūs *n.*	das/ein Horn; der/ein Bogen; die/eine Flanke des Heeres	
	quidem *(Adv.)*	wenigstens; freilich; zwar	
10	**pūrus, -a, -um**	rein; sauber	*dt.* pur
	magis *(Adv.)* **magis** *+Adj. / Adv.* *z. B.* **magis īgnōtus** (▷ magnus Lekt. 2)	mehr; eher *entspricht dem Komparativ* unbekannter	
	frōns, frontis *f.*	die/eine Stirn; die/eine Vorderseite	*dt.* die Front; *engl.* front, in front of
	lūmen, lūminis *n.*	das/ein Licht; das/ein Auge	*fr.* lumière
	quamvīs (▷ quam Lekt. 7, ▷ velle Lekt. 29)	wie sehr auch; obwohl	
15	**contingere, contingō, contigī, contāctum** (▷ tangere Lekt. 6) **contingit, contigit**	berühren es wird zuteil; geschieht; gelingt	*dt.* der Kontakt; *engl.* (to) contact; *fr.* contact
	mox *(Adv.)*	bald (danach)	
	ōs, ōris *n.*	der/ein Mund; das/ein Gesicht; das/ein Maul	

dum *(mit Konj.)* (▷ dum *(mit Ind. Präs.)* Lekt. 7)	bis (dass)	
voluptās, voluptātis *f.*	das/ein Vergnügen; (die) Lust	
ōsculum, -ī *n.*	der/ein Kuss	
cēterī, -ae, -a	die Übrigen	*engl.* etc. (et cetera)
differre, differō, distulī, dīlātum (▷ ferre Lekt. 20)	aufschieben, verschieben; sich unterscheiden	*dt.* die Differenz; *engl.* difference, different; *fr.* différence, différent/e
nunc ... nunc (▷ nunc Lekt.1)	bald ... bald	
latus, lateris *n.*	die/eine Seite	
(h)arēna, -ae *f.*	(der) Sand	*dt.* die Arena
paulātim *(Adv.)* (▷ paulō post Lekt. 25)	allmählich	
modo ... modo (▷ modo Lekt. 34)	bald ... bald	
pectus, pectoris *n.*	die/eine Brust	
impedīre, impediō, impedīvī, impedītum	hindern, verhindern; *hier:* umwinden, schmücken	
audēre, audeō, ausus sum	wagen	
inde *(Adv.)*	von dort	
abīre, abeō, abiī, abitum (▷ ab Lekt. 6, ▷ īre Lekt. 5)	weggehen, fortgehen	*dt.* der Abiturient, das Abitur
ulterior, ulterior, ulterius, *Gen.:* **ulteriōris** **ulterius** *(Adv.)* (▷ ultrā Lekt. 33)	entfernter; jenseitig; vergangen weiter	
praeda, -ae *f.*	die/eine Beute	
impōnere, impōnō, imposuī, impositum (▷ in Lekt. 5, ▷ pōnere Lekt. 21)	darauflegen, auf etw. legen	*dt.* imponieren

Lektion 36

scīlicet (▷ scīre Lekt. 10, ▷ licet Lekt. 6)	natürlich, offenbar	
nōbilis, nōbilis, nōbile, *Gen.:* **nōbilis** (▷ nōbilitās Lekt. 34)	edel, vornehm, adelig	*dt.* nobel
certāmen, certāminis *n.*	der/ein Streit; der/ein Wettkampf; das/ein Wettrennen	
commodum, -ī *n.*	der/ein Vorteil	
proximus, -a, -um **proximus ā** (▷ prope Lekt. 5)	der nächste in nächster Nähe von	*fr.* prochain,-e; *it.* prossimo, -a

prohibēre, prohibeō, prohibuī, prohibitum	fernhalten von, abhalten; hindern	
iungere, iungō, iūnxī, iūnctum	verbinden, vereinigen	*dt.* die Konjunktion, die Subjunktion
latus, lateris *n.*	die/eine Seite	
sermō, sermōnis *m.*	das/ein Gespräch	
10 **orīgō, orīginis** *f.*	der/ein Ursprung	*dt.* original, originell; *fr.* original, -e
sonus, -ī *m.*	der/ein Klang; der/ein Ton; das/ein Geräusch; *hier:* der/ein Gesprächsstoff	
requīrere, requīrō, requīsīvī, requīsītum (▷ quaerere Lekt. 5)	(auf)suchen; sich erkundigen	
quisquis **quidquid**	jeder, der; wer auch immer; alles, was; was auch immer	
frequēns, frequēns, frequēns, *Gen.:* **frequentis**	häufig; gut besucht, aus vielen Menschen bestehend	*dt.* die Frequenz
15 **pulvis, pulveris** *m.*	(der) Staub	*dt.* das Pulver
etsī	auch wenn	
aptus, -a, -um	passend, geeignet	
nimium *(Adv.)*	zu sehr	
dēmittere, dēmittō, dēmīsī, dēmissum (▷ mittere Lekt. 11)	herabschicken, herabfallen lassen	
20 **efferre, efferō, extulī, ēlātum** (▷ ex Lekt. 6; ▷ ferre Lekt. 20)	aufheben, emporheben; hinaustragen	
humus, -ī *f.*	(der) Boden, (die) Erde	
contingere, contingō, contīgī, contāctum (▷ tangere Lekt. 6) **contingit, contīgit**	berühren es geschieht; es gelingt	*dt.* der Kontakt; *engl.* (to) contact; *fr.* contact
respicere, respiciō, respexī, respectum (▷ spectāre Lekt. 2)	nach hinten schauen, zurückblicken	*dt.* der Respekt; *fr.* respecter
quīcumque, quaecumque, quodcumque (▷ quī, quae, quod Lekt. 9)	wer auch immer; jeder, der	
25 **oppōnere, oppōnō, opposuī, oppositum** (▷ pōnere Lekt. 21)	entgegenstellen	*dt.* die Opposition; *engl.* opposite; *fr.* s'opposer
levis, levis, leve, *Gen.:* **levis**	leicht, leichtsinnig, leichtgläubig	
compōnere, compōnō, composuī, compositum (▷ cum Lekt. 6, ▷ pōnere Lekt. 21)	ordnen; zusammensetzen, zusammenfügen	*dt.* komponieren, der Komponist; *engl.* (to) compose

prōdesse, prōsum, prōfuī (▷ prō Lekt.6 , ▷ esse Lekt. 1) **prōdest, prōfuit**	nützen es nützt	
ventus, -ī *m.*	der/ein Wind	*fr.* vent

Lektion 37

	vallis, vallis *f.*	das/ein Tal	*fr.* vallée
	frequēns, frequēns, frequēns, *Gen.*: **frequentis**	häufig; gut besucht, aus vielen Menschen bestehend	*dt.* die Frequenz
	ovis, ovis *f.*	das/ein Schaf	
	tardus, -a, -um	langsam, träge	*fr.* tard; *sp.* tarde
5	**carpere, carpō, carpsī, carptum**	pflücken, rupfen *(hier):* abgrasen, abfressen	
	ōs, ōris *n.*	der/ein Mund, das/ein Gesicht; das/ein Maul	
	cōnsistere, cōnsistō, cōnstitī (▷ sistere Lekt. 37)	haltmachen; sich hinstellen	
	āla, -ae *f.*	der/ein Flügel	
	simul *(Adv.)* (▷ similis Lekt. 27)	zugleich, gleichzeitig	
10	**tener, tenera, tenerum**	zart	
	impōnere, impōnō, imposuī, impositum (▷ pōnere Lekt. 21)	darauflegen; auf etw. legen	*dt.* imponieren
	certāmen, certāminis *n.* (▷ certāre Lekt. 10)	der/ein Streit, der/ein Wettkampf; das/ein Wettrennen	
	sistere, sistō, stetī, statum	anhalten; aufstellen; *(hier):* beenden	
	iūdex, iūdicis *m. u. f.*	der/ein Richter, die/eine Richterin	
15	**querī, queror, questus sum** (▷ querel(l)a Lekt. 34)	(be)klagen; sich beklagen, sich beschweren	
	magis *(Adv.)* (▷ magnus Lekt. 2)	mehr; eher	
	unde *(Adv.)*	woher	
	iūdicium, -ī *n.*	das/ein Urteil	
	sollicitāre, sollicitō, sollicitāvī, sollicitātum	erregen, bewegen, erschüttern; *(hier):* bestechen; beeinflussen	
20	**coniū(n)x, coniugis** *f.*	die/eine Ehefrau, die/eine Gattin	
	iactāre, iactō, iactāvī, iactātum	hin und her werfen; schleudern; rühmen; *(hier):* in die Waagschale werfen	
	dubitāre, dubitō, dubitāvī, dubitātum	(an)zweifeln	
	mūnus, mūneris *n.*	das/ein Geschenk; die/eine Leistung	

aequus, -a, -um **ex aequō**	eben, gerade; günstig; gleich, gerecht gleicherweise, gleichermaßen	*dt.* der Äquator; *engl.* (to) equalize

Römische Zeitrechnung

Ein Tag im alten Rom dauerte von Sonnenaufgang bis Sonnenuntergang. Die Zeit dazwischen teilte man in zwölf Stunden. So begann bei Sonnenaufgang die erste Stunde, mittags begann die siebte und bei Sonnenuntergang endete die zwölfte. Dadurch wurden mit den Tagen die Stunden im Winter kürzer (bis 45 Minuten) und im Sommer länger (bis 75 Minuten).

Römische Sonnen-Taschenuhr (um 250 n. Chr.).

Vergleichende Zeittafel

Überblick über die römische Geschichte		**Zuordnung zu den Lektionen**
Antike **Königszeit** 10. – 9. Jh. v. Chr. 753 v. Chr.	 Erste Siedlungen auf dem Palatin in Rom Sagenhafte Gründung Roms durch Romulus und Remus	*753 v. Chr. nach dem Mythos: Lekt. 20* *Um 750 v. Chr. nach dem Mythos: Lekt. 21*
Römische Republik um 500 v. Chr. von etwa 500 bis 287 v. Chr. von etwa 400 bis 133 v. Chr. 264 – 241 v. Chr. 247 – 183 v. Chr. 218 – 202 v. Chr.	 Vertreibung des Königs, Gründung der Republik Ständekämpfe: Auseinandersetzung zwischen Patriziern und Plebejern Rom erringt die Vorherrschaft im Mittelmeerraum (s. Karte auf Vorsatz) Erster Punischer Krieg Hannibal Zweiter Punischer Krieg	 *um 500 v. Chr.: Lekt. 22* *um 190 v. Chr.: Lekt. 24*

Überblick über die römische Geschichte		Zuordnung zu den Lektionen
149 – 146 v. Chr.	Dritter Punischer Krieg	*150 – 146 v. Chr.: Lekt. 25*
von 133 bis 31 v. Chr.	Innenpolitische Auseinandersetzungen und Bürgerkriege	*um 65 v. Chr.: Lekt. 1 – 7*
58 – 51 v. Chr.	Caesars Truppen erobern Gallien	*um 55 v. Chr.: Lekt. 32, Test Lekt. 32 - 34*
49 – 45 v. Chr.	Bürgerkrieg zwischen Anhängern von Caesar und Pompeius	
46 – 44 v. Chr.	Herrschaft Caesars	
44 v. Chr.	Ermordung Caesars an den Iden des März (15. 3. 44 v. Chr.)	
ab 44 v. Chr.	Bürgerkrieg zwischen Caesaranhängern unter Octavian und Caesargegnern	
31 v. Chr.	Entscheidungsschlacht bei Actium: Octavian wird Alleinherrscher	
römische Kaiserzeit		
27 v. Chr. – 14 n. Chr.	Prinzipat des Augustus (Octavian), Erweiterung des römischen Reiches (s. Karte auf Vorsatz)	*27 v. Chr.: Lekt. 8* *um 11 v. Chr.: Lekt. 36* *11 v. Chr.: Lekt. 9* *um 10 v. Chr.: Lekt. 23* *um 8 v. Chr.: Lekt. 37*
1. Jh. n. Chr.	Germanischer Aufstand:	*8 n. Chr.: Lekt. 11* *um 8 n. Chr.: Lekt. 35*
9 n. Chr.	Niederlage des Varus gegen Arminius	*9 n. Chr.: Test Lekt. 26 - 28* *um 10 n. Chr.: Lekt. 10* *14 n. Chr.: Lekt. 26*
ca. 30 n. Chr.	Wirken und Tod von Jesus Christus, erste christliche Gemeinden	*um 20 n. Chr.: Lekt. 12*
	Limes sichert Grenze zu Germanien	
79 n. Chr.	Ausbruch des Vesuv	*um 70 n. Chr.: Lekt. 13*
um 85 n. Chr.	Limes sichert Grenze zu Germanien	
2. Jh. n. Chr.		
98 – 117 n. Chr.	Trajan: größte Ausdehnung des röm. Reiches (s. Karte)	*um 98 n. Chr.: Lekt. 33* *um 100 n. Chr.: Test Lekt. 29 – 31* *um 111 n. Chr.: Lekt. 29* *um 120 n. Chr.: Lekt. 27*
3. Jh. n. Chr.	Gefährdung des römischen Reiches	
233/34 n. Chr.	Aufgabe des rätischen Limes nach Einfall der Alamannen	*3. Jh. n. Chr.: Lekt. 30*
um 250 n. Chr.	Erste allgemeine Christenverfolgung	

Überblick über die römische Geschichte		Zuordnung zu den Lektionen
um 260 n. Chr.	Die Römer geben den obergermanischen Limes auf	
4. Jh. n. Chr.		
311 n. Chr.	Toleranzedikt gestattet Christen Religionsausübung	*312 n. Chr.: Lekt. 28*
375 n. Chr.	Beginn der Völkerwanderung der germanischen Stämme	
380/81 n. Chr.	Kaiser Theodosius: Christentum Staatsreligion	
395 n. Chr.	Aufteilung des römischen Reichs in Ost- und Westrom	
476 n. Chr.	Ende des weströmischen Reichs	
Mittelalter		
Frühmittelalter		
6. – 9. Jh. n. Chr.	romanische Sprachen entstehen aus dem Vulgärlatein	
800 n. Chr.	Papst Leo III. krönt Karl d. Großen zum Kaiser	*um 800 n. Chr.: Lekt. 34*
9. Jh. n. Chr.	Renaissance des Lateinischen unter Karl d. Großen	
Hochmittelalter/ Spätmittelalter		
11./12. Jh.	Kreuzzüge	
Neuzeit		
1453	Ende des oströmischen Reiches: Türken erobern Konstantinopel	
1492	Kolumbus landet in Amerika	
15./16. Jh.	Kriege zwischen dem Habsburgerreich und dem Osmanischen Reich	*1554: Lekt. 31*
16./17. Jh.	Reformation und Gegenreformation: christliche Glaubenskriege in Europa	

Römische Namen

Jeder männliche römische Bürger besaß seit der ausgehenden Republik einen

Vornamen	(praenomen; meistens abgekürzt, z. B. **C.** Iūlius Caesar, **M.** Tullius Cicerō),
Familiennamen	(nomen gentile; z. B. C. **Iūlius** Caesar),
Beinamen	(cognomen; z. B. M. Tullius **Cicerō**).

Mädchen hatten nur den Familiennamen in der weiblichen Form:
Iūlia, Cornēlia, Claudia.

Bei Sklaven gab man sich keine große Mühe. Sie wurden bei dem Namen gerufen, den ihnen ihr Herr gegeben hatte. Häufige Namen waren **Fēlīx** (der Glückliche) oder einfach **Spartacus, Syrus, Dēlia, Lȳdia** (Bezeichnung nach ihrem Herkunftsland).

Abkürzungen der gebräuchlichsten römischen Vornamen:

A.	Aulus	L.	Lūcius	Ser.	Servius
C.	Gāius	M.	Mārcus	Sex.	Sextus
Cn.	Gnaeus	P.	Pūblius	T.	Titus
D.	Decimus	Q.	Quīntus	Ti.	Tiberius

Römische Zahlen

		Grundzahlen	Ordnungszahlen
1	**I**	**ūnus, -a, -um** ein/eine/ein	**prīmus, -a, -um** der/die/das erste
2	**II**	**duo, duae, duo**	**secundus** od. **alter**
3	**III**	**trēs, trēs, tria**	**tertius**
4	**IV**	**quattuor**	**quārtus**
5	**V**	**quīnque**	**quīntus**
6	**VI**	**sex**	**sextus**
7	**VII**	**septem**	**septimus**
8	**VIII**	**octō**	**octāvus**
9	**IX**	**novem**	**nōnus**
10	**X**	**decem**	**decimus**
11	**XI**	**ūndecim**	**ūndecimus**
12	**XII**	**duodecim**	**duodecimus**
13	**XIII**	**trēdecim**	**tertius decimus**
14	**XIV**	**quattuordecim**	**quārtus decimus**
15	**XV**	**quīndecim**	**quīntus decimus**
16	**XVI**	**sēdecim**	**sextus decimus**
17	**XVII**	**septendecim**	**septimus decimus**
18	**XVIII**	**duodēvīgintī**	**duodēvīcēsimus**
19	**XIX**	**ūndēvīgintī**	**ūndēvīcēsimus**
20	**XX**	**vīgintī**	**vīcēsimus**
30	**XXX**	**trīgintā**	**trīcēsimus**
40	**XL**	**quadrāgintā**	**quadrāgēsimus**
50	**L**	**quīnquāgintā**	**quīnquāgēsimus**
60	**LX**	**sexāgintā**	**sexāgēsimus**
70	**LXX**	**septuāgintā**	**septuāgēsimus**
80	**LXXX**	**octōgintā**	**octōgēsimus**
90	**XC**	**nōnāgintā**	**nōnāgēsimus**
100	**C**	**centum**	**centēsimus**

Achillēs, -is *m.* Achill war dem Mythos nach Sohn des Peleus und der Meeresnymphe Thetis und der tapferste Held der Griechen im Trojanischen Krieg. Durch ein Bad im Fluss der Unterwelt wurde er von seiner Mutter unverwundbar gemacht; lediglich seine Ferse blieb vom Wasser unberührt und war somit die einzige verwundbare Stelle. Daher spricht man auch heute noch von der *Achillesferse*. Wegen seiner zahlreichen Heldentaten wurde er von den Griechen sehr verehrt und besonders auf Vasengemälden oft dargestellt. Nachdem Agamemnon ihm seine Lieblingssklavin geraubt hatte, zog sich Achill voller Zorn aus dem Kampf um Troja zurück. Erst als sein Freund Patroklos von Hektor getötet worden war, kehrte Achill zurück und brachte Hektor im Zweikampf um. Er selbst starb durch einen Pfeil, der vom Gott Apollo gelenkt wurde und ihn an der Ferse traf. Lektion 17, 23

Adalhaid, Adalhaidis *f.* Adalhaid war eine der fünf Töchter Pippins und eine Enkelin Karls des Großen. Lektion 34

Lūcius Aemilius Paullus Macedonicus Lucius Aemilius Paullus Macedonicus (229 – 160 v. Chr.) war ein römischer Feldherr und Politiker. Er besiegte in der Schlacht bei Pydna 168 v. Chr. den makedonischen König Perseus und erhielt daher den Beinamen *Macedonicus*. Lektion 25

Aenēās, -ae *m.* Aeneas war der Sage nach der Sohn des Trojaners Anchises und der Venus. Er galt als einer der größten Helden der Römer und Stammvater der Stadt Rom. Als einziger Held im Trojamythos überlebte Aeneas die Zerstörung der Stadt und konnte mit seinem Vater und dem Sohn Askanius dem brennenden Troja entkommen. Seine Frau Kreusa verlor er auf der Flucht. Zusammen mit seinen Gefährten machte er sich auf die Suche nach einer neuen Heimat. Nach langen Irrfahrten landete er in Latium. Dort heiratete er Lavinia, die Tochter des Königs. Ihr zu Ehren gründete er die Stadt Lavinium. Lektion 14, 17, 19

Āfrica, -ae *f.* Afrika war eine römische Provinz, die das Gebiet des heutigen Tunesien und Teile Libyens umfasst. Sie wurde 146 v. Chr. nach dem Dritten Punischen Krieg eingerichtet. Lektion 19, 25

Agamemnōn, -onis *m.* Agamemnon war der mythische König von Mykene und Bruder des Menelaos. Nachdem Paris Helena geraubt hatte, führte Agamemnon als Oberbefehlshaber das griechische Heer gegen Troja. Im Trojanischen Krieg erregte er durch den Raub der Lieblingssklavin des Achill dessen Zorn. Nach der Eroberung Trojas kehrte Agamemnon nach Hause zurück und wurde dort von seiner Frau Klytaimnestra und ihrem Geliebten getötet. Lektion 17

Agēnōr, -oris *m.* Agenor war der mythische König von Sidon in Phönizien und Vater der Europa. Lektion 35

Agrippīna, -ae *f.* Iulia Agrippina (15 – 59 n. Chr.) war die Mutter des Kaisers Nero und Nichte und Ehefrau des Kaisers Claudius. Um ihren Sohn auf den Thron zu bringen, vergiftete sie ihren Ehemann. Schließlich aber ließ Nero sie töten. Lektion 27

Āiāx, -ācis *m.* Ajax war nach Achill der tapferste Held der Griechen vor Troja. Nach dem Tod des Achill unterlag er im Rededuell um dessen Rüstung gegen Odysseus. Darüber war er so wütend, dass er in der Nacht alle Viehherden des Odysseus tötete. Lektion 17

Alamannī, -ōrum *m.* Die Alamannen waren ein germanischer Stammesbund, der seit der Völkerwanderung im Gebiet des heutigen südwestlichen Deutschlands, Teilen der Schweiz und Frankreichs siedelte. Ende des 5. Jh.s n. Chr. wurden sie in das Gebiet des Frankenreichs eingegliedert. Der Name *Alamannen* ist auch heute noch in einigen Sprachen gebräuchlich: Im Französischen heißt Deutschland *Allemagne*, im Spanischen *Alemania*. Lektion 34

Alba Longa, -ae *f.* Alba Longa war eine Stadt in Latium. Sie galt als Mutterstadt Roms und wurde der Sage nach von Askanius, dem Sohn des Aeneas, gegründet. Lektion 20

Albānus mōns, -ī montis *m.* Die Albaner Berge liegen in der Region Latium, 20 km südöstlich von Rom. Reiche Römer bauten sich hier ihre Villen. In der Sommerzeit, wenn es in Rom sehr heiß und stickig war, verbrachten sie die Tage in dem hügeligen Gebiet und konnten in den angenehm kühlen Bergseen baden. Auch heute noch sind die Albaner Berge ein beliebtes Ausflugsziel für Touristen. Lektion 4

Amūlius, -ī *m.* Amulius war in der römischen Mythologie König von Alba Longa. Er entmachtete seinen Bruder Numitor und befahl, dessen Enkel, Romulus und Remus, auszusetzen. Später wurde er jedoch von Romulus und Remus gestürzt. Lektion 20

Anchīsēs, -is *m.* Anchises war in der griechischen Mythologie der König von Dardania. Zeus sorgte dafür, dass Aphrodite sich unsterblich in den schönen König verliebte. Anchises und Aphrodite bekamen einen Sohn: Aeneas. Die Göttin verbot Anchises allerdings, anderen von ihrer Liebe zu berichten. Da der König das Verbot missachtete, traf ihn ein Blitzschlag des Zeus und er wurde gelähmt. Deshalb trug Aeneas ihn auf den Schultern aus dem brennenden Troja. Lektion 19

Ancyra, -ae *f.* Ancyra ist eine Stadt in der römischen Provinz Galatien. Sie heißt heute Ankara und ist die Hauptstadt der Türkei. Bekannt geworden ist die Stadt Ancyra/Ankara auch als Fundort einer Inschrift von Augustus' Tatenbericht *Index rerum gestarum*. Lektion 26

Antiochus, -ī *m.* Antiochus ist in der *Historia Apollonii* der grausame König von Antiochien. Er begeht mit seiner Tochter Inzest. Weil er sie für sich behalten will, stellt er den Männern, die um sie werben, ein Rätsel. Gelingt es ihnen nicht, das Rätsel zu lösen, werden sie hingerichtet. Nur Apollonius, der König von Tyrus, kann das Rätsel lösen. Antiochus will ihn daraufhin ermorden lassen und setzt ein Kopfgeld auf ihn aus. Lektion 30

Antōnius, -ī *m.* M. Antonius (ca. 83 – 30 v. Chr.) war Anhänger Caesars. 43 v. Chr., ein Jahr nach Caesars Ermordung, schloss er sich mit Lepidus und Octavian zu einem politischen Bündnis, dem Triumvirat (Drei-Männer-Bund), zusammen. Später war Antonius Ehemann der ägyptischen Königin Kleopatra und Gegner Octavians. 31 v. Chr. wurde er in der Seeschlacht bei Actium von der Flotte Octavians besiegt und floh mit Kleopatra nach Ägypten; dort beging er Selbstmord, als seine Lage aussichtslos geworden war. Lektion 8

Aphrodītē, -ēs *f.* Aphrodite (lat.: *Venus*) ist die Göttin der Liebe und der Schönheit. Ihr Vater ist Jupiter. 295 v. Chr. stiftete man ihr einen Tempel am Circus Maximus in Rom. Der französische Wochentag *vendredi* und der italienische Wochentag *venerdì* leiten sich von dem lateinischen *diēs Veneris* ab. Lektion 17,19

Apollō, -inis *m.* Apollo (griechisch: *Apollon*) ist der Gott der Heilkunst, der Musik, der Weissagung und der Jugend. Er ist der Sohn des Jupiter und der Leto. Seine Zwillingsschwester ist Diana. Apollo wird jugendlich, in einem langen Gewand oder nackt dargestellt. Seine heilige Pflanze ist der Lorbeer. Oft trägt er eine Leier oder Pfeil und Bogen. Die bedeutenste antike Orakelstätte in Delphi war ihm geweiht. Lektion 10, 17, Test Lektion 20 – 22

Apollōnius, -ī *m.* Apollonius ist in der *Historia Apollonii* der König von Tyros. Er ist auf der Flucht vor dem grausamen König Antiochus, der ihn ermorden lassen will. Während seiner Flucht kommt Apollonius nach Tarsus und rettet dort die Bürger vor einer Hungersnot. Als er die Stadt wieder verlässt, erleidet er Schiffbruch und verliert sein gesamtes Hab und Gut. Ein armer Fischer nimmt Apollonius auf und gibt ihm die Hälfte seines Mantels. Im weiteren Verlauf der Geschichte kommt Apollonius an den Hof des Königs von Pentapolis und heiratet dessen Tochter. Die beiden bekommen ein Kind, Tarsia. Lektion 30

aquaeductus, -ūs *m.* Ein Aquädukt ist eine römische Wasserleitung. Da bei den Römern durch die großen Thermenanlagen der Wasserbedarf sehr hoch war, errichteten sie große Bogen-Konstruktionen, die das Wasser über Täler und Schluchten zu den Städten führten. Die Aquädukte bestanden oft aus mehreren Stockwerken. Häufig wurden Aquädukte nach ihrem Erbauer benannt, z. B. der erste Aquädukt 312 v. Chr. *Aqua Appia* nach Appius Claudius Caecus. Noch heute sind viele Teilstücke antiker Wasserleitungen erhalten, am bekanntesten ist der sog. *Pont du Gard* nahe Uzès in Südfrankreich. Lektion 29

Aquilēia, -ae *f.* Aquileia war eine Stadt im Osten der Region Venetien. 181 v. Chr. wurde sie gegründet und entwickelte sich zu einer wichtigen Handelsstadt. Hier kreuzten sich die Straßen nach Nord- und Osteuropa. Lektion 12

Ardea, -ae *f.* Ardea ist eine kleine Stadt, ungefähr 36 km südlich von Rom. Sie liegt ganz in der Nähe der Küste und reicht bis an die Albaner Berge heran. Ardea wurde 442 v. Chr. von den Römern besiedelt. Lektion 1

Ariovistus, -ī *m.* Ariovist war ein Heerführer der germanischen Sueben im 1. Jh. v. Chr. Um 72 v. Chr. überschritt er mit seinen Truppen den Rhein und fiel in Gallien ein. Kurz darauf begann Caesar mit der Eroberung Galliens und unterstützte den Stamm der Häduer im Kampf gegen Ariovist. 58 v. Chr. wurden die Sueben von den Römern geschlagen und über den Rhein zurückgedrängt. Lektion 32

Arminius, -ī *m.* Arminius (ca. 18 v. Chr. – ca. 20 n. Chr.) war ein Adliger aus dem germanischen Stamm der Cherusker. Der junge Arminius wurde als Geisel nach Rom gebracht und lernte dort die lateinische Sprache und die römische Kampftechnik in der Armee. Er nahm an Feldzügen der Römer in Germanien teil. Wegen seiner Verdienste erhielt er sogar das römische Bürgerrecht. Doch Arminius stellte sich gegen die Römer. In der Schlacht im Teutoburger Wald besiegten germanische Stämme unter seiner Führung 9 n. Chr. die römischen Truppen des Varus, zu dessen engsten Vertrauten er gehört hatte. Auch nach diesem Sieg kämpfte Arminius weiter in Germanien gegen römische Truppen, wurde aber schließlich von Verwandten ermordet. Lektion 12, Test Lektion 26 – 28

Ascanius, -ī *m.* Askanius war der Sage nach der Sohn des trojanischen Helden Aeneas. Sein Vater rettete ihn aus dem brennenden Troja. Nach langer Irrfahrt erreichten sie Italien, wo Askanius das sagenhafte Alba Longa gründete. Die Römer nannten ihn auch Iulus und leiteten von ihm das julische Geschlecht ab, aus dem auch Gaius Iulius Caesar hervorging. Lektion 19

Asia, -ae *f.* Asia war eine römische Provinz. Sie umfasste den westlichen Teil der heutigen Türkei (Kleinasien). Ursprünglich war Asia das Königreich Pergamon, das 133 v. Chr. von König Attalos III. an Rom vererbt wurde. Der Name leitet sich von dem Kontinent Asien ab. Test Lektion 11 – 13, Lektion 24

Athene Athene (lat.: *Minerva*) ist die Göttin des Krieges, der Weisheit und der Künste. Sie ist die Tochter des Zeus. Bei ihrer Geburt soll sie ihm aus dem Kopf entsprungen sein. Man erkennt Athene daran, dass sie als Bewaffnete mit Rüstung, Helm, Schild und Lanze dargestellt wird. Ihr Begleittier ist die Eule. Lektion 37

Atlās, Atlantis *m.* Atlas gehört in der griechischen Mythologie zu den Titanen, einem sehr mächtigen Göttergeschlecht. Als Strafe dafür, dass er sich im Titanenkampf gegen Zeus gestellt hatte, wurde er dazu verdammt, das Himmelsgewölbe auf seinen Schultern zu tragen. Lektion 37

ātrium, -ī *n.* Das Atrium liegt in der Mitte eines römischen Hauses. In diesem Raum warteten die Klienten am Morgen bei der *salūtātiō* auf ihren Patron. Der Begriff Atrium lässt sich von dem Adjektiv *āter schwarz* herleiten. Wahrscheinlich deshalb, weil die Wände in diesem Raum durch den Rauch einer offenen Feuerstätte schwarz gefärbt waren. Lektion 2

Attalus, -ī *m.* (171 – 133 v. Chr.). Attalus III. war König von Pergamon. 133 v. Chr. vererbte er sein Königreich den Römern, die es zur Provinz Asia machten. Test Lektion 11 – 13

Atula, -ae *f.* Atula war eine Tochter Pippins, des Königs von Italien, und eine Enkelin Karls des Großen. Lektion 34

Augīās, -ae *m.* Augias war dem Mythos nach König von Elis. Eine der zwölf Aufgaben des Herkules war die Reinigung der Rinderställe des Augias, die schon seit Jahren nicht mehr ausgemistet worden waren. Der König stellte die Bedingung, dass dies innerhalb eines Tages geschehen müsse. Herkules leitete zwei Flüsse in die Ställe und spülte so den Mist weg. Später wurde Augias von Herkules getötet. Lektion 16

Augustus, -ī *m.* Augustus (*der Erhabene*) war der Beiname des C. Octavius (63 v. Chr. – 14 n. Chr.), der ihm 27 v. Chr. vom Senat verliehen worden war. Augustus war der Großneffe und Adoptivsohn Caesars und erster römischer Kaiser 27 v. Chr. – 14 n. Chr. Lektion 8, 26; Abb. links

Aulus, -ī *m.* Männlicher Vorname (Abkürzung: A.). In Lektion 5 – 7 ist Aulus ein Freund von Lucius und Valeria.

barbarus, -ī *m.* Als *Barbaren* bezeichneten die Griechen alle, die die griechische Sprache nicht beherrschten. Später übernahmen die Römer den Begriff für alle Menschen ohne griechisch-römische Bildung und Kultur (z. B. die Germanen). Auch heute noch verwendet man den Begriff *Barbar* für einen rohen, unzivilisierten Menschen. Lektion 26

Bellum Gallicum *n.* Als Gallischen Krieg bezeichnet man den von Caesar in den Jahren 58 – 51 v. Chr. geführten Krieg, in dem er ganz Gallien unterwarf. Ab 58 v. Chr. war Caesar zunächst Statthalter der gallischen Provinzen. Dazu gehörten *Gallia Cisalpina (das diesseitige Gallien)*, das im Gebiet des heutigen Norditalien lag, und *Gallia Narbonensis* im Gebiet des heutigen Südfrankreich. Das sog. freie Gallien, das noch nicht unter römischer Herrschaft stand, bot für Caesar die Gelegenheit, sich militärischen Ruhm zu verschaffen. Nach mehreren erfolgreichen römischen Feldzügen gefährdete 52 v. Chr. allerdings ein Aufstand aller Gallier unter Vercingetorix Caesars Vorhaben. In der Entscheidungsschlacht bei Alesia besiegten die Römer das aus ganz Gallien zusammengerufene Heer. Caesar war nun nach dem siegreichen Ende des Gallischen Krieges der mächtigste Mann in Rom. Die Entstehung und den Verlauf des Krieges beschrieb er in sieben Büchern, den *Commentarii de bello Gallico*. Lektion 32

Berhthaid, Berhthaidis *f.* Berhthaid war eine Tochter Pippins, des Königs von Italien, und eine Enkelin Karls des Großen. Lektion 34

Bernhardus, -ī *m.* Bernhard (ca. 797 – 818) war ein Sohn Pippins, des Königs von Italien, und ein Enkel Karls des Großen. Nach dem Tod seines Vaters war Bernhard von 812 bis 818 König von Italien und der Langobarden. Lektion 34

Bilbilis, -is *f.* war eine Stadt in der römischen Provinz Hispania Tarraconensis im heutigen Spanien. Bekannt ist sie vor allem als Heimatstadt des Dichters Martial. Lektion 13

Bīthȳnia, -ae *f.* Bithynien ist eine Landschaft im Nordwesten Kleinasiens. 74 v. Chr. wurde Bithynien von König Nikomedes IV. an Rom vererbt und zusammen mit Pontus römische Provinz. Lektion 8, Test Lektion 23 – 25, Lektion 29

Britannicus, -ī *m.* Britannicus (41 – 55 n. Chr.) war der Sohn des römischen Kaisers Claudius und der Stiefbruder des späteren Kaisers Nero, der ihn ermorden ließ. Lektion 27

Brūtus, -ī m. Brutus war der Überlieferung nach ein Sohn Tarquinias, der Schwester des Königs Tarquinius Superbus. Weil Tarquinius aus Angst, die Macht zu verlieren, Familienmitglieder und andere adelige Römer ermorden ließ, gab Brutus vor, nicht recht bei Verstand zu sein. Deshalb nannte man ihn *Brūtus* (Dummkopf). Brutus begleitete seine Vettern zum Apollo-Orakel nach Delphi. Anschließend soll er an der Vertreibung des Königs Tarquinius Superbus beteiligt gewesen sein und als *praetor maximus* das neue Staatswesen Roms regiert haben. Test Lektion 20–22

Busbecq (lat.: *Augerius Gislenius Busbequius*). Ogier Ghislain de Busbecq (1522 – 1592) war ein flämischer Humanist und Diplomat im Dienste der Habsburger Kaiser. 1554 wurde er zu Sultan Süleyman I. nach Konstantinopel geschickt, um mit dem Osmanischen Reich einen Waffenstillstand auszuhandeln. Ogier Ghislain de Busbecq verfasste einen Reisebericht in 4 Briefen (*Legationis Turcicae epistolae quattuor*), der für uns heute in vielen Bereichen eine wichtige Quelle darstellt. De Busbecq beschreibt sehr genau das gesellschaftliche und politische Leben im Osmanischen Reich und gibt uns auch einen Einblick in die Tier- und Pflanzenwelt. So wurde er berühmt dafür, dass er die Tulpe und den Flieder nach Westeuropa brachte. Außerdem traf er Personen, die noch Krimgotisch sprachen, und liefert damit das einzige Zeugnis dieser inzwischen untergegangenen germanischen Sprache. De Busbecq schrieb während seiner Reise auch den Rechenschaftsbericht des Kaisers Augustus in Ankara ab. Lektion 31

Caecilia, -ae *f.* Römischer Familienname in weiblicher Form. In Lektion 1 ist Caecilia ein Mädchen, das vor Kurzem aus Ardea nach Rom gezogen ist. Zusammen mit ihren Eltern Calpurnia und Sextus Caecilius Flavus sowie ihrem Bruder Lucius wohnt sie dort in einem Mietshaus (*īnsula*).

Caesar, Caesaris *m.* Gaius Iulius Caesar (100 – 44 v. Chr.) war ein römischer Politiker, Feldherr und Schriftsteller. Er schloss sich im Triumvirat von 60 v. Chr. mit Pompeius und Crassus zusammen. 58 – 51 v. Chr. eroberte er Gallien und Teile Germaniens. Diese Kriegszüge stellt er in dem Werk *Commentarii de bello Gallico* dar. 49 v. Chr. löste er durch die Überschreitung des Grenzflusses Rubicon und den bewaffneten Einfall in Italien einen Bürgerkrieg aus. Durch seinen Sieg machte er sich zum Alleinherrscher in Rom. Ab 45 v. Chr. war er Diktator auf Lebenszeit. An den Iden des März 44 v. Chr. wurde er im Senat durch eine Gruppe von Verschwörern ermordet. *Caesar* war später der Beiname aller römischen Kaiser. Von *Caesar* leiten sich die Begriffe *Kaiser* und *Zar* ab. Lektion 8, Heute und damals Lektion 26–28 und 29–31, Lektion 32, Test Lektion 32–34.

caldārium, -i *n.* In einer Therme war das *caldārium* das Heißbad, das man zusätzlich zu dem *tepidārium* (lauwarmes Bad) und dem *frīgidārium* (Kaltbad) besuchte. Der Raum wurde durch eine Fußbodenheizung (*hypocaustum*) auf 40–50 °C erwärmt. Lektion 6

Calpurnia, -ae *f.* Römischer Familienname in weiblicher Form. In Lektion 1 ist Calpurnia die Mutter von Lucius und Caecilia.

Calpurnius, -ī *m.* Römischer Familienname. In Lektion 26 ist Calpurnius ein Römer, der einem Fremden die Inschriften des *Index rerum gestarum* erklärt.

Campus Martius, -ī Martiī *m.* Das Marsfeld war eine Ebene am Tiber, die jahrhundertelang für Volksversammlungen, als Turnplatz, aber auch für das Militär genutzt wurde. Der Campus war dem Kriegsgott Mars geweiht; in der Kaiserzeit wurde das Marsfeld mit Tempeln, Theatern, Badeanlagen und Monumenten bebaut. Lektion 13

Cannae, -arum *f.* In der Schlacht bei Cannae in Süditalien besiegte Hannibal 216 v. Chr. die zahlenmäßig überlegenen Römer. Wegen der großen Verluste wurde der Tag der Niederlage von den Römern zum *diēs āter* (schwarzen Tag) erklärt. Lektion 24

Capitōlium, -ī *n.* Das Kapitol ist der kleinste der sieben Hügel Roms. An seinem Fuß lag das Forum Romanum. Auf ihm befand sich der Tempel für Jupiter, Juno und Minerva. Lektion 26

Carolus Magnus *m.* Karl der Große (747/48 – 814) war seit 768 König des Frankenreiches und seit 800 Römischer Kaiser. Die Herrschaft über das Frankenreich teilte er sich zunächst mit seinem Bruder Karlmann. Als dieser 771 starb, wurde Karl zum Alleinherrscher. Die ersten Jahre seiner Herrschaft waren durch zahlreiche Feldzüge geprägt. Er unterwarf die heidnischen Sachsen, besiegte die Langobarden und gliederte Bayern in das Frankenreich ein. Am 25. Dezember 800 wurde Karl der Große vom Papst als erster fränkischer König zum Kaiser gekrönt. Das Frankenreich hatte unter ihm seine größte Ausdehnung und wurde zu einer der bedeutendsten Großmächte des abendländischen Mittelalters. Aber Karl ist nicht nur Eroberer gewesen, er ging auch als Förderer von Kultur und Bildung in die Geschichte ein. An seinem Hof versammelte er zahlreiche Gelehrte aus ganz Europa. Er ließ Schulen und Bibliotheken errichten, in denen viele Werke der christlichen und lateinischen Literatur gesammelt und abgeschrieben wurden. Diesen kulturellen Aufschwung bezeichnet man als *karolingische Renaissance*. Karl sah sich als Nachfolger der römischen Kaiser und baute seine Residenzstadt Aachen zu einem „zweiten Rom“ aus. In der Aachener Pfalzkapelle wurde er 814 beigesetzt. Den Beinamen *der Große* erhielt er übrigens schon zu seinen Lebzeiten. Lektion 34

Carthāginiēnsēs, -um *m.* die Karthager, Einwohner Karthagos. Lektion 24, 25

Carthāgō, -inis *m.* Karthago war eine große Stadt an der Mittelmeerküste in Nordafrika in der Nähe des heutigen Tunis. Ab dem 6. Jh. v. Chr. entwickelte es sich zur bedeutendsten See- und Handelsmacht des westlichen Mittelmeerraumes. Ab dem 3. Jh. v. Chr. kämpfte Rom gegen Karthago in den drei Punischen Kriegen um die Vorherrschaft im westlichen Mittelmeerraum. Karthago wurde im Dritten Punischen Krieg (149–146 v. Chr.) völlig zerstört und zur römischen Provinz Africa gemacht. Lektion 19, 23, 24, 25

Catilina, -ae *m.* L. Sergius Catilina (108 – 62 v. Chr.) war römischer Offizier und Politiker. Er bewarb sich 63 v. Chr. vergeblich um das Konsulat. Catilina war in verschiedene Skandale verwickelt, für die er allerdings vor Gericht nicht bestraft werden konnte. Cicero deckte 63 v. Chr. in der Zeit seines Konsulats Catilinas Beteiligung an einer Verschwörung gegen den Staat auf. Die Führer der sog. *Catilinarischen Verschwörung* wurden in Rom auf Betreiben Ciceros hingerichtet. Catilina, der sich zu dieser Zeit in Etrurien aufhielt, fiel 62 v. Chr. im Kampf gegen die Truppen des Senats. Heute und damals Lektion 26 – 28

Cerēs, Cereris *f.* Ceres ist die römische Getreide- und Fruchtbarkeitsgöttin. Jedes Jahr am 19. April wurde sie beim Fest der *Cerealia* verehrt und um eine gute Ernte gebeten. Die Römer setzten sie mit der griechischen Göttin Demeter gleich, als deren Kult in Rom übernommen wurde. Abb. links, Lektion 4, 14

Cheruscī, -ōrum *m.* Die Cherusker waren ein germanischer Stamm, dessen Siedlungsgebiet Anfang des 1. Jhs. n. Chr. zwischen Weser und Elbe lag. Unter ihrem Anführer Arminius vernichteten sie und Germanen anderer Stämme im Jahre 9 n. Chr. drei römische Legionen in der Varusschlacht. Lektion 11, 12

Christus, -ī *m.* Durch Jesus Christus (ca. 4 v. Chr. in Nazareth – 30/31 n. Chr.), der für die Christen der Sohn Gottes ist, wurde der christliche Glaube begründet. Der Name *Christus* stammt von dem griechischen Wort *christós*, was der *Gesalbte* bedeutet. Das Neue Testament berichtet von der Lebensgeschichte und den Wundertaten Jesu. Außerdem glauben die Christen, dass er nach seinem Tod auferstanden ist, um die Menschen zu erlösen. An seiner Geburt ist unsere Zeitrechnung ausgerichtet. Die Zählung geht auf den christlichen Mönch Dionysius zurück, der im 6. Jh. n. Chr. die Geburt Jesu als das Jahr 0 festlegte. Heute weiß man, dass er sich um wahrscheinlich 4 Jahre verrechnet hat. Lektion 28

Cicerō, -ōnis *m.* Marcus Tullius Cicero (106 – 43 v. Chr.) war ein römischer Anwalt, Politiker, Schriftsteller und Philosoph. Auf Grund seiner außergewöhnlichen rhetorischen Begabung erreichte er in kurzer Zeit das höchste politische Amt, das Konsulat (63 v. Chr.).
Nach der Ermordung Caesars setzte er sich für die Wiederherstellung der alten Republik ein und wurde schließlich 43 v. Chr. auf Veranlassung des Antonius ermordet.
Ciceros Bedeutung in der Literatur war schon in der Antike außerordentlich groß. In seinen Werken schuf er eine Kunstprosa, die später immer wieder nachgeahmt wurde. Seine wissenschaftlichen Werke vermittelten den Römern das Gedankengut der griechischen Philosophie. Außerdem liefern uns die zahlreichen Briefe Ciceros ein sehr umfangreiches Bild der gesellschaftlichen und politischen Verhältnisse in der Endphase der römischen Republik. Lektion 29

Circa, -ae *f.* Kirke war in der griechischen Mythologie eine Zauberin und Tochter des Sonnengottes Helios. Als Odysseus während seiner Irrfahrt auf ihrer Insel landete, verwandelte sie seine Gefährten in Schweine. Er zwang sie, dies rückgängig zu machen und blieb ein Jahr auf ihrer Insel. Sie wies Odysseus den Weg in die Unterwelt und verriet ihm, wie er unversehrt den Gesang der Sirenen anhören könnte. Von ihr leitet sich das Wort *bezirzen* (bezaubern) ab. Lektion 18

Cleopatra, -ae *f.* Kleopatra VII. (69 – 30 v. Chr.) war Herrscherin von Ägypten. Als Familienmitglied der Ptolemäer, die nach Alexander dem Großen in Ägypten herrschten, war sie Griechin. Kleopatra war hochgebildet und soll mehrere Sprachen fließend gesprochen haben. Lektion 8; Abb. links

commentāriī, -ōrum *m.* Die *Commentarii de bello Gallico* (*Kommentare über den gallischen Krieg*) sind ein von Caesar verfasstes literarisches Werk über seinen Eroberungskrieg in Gallien. Jedem der sieben Kriegsjahre ist ein Buch gewidmet. Das achte Buch wurde später von einem hohen Offizier namens Aulus Hirtius hinzugefügt. Caesar schrieb sein Werk als Propaganda, um seinen Krieg zu rechtfertigen und in Rom für sich zu werben. Außer den Schlachten beschreibt er aber auch immer wieder das Aussehen und die Lebensweisen einzelner Völker. Lektion 32, Test Lektion 32 – 34

Constantīnus, -ī *m.* Constantinus (272(?) – 337 n. Chr.), auch Konstantin der Große genannt, war der Sohn des Kaisers Constantius Chlorus. Er wurde 306 n. Chr. von den Soldaten seines Vaters zum Herrscher ausgerufen. Nach dem Sieg über seinen Gegner Maxentius an der Milvischen Brücke 312 n. Chr. herrschte er allein über das gesamte weströmische Reich. Konstantin setzte sich für Religionsfreiheit von Christen und Heiden ein. Diese Entwicklung bezeichnet man als Konstantinische Wende. Lektion 28

cōnsul, -ulis *m.* In der römischen Republik wurden je zwei Konsuln für ein Jahr gewählt. Diese leiteten

als höchste Beamte die Staatsgeschäfte und waren im Kriegsfall militärische Oberbefehlshaber. Lektion 7
Cornēlia, -ae *f.* Römischer Familienname in weiblicher Form. In Lektion 9 ist Cornelia eine Freundin von Vibia.
Cornēlius, -ī *m.* Männlicher Familienname. In Lektion 6 ist Cornelius ein römischer Senator und Patron.
Corpus Inscriptiōnum Latīnārum Das *Corpus Inscriptionum Latinarum* (Abk. CIL) ist eine Sammlung antiker lateinischer Inschriften. Es besteht derzeit aus 17 Bänden und ist eine wichtige Quelle für die Geschichte des Römischen Reichs. Lektion 34
Corsica, -ae *f.* Korsika ist die viertgrößte Insel im Mittelmeer und liegt nördlich von Sardinien. Im 6. Jh. v. Chr. stand Korsika unter der Herrschaft der Karthager, bevor es 259 v. Chr. von dem römischen Feldherren Scipio erobert wurde. Zusammen mit Sardinien war es seit 238 v. Chr. römische Provinz. Lektion 24
Crēta, -ae *f.* Kreta ist die größte der griechischen Inseln. In der Bronzezeit bildete sich hier die früheste Hochkultur Europas, die minoische Kultur, heraus. Der britische Archäologe Arthur Evans benannte sie nach dem sagenhaften kretischen König Minos, als er zu Beginn des 19. Jh.s den Palast von Knossos bei Iraklion freilegte. Kreta war von ca. 2000–1450 v. Chr. eine große See- und Handelsmacht.
Im 1. Jh. v. Chr. galt die Insel als Zufluchtsort für Piraten und wurde deshalb von den Römern angegriffen. 67 v. Chr. wurde Kreta zur römischen Provinz. Lektion 15
Creūsa, -ae *f.* Kreusa war der Sage nach die Tochter des trojanischen Königs Priamos und der Hekabe. Sie heiratete Aeneas und wurde Mutter des Askanius. Aeneas verlor sie bei der Flucht aus dem brennenden Troja. Lektion 19
cubiculum, -ī *n.* Das *cubiculum* ist ein Wohn- und Schlafraum in einem römischen Haus. In großen Häusern grenzt das kleine Zimmer (ca. 8 – 10 qm) an das Atrium. Lektion 1,4
Dēmētrius, -ī *m.* Griechischer Männername. In Lektion 3 ist Demetrius der Sklave und Hauslehrer bei der Familie des M. Valerius Florus, in Lektion 23 ein römischer Lehrer.
Desiderius, -ī *m.* Desiderius war ab 756 der letzte König der Langobarden. 774 wurde er von Karl dem Großen abgesetzt. Lektion 34
Diāna, -ae *f.* Diana (griechisch: *Artemis*) ist die Tochter des Jupiter und der Leto. Ihr Zwillingsbruder ist Apollo. Sie ist die Göttin des (Mond-)lichtes, Herrin der Tiere, Schützerin der Jagd und der Mädchen und Frauen. Man bat sie um Hilfe für die Geburt und die Gesundheit der Säuglinge. Diana trägt oft Pfeil und Bogen und einen Köcher. Ihr Begleittier ist die Hirschkuh. Lektion 10
Dīdō, -ōnis *f.* Dido war die mythische Königin von Karthago. Nachdem ihr Ehemann ermordet worden war, floh sie von Tyros nach Afrika. Dort wurde ihr so viel Land versprochen, wie sie mit einer Stierhaut umfassen konnte. Dido schnitt die Haut in feine Streifen und konnte so ein großes Stück Land abstecken, über das sie dann herrschte. Als Aeneas während seiner Irrfahrt in Karthago landete, verliebten sie sich. Doch weil Aeneas sie verlassen musste, tötete sich Dido mit einem Schwert. Lektion 19
Dioclētiānus, -ī *m.* Gaius Aurelius Valerius Diocletianus (ca. 245 – 316 n. Chr.) war römischer Kaiser von 284 bis 305 n. Chr. Er stammte aus einfachen Verhältnissen und machte sich als Soldat der kaiserlichen Leibwache einen Namen. Nach dem Tod seines Vorgängers Numerianus wurde er zum Kaiser ernannt. Da das römische Reich im 3. Jh. n. Chr. in einer tiefen Krise steckte, führte Diokletian etliche Reformen durch. Die wichtigste Neuerung war die Teilung des Reiches in einen östlichen und westlichen Verwaltungsbereich. Diokletian bestimmte für jeden Reichsteil jeweils einen Kaiser (*Augustus*) und einen Unterkaiser (*Caesar*). Im Jahre 303 n. Chr. leitete der Kaiser die letzte und schlimmste Christenverfolgung ein. Der christliche Glaube wurde verboten, Kirchen niedergerissen und Bibeln verbrannt. Am 1. Mai 305 n. Chr. trat Diokletian freiwillig zurück. Lektion 28
Diomēdēs, -is *m.* Diomedes war der Sage nach ein griechischer Held und König von Argos. Er befand sich im Trojanischen Pferd und kämpfte an der Seite von Odysseus im Trojanischen Krieg. Lektion 17
domus, -ūs *f.* Ein herrschaftliches Wohnhaus in der Stadt wurde bei den Römern *domus* genannt. In der Mitte befand sich das Atrium, von dem aus die umliegenden Räume zugänglich waren. Von der Straße aus gelangte man durch die Eingangshalle (*faucēs*) in das Haus. Ab dem 2. Jh. v. Chr. erweiterten die Römer die ursprüngliche *domus* noch um einen Innenhof mit einer Säulenhalle (*peristȳlium*). Lektion 2
druidēs, -um *m.* Die Druiden waren keltische Priester in Gallien und Britannien. Sie sorgten für die Ausübung der Opfer, waren Wahrsager, aber auch Ärzte, Richter und Zauberer. Die Druiden gaben ihr großes Wissen als Lehrer an die adlige Jugend weiter. Außerdem besaßen sie großen politischen Einfluss. Einmal im Jahr trafen sie sich an einem geheimen Ort, wo sie auch ihren Anführer wählten. Test Lektion 32 – 34
Einhard Einhard (ca. 770 – 840) war ein fränkischer Gelehrter und Geschichtsschreiber. Als enger Vertrauter und Berater Karls des Großen leitete er außerdem die Errichtung zahlreicher Bauwerke. Sein größtes literarisches Werk ist die *Vita Caroli Magni*, die Biografie Karls des Großen. Lektion 34
Epos Ein Epos (altgriech.: *épos - Wort, Vers*) ist eine umfangreiche Erzählung in Versen. Es handelt meist

von bedeutenden Ereignissen, bei denen Götter oder Helden im Mittelpunkt stehen. Epen wurden in der Antike von einem Sänger mit musikalischer Begleitung mündlich vorgetragen und so weiter verbreitet. Die ältesten schriftlich überlieferten griechischen Epen sind die *Ilias* und die *Odyssee;* die antike Überlieferung bezeichnet beide Epen als Werke des Dichters Homer. Lektion 35

Esquiliae, -ārum *f.* Der Esquilin ist einer der sieben Hügel Roms. Er liegt im Osten der Stadt. Hier befanden sich Teile der Domus Aurea des Kaisers Nero, später die Thermen des Trajan sowie zahlreiche Gärten reicher Römer. Lektion 27

Eurōpa, -ae *f.* Europa war der Sage nach die Tochter des phönikischen Königs Agenor und der Telephassa. Jupiter verliebte sich in sie und entführte sie in Gestalt eines Stiers über das Meer nach Kreta. Dort gebar sie ihm drei Kinder. Später wurde der Erdteil deshalb nach ihr benannt. Lektion 15, 35

Eurystheus, -eī *m.* Eurystheus war der Sage nach König von Mykene. Jupiter hatte vor seiner Geburt verkündet, dass der erstgeborene Enkel des Perseus über Mykene herrschen solle. Weil die eifersüchtige Juno nicht wollte, dass Herkules zum Thronfolger wird, veranlasste sie, dass Eurystheus vor Herkules zur Welt kam. Wegen eines Orakelspruchs musste Herkules zwölf Aufgaben im Dienst des Eurystheus ausführen. Lektion 16

Fastrada, -ae *f.* Fastrada (ca. 765 – 794) war die vierte Ehefrau Karls des Großen. Mit ihr hatte er zwei Töchter, Theodrada und Hiltrud. Lektion 34

Faustulus, -ī *m.* Faustulus ist in der römischen Sage ein Hirte und Ziehvater von Romulus und Remus. Er fand die am Tiber ausgesetzten Zwillingsbrüder. Er und seine Frau zogen sie auf. Lektion 20

Ferdinand I. Ferdinand I. (1503 – 1564) war König von Böhmen und Ungarn, ab 1531 deutscher König und später Kaiser des Heiligen Römischen Reiches. Er stammte aus der Familie der Habsburger. Weil die Kriege mit dem Osmanischen Reich die Habsburger schwächten, handelte Ferdinand I. 1547 einen Waffenstillstand aus. Seine größte politische Leistung war der sog. Augsburger Religionsfriede von 1555, der für einen Ausgleich zwischen Katholiken und Protestanten sorgte. Lektion 31

Flāvus, -ī *m.* Lateinischer Beiname (*cognōmen*), der *blond* bzw. *gelb* bedeutet. In Lektion 11 ist Flavus der Bruder des Soldaten Rufus.

Francī, -ōrum *m.* Die Franken waren eine Gruppe germanischer Stämme, die rechts des Rheins siedelten. Seit der Mitte des 3. Jh.s drangen sie in römische Provinzen und in Gallien ein. Unter König Chlodwig schufen die Franken Ende des 6. Jh. ein eigenes Reich. Das Frankenreich entwickelte sich zum mächtigsten Reich in Westeuropa. Seine größte Ausdehnung hatte es unter Karl dem Großen. Nach seinem Tod zerfiel das Reich sehr schnell und wurde 888 endgültig geteilt. Aus dem ostfränkischen Reich ging das Heilige Römische Reich hervor und aus dem westfränkischen Frankreich. Lektion 34

frīgidārium, -ī *n.* In einer römischen Therme war das *frīgidārium* das Kaltbad. Nach dem Aufenthalt im heißen (*caldārium*) und lauwarmen Bad (*tepidārium*) konnten die Römer sich hier, wie wir noch heute in der Sauna, nach dem Schwitzen Abkühlung verschaffen. Lektion 6

Fulvius, -ī *m.* Römischer Familienname. In Lektion 26 ist Fulvius ein Freund des Calpurnius. Lektion 26

Gabiī, -ōrum *m.* Gabii war eine Stadt in Latium zwischen Rom und Praeneste. Der Sage nach wurde sie von Alba Longa aus gegründet. Außerdem sollen Romulus und Remus hier erzogen worden sein. Während der Herrschaft des Tarquinius Superbus befand sich Gabii im Krieg mit der Stadt Rom. Angeblich hat sie diesen Krieg wegen einer List des Sextus im Jahre 493 v. Chr. verloren. Lektion 22

Gabīnī, -ōrum *m.* Bewohner von Gabii. Lektion 22

Gādēs, -ium *f.* Gades ist eine Stadt in Hispania, die heute den Namen Cádiz trägt. Sie wurde um 1100 v. Chr. von den Phöniziern gegründet und entwickelte sich zu einem blühenden Handelszentrum. Lektion 23

Gaius, -ī *m.* Männlicher Vorname (Abkürzung: C.). In Lektion 1 ist Gaius der Großvater von Lucius und Caecilia.

Galba, -ae *m.* Servius Sulpicius Galba (3 – 69 n. Chr.) war ein römischer Politiker und Statthalter der Provinz Hispania. 68 n. Chr. schloss er sich der Aufstandsbewegung gegen Kaiser Nero an. Galba wurde der Nachfolger Neros und zeichnete sich durch besondere Strenge und Sparsamkeit aus. Schon ein Jahr nach seinem Amtsantritt wurde er auf dem Forum Romanum ermordet. Lektion 27

Gallī, -ōrum *m.* Die Römer bezeichneten diejenigen keltischen Stämme als Gallier (*Gallī*), die Gebiete im heutigen Frankreich, Belgien, Oberitalien und äußersten Westen Deutschlands bewohnten. Lektion 13, Test Lektion 32 – 34.

Gallia, -ae *f.* Gallien war das Siedlungsgebiet keltischer Stämme (lat.: *Galli*). Es umfasste Gebiete im heutigen Frankreich, Belgien, Luxemburg, Oberitalien und äußersten Westen Deutschlands. Im 2. Jh. v. Chr. begannen die Römer Teile des südlichen Gallien zu unterwerfen. Caesar eroberte während des Gallischen Krieges (58 – 51 v. Chr.) Gallien bis an den Rhein und machte es zur römischen Provinz. Lektion

26, 32, Test Lektion 32 – 34
Germānī, -ōrum *m.* Die Germanen. „Germanen" war eine Sammelbezeichnung der Griechen und Römer für Stämme, die im nördlichen Europa wohnten. Lektion 11, 12
Germānia, -ae *f. Germānia (Germanien)* ist die Bezeichnung der Römer für das Gebiet rechts des Rheins und nördlich des Limes, das von den verschiedenen Stämmen der Germanen bewohnt war. Seit Mitte des 1. Jh.s v. Chr. wurden auch die linksrheinischen Gebiete von den Römern als *Germānia* bezeichnet. Lektion 11, 12, Heute und damals Lektion 29 – 31, Lektion 32, 33
Graecī, -ōrum *m.* Die Griechen, Bewohner von *Graecia* und anderen Gegenden. Lektion 3, 17
Habsburger Die Habsburger sind ein europäisches Herrschergeschlecht, das im 15. Jh. zur Großmacht aufstieg. Deutsche Könige und römisch-deutsche Kaiser kamen aus dieser Familie. Die Habsburger herrschten zunächst über Österreich, später auch über Böhmen, Kroatien und Ungarn. Im 16. Jh. teilten sich die Habsburger in eine österreichische und eine spanische Linie und herrschten zeitweise auch über Mexiko. Nach dem Ende des Ersten Weltkrieges 1918 wurde die Habsburgische Monarchie aufgelöst. Lektion 31
Haeduī, -ōrum *m.* Die Häduer waren ein keltischer Stamm in Gallien. Schon vor Caesars Zeit hatten sie mit den Römern ein freundschaftliches Verhältnis. Im Zuge des Gallischen Krieges wurden die Häduer 58 v. Chr. von Caesar im Kampf gegen die Sueben unter Ariovist unterstützt. Lektion 32
Hannibal, -is *m.* Hannibal (247 – 183 v. Chr.) war ein karthagischer Feldherr. Er erhielt 221 v. Chr. den Oberbefehl in Spanien und eroberte die Stadt Sagunt. Daraufhin erklärten ihm die Römer den Krieg. Doch Hannibal zog mit Soldaten und Kriegselefanten über die Alpen und bedrohte die römische Herrschaft in Italien. Bei Cannae (216 v. Chr.) und in mehreren anderen Schlachten besiegte sein Heer römische Legionen. Doch das römische Bündnissystem hielt der Bedrohung stand. Schließlich wurde Hannibal 203 v. Chr. nach Afrika zurückberufen. Ein Jahr später unterlag das punische Heer römischen Truppen bei Zama. Den Römern blieb Hannibal verhasst. Er nahm sich schließlich auf der Flucht in Bithynien das Leben, als seine Auslieferung an die Römer drohte. Lektion 24, 25, Test Lektion 23 – 25
Hector, -oris *m.* Hektor war nach dem Mythos der älteste Sohn des Königs Priamos und seiner Frau Hekabe. Im Trojanischen Krieg war er der tapferste Held auf Seiten der Trojaner. Ihm gelang es, die Griechen bis zu ihren Schiffen zurückzudrängen. Im Zweikampf tötete er Patroklos und fiel später durch die Hand des Achill, der seinen Freund rächen wollte. Lektion 17
Helena, -ae *f.* Helena galt nach der Sage als die schönste und begehrteste Frau der Griechen. Zeus verführte in Gestalt eines Schwans ihre Mutter Leda, sodass Helena aus einem Ei geboren wurde. Viele Männer umwarben sie, mussten jedoch schwören, ihre Wahl anzuerkennen und sich nicht gegen den Auserwählten zu verbünden. So heiratete Helena Menelaos und brachte Hermione zur Welt. Im Streit der drei Göttinnen Aphrodite, Hera und Athene wurde sie von Aphrodite dem Paris versprochen. Dieser entführte sie aus Sparta und löste damit den Trojanischen Krieg aus. Sie wurde von den Griechen wie eine Göttin verehrt; viele Maler und Dichter stellten sie in Kunstwerken dar. Lektion 17, 37
Helvetiī, -ōrum *m.* Die Helvetier waren ein keltischer Stamm, der ursprünglich im Gebiet des heutigen Süddeutschlands und ab dem 1. Jh. v. Chr. auch im Gebiet der Schweiz ansässig war. Bekannt sind sie vor allem aus Caesars Darstellung des Gallischen Krieges. 58 v. Chr. drangen die Helvetier nach Südgallien vor und wurden dort von Caesar vernichtend geschlagen. Heute und damals Lektion 26 – 28
Herculāneum, -ī *n.* Herkulaneum war eine Stadt bei Neapel in Kampanien. Wie Pompeji wurde sie 79 n. Chr. bei dem Ausbruch des Vesuvs verschüttet. Seit dem 18. Jahrhundert graben Wissenschaftler die Stadt wieder aus. Außer mehreren Tempeln, einer Basilika und einem Theater fanden sie hier auch eine ganze Bibliothek mit Papyrusrollen, die bis jetzt noch nicht vollständig entziffert sind. Lektion 29
Herculēs, -is *m.* Herkules (griech.: *Herakles*) ist für seine Stärke berühmt und der beliebteste Held der Griechen. Der Sage nach war er der Sohn Jupiters und der sterblichen Alkmene. Die eifersüchtige Ehefrau Jupiters, Juno, verfolgte den verhassten Herkules und stellte ihn vor zwölf schwierige, unmenschliche Aufgaben:

1. Er musste das Fell des nemeischen Löwen beschaffen, der als unverwundbar galt.
2. Herkules tötete die Hydra, eine Schlange mit neun Köpfen.
3. Er fing die schnelle Hirschkuh Kerynitis.
4. Er fing den Erymanthischen Eber.
5. Herkules reinigte die Ställe des Augias.
6. Herkules erlegte die Stymphaliden, einen Schwarm großer menschenfressender Raubvögel.
7. Er bändigte den wilden Stier von Kreta.
8. Herkules zähmte die menschenfressenden Pferde des Diomedes.
9. Er brachte der Tochter des Eurystheus den kostbaren Gürtel der Amazone Hippolyta.

10. Er raubte die Rinderherde des Riesen Geryoneus.
11. Er pflückte mit Hilfe des Atlas die Äpfel der Hesperiden.
12. Herkules bezwang den Höllenhund Kerberos und führte ihn hinauf in die Oberwelt.

Da er diese gefährlichen Arbeiten erfolgreich ausgeführt hatte, verehrten ihn die Griechen und Römer für sein tugendhaftes Verhalten und seine außergewöhnliche Stärke. Lektion 16, Test Lektion 14–16

Hierosolyma, -ōrum *n. Hierosolyma* ist die lateinische und griechische Bezeichnung für Jerusalem, eine Stadt in Palästina. Zu Beginn des 1. Jahrtausends v. Chr. eroberte der israelische König David die Stadt und machte sie zur Hauptstadt der Königreiche Juda und Israel. Bis zur Zerstörung durch den römischen Kaiser Titus im Jahre 70 n. Chr. war Jerusalem politisches und religiöses Zentrum des jüdischen Volkes. Lektion 10

Hildigarda, Hildigardae *f.* Hildegard (ca. 758 – 783) war die dritte Ehefrau Karls des Großen. Die beiden hatten zusammen neun Kinder, von denen drei kurz nach der Geburt starben. Lektion 34

Hispānia, -ae *f.* nannten die Römer die Pyrenäenhalbinsel, also das Gebiet des heutigen Portugal und Spanien. Im Zweiten Punischen Krieg (218–201 v. Chr.) vertrieben die Römer die Karthager aus Hispanien und richteten Provinzen auf der Iberischen Halbinsel ein. Lektion 13, 23, 26

Historia Apollōniī. Die *Historia Apollonii* (*Geschichte des Apollonius*) ist ein Roman in lateinischer Sprache aus dem 3. Jh. n. Chr. Er spielt im Osten des römischen Reiches, dem Gebiet des heutigen Libanon, Syrien, Libyen und der Türkei. Sein Verfasser ist unbekannt. Der Roman erzählt von König Antiochus, der mit seiner Tochter Inzest begeht. Weil er nicht will, dass dies bekannt wird, stellt er den Männern, die um sie werben, ein Rätsel. Nur Apollonius, der König von Tyrus, kann es lösen. Voller Zorn setzt Antiochus einen Kopfgeldjäger auf Apollonius an. Apollonius flieht, seine Irrfahrt beginnt. Er freundet sich mit dem König von Pentapolis an und heiratet dessen schöne Tochter. Lektion 30

Homērus, -i *m.* Homer galt in der Antike als der Dichter der beiden griechischen Epen *Ilias* und *Odyssee*. Er ist der erste namentlich bekannte Dichter des Abendlandes und hat etwa um 750 v. Chr. gelebt. Über seine Herkunft war schon in der Antike nichts Sicheres bekannt. Der Sage nach soll er blind gewesen sein. Homer ist seit 3000 Jahren ein großes Vorbild in der Literatur. Lektion 18, 23

Hruodtrud, Hruodtrudis *f.* Rotrud oder Hruodtrud (ca. 775–810) war die älteste Tochter Karls des Großen aus seiner Ehe mit Hildegard. Lektion 34

Ilias, Iliados *f.* Die *Ilias* ist ein Epos des griechischen Dichters Homer. Sie schildert einen Teil des Trojanischen Krieges. Die *Ilias* ist das älteste erhaltene literarische Werk Europas. Lektion 18, 23

imperātor, -ōris *m.* Ein *imperātor* war ein Feldherr oder auch Oberfeldherr, dem vom Senat die Amtsgewalt, das *imperium*, übertragen war. Ein siegreicher Feldherr erhielt die Bezeichnung *imperātor* als Ehrentitel. Später war es der Titel eines jeden Kaisers. Lektion 8

īnsula,-ae *f.* So nannten die Römer einen Wohnblock mit mehreren Stockwerken. Diese „inselartig" stehenden Häuser wurden in großen Städten gebaut und von der ärmeren Bevölkerung bewohnt. Im Erdgeschoss befanden sich Geschäfte (*tabernae*) und darüber die Wohnungen der Mieter. Die Römer lebten in diesen Häusern sehr beengt. Lektion 1

Iordānēs, -is *m.* Jordanes (6. Jh. n. Chr.) war ein gotischer Geschichtsschreiber. Er verfasste eine Weltchronik und eine Geschichte der Goten *(Getica)*. Die Schrift *Getica* gilt als das älteste umfassende Geschichtswerk über einen germanischen Stamm. Daher stellt sie eine wichtige Quelle dar. Heute und damals Lektion 32–34

Iosephus, -ī *m.* Männlicher jüdischer Vorname, der aus dem Hebräischen stammt und soviel bedeutet wie *Gott möge (weitere Kinder) hinzufügen*. In Lektion 10 ist Josephus ein junger Mann, der aus Jerusalem nach Rom gekommen ist.

Isis, -idis *und* **-is** *f.* Isis ist in der ägyptischen Mythologie die Schwester und Gattin des Osiris. Der Name Isis bedeutet *Thron*. Deshalb wird sie mit einem Herrscherthron als Attribut auf dem Kopf dargestellt. Isis galt als Schutzgöttin, Himmelskönigin, Zauberin, aber auch Herrscherin über die Unterwelt. Lektion 10; Abb. links

Ithaca, -ae *f.* Ithaka ist eine Insel vor der Westküste Griechenlands. Der Sage nach war sie die Heimat des Odysseus. Lektion 18

Iūdaeī, -ōrum *m.* Die Bewohner Judäas, die Juden. Lektion 10

Iūnō, Iūnōnis *f.* Juno (griechisch: *Hera*) ist die Schwester und Frau des Jupiter und damit die höchste Göttin. Sie war wegen der zahlreichen Liebesabenteuer ihres Mannes sehr eifersüchtig. Juno wurde vor allem von verheirateten Frauen verehrt und um Hilfe bei Geburten gebeten. In Rom hatte Juno zusammen mit Jupiter und Minerva eine wichtige Rolle als Staatsgöttin. Man erkennt sie daran,

dass sie ein Zepter, Kopfschmuck und eine Opferschale trägt. Ihr Begleittier ist der Pfau. Lektion 10, 24
Iuppiter, Iovis *m.* Jupiter (griechisch: *Zeus*) ist der Sohn des Saturn und der Bruder und Mann der Juno. Er ist der höchste römische Gott. Seine Ehefrau war oft wütend auf ihn, weil er zahlreiche Liebschaften hatte. Man erkennt Jupiter an seinem Blitzbündel. Häufig wird er auch mit seinem Begleittier, dem Adler, dargestellt. Lektion 10, 14, 15, 16, 19, 35
Konstantinopel Konstantinopel ist ein antiker Name für die heutige Stadt Istanbul. Gegründet wurde die Stadt im 7. Jh. v. Chr. unter dem Namen Byzanz. 330 n. Chr. benannte der römische Kaiser Konstantin der Große Byzanz in Konstantinopel (griech.: *Stadt Konstantins*) um und machte sie zu seiner Hauptresidenz. Er baute die Stadt großzügig zu einem wirtschaftlichen und kulturellen Zentrum aus. Nach der Eroberung durch die Osmanen 1453 wurde Konstantinopel unter dem Namen Istanbul die Hauptstadt des Osmanischen Reiches und Residenz der Sultane. Lektion 31
Krimgotisch Krimgotisch ist eine mittlerweile untergegangene ostgermanische Sprache. Sie wurde auf der Halbinsel Krim gesprochen. Lektion 31
lacus, -ūs Trasumēnus, -ī *m.* Der Trasimenische See liegt im Osten Etruriens, in der heutigen Region Umbrien. Bekannt ist er durch Hannibals Sieg über die Römer im Jahre 217 v. Chr. Lektion 24
Laelia, -ae *f.* Römischer Familienname in weiblicher Form. In Lektion 12 ist Laelia die Mutter des Händlers Publius Vorenus.
Langobardī, -ōrum *m.* Die Langobarden waren ein germanischer Volksstamm, der vermutlich aus Skandinavien kam. Zur Zeit des Augustus besiedelten sie das untere Elbufer. Zusammen mit anderen Stämmen fielen sie im 6. Jh. n. Chr. in Norditalien ein und gründeten dort ein eigenes Reich. 774 eroberte Karl der Große das Langobardenreich, nahm den König Desiderius gefangen und ließ sich selbst zum König der Langobarden krönen. Lektion 34
Latium, -ī *n.* Latium ist eine Landschaft im Westen Mittelitaliens mit Rom als wichtigster Stadt. Das Gebiet wurde zum Mittelpunkt des Römischen Reiches. Im heutigen Italien heißt die Region, in der Rom liegt, *Lazio*. Lektion 20
Librī Sibyllīnī Die Sibyllinischen Bücher waren eine Sammlung von Orakelsprüchen der sogenannten Sibyllen. Diese waren Prophetinnen, die meist unheilvolle und rätselhafte Vorhersagen machten. Die Bücher wurden im Tempel des Jupiter aufbewahrt und als Geheimwissen unter Verschluss gehalten. In Notzeiten konnten sie auf Senatsbeschluss von den Römern zu Rate gezogen werden. Lektion 28
līmes, limitis *m.* Limes war ursprünglich der „Grenzweg" zwischen zwei Grundstücken, Äckern oder Weinbergen. In der Kaiserzeit waren die Limites militärisch gesicherte Grenzanlagen. In regelmäßigen Abständen befanden sich Wachtürme. Diese dienten als Schutz vor kleineren Angriffen, aber hauptsächlich als Kontroll- und Zollstationen. Am bekanntesten ist der obergermanisch-rätische Limes, der Ende des 1. Jh.s n. Chr. als Grenze zu den Germanen angelegt wurde und sich über 550 km erstreckt. Seit 2005 ist er Weltkulturerbe der UNESCO. Lektion 11, Heute und damals Lektion 11 – 13
Liutgarda, -ae *f.* Liutgarda (ca. 780 – 800) war die fünfte und letzte Ehefrau Karls des Großen. Lektion 34
Lūcius, -ī *m.* Männlicher Vorname (Abkürzung: L.). In Lektion 1 – 7 ist Lucius Caecilius Flavus ein Junge, der vor Kurzem aus Ardea nach Rom gezogen ist. Zusammen mit seinen Eltern Calpurnia und Sextus Caecilius Flavus sowie seiner Schwester Caecilia wohnt er dort in einem Mietshaus (*īnsula*); Name eines anderen Schülers in Lektion 23.
Machāōn, -onis *m.* Machaon war einer der Ärzte der Griechen, die am Trojanischen Krieg als Heilkundige, aber auch als tapfere Mitkämpfer teilnahmen. Lektion 17
Mārcus, -ī *m.* Männlicher Vorname (Abkürzung: M.). In Lektion 2 bis 7 ist Marcus Valerius Florus ein bekannter Senator in Rom. Er stammt aus Ardea und ist Schutzherr (*patrōnus*) der Familie des Sextus. Florus besitzt ein Landgut (*vīlla*) in den Albaner Bergen.
Mārcus Decimus Antōnius *m.* In Lektion 13 ist Marcus Decimus Antonius ein römischer Senator, der den Dichter Martial zu einer Feier eingeladen hat.
Mārs, Mārtis *m.* Mars (griechisch: *Ares*) ist der Gott des Krieges. Sein Vater ist Jupiter, seine Mutter ist Juno. Er verführte die Königstochter und Vestalin Rhea Silvia, die daraufhin die Zwillinge Romulus und Remus zur Welt brachte. Mars wird meist als Kriegsgott in Rüstung und Waffen dargestellt. Lektion 10
Mārtiālis, -is *m.* M. Valerius Martialis (40 – ca. 103 n.Chr.) war ein römischer Dichter aus Bilbilis, der vor allem durch seine witzigen Epigramme bekannt geworden ist. In seinen Werken zeigt er Stärken und Schwächen des römischen Alltagslebens. Ab 64 n. Chr. lebte Martial für einige Zeit in Rom und erlangte dort bei den Kaisern großes Ansehen. Ende des 1. Jh.s n. Chr. kehrte er aber in seine Geburtsstadt zurück, wo er ca. 103 n. Chr. starb. Lektion 13
Maxentius, -ī *m.* Marcus Aurelius Valerius Maxentius (ca. 280 – 312 n. Chr.) ließ sich im Jahr 306 n. Chr. zum Kaiser ausrufen und herrschte zeitweise über Italien, Spanien und Afrika. Weil er als Herrscher nie

richtig anerkannt wurde, führte er einige Bürgerkriege. Sein größter Rivale war Konstantin, der ihn in der Schlacht an der Milvischen Brücke vernichtend schlug. Maxentius ertrank bei dem Versuch, den Tiber zu überqueren. Lektion 28

Mela, -ae *m.* Pomponius Mela war ein römischer Geograph. Er verfasste um 43/44 n. Chr. eine Beschreibung der damals bekannten Welt. Das Werk enthält geographische Angaben, schildert aber auch Landschaften, Naturereignisse, historisches Geschehen und mythische Überlieferungen. Heute und damals Lektion 32 – 34

Menelāos, -i *m.* Menelaos war nach der Sage der Bruder des Agamemnon, Ehemann der Helena und König von Sparta. Nachdem Helena von Paris entführt worden war, zog er mit einem großen Heer nach Troja, um seine Frau zurückzuholen. Er stieg zusammen mit anderen Griechen in das Trojanische Pferd und tötete Deiphobos, der nach Paris' Tod Helenas Ehemann war. Sieben Jahre später kehrte er nach Sparta zurück. Lektion 17, 18

Mercurius, -ī *m.* Merkur (griechisch: *Hermes*) ist der Götterbote, der Gott der Kaufleute und der Diebe. Sein Vater ist Jupiter. Man erkennt Merkur daran, dass er Flügelschuhe, den Heroldsstab und einen geflügelten Hut trägt. In seiner Hand hält er häufig einen Geldbeutel. Lektion 10, 17, 19

M. Messala. Marcus Valerius Messalla Niger (104 – 50 v. Chr.) war ein römischer Politiker. 64 v. Chr. wurde er Prätor, 61 v. Chr. Konsul. Heute und damals Lektion 26 – 28

Metamorphōsēs, Metamorphōseōn *f.* Die *Metamorphosen* (*Verwandlungen*) sind ein Epos des römischen Dichters Ovid. In 15 Büchern beschreibt er ca. 250 Verwandlungsgeschichten aus der griechischen und römischen Mythologie. Das Werk beginnt mit der Entstehung der Welt aus dem Chaos und endet mit der Aufnahme des Augustus unter die Götter. Lektion 35

Milvische Brücke An der Milvischen Brücke (lat.: *pons Milvius*) besiegte 312 n. Chr. Konstantin der Große seinen Rivalen Maxentius. Beide kämpften um die Vorherrschaft und den Kaisertitel im Römischen Westreich. Maxentius ertrank im Tiber, Konstantin wurde alleiniger Herrscher. Lektion 28

Minerva, -ae *f.* s. Athene

Mīnōs, -ōis *m.* Minos war nach dem Mythos der Sohn des Jupiter und der Europa. Er war König von Kreta. Er soll ein gerechter König und bedeutender Gesetzgeber gewesen sein. Der Sage nach genoss Minos hohes Ansehen bei den Bewohnern, die sich ihm sogar freiwillig unterwarfen. Nach seinem Tod wurde er mit seinem Bruder Rhadamantys Richter der Seelen im Hades, der Unterwelt. Lektion 15

Muezzin. Aufgabe eines Muezzins ist es, die Muslime fünfmal täglich zum Gebet zu rufen. Dazu steht er auf einem erhöhten Platz oder Turm, dem sog. Minarett. Lektion 31

Nausicaa, -ae *f.* Nausikaa war in der griechischen Mythologie die Tochter des phäakischen Königs Alkinoos. Eines Tages fand sie den schiffbrüchigen Odysseus am Strand und brachte ihn zu ihrem Vater. Lektion 18

Neptūnus, -ī *m.* Neptun (griech.: *Poseidon*) ist der Gott des Meeres. Sein Bruder ist Jupiter. Kennzeichnend für Neptun ist sein Dreizack, mit dem er die Wellen aufwühlen kann. Wie sein Bruder verursacht Neptun Erdbeben und wird deshalb *Erderschütterer* genannt. Lektion 10, 30

Nerō, -ōnis *m.* Nero Claudius Drusus Germanicus Caesar (37 – 68 n. Chr.) war Sohn der Agrippina und Adoptivsohn des Kaisers Claudius. Schon im Alter von 17 Jahren wurde Nero zum Kaiser ernannt. Seine Mutter Agrippina und sein Erzieher, der Philosoph Seneca, unterstützten ihn in den ersten Regierungsjahren. Nachdem Nero Agrippina und seinen Stiefbruder Britannicus hatte ermorden lassen, zog Seneca sich 62 n. Chr. aus der Politik zurück. Nero entwickelte sich zum Tyrannen. Er wurde für den großen Brand von Rom 64 n. Chr. und die Christenverfolgungen verantwortlich gemacht. Lektion 27

Nestor, -oris *m.* Nestor war der älteste der griechischen Helden im Trojanischen Krieg. Er stand vor allem Agamemnon als weiser und erfahrener Berater zur Seite. Bis heute wird mit dem Beinamen *Nestor* der älteste und erfahrenste Gelehrte eines Fachs bezeichnet. Lektion 17

Nīcomēdia, -ae *f.* Nikomedia wurde um 264 v. Chr. von König Nikomedes I. gegründet und war Hauptstadt von Bithynien. Seit 74 v. Chr. gehörte sie zum Römischen Reich. Kaiser Diokletian baute im 3. Jh. n. Chr. seine Residenz in Nikomedia auf und ließ von dort aus die Christen verfolgen. Heute heißt Nikomedia Izmit und ist eine Hafenstadt in der Türkei. Lektion 29

Nīcomēdēnsis, -is *m.* Einwohner der Stadt Nikomedia. Lektion 29

Numitor, -ōris *m.* Numitor ist der Sage nach König von Alba Longa und Vater der Rea Silvia. Er wurde von seinem Bruder Amulius vom Thron gestürzt und später von Romulus und Remus, seinen Enkeln, wieder zum König ernannt. Lektion 20

Oenōnē, -ēs *f.* Dem Mythos nach war Oenone eine Nymphe, die in Phrygien auf einem Berg mit Namen Ida lebte. Als Kind wurde Paris von seinen Eltern auf dem gleichen Berg ausgesetzt und wuchs dort auf. Zufällig trafen sich Oenone und Paris, verliebten sich ineinander und bekamen einen Sohn, Korythos.

Nachdem sie einige Zeit zusammen gelebt hatten, verließ Paris Oenone und ihr gemeinsames Kind, da Aphrodite ihm die schönste Frau der Antike, Helena, zur Frau versprochen hatte. Lektion 18

Olympus, -ī *m.* (griech.: *Olympos*) Der Olymp ist das höchste Gebirge Griechenlands und befindet sich an der griechischen Ostküste zwischen Makedonien und Thessalien. In der Mythologie gilt er als Wohnstätte der Götter, wo sich der Palast des Zeus, aber auch die Wohnungen der anderen Götter befanden. Lektion 14, 16, 17

Orgetorīx, -rīgis *m.* Orgetorix war ein bedeutender und reicher Adliger der Helvetier. Caesar beschreibt ihn in seinen *Commentarii* als machtgierigen Mann, der sein Volk überredet, nach Gallien auszuwandern, um dort die Herrschaft an sich zu reißen. Heute und damals Lektion 26 – 28

Osmanisches Reich Als Osmanisches Reich bezeichnet man das Reich des osmanischen Herrschergeschlechts. Namensgeber war Osman I. Das Reich war ein multikultureller Staat, der mehrere Jahrhunderte lang auf dem Balkan, im Nahen Osten, in Kleinasien und zeitweise auch auf der Halbinsel Krim herrschte. Osmanisch, die damalige Sprache, unterscheidet sich deutlich vom heutigen Türkisch. Sehr viele Wörter stammten aus dem Arabischen und Persischen. Aus dem Osmanischen Reich ging im 20. Jh. die moderne Republik Türkei hervor. Lektion 31

Ovid Publius Ovidius Naso (43 v. Chr. – 17/18 n. Chr.) war ein römischer Dichter aus Sulmo (heute Sulmona) in Mittelitalien. Er kam als junger Mann nach Rom und erlangte mit Werken wie der *Ars amatoria* (Lektion 36), den *Heroides* (Lektion 37) und den *Metamorphoses* (Lektion 35) Berühmtheit. 8 n. Chr. wurde er von Kaiser Augustus nach Tomi (heute Constanza) am Schwarzen Meer verbannt. Ovid starb in der Verbannung, ohne jemals nach Rom zurückkehren zu dürfen.

Palātium, -ī *n.* Der Palatin ist einer der sieben Hügel Roms und der älteste bewohnte Teil der Stadt. Seit dem Ende des 2. Jh.s v. Chr. wurde der Palatin zum Wohnort für viele wohlhabende Römer. Außerdem befanden sich auf dem Palatin die Residenzen der Kaiser. Von ihm leitet sich auch der Begriff *Palast* ab. Lektion 27

Pansa, -ae *m.* Römischer Familienname. Pansa ist in Lektion 29 ein Architekt aus Rom, der von Kaiser Trajan zu Plinius geschickt wurde.

Paris, -idis *m.* Paris war dem Mythos nach ein Sohn des trojanischen Königs Priamos und der Hekabe. Er wurde von seinen Eltern wegen einer schrecklichen Prophezeiung ausgesetzt und wuchs als Hirte auf dem Berg Ida auf. Dort kam es auch zu dem berühmten Parisurteil: Die Göttinnen Hera, Aphrodite und Athene stritten, wer von ihnen die Schönste sei. Paris entschied zu Gunsten der Aphrodite, die ihm die schöne Helena als Belohnung versprochen hatte. Er entführte Helena aus Sparta und brachte sie nach Troja, was den Trojanischen Krieg verursachte. Paris selbst starb durch einen vergifteten Pfeil. Lektion 17, 18, 37

Patroclus, -ī *m.* Patroklos war der Sage nach im Trojanischen Krieg der Gefährte des Achill, mit dem er gemeinsam auf Seiten der Griechen gegen die Trojaner kämpfte. Nachdem sich Achill zornig vom Kampf zurückgezogen hatte, gelang es Patroklos in der Rüstung des Freundes, die Trojaner zurückzudrängen. Später aber wurde er von Hektor im Zweikampf getötet und von Achill gerächt. Lektion 17

patrōnus, -ī *m.* Ein Patron ist Schutzherr über seine Freigelassenen und Klienten (Schutzbefohlenen), die sich gegenseitig zur Treue verpflichtet waren. Der Patron vertrat seine Freigelassenen und Klienten z. B. vor Gericht, unterstützte sie mit Lebensmitteln oder Geld. Die Klienten begrüßten ihren Patron jeden Morgen bei der *salūtātiō*, erledigten Botengänge oder andere Dienste für ihn und waren verpflichtet, ihn bei einer politischen Kandidatur zu wählen. Lektion 2

Pēnelopē, -ēs *f.* Penelope war in der Mythologie die Frau des Odysseus. Die beiden hatten kaum ein Jahr zusammengelebt, als Odysseus in den Krieg ziehen musste und Penelope allein zurückblieb. Während dieser Zeit wurde sie von vielen Männern umworben, die sie aber alle abwies. Sie gab nämlich vor, sie müsse ein Tuch für den Vater des Odysseus weben; in der Nacht aber trennte sie die Fäden wieder auf und begann von vorn. Penelope galt in der Antike als vorbildliche und treue Ehefrau. Lektion 18

Pentapolis, Pentapoleōs *f.* Der Name *Pentapolis* kommt aus dem Griechischen und bedeutet „Fünfstadt". In der Antike war dies ein Verband von fünf Städten. Am bekanntesten ist die sog. libysche Pentapolis, zu der die Städte Kyrene, Ptolemais, Apollonia, Taucheira und Berenika gehörten. Lektion 30

peristȳlium, -ī *n.* Das Peristyl ist eine Säulenhalle, die einen Hof oder Platz begrenzt. In bestimmten römischen Häusern umschloss sie oft als Erweiterung des Atriums den Garten. Lektion 2

Phaeācēs, -um *m.* Die Phäaken waren ein mythisches Seefahrervolk, das ein glückliches und sorgloses Leben führte. Ihre Schiffe konnten ohne Steuermann über das Meer fahren. Lektion 18

Pherecratēs, -īs *m. Pherecrates* ist ein griechischer Name. In Lektion 29 schreibt der Architekt Pansa in einem Brief an Plinius, dass Pherecrates mit ihm ein Aquädukt bauen möchte.
Phoenīcē, -ēs *f.* Phönizien, was in etwa *Purpurland* bedeutet, war ein schmaler Küstenstreifen am Mittelmeer auf dem Gebiet der heutigen Länder Libanon und Syrien. Die Phönizier waren berühmt für ihr Kunstgewerbe und die Seefahrt. Außerdem war das phönizische Alphabet das erste Buchstabenalphabet des Mittelmeerraums und bildete die Grundlage der griechischen und arabischen Schrift. Die lateinische Schrift ist von der griechischen abgeleitet und geht also ebenfalls auf die phönizische zurück. Ab 64 v. Chr. stand Phönizien unter römischer Herrschaft. Lektion 15, 23
Phoenīces, -um *m.* die Phönizier, Punier. Lektion 23
Pippinus, -ī *m.* Pippin (777 – 810) war der zweite Sohn Karls des Großen und seiner Ehefrau Hildegard. Ursprünglich hieß er Karlmann. Den Namen Pippin erhielt er 781, als er im Alter von vier Jahren vom Papst getauft und zum König von Italien gekrönt wurde. Lektion 34
Plēiŏnē, -es *f.* Pleione ist in der griechischen Mythologie die Ehefrau des Atlas. Die beiden hatten 7 Kinder, die sog. *Plejaden.* Lektion 37
Plīnius, -ī *m.* Gaius Plinius Caecilius Secundus (61– ca. 113 n. Chr.), auch Plinius der Jüngere genannt, war römischer Beamter, ein bedeutender Redner und Schriftsteller. Von seinen literarischen Werken sind 9 Bücher kunstvoll gestalteter Briefe erhalten. Das Buch 10 umfasst die amtliche Korrespondenz mit Kaiser Trajan zu der Zeit, als Plinius Statthalter in Bithynien war. Die Briefe zeigen uns Plinius als Anwalt, als gebildeten Kenner von Kunst und Architektur, als Freund und nicht zuletzt als leitenden Beamten. Seine Briefe sind wertvolle historische Dokumente und stellen für uns eine wichtige Quelle für Kultur und Alltagsgeschichte des beginnenden 2. Jahrhunderts n. Chr. dar. Lektion 29, Test Lektion 29 – 31
Plīnius, -ī *m.* Gaius Plinius Secundus (ca. 23 – 79 n. Chr.), auch Plinius der Ältere genannt, war römischer Offizier, Beamter und Schriftsteller. Von ihm ist uns eine Naturgeschichte (*Naturalis historia*) überliefert, eine umfassende Darstellung antiken Wissens über fremde Länder, Tiere, Pflanzen und Heilmittel sowie Künstler und Kunstwerke. Plinius der Ältere kam bei einer Hilfsaktion während des Ausbruchs des Vesuvs 79 n. Chr. ums Leben. Lektion 29
Plūtō, -ōnis *m.* Pluto (griech.: *Hades*) ist der Gott der Unterwelt. Er ist Sohn des Kronos und der Rea und Bruder des Jupiter. Um nicht allein in der Unterwelt zu herrschen, entführte er Proserpina in sein Reich und machte sie zu seiner Ehefrau. Lektion 14
Poenī, -ōrum *m.* Als Punier werden vor allem die Einwohner Karthagos, aber auch die Bewohner der anderen Städte des Karthagerreiches bezeichnet. Lektion 23, 24
Pompēiī, -ōrum *m.* Pompeji war eine Stadt bei Neapel in Kampanien und seit 89 v. Chr. römische Kolonie. Als im Jahr 79 n. Chr. der Vulkan Vesuv ausbrach, wurde die Stadt zerstört, die meisten Einwohner kamen ums Leben. Seit dem 18. Jahrhundert wird das verschüttete Pompeji wieder ausgegraben und ist nun die besterhaltene antike Stadt. Allerdings verursachen seitdem Umwelteinflüsse und die zahlreichen Besucher Schäden an den ausgegrabenen Gebäuden. Die Wissenschaftler fanden neben Theatern, Tempeln und Thermen auch Möbel und Schriftstücke als wertvolle Hinweise auf das Leben der Menschen im 1. Jh. n. Chr. Lektion 29
Priamus, -ī *m.* Priamos ist der Sage nach der sechste und letzte König von Troja. Er soll mit seiner Ehefrau Hekabe und vielen Nebenfrauen zahlreiche Kinder gehabt haben, darunter Paris und Hektor. Während des Trojanischen Krieges ging er in das Lager der Griechen und bat Achill um den Leichnam seines Sohnes Hektor. Er wurde bei der Eroberung Trojas durch die Griechen von Neoptolemos getötet. Lektion 17
prīnceps, prīncipis *m. Princeps* (*der Erste*) war seit Augustus der Titel der römischen Kaiser. Von ihm leitete sich dann im Mittelalter der Titel *Prinz* ab. Lektion 27
Prōserpina, -ae *f.* Proserpina (griech.: *Persephone*) ist die römische Toten-, Unterwelts- und Fruchtbarkeitsgöttin. Ihr Vater ist Jupiter, ihre Mutter Ceres. Pluto entführte sie in die Unterwelt und machte sie zu seiner Ehefrau. Ihre Mutter war darüber sehr traurig und so veranlasste Jupiter, dass Proserpina nur eine Hälfte des Jahres in der Unterwelt verbrachte, die andere jedoch bei Ceres war. Lektion 14
prōvincia, -ae *f. Prōvinciae* waren zunächst die verschiedenen Geschäftsbereiche der Beamten (*magistrātūs*), wie zum Beispiel die Rechtsprechung und der Flottenbau. Seit dem 3. Jh. v. Chr. bezeichneten die Römer ein erobertes und unterworfenes Gebiet außerhalb Italiens als *prōvincia*. Verwaltet wurde dies von einem *prōcōnsul* oder *prōpraetor*. Augustus teilte 27 v. Chr. die Provinzen in kaiserliche und senatorische ein. Die Anzahl der Provinzen und ihre Größen änderten sich durch fortwährende Neu-Aufteilungen und Gebietsgewinne. Lektion 11
Prūsiās, -ae m. Prusias I. war ca. 230 – 182 v. Chr. König von Bithynien, einer Gegend im Nordwesten der heutigen Türkei. Prusias gewährte Hannibal in seinem Königreich Asyl, als dieser vor den Römern fliehen

musste. In den Jahren 188 bis 183 v. Chr. befehligte Hannibal für Prusias die bithynische Flotte im Krieg Bithyniens gegen das pergamenische Reich. Später verriet Prusias jedoch Hannibals Aufenthalt an die Römer. Um seiner Auslieferung zu entgehen, nahm Hannibal Gift. Test Lektion 23 – 25

Pūblius, -ī *m.* Männlicher Vorname (Abkürzung: P.). In Lektion 12 ist Publius Vorenus ein Händler, der nach Germanien reist.

Pūblius Cornēlius Scīpīo Aemiliānus Āfricānus Publius Cornelius Scipio Aemilianus Africanus (185 – 129 v. Chr.) war der Sohn des Lucius Aemilius Paullus Macedonicus. Zur Unterscheidung von seinem Vater wird er Scipio der Jüngere bzw. *Scīpīo minor* genannt. 147 v. Chr. wurde er Konsul und erhielt den Oberbefehl zur Eroberung Karthagos. Auf Befehl des Senats zerstörte er die Stadt bis auf ihre Grundmauern. Er erhielt den Beinamen *Āfricānus minor*. Aber Scipio der Jüngere war auch ein sehr gebildeter Mann, der zusammen mit seinen Freunden Kunst und Literatur förderte. Lektion 25

Pūblius Cornēlius Scīpīo Āfricānus Publius Cornelius Scipio Africanus (235–183 v. Chr.), auch *Scīpīo māior* bzw. Scipio der Ältere, war römischer Feldherr und Politiker. Unter seiner Führung besiegten die Römer 202 v. Chr. das karthagische Heer unter Hannibal und gewannen den Zweiten Punischen Krieg. Deshalb trägt Scipio den Beinamen *Āfricānus*. Lektion 24

Pȳthia, -ae *f.* Pythia war der Titel der Priesterinnen, die im Orakel von Delphi den Ratsuchenden Auskunft gaben. Sie wurden wahrscheinlich durch Dämpfe aus einer Erdspalte in Trance versetzt. Man glaubte, dass der Gott Apollo persönlich aus den Pythien sprach. Die rätselhaften Sprüche mussten jedoch noch gedeutet werden. Test Lektion 20 – 22

Quīntus, -ī *m.* Männlicher Vorname (Abkürzung: Q.). Im Test-Text zu Lektion 1 – 4 ist Quintus ein Freund der Familie des Sextus Caecilius Flavus. In Lektion 9 ist Quintus Sempronius ein reicher römischer Adeliger, der mit Vibia verheiratet wird. In Lektion 23 ist Quintus ein Schüler, in Lektion 24 heißt ein Freund von Lucius Iunius Silanus so.

Rēa Silvia, -ae *f.* Rea Silvia war der Sage nach die Tochter des Königs Numitor. Ihr Onkel Amulius beraubte Numitor der Herrschaft und machte Rea Silvia zu einer Vestalin, damit sie keine Kinder bekommen konnte. Der Kriegsgott Mars zeugte jedoch mit ihr die Zwillinge Romulus und Remus. Als Amulius dies erfuhr, soll er sie in den Tiber geworfen haben. Später wurde Rea Silvia die Ehefrau des Flussgottes. Lektion 20

Remus, -ī *m.* Remus ist in der römischen Sage der Zwillingsbruder des Romulus und Mitbegründer der Stadt Rom. Er wurde von seinem Bruder im Streit erschlagen. Lektion 14, 20

Rōma, -ae *f.* Rom liegt in der Region Latium und ist die Hauptstadt des römischen Reiches. Die früheste nachweisbare Besiedlung stammt aus dem 10. Jh. v. Chr. Der antiken Sage nach wurde Rom 753 v. Chr. gegründet. Bis ins 4. Jh. n. Chr. regierten hier die Kaiser. Im 1./2. Jh. n. Chr. hatte die Stadt etwa 1 000 000 Einwohner. Kommt ab Lektion 1 vielfach vor.

Rōmānī, -ōrum *m.* Die Römer; sie kommen ab Lektion 5 vielfach vor.

Rōmulus, -ī *m.* Romulus ist der Sage nach der erste König von Rom. Die Stadt soll er 753 v. Chr. zusammen mit seinem Zwillingsbruder Remus gegründet haben. Er ist der Sohn des Mars und der Rea Silvia. Amulius ließ Romulus und seinen Bruder Remus aussetzen. Später wurden sie zuerst von einer Wölfin, dann von dem Hirten Faustulus aufgezogen. Die Zwillingsbrüder erschlugen Amulius aus Rache und erhielten von Numitor zum Dank die Erlaubnis, an der Stelle, an der sie ausgesetzt worden waren, eine Stadt zu gründen. Sie stritten sich jedoch, wer dieser Stadt einen Namen geben dürfe, und veranstalteten eine Vogelschau, das sogenannte *augurium*. Remus wählte den Aventin, Romulus den Palatin als Ort der Beobachtung. Remus erschienen sechs, Romulus später aber zwölf Geier. Die beiden Brüder gerieten darüber in heftigen Streit und Romulus erschlug Remus schließlich. Lektion 14, 20

Rūfus, -ī *m.* Lateinischer Beiname (*cognōmen*), der *rothaarig* bzw. *rotköpfig* bedeutet. In Lektion 11 ist Rufus ein germanischer Soldat im römischen Heer.

Sabīnī, -ōrum *m.* Die Sabiner waren ein antiker Volksstamm in Mittelitalien, der hauptsächlich von der Viehzucht lebte. Bekannt sind die Sabiner vor allem durch den sagenhaften Raub der Sabinerinnen: Da in der neuen Stadt Rom Frauenmangel herrschte, lud Romulus die Sabiner zu Festspielen ein. Die Römer entführten die Sabinerinnen und infolgedessen kam es später zu einer Schlacht. Die Frauen stellten sich jedoch zwischen die kämpfenden Heere und baten um Frieden. Ihre Bitte hatte Erfolg und die Sabiner siedelten daraufhin nach Rom über. Lektion 21, 22

Gaius Sallustius Crispus Sallust (86 – 35 v. Chr.) war römischer Politiker und Geschichtsschreiber. Als Anhänger Caesars kämpfte er während des Bürgerkrieges (49 – 46 v. Chr.) auf dessen Seite. Nach der Ermordung Caesars zog sich Sallust aus dem politischen Leben zurück und widmete sich der Geschichtsschreibung. Dramatische, wirkungsvolle Darstellung der historischen Ereignisse ist für Sallust wichtiger als die gesamte Wiedergabe des zeitlichen Ablaufs. Sallust stellt die römische Geschichte als einen stufenweisen Niedergang von der Frühzeit bis zur Gegenwart dar. Dies versucht er durch die Charakterisierung großer Persönlichkeiten zu veranschaulichen. Seine wichtigsten Werke sind die Darstellung der Catilinarischen Verschwörung (*Coniuratio Catilinae*), der Krieg gegen Jugurtha (*Bellum Iugurthinum*) sowie die *Historiae*, die die Jahre 78 – 67 v. Chr. umfassen. Heute und damals Lektion 26 – 28

salūtātiō, -ōnis *f.* Bei der *salūtātiō* begrüßten die Klienten ihren Patron. Der Empfang fand in den ersten beiden Morgenstunden im *vestibulum* oder *ātrium* seines Hauses statt. Lektion 2

Sardinia, -ae *f.* Sardinien ist nach Sizilien die größte Insel im Mittelmeer. Nach dem Ersten Punischen Krieg wurde sie 238 v. Chr. römische Provinz. Lektion 24

Sāturnus, -ī *m.* Saturn (griechisch: *Kronos*) ist der Gott der Fruchtbarkeit, vor allem des Ackerbaus. Jedes Jahr am 17. Dezember wurde er beim Fest der *Sāturnālia* verehrt. Kennzeichnend für Saturn ist eine Sichel oder Sense. Der englische Wochentag *Saturday* leitet sich von dem lateinischen Wochentag *diēs Sāturnī* her. Lektion 10

Schlacht im Teutoburger Wald. Im Gebiet des Teutoburger Waldes wurden 3 römische Legionen unter Publius Quinctilius Varus im Jahre 9 n. Chr. von germanischen Stämmen unter der Führung des Arminius vernichtend geschlagen. Etwa 15 000 römische Soldaten kamen ums Leben. Die Schlacht fand vermutlich bei Kalkriese statt. Lektion 12, Test Lektion 26–28

Seneca, -ae *m.* Lucius Annaeus Seneca war ein bedeutender römischer Dichter und Philosoph. Seneca wirkte als Erzieher des späteren Kaisers Nero, der ihn aber 65 n. Chr. zum Selbstmord zwang. Er war Vertreter der philosophischen Richtung der Stoa. Von Senecas Schriften sind die *Epistulae Morales* (*Briefe an Lucilius*) und andere philosophische Schriften sowie eine Satire auf Kaiser Claudius erhalten. Lektion 27

sestertius, -ī *m.* Der Sesterz (lat.: *sestertius*, aus *semis* – halb und *tertius* – der Dritte) war seit dem 3. Jh. v. Chr. bis zur Kaiserzeit eine römische Münzeinheit. Ursprünglich bestand der Sesterz aus Bronze und hatte den Wert von 2 1/2 As. Daher kürzte man ihn zunächst mit IIS (II für 2 und S für *semis*) ab, woraus dann später HS wurde. Lektion 29

Sextus, -ī *m.* Männlicher Vorname. In Lektion 1 – 3 ist Sextus der Vater von Lucius und Caecilia.

Sextus Tarquinius, -ī *m.* Sextus Tarquinius war der dritte Sohn des letzten römischen Königs Tarquinius Superbus. Er vergewaltigte die römische Adlige Lucretia. Als diese daraufhin Selbstmord beging, brach ein Aufstand aus und der König wurde vertrieben. Lektion 22

Sibylla, -ae *f.* Eine Sibylle war eine Prophetin, die ohne vorherige Aufforderung die Zukunft voraussagte. Die Sibyllen stammten vermutlich aus dem Vorderen Orient. Ihre Vorhersagen waren meist unheilvoll und rätselhaft. Die bekannteste Seherin war die Sibylle von Cumae. Nach der Darstellung des Dichters Vergil führte sie Aeneas in die Unterwelt. Viele der Weissagungen wurden in den sogenannten Sibyllinischen Büchern gesammelt und von den Römern in Krisenzeiten zu Rate gezogen. Lektion 19

Sicilia, -ae *f.* Sizilien ist die größte Mittelmeerinsel. Wegen ihrer zentralen Lage hatte die Insel eine große Bedeutung für Handel und Seefahrt. Ab dem 8. Jh. v. Chr. siedelten Griechen, Karthager und Punier auf Sizilien. Die Insel war besonders von der griechischen Kultur geprägt. Noch heute zeigen die antiken Tempel und Theater die große Bedeutung Siziliens. Nach dem Ersten Punischen Krieg wurde Sizilien 227 v. Chr. römische Provinz und Kornkammer des *imperium Rōmānum*. Lektion 14, 24

Sīdōn, Sīdōnis *f.* Sidon ist eine Stadt im Libanon, nördlich von Tyros. In der Antike war Sidon eine der wichtigsten Städte der Phönizier. Lektion 23

L. Iūnius Sīlānus Lucius Iunius Silanus ist ein römischer Name. In Lektion 24 ist L. Iunius Silanus ein römischer Kaufmann, der sich einige Zeit lang in Karthago aufhält.

Simon, -ōnis *m.* Männlicher jüdischer Vorname. In Lektion 10 und Test Lektion 8–10 ist Simon der jüngere Bruder von Josephus, der aus Jerusalem nach Rom gekommen ist.

Sīrēnēs, -um *f.* Die Sirenen waren der Sage nach weibliche Fabelwesen mit dem Körper eines Vogels und dem Kopf eines Menschen. Sie saßen über gefährlichen Klippen und lockten mit ihrem bezaubernden Gesang die Seeleute an, deren Schiffe schließlich dort zerschellten. Odysseus erhielt von Kirke den Rat, seinen Gefährten die Ohren mit Wachs zu verstopfen, um so dem Gesang der Sirenen zu entkommen. Lektion 18

Sparta, -ae *f.* Sparta war in der Antike der Hauptort der Landschaft Lakonien im Süden der Peloponnes. Lektion 17

statua, -ae *f.* Statuen, Standbilder von Göttern und Menschen gab es auf öffentlichen Plätzen, in Tempeln und öffentlichen Gebäuden und in Privathäusern, vor allem seit der Eroberung von Griechenland im 2. Jh. v. Chr. Die griechischen Statuen waren so beliebt, dass sie häufig kopiert wurden. Viele antike griechische Statuen, die heute verloren sind, sind uns in römischen Nachbildungen erhalten. Lektion 6

Suēbī, -ōrum *m.* Die Sueben waren eine Gruppe germanischer Stämme, die große Teile Nord- und Süddeutschlands besiedelten. Unter ihrem Heerführer Ariovist drangen sie im 1. Jh. v. Chr. bis nach Gallien vor und wurden dort 58 v. Chr. von Caesar besiegt. Die Sueben sind Vorfahren der heutigen Schwaben, von ihnen leitet sich auch der Name ab. Lektion 32

Suētōnius, -ī *m.* Gaius Suetonius Tranquillus (ca. 70 – ca. 140 n. Chr.) war ein römischer Schriftsteller. Sein Hauptwerk *De vita Caesarum* enthält die Biografien der ersten zwölf Alleinherscher bzw. Kaiser (Caesar bis Domitian). Sueton erzählt neben wichtigen Fakten auch immer wieder Anekdoten, die den Leser unterhalten sollen. Von seinem zweiten Werk *De viris illustribus* sind nur Bruchstücke erhalten. Lektion 27

Süleyman I. Süleyman I. (ca. 1494 – 1566) war Sultan des Osmanischen Reiches. In seiner über 40 Jahre währenden Herrschaftszeit war die geographische Ausdehnung des Reiches am größten. Er führte zahlreiche Feldzüge und konnte so den politischen Einfluss der Osmanen in Europa stärken. Außer weiten Teilen Ungarns und der Insel Rhodos wurde 1534 auch Mesopotamien in das Reich eingegliedert. Nach der Eroberung der tunesischen Hauptstadt Tunis dehnte Süleyman seine Herrschaft bis nach Nordafrika aus. Süleyman trug wegen seiner großen Empfänge und seines prunkvollen Hofes den Beinamen *der Prächtige*. Lektion 31

Syria, -ae *f.* Syrien ist ein Land in Vorderasien. Benannt ist es nach der römischen Provinz Syria, die allerdings größer war als das Gebiet des heutigen Syrien. 333 v. Chr. wurde es von Alexander dem Großen erobert. Seit 64 v. Chr. war es Teil des römischen Reiches und neben Ägypten eine der reichsten Provinzen. Lektion 15

tablīnum, -ī *n.* Das Tablinum ist ein Raum, der direkt an das Atrium angrenzt und zu diesem hin geöffnet ist. Die durchgängige Verbindung vom Eingang des Hauses über das Atrium und das Tablinum hinaus ermöglichte eine eindrucksvolle Sicht auf den Garten oder das Peristyl des Hauses. Lektion 2

Tacitus, -ī *m.* Publius Cornelius Tacitus (ca. 58 – 120 n. Chr.) war ein bedeutender römischer Senator und Geschichtsschreiber. Im Jahre 97 n. Chr. wurde er Konsul und 112/13 n. Chr. Statthalter der römischen Provinz Asia. In seinen beiden Hauptwerken, den *Historiae* und *Annales*, erzählt Tacitus die Geschichte Roms vom Tod des Augustus (14 n. Chr.) bis zur Ermordung des Kaisers Domitian (96 n. Chr.). Tacitus kritisierte immer wieder die Herrschaft des Augustus.
In seinem Werk *Germania* stellt er das Volk der Germanen den ausschweifend lebenden Römern gegenüber. Lektion 26, Heute und damals Lektion 29 – 31, Lektion 33

Talisimannī Die Bezeichnung beruht wohl auf einem Missverständnis De Busbecqs, er meint offenbar die Muezzine. Lektion 31

Tarquinius Superbus, -ī *m.* Tarquinius Superbus (lat.: *superbus,-a,-um – hochmütig, arrogant*) war der siebte und letzte König von Rom. Er errichtete eine Gewaltherrschaft und erweiterte das Gebiet des römischen Staates. Ca. 500 v. Chr. wurde er von seinem Neffen Brutus gestürzt und aus Rom verbannt. Mit seiner Vertreibung ging die Königszeit in Rom zu Ende. Lektion 22

Tarsus, -ī *m.* Tarsus ist eine antike Hafenstadt in Kilikien, die an der heutigen türkischen Südküste lag. Für das Volk der Hethiter war sie im 2. Jht. v. Chr. ein wichtiger Handelsplatz. Später stand Tarsus unter assyrischer, persischer und römischer Herrschaft. Lektion 30

tepidārium, -ī *n.* In einer römischen Therme war das *tepidārium* das lauwarme Bad, das man zusätzlich zu dem *caldārium* (Heißbad) und dem *frīgidārium* (Kaltbad) besuchte. Die Temperatur betrug in diesem Raum etwa 20 – 25 °C. Lektion 6

Terentia, -ae *f.* Terentia (ca. 98 v. Chr. – 4 n. Chr.) war die erste Ehefrau Ciceros. Über ihr Leben sind wir hauptsächlich aus den Briefen Ciceros informiert. Sie stammte aus einer sehr reichen Familie. Die beiden hatten zwei Kinder, Tullia und Marcus. 46 v. Chr. ließen sich Cicero und Terentia scheiden. Lektion 29

Theoderada, -ae *f.* Theoderada war eine Tochter Pippins, des Königs von Italien, und eine Enkelin Karls des Großen. Lektion 34

Tiberis, -is *m.* Der Tiber (ital.: *Tevere*) ist der bedeutendste Fluss in Mittelitalien. Er entspringt im Apennin, fließt durch Rom und mündet bei der Stadt Ostia ins Mittelmeer. Lektion 20

Tiberius, -ī *m.* Tiberius ist der Sohn der Livia und der Stiefsohn des Augustus. Er war römischer Kaiser von 14 – 37 n. Chr. Vor allem nach der Niederlage des Varus feierte er große militärische Erfolge. Enttäuscht von der Politik des Senats in Rom zog er sich in den letzten Lebensjahren auf die Insel Capri zurück. Lektion 9; Abb. links; Name eines Schülers in Lektion 23

Titus, -ī *m.* Männlicher Vorname (Abkürzung: T.). In Lektion 8 ist Titus ein Kaufmann aus Bithynien.

toga, -ae *f.* Die Toga ist das Obergewand der Römer, das über der Tunika getragen wurde. Es bestand aus einer sehr langen, halb-ovalen Tuchbahn, die so um den Körper geschlungen wurde, dass der linke Arm in einer Schlaufe lag und der rechte frei blieb. Die genaue Anordnung konnte sich ändern, je nachdem, was gerade Mode war. Zum Anlegen der Toga brauchte man fremde Hilfe und es war nicht besonders bequem, sie zu tragen. Normalerweise war die Toga einfach weiß. Für freigeborene Jungen, Ritter und hohe Beamte hatte sie zusätzlich einen Purpurstreifen (*toga praetexta*). Bewerber um ein Amt trugen eine blendend weiße Toga, die *toga candida*. Davon ist die Bezeichnung *Kandidat* abgeleitet. Lektion 3

Trāiānus, -ī *m.* Marcus Ulpius Traianus (53 – 117 n. Chr.) wurde 98 n. Chr. römischer Kaiser. Er war der erste Kaiser, der aus einer Provinz stammte. Sein Vorgänger Nerva blieb kinderlos und adoptierte deshalb den jungen Trajan, um ihn zu seinem Nachfolger zu machen. Damit wurde die Reihe der sog. Adoptivkaiser begründet. Trajan vergrößerte das Römische Reich durch zahlreiche Feldzüge so sehr wie niemand vor oder nach ihm. Dabei ging es dem Kaiser vermutlich nicht nur um die gerechte Sache (*bellum iustum*) und den Ruhm des Reiches, sondern auch um Reichtümer benachbarter Völker. 101/2 n. Chr. begann Trajan Dakien, das im Gebiet des heutigen Rumänien liegt, in mehreren Feldzügen zu erobern und machte es 107 n. Chr. zur römischen Provinz. Die rumänische Sprache ging daher aus dem Lateinischen hervor.
Mit den neuen Provinzen Armenia und Mesopotamia erstreckte sich die östliche Grenze des Reiches bis weit in den Vorderen Orient. Es kam allerdings zu Aufständen in den eroberten Gebieten. Schon Trajans Nachfolger Hadrian musste in den folgenden Jahren die Provinz Mesopotamia wieder abtreten. Trajan war nicht nur ein großer Eroberer, sondern auch wegen seiner Freigebigkeit beim Volk sehr beliebt. Er ließ in Rom prächtige Bauten errichten. So zum Beispiel das Trajansforum mit zwei Bibliotheken, die Trajansmärkte, die Basilica Ulpia und die Trajanssäule, auf der seine Schlachten dargestellt sind. Der Senat verlieh ihm 114 n. Chr. den Titel *optimus princeps (bester Kaiser)*. Lektion 29

triumvirātus, -ūs *m.* Als Triumvirat bezeichnete man im alten Rom ein Bündnis von drei Männern *(tres viri)*, das verschiedene politische Aufgaben hatte, wie z. B. die Gründung von Kolonien. 60 v. Chr. schlossen sich Crassus, Pompeius und Caesar zu einem Triumvirat zusammen, um ihre politischen Ziele besser verwirklichen zu können. Nach diesem Vorbild bildeten 43 v. Chr. Antonius, Lepidus und Octavian das sog. Zweite Triumvirat. Lektion 26

Trōia, -ae *f.* Troja ist eine mythische Stadt in Kleinasien. Der Archäologe Heinrich Schliemann fand ab 1869 bei Hisarlık, im Nordwesten der heutigen Türkei, eine vorgeschichtliche Siedlung und war überzeugt, es handle sich um das antike Troja. Die Grabungsarbeiten begannen. Schliemann und andere Forscher fanden heraus, dass Troja nach einigen Erdbeben und Kriegen immer wieder neu aufgebaut worden war. Eine Siedlungsschicht überlagert die nächste. Bekannt ist Troja vor allem als Schauplatz des sagenhaften Trojanischen Krieges. Einige Tage dieses Krieges stellt der Dichter Homer in seiner *Ilias* dar. Die Stadt soll nach zehn Jahre langen, erbitterten Kämpfen durch eine List erobert und zerstört worden sein. Lektion 17, 18, 19, Test Lektion 17–19, Lektion 23, 37

tunica, -ae *f.* Die Tunika war ein Gewand, das von römischen Männern und Frauen direkt auf dem Körper getragen wurde. Das normalerweise weiße Woll- oder Leinenhemd wurde aus zwei Teilen zugeschnitten und zusammengenäht. Zunächst war es Mode, die Tunika eng und ohne Ärmel zu tragen. Später bevorzugte man ein weiteres Modell mit kurzen Ärmeln, das bei Männern bis zu den Knien, bei Frauen noch weiter hinab reichte. Wenn es kalt war, trug man mehrere *tunicae* übereinander. Lektion 9

Turca, -ae *m.* Türke. Lektion 31

Türkenkriege Als Türkenkriege werden die Kriege zwischen dem islamischen Osmanischen Reich und dem christlichen Europa seit dem 15. Jh. bezeichnet. Das Motiv der Türken war zunächst die Verbreitung des muslimischen Glaubens, später ging es ihnen immer mehr um den politischen Einfluss in Europa. Nach dem Fall Konstantinopels 1453 begannen die Türken nach Mitteleuropa vorzustoßen. Ihre Gegner waren im 16. Jh. vor allem die Habsburger, die sich seit der Schlacht bei Mohács 1526 gegen die Osmanen behaupten mussten. 1554 allerdings waren die Habsburger so geschwächt, dass sie einen Waffenstillstand aushandelten. Ab dem 18. Jh. war Russland der Hauptgegner des Osmanischen Reiches. Erst 1878 endete der Krieg mit dem Sieg Russlands. Lektion 31

Tusculānum, -ī *n.* Das Tusculanum war ein Landgut Ciceros nahe der Stadt Tusculum. Lektion 29

tyrannus, -ī *m.* Als Tyrann bezeichnete man im antiken Griechenland einen Alleinherrscher, der durch einen gewaltsamen Umsturz an die Macht gekommen war. Seit der Spätantike galten Tyrannen als willkürliche Gewaltherrscher, die mit allen Mitteln ihre Ziele erreichen wollten. Daraus hat sich die Wendung *jemanden tyrannisieren* entwickelt. Lektion 27

Tyrus, -ī *f.* Tyros ist eine Stadt im Libanon. Sie liegt an der Küste des Mittelmeeres und heißt heute Sur. Seit etwa 1000 v. Chr. entwickelte sich Tyros zu einer bedeutenden Handelsmetropole Phöniziens und gründete zahlreiche Kolonien. Die bedeutendste Gründung war Karthago. In der römischen Kaiserzeit war Tyros die Hauptstadt der Provinz Syrien. Lektion 23, 30

Ulixēs, -is *m.* Ulixes (griech.: *Odysseus*) war der mythische König der Insel Ithaka. Er ist einer der Helden des Trojanischen Krieges und vor allem für seine List bekannt. Der Bau des trojanischen Pferdes war seine Idee. Seine Heimreise nach Ende des Krieges wurde zu einer zehnjährigen Irrfahrt, auf der Odysseus zahlreiche gefährliche Abenteuer durchlebte. Diese Irrfahrt wird in der Dichtung *Odyssee* des Dichters Homer geschildert. Lektion 17, 18, Test Lektion 17–19, Lektion 23

Umbria, -ae *f.* Umbrien ist eine Landschaft in Italien, die zwischen Etrurien und der Adriaküste liegt. Die Region wurde seit dem 1. Jahrtausend v. Chr. von den Umbrern, einem Stamm der Italiker, bewohnt. Auch im Italienischen heißt sie heute noch *Umbria*. Lektion 26

Valeria, -ae *f.* Römischer Familienname in weiblicher Form. In Lektion 2 bis 7 ist Valeria die Tochter des Marcus Valerius Florus.

Vārus, -ī *m.* P. Quinctilius Varus (um 46 v. Chr. – 9 n. Chr.) war ein römischer Feldherr und Politiker. 13 v. Chr. trat er das Amt des Konsuls an, später war er Statthalter in Africa, Syrien und Germanien. In der Schlacht im Teutoburger Wald wurden mehrere von ihm befehligte römische Legionen vernichtet. Er beging noch während der Schlacht Selbstmord. Lektion 11, 12, Test und Heute und damals Lektion 26 – 28

Velleius Paterculus Velleius Paterculus (geb. um 20 v. Chr.) war ein römischer Geschichtsschreiber. Sein Werk wird als *Historia Romana* bezeichnet, der Originaltitel ist jedoch nicht überliefert. In zwei Büchern beschreibt Velleius die römische Geschichte von der Zerstörung Trojas bis zum Jahr 29 n. Chr. Besonders ausführlich beschreibt er die Regierungszeit Caesars, des Augustus und Tiberius. Heute und damals Lektion 26 – 28

Venus, -eris *f.* s. Aphrodite

Vespucci, Amerigo Amerigo Vespucci (1451–1512) war ein Kaufmann und Seefahrer aus Florenz. 1491 wurde er nach Spanien geschickt und unternahm zwei große Seefahrten an die Küste Südamerikas. An seinem Vornamen erkennt man schon, wodurch er bekannt wurde. Da er der erste war, der die *Neue Welt* als eigenen Kontinent bezeichnete, wurde Amerika nach ihm benannt. Er verfasste den Reisebericht *Mundus Novus (Neue Welt)* in Briefform, der schon im 16. Jh. in mehrere Sprachen übersetzt wurde. Heute und damals Lektion 29 – 31

Vesta, -ae *f.* Vesta ist die römische Göttin des Herdfeuers. Ihr Bruder ist Jupiter. Ihr war ein kleiner Rundtempel am *Forum Rōmānum* geweiht. In ihm wurde kein Kultbild der Göttin verehrt, sondern das Herdfeuer, das zum Staatswohl immer brennen musste. Lektion 7, 10

vestālis, -is *f.* Eine Vestalin ist eine Priesterin der Vesta. Sechs Frauen blieben für 30 Jahre im Dienst der Göttin. Sie begannen ihre Priesterschaft als Mädchen im Alter zwischen 6 und 10 Jahren und hatten vor allem für das öffentliche Feuer im Vesta-Tempel zu sorgen. Die Vestalinnen lebten getrennt von ihren Familien im *Ātrium Vestae* in der Nähe des Tempels. Sie waren rechtlich dem *Pontifex Maximus*, dem obersten Priester, unterstellt und zur Jungfräulichkeit verpflichtet. Hielten sie sich nicht daran, wurden sie mit dem Tode bestraft. In der römischen Gesellschaft genossen die Vestalinnen hohes Ansehen. Lektion 10

vestibulum, -ī *n.* Das *vestibulum* ist ein Flur oder Vorraum, der vom Hauseingang aus in das Atrium führt. Lektion 2

Vibia, -ae *f.* Römischer Familienname in weiblicher Form. In Lektion 9 ist Vibia eine reiche römische Adelige, die mit Quintus Sempronius verheiratet wird.

vīlla, -ae *f.* Reiche Römer besaßen Landgüter, auf die sie sich im heißen Sommer aus der stickigen Stadt zurückziehen konnten. Im Unterschied zu heute bezeichnete das römische Wort *vīlla* den gesamten landwirtschaftlichen Betrieb. Das Wohnhaus konnte sehr groß und äußerst prächtig ausgestattet sein. Besonders begehrt war eine Lage am Golf von Neapel. Lektion 4

Vorēnus, -ī *m.* Familienname. In Lektion 12 ist Publius Vorenus ein junger Händler, der nach Germanien reist.

Zama, -ae *f.* Zama ist eine Stadt südwestlich von Karthago. 202 v. Chr. besiegten die Römer unter Scipio den karthagischen Feldherr Hannibal in der Schlacht bei Zama und entschieden so den Zweiten Punischen Krieg für sich. Lektion 24

Alphabetisches Vokabelverzeichnis

ā/ab *(mit Abl.)*	von	Lektion 6
ā puerīs	von Kindheit an	Lektion 32
abesse, absum, āfuī	abwesend sein, fehlen	Lektion 5
abīre, abeō, abiī, abitum	weggehen, fortgehen	Lektion 35
abstinēre, abstineō, abstinuī, abstentum *(mit Abl.)*	sich fernhalten von	Lektion 27
ac	und	Lektion 27
accēdere, accēdō, accessī, accessum	(heran)kommen, herantreten; sich nähern	Lektion 29
accidere, accidō, accidī **accidit, accidit**	sich ereignen, zustoßen es ereignet sich	Lektion 21
accipere, accipiō, accēpī, acceptum	annehmen, bekommen, empfangen	Lektion 11
aciēs, aciēī *f.*	die/eine Schlachtreihe	Lektion 17
acūtus, -a, -um	scharf; scharfsinnig	Lektion 31
ad *(mit Akk.)*	zu, nach; bei	Lektion 5
addere, addō, addidī, additum	hinzufügen, beifügen	Lektion 19
addūcere, addūcō, addūxī, adductum	heranführen, zuführen, veranlassen	Lektion 18
adesse, adsum, affuī *(mit Dativ)*	da sein; helfen	Lektion 2
adhūc *(Adv.)*	bis jetzt	Lektion 20
adīre, adeō, adiī, aditum	herangehen, hingehen	Lektion 15
aditus, -ūs *m.*	der/ein Zugang	Lektion 32
adiuvāre, adiuvō, adiūvī, adiūtum *(mit Akk.)*	unterstützen, (jmdm.) helfen	Lektion 14
admonēre, admoneō, admonuī, admonitum	ermahnen; erinnern	Lektion 30
adulēscēns, adulēscentis *m. u. f.*	der/ein junge/r Mann; die/eine junge Frau	Lektion 30
aedēs, aedis *f.* **aedēs, aedium** *f.*	das/ein Gotteshaus, der/ein Tempel das/ein Haus, das/ein Wohnhaus	Lektion 19
aedificāre, aedificō, aedificāvī, aedificātum	bauen, erbauen	Lektion 8
aedificium, -ī *n.*	das/ein Gebäude	Lektion 7
aeger, aegra, aegrum **aegrē ferre**	leidend, schmerzlich mit Mühe/kaum ertragen	Lektion 20
aegrōtus, -a, -um	krank	Lektion 7
aequāre, aequō, aequāvī, aequātum	eben/gerade/gleich machen; erreichen	Lektion 27
aequus, -a, -um **ex aequō**	eben, gerade; günstig; gleich, gerecht gleicherweise, gleichermaßen	Lektion 37
aes, aeris *n.*	(das) Erz, (das) Kupfer, (die) Bronze	Lektion 23
aetās, aetātis *f.*	die/eine Zeit; die/eine Epoche; das/ein (Lebens-)Alter; die/eine Generation	Lektion 33, 34
afferre, afferō, attulī, allātum	(herbei)bringen, mitbringen, zufügen	Lektion 23
affirmāre, affirmō, affirmāvī, affirmātum	versichern; bestätigen	Lektion 29
ager, agrī *m.*	der/ein Acker, das/ein Feld, das/ein Gebiet	Lektion 14
agere, agō, ēgī, āctum	treiben; tun	Lektion 12

aggredī, aggredior, aggressus sum	sich wenden an; angreifen; beginnen	Lektion 28
agitāre, agitō, agitāvī, agitātum	antreiben, treiben	Lektion 18
agrīcultūra, -ae *f.*	(die) Landwirtschaft	Lektion 32
āit	er, sie, es sagt/sagte	Lektion 30
āla, -ae *f.*	der/ein Flügel	Lektion 37
alere, alō, aluī, altum	ernähren; fördern	Lektion 31
alibī *(Adv.)*	anderswo	Lektion 33
aliī ... aliī	die einen ... die anderen	Lektion 4
aliquandō *(Adv.)*	einst, (irgend)einmal	Lektion 12
aliquis, aliquid *(subst.)* **aliquī, aliqua, aliquod** *(adjekt.)*	(irgend)jemand, (irgend)etwas irgendein	Lektion 29
alius, alia, aliud *Gen.:* **alterīus** *Dat.:* **alterī** **alius ... alius**	ein anderer der eine ... der andere	Lektion 4 Lektion 4
alter, altera, alterum	der eine (von beiden), der andere	Lektion 24
amāre, amō, amāvī, amātum	lieben	Lektion 1
ambō, -ae, -ō	beide	Lektion 23
amīcitia, -ae *f.*	die/eine Freundschaft	Lektion 26
amīca, -ae *f.* **amīcus, -ī** *m.*	die/eine Freundin der/ein Freund	Lektion 4
āmittere, āmittō, āmīsī, āmissum	wegschicken; verlieren	Lektion 11
amor, amōris *m.*	die/eine Liebe	Lektion 14
amplus, -a, -um	weit, groß, geräumig	Lektion 2
animadvertere, animadvertō, animadvertī, animadversum	bemerken	Lektion 30
animal, animālis *n.*	das/ein Lebewesen, das/ein Tier	Lektion 18
animus, -ī *m.*	der/ein Geist; das/ein Gemüt	Lektion 21
annus, -ī *m.*	das/ein Jahr	Lektion 12
ante *(mit Akk.)*	vor	Lektion 7
anteā *(Adv.)*	vorher	Lektion 12
antīquus, -a, -um	alt, früher	Lektion 23
aperīre, aperiō, aperuī, apertum	öffnen	Lektion 4
apertus, -a, -um	offen	Lektion 4
appārēre, appāreō, appāruī	erscheinen, sich zeigen	Lektion 2
appellāre, appellō, appellāvī, appellātum	anrufen; nennen	Lektion 27
apportāre, apportō, apportāvī, apportatum	(herbei)bringen	Lektion 4
appropinquāre, appropinquō, appropinquāvī, appropinquātum	sich nähern, näher kommen	Lektion 1
aptus, -a, -um	passend, geeignet	Lektion 36
apud *(mit Akk.)*	bei	Lektion 10
aqua, -ae *f.*	(das) Wasser	Lektion 4
aquaeductus, aquaeductūs *m.*	die/eine Wasserleitung, der oder das/ein Aquädukt	Lektion 29
arbitrārī, arbitror, arbitrātus sum	glauben, meinen	Lektion 32, 33

architectus, -ī *m.*	der/ein Baumeister, der/ein Architekt	Lektion 29
arcus, arcūs *m.*	der/ein Bogen	Lektion 29
ārdēre, ārdeō, ārsī, ārsum	brennen	Lektion 10
(h)arēna, -ae *f.*	Sand	Lektion 35
argentum, -ī *n.*	(das) Silber	Lektion 23
arma, -ōrum *n. (Pluralwort)*	(die) Waffen	Lektion 17
armāre, armō, armāvī, armātum	bewaffnen, ausrüsten	Lektion 28
armātus, -a, -um	bewaffnet; ausgestattet mit	Lektion 35
ars, artis *f.*	die/eine Kunst, die/eine Kunstfertigkeit, das/ein Handwerk	Lektion 23
aspicere, aspiciō, aspexī, aspectum	erblicken, anschauen, betrachten	Lektion 9
at	aber, dagegen	Lektion 16
atque	und	Lektion 10
ātrium, -ī *n.*	Hauptraum des römischen Hauses, der/ein Saal	Lektion 2 (Abb.)
attentus, -a, -um	aufmerksam	Lektion 3
auctor, auctōris *m.*	der/ein Gewährsmann, der/ein Förderer, der/ein Urheber	Lektion 20
auctōritās, auctōritātis *f.*	(das) Ansehen, (der) Einfluss	Lektion 9
audācia, -ae *f.*	die/eine Kühnheit, (der) Mut, die/eine Frechheit	Lektion 22
audēre, audeō, ausus sum	wagen	Lektion 35
audīre, audiō, audīvī, audītum	hören	Lektion 3
auferre, auferō, abstulī, ablātum	wegtragen, wegreißen	Lektion 20
augēre, augeō, auxī, auctum	vergrößern, vermehren, fördern	Lektion 16
auris, auris *f.*	das/ein Ohr	Lektion 18
aurum, -ī *n.*	(das) Gold	Lektion 23
aut **aut … aut**	oder entweder … oder	Lektion 12
autem *(nachgestellt)*	aber, jedoch	Lektion 1
auxilium, -ī *n.*	die/eine Hilfe, die/eine Unterstützung	Lektion 2
avāritia, -ae *f.*	(die) Habgier, (der) Geiz	Lektion 24
avē! **avēte!**	Sei gegrüßt! Seid gegrüßt!	Lektion 2
avus, -ī *m.*	der/ein Großvater	Lektion 1
balneae, -ārum *f. (Pluralwort)*	das/ein Bad	Lektion 6 (Abb.)
barbarus, -ī *m.*	der/ein Ausländer, der/ein Fremde/r, der/ein Barbar	Lektion 24
beātus, -a, -um	glücklich	Lektion 12
bellum, -ī *n.*	der/ein Krieg	Lektion 7
bellum īnferre *(mit Dat.)*	mit jmdm. Krieg anfangen	Lektion 25
bellum gerere	Krieg führen	Lektion 12
bene *(Adv.)*	gut	Lektion 11
beneficium, -ī *n.*	die/eine Wohltat, die/eine Gefälligkeit	Lektion 8
benīgnus, -a, -um	gütig, freundlich; wohltätig	Lektion 9
bestia, -ae *f.*	das/ein (wilde/s) Tier	Lektion 27

bis *(Adv.)*	zweimal	Lektion 34
bonus, -a, -um	gut	Lektion 3
bōs, bovis *m. u. f.* *Gen. Pl.:* **boum**, *Dat./Abl. Pl.:* **bobus**	das/ein Rind, die/eine Kuh, der/ein Ochse	Lektion 16
brevis, brevis, breve, *Gen.:* **brevis**	kurz	Lektion 15
cadere, cadō, cecidī	fallen	Lektion 6
caelestis, caelestis, caeleste, *Gen.:* **caelestis**	himmlisch, göttlich	Lektion 28
caelum, -ī *n.*	der/ein Himmel, (das) Wetter, das/ein Klima	Lektion 19
caldārium, -ī *n.*	das/ ein Warmbad	Lektion 6 (Abb.)
campus, -ī *m.*	das/ein Feld, die/eine Ebene	Lektion 13
canere, canō, cecinī, cantātum	singen, besingen, ertönen lassen	Lektion 9
capere, capiō, cēpī, captum **cōnsilium capere**	fassen, fangen; nehmen einen Entschluss fassen	Lektion 11 Lektion 21
captāre, captō, captāvī, captātum	greifen, fassen	Lektion 4
captīvus, -ī *m.*	der/ein Gefangener	Lektion 24
caput, capitis *n.*	der/ein Kopf, das/ein Haupt; die/eine Hauptstadt	Lektion 7
carēre, careō, caruī *(mit Abl.)*	etw. entbehren	Lektion 24
carmen, carminis *n.*	das/ein Gedicht, das/ein Lied	Lektion 13
carpere, carpō, carpsī, carptum	pflücken, rupfen *(hier):* abgrasen, abfressen	Lektion 37
carrus, -ī *m.*	der/ein Karren	Lektion 6 (Abb.)
castra, -ōrum *n. (Pluralwort)*	das/ein Lager	Lektion 17
cāsus, cāsūs *m.*	der/ein Fall; der/ein Zufall	Lektion 30
catulus, -ī *m.*	der/ein junge(r) Hund	Lektion 4
causa, -ae *f.* **causā** *(mit. Gen.)* **quā de causā**	der/ein Grund, die/eine Ursache; der/ein Prozess, die/eine Rechtsangelegenheit wegen aus diesem Grund, deshalb	Lektion 26
cautus, -a, -um	vorsichtig	Lektion 4
cavēre, caveō, cāvī, cautum *(mit Akk.)*	sich vorsehen, sich in Acht nehmen vor	Lektion 6
cēdere, cēdō, cessī, cessum	gehen, weichen	Lektion 17
celer, celeris, celere, *Gen.:* **celeris**	schnell	Lektion 13, 14
celeritās, celeritātis *f.*	(die) Schnelligkeit	Lektion 15
cēnsere, cēnseō, cēnsuī, cēnsum	schätzen, meinen; beschließen	Lektion 27
centum	hundert	Lektion 32
cernere, cernō, crēvī, crētum	wahrnehmen, sehen	Lektion 15
certāmen, certāminis *n.*	der/ein Streit; der/ein Wettkampf; das/ein Wettrennen	Lektion 36, 37
certāre, certō, certāvī, certātum	kämpfen, streiten, Wettkämpfe austragen	Lektion 10
certiōrem facere	jmdn. benachrichtigen	Lektion 22

certus, -a, -um **certē** *(Adv.)*	sicher, zuverlässig, bestimmt sicher(lich)	Lektion 22
cēterī, -ae, -a	die Übrigen	Lektion 35
cibus, -ī *m.*	die/eine Speise	Lektion 4
circus, -ī *m.*	der/ein Zirkus *(Veranstaltungsort)*	Lektion 5
cīvis, cīvis *m.*	der/ein Bürger	Lektion 16
cīvitās, cīvitātis *f.*	die/eine Bürgerschaft, die/eine Stadt	Lektion 20
clādēs, clādis *f.*	die/eine Niederlage; der/ein Verlust; das/ein Unglück	Lektion 28
clam *(Adv.)*	heimlich	Lektion 21
clāmāre, clāmō, clāmāvī, clāmātum	schreien, laut rufen	Lektion 4
clāmor, clāmōris *m.*	das/ein Geschrei, der/ein Lärm	Lektion 13, 20
clārus, -a, -um	klar; berühmt	Lektion 5
clēmentia, -ae *f.*	(die) Milde	Lektion 24
cōgere, cōgō, coēgī, coāctum	(ver)sammeln; zwingen	Lektion 16
cōgitāre, cōgitō, cōgitāvī, cōgitātum	(nach)denken, überlegen, beabsichtigen	Lektion 1
cōgnōscere, cōgnōscō, cōgnōvī, cognitum	kennen lernen; erkennen; untersuchen	Lektion 12
colere, colō, coluī, cultum	bebauen, pflegen; ehren, verehren	Lektion 8
colligere, colligō, collēgī, collēctum	sammeln	Lektion 14
color, colōris *m.*	die/eine Farbe	15
commemorāre, commemorō, commemorāvī, commemorātum	erwähnen	Lektion 27
committere, committō, commīsī, commissum **proelium committere**	zusammenführen; beginnen; begehen; anvertrauen eine Schlacht beginnen, kämpfen	Lektion 22
commodum, -ī *n.*	der/ein Vorteil	Lektion 33, 36
commovēre, commoveō, commōvī, commōtum	bewegen, veranlassen	Lektion 20
comparāre, comparō, comparāvī, comparātum	vorbereiten; beschaffen; vergleichen	Lektion 26
compōnere, compōnō, composuī, compositum	ordnen; zusammensetzen, zusammenfügen	Lektion 36
cōnārī, cōnor, cōnātus sum	versuchen, wagen	Lektion 28
concordia, -ae *f.*	(die) Eintracht, (die) Harmonie	Lektion 26
concurrere, concurrō, concurrī, concursum	zusammenlaufen, zusammentreffen	Lektion 28
condere, condō, condidī, conditum	gründen	Lektion 19
cōnferre, cōnferō, contulī, collatum **sē cōnferre**	zusammentragen; vergleichen sich begeben	Lektion 24
cōnficere, cōnficiō, cōnfēcī, cōnfectum	zu Ende bringen, zurücklegen	Lektion 15
cōnfīdere, cōnfīdō, cōnfīsus sum *(mit Dat./Abl.)*	vertrauen; hoffen auf	Lektion 28
cōnfīrmāre, cōnfīrmō, cōnfīrmāvī, cōnfīrmātum	stärken, bekräftigen, versichern	Lektion 28
coniū(n)x, coniugis *f.*	die/eine Ehefrau, die/eine Gattin	Lektion 37

cōnscrībere, cōnscrībō, cōnscrīpsī, cōnscrīptum	eintragen, aufschreiben; ausheben *(Soldaten)*	Lektion 26
cōnsentīre, cōnsentiō, cōnsēnsī, cōnsēnsum	übereinstimmen, zustimmen, sich einig sein	Lektion 25
cōnsequī, cōnsequor, cōnsecūtus sum	folgen; erreichen	Lektion 30
cōnservāre, cōnservō, cōnservāvī, cōnservātum	erhalten, bewahren, retten	Lektion 24
cōnsīderāre, cōnsīderō, cōnsīderāvī, cōnsīderātum	betrachten; überlegen	Lektion 33
cōnsīdere, cōnsīdō, cōnsēdī *und* **cōnsīdī, cōnsessum**	sich niederlassen	Lektion 15
cōnsilium, -ī *n.* **cōnsilium capere**	der/ein Entschluss, der/ein Plan; die/eine Beratung einen Entschluss fassen	Lektion 21
cōnsistere, cōnsistō, cōnstitī	haltmachen; sich hinstellen	Lektion 37
cōnspicere, cōnspiciō, cōnspexī, cōnspectum	erblicken	Lektion 15
cōnstat, cōnstitit	es steht fest, ist bekannt	Lektion 10
cōnstituere, cōnstituō, cōnstituī, cōnstitūtum	festsetzen, beschließen	Lektion 12
cōnsuētūdō, cōnsuētūdinis *f.*	die/eine Gewohnheit	Lektion 32, 33
cōnsul, cōnsulis *m.*	der/ein „Konsul" (oberster Beamter)	Lektion 24
cōnsulere, cōnsulō, cōnsuluī, cōnsultum *(mit Akk.)* *(mit Dat.)*	um Rat fragen; sorgen für	Lektion 20
cōnsultum, -ī *n.*	der/ein Plan, der/ein Beschluss	Lektion 25
cōnsūmere, cōnsūmō, cōnsūmpsī, cōnsūmptum	verbrauchen, verwenden	Lektion 27
contemnere, contemnō, contempsī, contemptum	geringschätzen, verachten	Lektion 27
contendere, contendō, contendī	eilen, sich anstrengen, kämpfen	Lektion 17
contentus, -a, -um	zufrieden	Lektion 19
continēre, contineō, continuī, contentum	zusammenhalten, einschließen; in Schranken halten	Lektion 28
contingere, contingō, contigī, contāctum **contingit, contigit**	berühren es geschieht; es gelingt	Lektion 35, 36 Lektion 32, 36
contrā *(mit Akk.)*	gegen	Lektion 25
convenīre, conveniō, convēnī, conventum **convenit, convēnit**	zusammenkommen; zustande kommen; sich einigen man einigt sich, man kommt überein	Lektion 29
convertere, convertō, convertī, conversum	(sich) umdrehen, (sich) wenden	Lektion 28
convīvium, -ī *n.*	das/ein Gastmahl; die/eine Party	Lektion 33
cōpia, -ae *f.* **cōpiae, -ārum** *f.*	die/eine Menge, die/eine Masse (die) Truppen	Lektion 16
cor, cordis *n.*	das/ein Herz; die/eine Seele	Lektion 31
cornu, cornūs *n.*	das/ein Horn; der/ein Bogen; die/eine Flanke des Heeres	Lektion 35

corpus, corporis *n.*	der/ein Körper	Lektion 15
corrumpere, corrumpō, corrūpī, corruptum	verderben; bestechen	Lektion 33
creāre, creō, creāvī, creātum	erschaffen, hervorbringen; wählen	Lektion 10
crēdere, crēdō, crēdidī, crēditum	glauben	Lektion 10
crēscere, crēscō, crēvī, crētum	wachsen, sich steigern, größer/ stärker werden	Lektion 22
crūdēlis, crūdēlis, crūdēle, *Gen.:* **crūdēlis**	grausam, roh	Lektion 17
crūdēlitās, crūdēlitātis *f.*	die/eine Grausamkeit	Lektion 11
cultus, cultūs *m.*	die/eine Lebensweise; die/eine Verehrung; die/eine Pflege; die/eine Bebauung	Lektion 11
cum *(mit Abl.)*	(zusammen) mit	Lektion 6
cum *(mit Ind.)*	jedes Mal, wenn; dann, wenn; damals, als	Lektion 18
cum *(mit Konj.)*	weil; nachdem, als; obwohl	Lektion 21
cūnctī, -ae, -a	alle	Lektion 2
cupere, cupiō, cupīvī, cupītum	wünschen, wollen	Lektion 5
cupiditās, cupiditātis *f.*	(das) Verlangen, (die) Begierde, (die) Leidenschaft	Lektion 26
cupidus, -a, -um *(mit Gen.)*	gierig, begierig (auf)	Lektion 25
cūr?	warum?	Lektion 2
cūra, -ae *f.*	die/eine Sorge, die/eine Sorgfalt; die/ eine Pflege	Lektion 14
cūrāre, cūrō, cūrāvī, cūrātum *(mit Gerundivum)*	sorgen für, versorgen sorgen für; lassen	Lektion 14 Lektion 26
cūria, -ae *f.*	die Kurie *(Versammlungsgebäude des Senats)*	Lektion 7
currere, currō, cucurrī, cursum	laufen	Lektion 5
dare, dō, dedī, datum	geben	Lektion 4
dē *(mit Abl.)*	von, von ... her(ab), über	Lektion 6
dea, -ae *f.*	die/eine Göttin	Lektion 8
dēbēre, dēbeō, dēbuī, dēbitum	müssen; schulden; verdanken	Lektion 5
decem	zehn	Lektion 18
dēcernere, dēcernō, dēcrēvī, dēcrētum	entscheiden, beschließen	Lektion 14
dēdūcere, dēdūcō, dēdūxī, dēductum	wegführen; hinbringen, geleiten	Lektion 30
dēesse, dēsum, dēfuī	fehlen, nicht da sein	Lektion 14
dēfendere, dēfendō, dēfendī, dēfēnsum	verteidigen	Lektion 17
dēferre, dēferō, dētulī, dēlātum	wegtragen, (hin-)tragen	Lektion 21
dēficere, dēficiō, dēfēcī, dēfectum	abfallen; ausgehen; schwinden	Lektion 18
deinde *(Adv.)*	dann, darauf	Lektion 19
dēlectāre, dēlectō, dēlectāvī, dēlectātum	Freude bereiten, Spaß machen	Lektion 5
dēlēre, dēleō, dēlēvī, dēlētum	zerstören	Lektion 25
dēmittere, dēmittō, dēmīsī, dēmissum	herabschicken, herabfallen lassen	Lektion 36
dēmōnstrāre, dēmōnstrō, dēmōnstrāvī, dēmōnstrātum	zeigen, beweisen	Lektion 9
dēnique *(Adv.)*	endlich, schließlich, überhaupt	Lektion 10
dēns, dentis *m.*	der/ein Zahn	Lektion 13

dēpellere, dēpellō, dēpulī, dēpulsum	wegstoßen, vertreiben	Lektion 10
dēpōnere, dēpōnō, dēpōsuī, dēpositum	niederlegen, ablegen	Lektion 24
dēscendere, dēscendō, dēscendī, dēscēnsum	hinab-, herabsteigen	Lektion 14
dēsīderāre, dēsīderō, dēsīderāvī, dēsīderātum	wünschen, begehren	Lektion 5
dēsīderium, -ī *n.*	(die) Sehnsucht, (das) Verlangen	Lektion 34
dēsinere, dēsinō, dēsiī, dēsitum	aufhören	Lektion 6
deus, -ī *m.*	der/ein Gott	Lektion 8
dexter, dextra, dextrum **dextra (manus), dextrae (manūs)** *f.*	rechts die/eine rechte Hand	Lektion 35
dīcere, dīcō, dīxī, dictum	sagen, sprechen	Lektion 7
diēs, diēī *m. u. f.*	der/ein Tag; der/ein Termin	Lektion 8
differre, differō, distulī, dīlātum	aufschieben, verschieben; sich unterscheiden	Lektion 35
difficilis, difficilis, difficile, *Gen.*: **difficilis**	schwierig, schwer	Lektion 27
dīgnitās, dīgnitātis *f.*	(die) Würde	Lektion 29
dīgnus, -a, -um	würdig, angemessen, wert	Lektion 29
dīligēns, dīligēns, dīligēns, *Gen.*: **dīligentis**	sorgfältig, gewissenhaft	Lektion 21
dīligentia, -ae *f.*	(die) Sorgfalt	Lektion 29
dīligere, dīligō, dīlēxī, dīlēctum	lieben, hochschätzen	Lektion 34
dīmittere, dīmittō, dīmīsī, dīmissum **animum dīmittere**	wegschicken, entlassen den Mut verlieren	Lektion 24 Lektion 25
dīripere, dīripiō, dīripuī, dīreptum	(aus)plündern, rauben	Lektion 25
discēdere, discēdō, discessī, discessum	weggehen	Lektion 5
disciplīna, -ae *f.*	(der) Unterricht; (die) Erziehung; (die) Disziplin	Lektion 32
discipula, -ae *f.* **discipulus, -ī** *m.*	die/eine Schülerin der/ein Schüler	Lektion 3
disputāre, disputō, disputāvī, disputātum	diskutieren	Lektion 7
distinguere, distinguō, distīnxī, distinctum	unterscheiden	Lektion 31
diū *(Adv.)*	lange	Lektion 7
diūturnus, -a, -um	lange, lange andauernd	Lektion 26
dīves, dīves, dīves, *Gen.*: **dīvitis**	reich	Lektion 30
dīvidere, dīvidō, dīvīsī, dīvīsum	trennen; unterscheiden; (zu)teilen	Lektion 31
dīvīnus, -a, -um	göttlich, weissagend	Lektion 28
dīvitiae, -ārum *f. (Pluralwort)*	(der) Reichtum	Lektion 9
docēre, doceō, docuī, doctum	lehren	Lektion 25
documentum, -ī *n.*	der/ein Beweis; das/ein Beispiel	Lektion 34
dolor, dolōris *m.*	der/ein Schmerz	Lektion 17
domī *(Adv.)*	zu Hause	Lektion 32, 34
domina, -ae *f.* **dominus, -ī** *m.*	die/eine Herrin, die/eine Hausherrin der/ein Herr, der/ein Hausherr	Lektion 2
domus, domūs *f.* **domum** *(Adv.)*	das/ein Haus nach Hause	Lektion 11

dōnāre, dōnō, dōnāvī, dōnātum	schenken	Lektion 27
dōnum, -ī *n.*	das/ein Geschenk	Lektion 1
dormīre, dormiō, dormīvī, dormītum	schlafen	Lektion 13
dubitāre, dubitō, dubitāvī, dubitātum	(an)zweifeln	Lektion 37
dūcere, dūcō, dūxī, ductum **in mātrimōnium dūcere**	ziehen, führen (eine Frau) heiraten	Lektion 5 Lektion 9
dulcis, dulcis, dulce, *Gen.:* **dulcis**	süß; lieblich, angenehm	Lektion 18
dum *(mit Ind. Präs.)*	während	Lektion 7
dum *(mit Konj.)*	bis (dass)	Lektion 35
duo, duae, duo	zwei	Lektion 30
dūrus, -a, -um	hart; streng	Lektion 4
dux, ducis *m. u. f.*	der/ein Führer, die/eine Führerin; der/ein Feldherr	Lektion 10
ē/ex *(mit Abl.)*	aus, seit	Lektion 6
ecce!	sieh (mal)! schau (mal)! da!	Lektion 1
ēducāre, ēducō, ēducāvī, ēducātum	erziehen	Lektion 20
ēdūcere, ēdūcō, ēdūxī, ēductum	herausführen	Lektion 32
efferre, efferō, extulī, ēlātum	aufheben, emporheben; hinaustragen	Lektion 36
efficere, efficiō, effēcī, effectum	bewirken; erzeugen; machen	Lektion 32
egō *(Akk.* **mē***)*	ich *(Akk. mich)*	Lektion 3
ēgregius, -a, -um	außergewöhnlich	Lektion 22
emere, emō, ēmī, ēmptum	kaufen	Lektion 13, 32
enim	denn, nämlich	Lektion 8
equus, -ī *m.*	das/ein Pferd	Lektion 5
ergā *(mit Akk.)*	gegen, gegenüber (im freundlichen Sinn)	Lektion 24
ergō *(Adv.)*	also	Lektion 25
ērigere, ērigō, ērēxī, ērēctum	errichten, aufrichten	Lektion 29
ēripere, ēripiō, ēripuī, ēreptum	reißen, entreißen, rauben	Lektion 19
errāre, errō, errāvī, errātum	(sich) irren; umherirren	Lektion 18
error, errōris *m.*	der/ein Irrtum, (das) Umherirren	Lektion 18
ērudīre, ērudiō, ērudīvī *und* **erudiī, erudītum**	ausbilden, unterrichten	Lektion 34
esse, sum, fuī	sein	Lektion 1
et **et … et**	und; auch sowohl ... als auch	Lektion 1
etiam	auch; sogar	Lektion 2
etsī	auch wenn	Lektion 36
ēvenīre, ēveniō, ēvēnī, ēventum	geschehen, sich ereignen; in Erfüllung gehen; ausgehen	Lektion 29
excēdere, excēdō, excessī, excessum	herausgehen, verlassen	Lektion 24
exemplum, -ī *n.*	das/ein Beispiel	Lektion 27
exercēre, exerceō, exercuī, exercitum	bewegen, umhertreiben; üben, ausüben	Lektion 34
exercitātiō, exercitatiōnis *f.*	das/ein Training, die/eine Übung; der/ein Sport;	Lektion 32
exercitus, exercitūs *m.*	das/ein Heer	Lektion 11

exīre, exeō, exiī, exitum	hinausgehen, weggehen; enden	Lektion 28
expellere, expellō, expulī, expulsum	vertreiben, ausstoßen	Lektion 19
explēre, expleō, explēvī, explētum	ausfüllen, vollenden	Lektion 18
expōnere, expōnō, exposuī, expositum	ausstellen, aussetzen	Lektion 20
expūgnāre, expūgnō, expūgnāvī, expūgnātum	erobern	Lektion 22
exspectāre, exspectō, exspectāvī, exspectatum	erwarteten, (auf etw.) warten	Lektion 1
extrā *(mit Akk.)*	außerhalb (von)	Lektion 28
fābula, -ae *f.*	die/eine Geschichte, die/eine Erzählung, die/eine Sage	Lektion 3
facere, faciō, fēcī, factum **certiōrem facere**	tun, machen jmdn. benachrichtigen	Lektion 10 Lektion 22
faciēs, faciēī *f.*	das/ein Gesicht; (das) Aussehen, die/eine Gestalt	Lektion 35
facilis, facilis, facile, *Gen.:* **facilis**	leicht, bequem	Lektion 16
factum, -ī *n.*	die/eine Tat, die/eine Handlung	Lektion 11
falsus, -a, -um	falsch	Lektion 23
fāma, -ae *f.* **fāma est**	das/ein Gerede, das/ein Gerücht; die/eine Sage es geht die Sage	Lektion 10
famēs, famis *f.*	der/ein Hunger	Lektion 18
familia, -ae *f.*	die/eine Familie	Lektion 30
fātum, -ī *n.*	der/ein Götterspruch, das/ein Schicksal	Lektion 19
favēre, faveō, fāvī, fautum *(mit Dat.)*	begünstigen, unterstützen	Lektion 26
fēlīx, fēlīx, fēlīx, *Gen.:* **fēlīcis**	glücklich	Lektion 15
fēmina, -ae *f.*	die/eine Frau	Lektion 11
ferē *(Adv.)*	fast, beinahe	Lektion 20
ferre, ferō, tulī, lātum **aegrē ferre**	tragen, bringen; ertragen mit Mühe/kaum ertragen	Lektion 20
ferus, -a, -um	wild	Lektion 15
fidēs, fideī *f.*	(die) Treue; (das) Vertrauen; die/eine Zusicherung	Lektion 28
fierī, fiō, factus sum	gemacht werden, werden; geschehen	Lektion 28
fīlia, -ae *f.* **fīlius, -ī** *m.*	die/eine Tochter der/ein Sohn	Lektion 2
fīnīre, fīniō, fīnīvī, fīnītum	beenden, begrenzen	Lektion 25
fīnis, fīnis *m.* **fīnēs, fīnium** *m.*	die/eine Grenze; das/ein Ende, das/ein Ziel das/ein Gebiet	Lektion 12
fīnitimus, -a, -um	benachbart; verwandt	Lektion 26
fīrmus, -a, -um	stark, fest, sicher	Lektion 18
flāgitium, -ī *n.*	das/ein Verbrechen; die/eine Schande	Lektion 33
flōrēre, flōreō, floruī	blühen	Lektion 26
flōs, flōris *m.*	die/eine Blume, die/eine Blüte	Lektion 14
fluere, fluō, flūxī, flūxum	fließen, strömen	Lektion 6
flūmen, flūminis *n.*	der/ein Fluss	Lektion 16
foedus, foederis *n.*	das/ein Bündnis	Lektion 25

fōns, fontis *m.*	die/eine Quelle	Lektion 29
fore, futūrum esse	sein werden, in Zukunft sein	Lektion 29
fōrma, -ae *f.*	die/eine Gestalt, die/eine Erscheinung; die/eine Schönheit	Lektion 15
fortasse *(Adv.)*	vielleicht	Lektion 23
forte *(Adv.)*	zufällig	Lektion 20
fortis, fortis, forte, *Gen.:* **fortis**	tapfer, mutig stark	Lektion 17
forum, -ī *n.*	das/ein Forum, der/ein Marktplatz	Lektion 7
frāter, frātris *m.*	der/ein Bruder	Lektion 17
frequēns, frequēns, frequēns, *Gen.:* **frequentis**	häufig; gut besucht, aus vielen Menschen bestehend	Lektion 36, 37
frīgidārium, -iī *n.*	das/ein Kaltbad	Lektion 6 (Abb.)
frōns, frontis *f.*	die/eine Stirn; die/eine Vorderseite	Lektion 35
frūctus, -ūs *m.*	der/ein Gewinn, der/ein Ertrag, der/ein Nutzen	Lektion 27
frūmentum, -ī *n.*	das/ein Getreide	Lektion 4
frūstrā *(Adv.)*	vergeblich, umsonst	Lektion 14
frūx, frūgis *f.*	die/eine (Feld-)Frucht	Lektion 14
fuga, -ae *f.*	die/eine Flucht; die/eine Verbannung	Lektion 28
fugere, fugiō, fūgī, fugitum	fliehen, flüchten	Lektion 5
gaudēre, gaudeō, gāvīsus sum	sich freuen	Lektion 1, 28
gaudium, -ī *n.*	die/eine Freude, das/ein Vergnügen	Lektion 2
gēns, gentis *f.*	das/ein Volk, der/ein Stamm; die/eine Sippe, das/ein Geschlecht	Lektion 12
genus, generis *n.*	das/ein Geschlecht; die/eine Gattung; die/eine Art	Lektion 27
gerere, gerō, gessī, gestum **bellum gerere**	tragen, ausführen Krieg führen	Lektion 12
gīgnere, gīgnō, genuī, genitum	zeugen; gebären; hervorbringen	Lektion 34
glōria, -ae *f.*	(der) Ruhm	Lektion 16
Graeca, -ae *f.* **Graecus, -a, -um** **Graecus, -ī** *m.*	die/eine Griechin griechisch der/ein Grieche	Lektion 3
grandis, grandis, grande, *Gen.:* **grandis**	groß; bedeutend	Lektion 26
grātiās agere	jmdm. danken	Lektion 29
grātiās habēre	danken	Lektion 30
grātus, -a, -um	dankbar; willkommen; nett	Lektion 3
gravis, gravis, grave, *Gen.:* **gravis**	schwer; bedeutend; streng	Lektion 17
habēre, habeō, habuī, habitum	haben, halten	Lektion 22
habitāre, habitō, habitāvī, habitātum	wohnen	Lektion 25
herba, -ae *f.*	das/ein Kraut; das/ein Gras	Lektion 35
hīc *(Adv.)*	hier	Lektion 3
hic, haec, hoc	dieser, diese, dieses	Lektion 13, 16
Hispānia, -ae *f.*	Spanien	Lektion 13
hodiē *(Adv.)*	heute	Lektion 12

homō, hominis *m.*	der/ein Mensch, der/ein Mann	Lektion 8
honestās, honestātis *f.*	die/eine Ehre; (die) Ehrenhaftigkeit, (das) Ansehen, (die) Würde	Lektion 34
honestus, -a, -um	angesehen, anständig	Lektion 9
honor, honōris *m.*	die/eine Ehre; das/ein Ehrenamt	Lektion 33
hōra, -ae *f.*	die/eine Stunde	Lektion 5
hortārī, hortor, hortātus sum	auffordern, ermahnen	Lektion 31
hortus, -ī *m.*	der/ein Garten	Lektion 2 (Abb.)
hospes, hospitis *m.*	der/ein Gast	Lektion 21
hostis, hostis *m.*	der/ein Feind, der/ein Landesfeind	Lektion 12
hūc *(Adv.)*	hierher	Lektion 24
humus, -ī *f.*	(der) Boden, (die) Erde	Lektion 36
iacēre, iaceō, iacuī	liegen	Lektion 18
iactāre, iactō, iactāvī, iactātum	hin und her werfen; schleudern; rühmen; *(hier)*: in die Waagschale werfen	Lektion 37
iam *(Adv.)*	schon; jetzt; bald	Lektion 2
ibī *(Adv.)*	dort	Lektion 4
īdem, eadem, idem	derselbe, dieselbe, dasselbe	Lektion 31
igitur	also	Lektion 30
īgnis, īgnis *m.*	das/ein Feuer	Lektion 10
īgnōrāre, īgnōrō, īgnōrāvī, īgnōrātum **nōn īgnōrāre**	nicht kennen, nicht wissen genau wissen	Lektion 22 Lektion 22
īgnōscere, īgnōscō, īgnōvī, īgnōtum	verzeihen	Lektion 7
īgnōtus, -a, -um	unbekannt	Lektion 5
ille, illa, illud	jener, jene, jenes	Lektion 13, 16
illīc *(Adv.)*	dort	Lektion 33
immānis, immānis, immāne, *Gen.*: **immānis**	ungeheuer, riesig	Lektion 32
immortālis, immortālis, immortāle, *Gen.*: **immortālis**	unsterblich	Lektion 14
impedīre, impediō, impedīvī, impedītum	hindern, verhindern; *hier:* umwinden, schmücken	Lektion 35
impellere, impellō, impulī, impulsum	(an)stoßen, bewegen, veranlassen	Lektion 15
impendere, impendō, impendī, impēnsum	(Geld) aufwenden, ausgeben	Lektion 29
imperāre, imperō, imperāvī, imperātum	befehlen	Lektion 21
imperātor, imperātōris *m.*	der/ein Feldherr, der/ein Kaiser	Lektion 8
imperium, -ī *n.*	das/ein Reich; die/eine Herrschaft; der/ein Befehl	Lektion 7
impetrāre, impetrō, impetrāvī, impetrātum	erreichen, durchsetzen, zustande bringen	Lektion 23
impetus, impetūs *m.*	der/ein Angriff	Lektion 21
implōrāre, implōrō, implōrāvī, implōrātum	flehentlich bitten, erflehen	Lektion 24
impōnere, impōnō, imposuī, impositum	darauflegen, auf etw. legen	Lektion 35, 37
imprīmīs *(Adv.)*	besonders	Lektion 18

in *(mit Abl.)* **in** *(mit Akk.)* **in animō habēre** **in fidem accipere** **in mātrimōnium dare** **in mātrimōnium dūcere**	in, an, auf (auf die Frage: wo?) in, nach (auf die Frage: wohin?) im Sinne haben, beabsichtigen unter seinen Schutz nehmen zur Frau geben, verheiraten (eine Frau) heiraten	Lektion 6 Lektion 5 Lektion 22 Lektion 31 Lektion 9 Lektion 9
incendium, -ī *n.*	der/ein Brand, das/ein Feuer	Lektion 19
incertus, -a, -um	unsicher, unschlüssig; ungewiss, unklar	Lektion 31, 34
incipere, incipiō, coepī, inceptum	anfangen, beginnen	Lektion 13, 19
incolere, incolō, incoluī, incultum	bewohnen, wohnen	Lektion 23
incrēdibilis, incrēdiblis, incredibile, *Gen.:* **incrēdibilis**	unglaublich	Lektion 15
inde *(Adv.)*	von dort	Lektion 35
industria, -ae *f.*	(der) Fleiß	Lektion 25
īnferī, -ōrum *m. (Pluralwort)*	(die) Unterwelt	Lektion 14
īnferre, īnferō, intulī, illātum **bellum inferre**	hineintragen; zufügen mit jmdm. Krieg anfangen	Lektion 25
ingēns, ingēns, ingēns, *Gen.:* **ingentis**	gewaltig, ungeheuer (groß)	Lektion 13, 14
inicere, iniciō, iniēcī, iniectum	hinein-, hinwerfen	Lektion 21
inimīcus, -a, -um **inimīcus, -ī** *m.*	feindlich der/ein (persönliche/r) Feind	Lektion 26
initium, -ī *n.*	der/ein Anfang, der/ein Beginn	Lektion 29
inopia, -ae *f.*	der/ein Mangel, (die) Not	Lektion 27
inquit *(nachgestellt)*	(er, sie, es) sagt(e)	Lektion 16
īnsidiae, -ārum *f. (Pluralwort)*	der/ein Hinterhalt, die/eine Falle	Lektion 21
īnstituere, īnstituō, īnstituī, īnstitūtum	aufstellen; einrichten; unterrichten	Lektion 34
īnstitūtum, -ī *n.*	die/eine Einrichtung, die/eine Sitte, der/ein Brauch	Lektion 13
īnsula, -ae *f.*	die/eine Insel	Lektion 14
intellegere, intellegō, intellēxī, intellēctum	verstehen, begreifen, merken	Lektion 6
inter *(mit Akk.)* **inter sē**	zwischen, unter unter sich, untereinander	Lektion 9 Lektion 10
interficere, interficiō, interfēcī, interfectum	töten, umbringen	Lektion 20
intermittere, intermittō, intermīsī, intermissum	unterbrechen; verstreichen lassen	Lektion 32
intrā *(mit Akk.)*	innerhalb	Lektion 28
intrāre, intrō, intrāvī, intrātum	betreten, hereinkommen	Lektion 1
invādere, invādō, invāsī, invāsum	angreifen, überfallen; eindringen	Lektion 21
invenīre, inveniō, invēnī, inventum	finden, erfinden	Lektion 19
invidia, -ae *f.*	(der) Neid	Lektion 13, 25
invītāre, invītō, invītāvī, invītātum	einladen	Lektion 19
invītus, -a, -um	unwillig, gegen den eigenen Willen	Lektion 19
ipse, ipsa, ipsum	selbst	Lektion 24

īra, -ae *f.*	der/ein Zorn	Lektion 11
īrātus, -a, -um	böse, zornig	Lektion 7
īre, eō, iī, itum	gehen; reisen	Lektion 5
irrīdēre, irrīdeō, irrīsī, irrīsum	verspotten	Lektion 20
is, ea, id	dieser, diese, dieses; er, sie, es	Lektion 9
ita *(Adv.)*	so	Lektion 10
itaque *(Adv.)*	deshalb, daher	Lektion 2
item *(Adv.)*	ebenso	Lektion 27
iter, itineris *n.*	der/ein Weg, die/eine Reise	Lektion 12
iterum *(Adv.)*	wiederum, zum zweiten Mal, noch einmal	Lektion 1
iubēre, iubeō, iussī, iussum *(mit Akk.)*	(jmdm.) befehlen	Lektion 16
iūcundus, -a, -um	angenehm, erfreulich	Lektion 15
iūdex, iūdicis *m. u. f.*	der/ein Richter, die/eine Richterin	Lektion 37
iūdicium, -ī *n.*	das/ein Urteil	Lektion 37
iungere, iungō, iūnxī, iūnctum	verbinden, vereinigen	Lektion 34, 36
iussū *(Adv.)*	auf Befehl	Lektion 11
iuvat, iūvit	es freut, es macht Spaß	Lektion 5
iuvenis, iuvenis *m.*	jung; der/ein junge(r) Mann	Lektion 9
lābī, lābor, lāpsus sum	fallen; (aus)gleiten	Lektion 28
labor, labōris *m.*	die/eine Anstrengung, die/eine Mühe, die/eine Arbeit	Lektion 12
labōrāre, labōrō, labōrāvī, labōrātum	sich anstrengen, arbeiten	Lektion 2
lac, lactis *n.*	(die) Milch	Lektion 32
lacrima, -ae *f.*	die/eine Träne	Lektion 6
lacus, lacus *m.*	der/ein See	Lektion 24
laetus, -a, -um	froh, fröhlich	Lektion 9
lapis, lapidis *m.*	der/ein Stein	Lektion 29
lātus, -a, -um	breit; ausgedehnt	Lektion 32
latus, lateris *n.*	die/eine Seite	Lektion 35, 36
laudāre, laudō, laudāvī, laudātum	loben	Lektion 3
laus, laudis *f.*	das/ein Lob, (der) Ruhm	Lektion 24
lavāre, lavō, lāvī, lautum	waschen	Lektion 32
lēgātus, -ī *m.*	der/ein Gesandte/r; der/ein Feldherr	Lektion 26
legere, legō, lēgī, lēctum	lesen, sammeln	Lektion 23
legiō, legiōnis *f.*	die/eine Legion *(größte militärische Einheit im römischen Heer)*	Lektion 24
levis, levis, leve, *Gen.:* **levis**	leicht, leichtsinnig, leichtgläubig	Lektion 36
lēx, lēgis *f.*	das/ein Gesetz	Lektion 7
libenter *(Adv.)*	gern	Lektion 3
līber, -a, -um	frei	Lektion 26
liber, librī *m.*	das/ein Buch	Lektion 28
līberālitās, līberālitātis *f.*	(die) Freundlichkeit; (die) Freigebigkeit	Lektion 31
līberāre, līberō, līberāvī, līberātum	befreien	Lektion 16
līberī, -ōrum *m. (Pluralwort)*	(die) Kinder	Lektion 4

lībertās, lībertātis *f.*	(die) Freiheit	Lektion 26
libīdō, libīdinis *f.*	(die) Wollust, (die) Lust; (die) Willkür	Lektion 33
licet, licuit	es ist erlaubt, man darf	Lektion 6
littera, -ae *f.* **litterae, -ārum** *f. (Pluralwort)*	der/ein Buchstabe der/ein Brief; die/eine Literatur; die/eine Wissenschaft	Lektion 3
lītus, lītoris *n.*	die/eine Küste, der/ein Strand	Lektion 18
loca, -ōrum *n.* **locus, -ī** *m.*	die/eine Gegend, das/ein Gelände der/ein Ort, der/ein Platz, die/eine Stelle	Lektion 6
longē *(mit Superlat.)*	weitaus, bei weitem	Lektion 32
longus, -a, -um	lang; weit	Lektion 15
loquī, loquor, locūtus sum	sagen, reden, sprechen	Lektion 30
lūdere, lūdō, lūsī, lūsum	spielen	Lektion 6
lūdus, -ī *m.*	die/eine Schule; das/ein Spiel	Lektion 3
lūmen, lūminis *n.*	das/ein Licht; das/ein Auge	Lektion 35
lūxuria, -ae *f.*	(die) Verschwendung(ssucht)	Lektion 27
māchina trāctōria *f.*	der/ein Baukran	Lektion 6 (Abb.)
magis *(Adv.)* **magis** + *Adj. / Adv*	mehr; eher *entspricht dem Komparativ*	Lektion 33, 35, 37
magister, magistrī *m.* **magistra, -ae** *f.*	der/ein Lehrer die/eine Lehrerin	Lektion 3
magistrātus, magistrātūs *m.*	das/ein Amt; der/ein Beamte/r	Lektion 11
magnificus, -a, -um	großartig, prächtig	Lektion 10
magnitūdō, magnitūdinis *f.*	die/eine Größe	Lektion 27
magnus, -a, -um *Komp.:* **māior, māior, māius,** *Gen.:* **māiōris;** *Sup.:* **maximus, -a, -um**	groß; bedeutend	Lektion 2
māiestās, māiestātis *f.*	(die) Würde, (die) Größe, (die) Hoheit	Lektion 27
māior	s. magnus	
mālle, mālō, māluī	lieber wollen	Lektion 29
malus, -a, -um (*Komp.:* **pēior, pēior, pēius,** *Gen.:* **pēiōris/** *Sup.:* **pessimus, -a, -um)**	schlecht, schädlich, böse	Lektion 16
mandāre, mandō, mandāvī, mandātum	anvertrauen, auftragen, befehlen	Lektion 22
manēre, maneō, mānsī, mānsum	bleiben	Lektion 9
manus, manūs *f.*	die/eine Hand; die/eine Schar	Lektion 14
mare, maris *n.*	das/ein Meer	Lektion 18
marītus, -ī *m.*	der/ein Ehemann	Lektion 21
māter, mātris *f.*	die/eine Mutter	Lektion 11
mātrimōnium, -ī *n.*	Ehe	Lektion 33
maximē *(Adv.)*	am meisten, besonders	Lektion 10
maximus, -a, -um	der größte, der bedeutendste	Lektion 14
mē *(Akk.)* **mēcum**	mich (zusammen) mit mir	Lektion 3 Lektion 6
meā (tuā...) sponte	von selbst, aus eigenem Antrieb	Lektion 15

medicīna, -ae *f.*	die/eine Medizin, das/ein Heilmittel; die/eine Heilkunst	Lektion 5
medicus, -ī *m.*	der/ein Arzt	Lektion 5
medius, -a, -um	in der Mitte gelegen; mitten	Lektion 21
membrum, -ī *n.*	das/ein Teil; das/ein Glied	Lektion 31
meminisse, meminī	sich erinnern an, denken an	Lektion 26
memoria, -ae *f.*	die/eine Erinnerung; das/ein Gedächtnis	Lektion 30
mēnsis, mēnsis *m.*	der/ein Monat	Lektion 14
mercātor, mercātōris *m.*	der/ein Kaufmann	Lektion 12
merx, mercis *f.*	die/eine Ware	Lektion 12
metuere, metuō, metuī	fürchten	Lektion 25
metus, metūs *m.*	(die) Furcht, (die) Angst	Lektion 24
meus, -a, -um	mein	Lektion 3
mīles, mīlitis *m.*	der/ein Soldat	Lektion 11
mīlle	tausend	Lektion 27
minimē *(Adv.)*	keineswegs, überhaupt nicht	Lektion 6
minuere, minuō, minuī, minūtum	vermindern, verringern	Lektion 30
minus	s. parvus	
mīrābilis, mīrābilis, mīrābile; *Gen.:* **mīrābilis**	erstaunlich, bewundernswert	Lektion 23
mīrārī, mīror, mīrātus sum	staunen, bewundern, sich wundern	Lektion 28
mīrus -a, -um	seltsam, verwunderlich	Lektion 6
miscēre, misceō, miscuī, mixtum	mischen	Lektion 35
miser, misera, miserum	unglücklich, elend	Lektion 3
misericordia, -ae *f.*	das/ein Mitleid, die/eine Barmherzigkeit	Lektion 18
mittere, mittō, mīsī, missum	schicken, senden; ent-, loslassen; werfen	Lektion 11
modo *(Adv.)*	gerade, sogleich; nur	Lektion 34
modo ... modo	bald ... bald	Lektion 35
modus, -ī *m.*	das/ein Maß; die/eine Art, die/eine Weise	Lektion 6
moenia, moenium *n. (Pluralwort)*	(die) Stadtmauern, (die) Mauern	Lektion 18
monēre, moneō, monuī, monitum	mahnen, erinnern, warnen	Lektion 12
mōns, montis *m.*	der/ein Berg	Lektion 10
morbus, -ī *m.*	die/eine Krankheit	Lektion 10
morī, morior, mortuus sum	sterben	Lektion 28
mors, mortis *f.*	(der) Tod	Lektion 8
mortālis, mortālis, mortāle, *Gen.:* **mortālis**	sterblich	Lektion 14
mortuus, -a, -um	tot	Lektion 8
mōs, mōris *m.*	der/ein Brauch, die/eine Gewohnheit, die/eine Sitte	Lektion 11
movēre, moveō, mōvī, mōtum	bewegen	Lektion 6
mox *(Adv.)*	bald (danach)	Lektion 35
mulier, mulieris *f.*	die/eine Frau	Lektion 18
multitūdō, multitūdinis *f.*	die/eine Menge	Lektion 27
multum *(Adv.)*	sehr; häufig	Lektion 32

multus, -a, -um **multī, -ae, -a** (*Komp.*: **plūrēs, plūrēs, plūra,** *Gen.*: **plūrium /** *Sup.*: **plūrimī, -ae, -a)**	viel viele, zahlreiche	Lektion 2 Lektion 16
mūnīre, mūniō, mūnīvī, mūnītum	befestigen, sichern	Lektion 19
mūnus, mūneris *n.*	das/ein Geschenk; die/eine Leistung	Lektion 37
mūrus, -ī *m.*	die/eine Mauer	Lektion 20
mūtāre, mūtō, mūtāvī, mūtātum	(ein)tauschen; ändern, wechseln	Lektion 12
nam	denn	Lektion 3
nārrāre, nārrō, nārrāvī, nārrātum	erzählen	Lektion 3
nāscī, nāscor, nātus sum	geboren werden; entstehen	Lektion 32
nātūra, -ae *f.*	die/eine Natur, das/ein Wesen, die/eine Sinnesart	Lektion 13
nātū māior	(von Geburt älter) = älter; *hier:* der älteste	Lektion 34
nātus, -a, -um	geboren	Lektion 26
nāvigāre, nāvigō, nāvigāvī, nāvigātum	segeln	Lektion 19
nāvis, nāvis *f.*	das/ein Schiff	Lektion 17
nē *(mit Konj.)*	dass nicht, damit nicht	Lektion 21
nē ... quidem	nicht einmal	Lektion 15
-ne?	*(Fragepartikel, an ein Wort angehängt; wird nicht übersetzt)*	Lektion 10
necāre, necō, necāvī, necātum	töten	Lektion 10
necesse est	es ist nötig, notwendig	Lektion 25
negāre, negō, negāvī, negātum	verweigern, verneinen, nein sagen	Lektion 17
neglegere, neglegō, neglēxī, neglēctum	nicht beachten, vernachlässigen	Lektion 11
negōtium, -ī *n.*	die/eine Tätigkeit, die/eine Aufgabe	Lektion 2
nēmō, *Gen.*: **nūllīus**	niemand	Lektion 27
nepōs, nepōtis *m.*	der/ein Enkel	Lektion 34
neque/nec **neque ... neque / nec ... nec**	und nicht, auch nicht weder ... noch	Lektion 13, 22
nihil	nichts	Lektion 8
nihilō minus *(Adv.)*	trotzdem	Lektion 31
nimium *(Adv.)*	zu sehr	Lektion 36
nisī	wenn nicht	Lektion 23
nōbilis, nōbilis, nōbile, *Gen.*: **nōbilis**	edel, vornehm, adelig	Lektion 13, 36
nōbilitās, nōbilitātis *f.*	die/eine Berühmtheit; (der) Adel, (die) vornehme Abstammung	Lektion 34
nōbīscum	(zusammen) mit uns	Lektion 6
nōlle, nōlō, nōluī	nicht wollen	Lektion 29
nōmen, nōminis *n.*	der/ein Name	Lektion 13, 20
nōmināre, nōminō, nōmināvī, nōminātum	nennen, benennen	Lektion 26
nōn	nicht	Lektion 2
nōn iam	nicht mehr	Lektion 2
nōn sōlum ... sed etiam	nicht nur ... sondern auch	Lektion 10

nōnne?	nicht? *(legt eine zustimmende Antwort nahe)*	Lektion 10
nōnnūllī, -ae, -a	einige	Lektion 8
nōnnumquam *(Adv.)*	manchmal	Lektion 4
nōs *(Nom. u. Akk.)*	*Nom.*: wir; *Akk.*: uns	Lektion 3
noster, nostra, nostrum	unser	Lektion 3
nōtus, -a, -um	bekannt	Lektion 28
novus, -a, -um	neu	Lektion 6
nox, noctis *f.*	die/eine Nacht	Lektion 9
nūbere, nūbō, nūpsī, nūptum *(mit Dat.)*	(einen Mann) heiraten	Lektion 9
nūllus, -a, -um *Gen.*: **nūllīus**; *Dat.*: **nūllī**	kein	Lektion 27
num?	etwa wirklich? *(legt ablehnende Antwort nahe)*	Lektion 10
numerus, -ī *m.*	die/eine Zahl, die/eine Anzahl; der/ein Takt	Lektion 28
numquam *(Adv.)*	nie(mals)	Lektion 16
nunc *(Adv.)*	nun, jetzt	Lektion 1
nunc ... nunc	bald ... bald	Lektion 35
nuntiāre, nuntiō, nuntiāvī, nuntiātum	melden, verkünden	Lektion 11
nūntius, -ī *m.*	der/ein Bote; die/eine Botschaft, die/eine Meldung, die/eine Nachricht	Lektion 22
nūper *(Adv.)*	neulich	Lektion 23
obscūrus, -a, -um	dunkel	Lektion 4
observāre, observō, observāvī, observātum	beobachten, beachten	Lektion 15
obviam *(Adv.)*	entgegen	Lektion 17
occāsiō, occāsiōnis *f.*	die/eine Gelegenheit	Lektion 28
occidere, occidō, occidī, occāsum	untergehen *(eines Gestirns)*	Lektion 31
occupāre, occupō, occupāvī, occupātum	einnehmen, besetzen	Lektion 11
occurrere, occurrō, occurrī *und* **occucurrī, occursum**	entgegeneilen, begegnen; sich zeigen; einfallen	Lektion 34
oculus, -ī *m.*	das/ein Auge	Lektion 12
ōdisse, ōdī	hassen	Lektion 26
odium, -ī *n.*	(der) Hass	Lektion 11
odor, odōris *m.*	der/ein Geruch, der/ein Gestank	Lektion 16
officium, -ī *n.*	die/eine Pflicht; die/eine Aufgabe	Lektion 7
omittere, omittō, omīsī, omissum	aufgeben; einstellen	Lektion 29
omnīnō *(Adv.)*	überhaupt, gänzlich	Lektion 32
omnis, omnis, omne, *Gen.*: **omnis**	jeder; ganz; *Pl.*: alle	Lektion 14
opēs, opum *f. (Pluralwort)*	(die) Hilfsmittel; die/eine Macht, (der) Reichtum, (die) Truppen	Lektion 25
opera, -ae *f.* **operam dare**	(die) Mühe; (die) Arbeit sich Mühe geben, sich bemühen	Lektion 34
opīniō, opīniōnis *f.*	die/eine Meinung, das/ein Gerücht, die/eine Erwartung	Lektion 24
oppidum, -ī *n.*	die/eine befestigte Siedlung; die/eine Stadt	Lektion 11

oppōnere, oppōnō, opposuī, oppositum	entgegenstellen	Lektion 36
opprimere, opprimō, oppressī, oppressum	unterdrücken; überfallen, bedrängen	Lektion 11
oppūgnāre, oppūgnō, oppūgnāvī, oppūgnātum	angreifen, bestürmen	Lektion 25
optāre, optō, optāvī, optātum	wünschen	Lektion 24
opus, operis *n.* **opus est** *(mit AcI)*	das/ein Werk, das/ein Bauwerk es ist nötig	Lektion 22
ōrā, -ae *f.*	die/eine Küste	Lektion 19
ōrāculum, -ī *n.*	die/eine Orakelstätte; der/ein Orakelspruch	Lektion 28
ōrāre, ōrō, ōrāvī, ōrātum	bitten	Lektion 24
ōrātor, ōrātōris *m.*	der/ein Redner	Lektion 7
orbis, orbis *m.* **orbis terrārum** *m.*	der/ein Kreis, die/eine Scheibe der/ein Erdkreis, die/eine Welt	Lektion 23
ōrdō, ōrdinis *m.* **ōrdinēs dūcere**	der/ein Stand; die/eine Reihe; (die) Ordnung eine *(milit.)* Abteilung anführen	Lektion 31
orīgō, orīginis *f.*	der/ein Ursprung	Lektion 36
ōrnāre, ōrnō, ōrnāvī, ōrnātum	schmücken	Lektion 6
ortus, ortūs *m.*	(der) Aufgang (eines Gestirns)	Lektion 31
ōs, ōris *n.*	der/ein Mund; das/ein Gesicht; das/ein Maul	Lektion 35, 37
ōsculum, -ī *n.*	der/ein Kuss	Lektion 35
ostendere, ostendō, ostendī, ostentum	zeigen, darlegen	Lektion 34
ōtium, -ī *n.*	(die) freie Zeit, (die) Ruhe; (der) Frieden	Lektion 26
ovis, ovis *f.*	das/ein Schaf	Lektion 37
pācāre, pācō, pācāvī, pācātum	befrieden; unterwerfen	Lektion 26
paene *(Adv.)*	beinahe	Lektion 6
pāgus, -ī *m.*	der/ein Bezirk; das/ein Dorf	Lektion 32
parāre, parō, parāvī, parātum	(zu)bereiten	Lektion 4
parentēs, parentum *m.*	(die) Eltern	Lektion 20
pārēre, pāreō, pāruī	gehorchen	Lektion 26
parere, pariō, peperī, partum	hervorbringen, gebären; erwerben	Lektion 15
pars, partis *f.* **partēs, partium** *f.*	der/ein Teil; die/eine Richtung; die/eine Seite die/eine Partei	Lektion 16
parvus, -a, -um (*Komp.:* **minor, minor, minus,** *Gen:* **minōris** *Sup.:* **minimus, -a, -um)**	klein, jung	Lektion 6
pater, patris *m.*	der/ein Vater	Lektion 7
patī, patior, passus sum	(er)dulden	Lektion 30
patria, -ae *f.*	das/ein Vaterland, die/eine Heimat	Lektion 11
patrōnus, -ī *m.*	der/ein Patron; der/ein Anwalt; der/ein Beschützer	Lektion 2
paucī, -ae, -a	(nur) wenige	Lektion 12
paulātim *(Adv.)*	allmählich	Lektion 35
paulō post *(Adv.)*	wenig später	Lektion 25

pauper, pauper, pauper, *Gen.:* **pauperis**	arm	Lektion 30
paupertās, paupertātis *f.*	(die) Armut	Lektion 30
pāx, pācis *f.*	der/ein Friede	Lektion 7
pectus, pectoris *n.*	die/eine Brust	Lektion 35
pecūnia, -ae *f.*	(das) Geld	Lektion 27
pecus, pecoris, *n.*, **pecudis** *f.*	(das) Vieh	Lektion 27
pēior	s. malus	
pellere, pellō, pepulī, pulsum	treiben; stoßen, schlagen	Lektion 30
pendere, pendeō, pependī	hängen	Lektion 35
per *(mit Akk.)*	durch	Lektion 5
perdere, perdō, perdidī, perditum	zugrunde richten; verschwenden; verlieren	Lektion 29
perdūcere, perdūcō, perdūxī, perductum	(hindurch)führen	Lektion 29
peregrīnus, -a, -um	fremd, ausländisch	Lektion 26
perferre, perferō, pertulī, perlātum	ertragen	Lektion 33
perficere, perficiō, perfēcī, perfectum	bauen; beenden, vollenden	Lektion 29
pergere, pergō, perrēxī, perrēctum	aufbrechen; weitermachen; *(in der Rede)* fortfahren	Lektion 32
perīculum, -ī *n.*	die/eine Gefahr	Lektion 8
peristȳlium, -ī *n.*	offener Innenhof	Lektion 2 (Abb.)
perīre, pereō, periī	zugrunde gehen, umkommen	Lektion 19
permittere, permittō, permīsī, permissum	überlassen, anvertrauen; erlauben	Lektion 33
permovēre, permoveō, permōvī, permōtum	bewegen, erregen	Lektion 18
perniciēs, perniciēī *f.*	(das) Verderben, (der) Untergang	Lektion 18
perniciōsus, -a, -um	verderblich, schädlich	Lektion 27
perpetuus, -a, -um	ununterbrochen, fortdauernd	Lektion 10
persequī, persequor, persecūtus sum	nachfolgen; verfolgen	Lektion 30
persuādēre, persuādeō, persuāsī, persuā sum *(mit Dat.)*	jmdn. überreden, überzeugen	Lektion 17
pertinēre, pertineō, pertinuī	sich erstrecken	Lektion 27
perturbāre, perturbō, perturbāvī, perturbātum	verwirren, stören, in Unordnung bringen	Lektion 29
pervenīre, perveniō, pervēnī, perventum	hinkommen, gelangen	Lektion 18
pēs, pedis *m.*	der/ein Fuß	Lektion 27
pessimus	s. malus	
petere, petō, petīvī, petītum	erbitten, zu erreichen suchen, (einen Ort) aufsuchen, angreifen	Lektion 17
philosophus, -ī *m.*	der/ein Philosoph, der/ein Gelehrte/r	Lektion 25
pietās, pietātis *f.*	(das) Pflichtbewusstsein; (die) Frömmigkeit; (die) Liebe	Lektion 34
placēre, placeō, placuī, placitum	gefallen	Lektion 4
plānus, -a, -um	flach, eben	Lektion 29
plēbs, plēbis *f.*	(die) „Plebs" (alle Nichtpatrizier), der/ein Pöbel, der/ein Mob; die/eine Menge	Lektion 27
plēnus, -a, -um *(mit Gen.)*	voll von	Lektion 7

plērīque, plēraeque, plēraque	die meisten	Lektion 24
plūrimum *(Adv.)*	sehr viel *hier:* sehr innig; über alles	Lektion 34
poena, -ae *f.*	die/eine Strafe	Lektion 33
poēta, -ae *m.*	der/ein Dichter	Lektion 13
pollicērī, polliceor, pollicitus sum	versprechen	Lektion 29
pōnere, pōnō, posuī, positum	setzen, stellen, legen	Lektion 21
pōns, pontis *m.*	die/eine Brücke	Lektion 28
populus, -ī *m.*	das/ein Volk, die/eine Menge	Lektion 24
porta, -ae *f.*	die/eine Tür, das/ein Tor	Lektion 4
portāre, portō, portāvī, portātum	tragen, bringen	Lektion 1
portus, portūs *m.*	der/ein Hafen	Lektion 19
posse, possum, potuī	können	Lektion 4
post *(mit Akk.)*	nach, hinter	Lektion 10
posteā *(Adv.)*	nachher, später	Lektion 5
postquam *(mit Ind. Perf.)*	nachdem	Lektion 11
postrēmō *(Adv.)*	schließlich, endlich, zuletzt	Lektion 31
postrēmum *(Adv.)*	zum letzten Mal	Lektion 19
potēns, potēns, potēns, *Gen.:* **potentis**	mächtig	Lektion 25
potestās, potestātis *f.*	die/eine (Amts)Gewalt; (die) Macht; die/eine Möglichkeit	Lektion 26
prae *(mit Abl.)*	vor, wegen	Lektion 6
praebēre, praebeō, praebuī, praebitum	hinhalten, (dar)reichen, geben	Lektion 8
praeda, -ae *f.*	die/eine Beute	Lektion 35
praeesse, praesum, praefuī *(mit Dat.)*	verwalten, leiten, kommandieren	Lektion 23
praeficere, praeficiō, praefēcī, praefectum **praeficere eum exercituī**	an die Spitze stellen, den Befehl übertragen ihn an die Spitze des Heeres stellen, ihm den Befehl über das Heer übertragen	Lektion 34
praemium, -ī *n.*	der/ein Lohn, die/eine Belohnung, der/ein Preis	Lektion 23
praesēns, praesēns, praesēns, *Gen.:* **praesentis**	gegenwärtig	Lektion 33
praestāre, praestō, praestitī *(mit Dat.)* *(mit Akk.)*	jmdm. voranstehen, jmdn. übertreffen, etwas leisten	Lektion 25
praeter *(mit Akk.)*	an ... vorbei; außer	Lektion 32
praetereā *(Adv.)*	außerdem	Lektion 16
precārī, precor, precātus sum	bitten	Lektion 30
precēs, precum *f. (Pluralwort)*	die/eine Bitte, das/ein Gebet	Lektion 17
premere, premō, pressī, pressum	drücken, pressen; unterdrücken	Lektion 28
pretium, -ī *n.*	der/ein Preis	Lektion 24
prīmō *(Adv.)*	zuerst	Lektion 13, 23
prīmum *(Adv.)*	zuerst; zum ersten Mal	Lektion 12
prīmus, -a, -um	erster, vorderster; vornehmster	Lektion 24
prīnceps, prīncipis *m.*	der erste (Mann), der/ein Anführer, der/ein Kaiser	Lektion 9

prior, prior, prius, *Gen.:* **priōris** (*Superlativ:* **prīmus, -a, -um)**	der frühere, erste (von zweien), der vorige; der vorderste	Lektion 29
prius *(Adv.)*	früher, eher	Lektion 24
priusquam	bevor, ehe	Lektion 34
prīvātus, -a, -um	privat, persönlich	Lektion 26
prō *(mit Abl.)*	vor, für, anstelle von	Lektion 6
probāre, probō, probāvī, probātum	gutheißen, billigen; prüfen	Lektion 17
procul *(Adv.)*	fern; in die Ferne	Lektion 6
prōdesse, prōsum, prōfuī **prōdest, prōfuit**	nützen es nützt	Lektion 36
proelium, -ī *n.* **proelium committere**	der/ein Kampf, die/eine Schlacht eine Schlacht beginnen, kämpfen	Lektion 17 Lektion 22
profectō *(Adv.)*	in der Tat, sicherlich	Lektion 19
proficīscī, proficīscor, profectus sum	abreisen, aufbrechen; ausgehen von	Lektion 28
prohibēre, prohibeō, prohibuī, prohibitum *(mit Abl.)*	fernhalten von, abhalten; hindern	Lektion 32, 36
prōmittere, prōmittō, prōmīsī, prōmissum	versprechen	Lektion 16
prope *(mit Akk.)*	nahe bei	Lektion 5
propinqua, -ae *f.* **propinquus, -a, -um** **propinquus, -i** *m.*	die/eine Verwandte benachbart, verwandt der/ein Verwandte/r	Lektion 9
prōpōnere, prōpōnō, prōposuī, prōpositum	versprechen, in Aussicht stellen, aufstellen, sich vornehmen	Lektion 23
propter *(mit Akk.)*	wegen	Lektion 11
prōvidēre, prōvideō, prōvīdī, prōvīsum *(mit Akk.)* *(mit Dat.)*	 vorhersehen; sorgen für	Lektion 14
prōvincia, -ae *f.*	der/ein Amtsbereich, die/eine Provinz	Lektion 11
proximus, -a, -um **proximus ā**	der nächste in nächster Nähe von	Lektion 36
prūdēns, prūdēns, prūdēns *Gen.:* **prūdentis**	klug, erfahren	Lektion 13, 14
pūblicus, -a, -um	öffentlich, staatlich	Lektion 8
puella, -ae *f.*	das/ein Mädchen	Lektion 1
puer, puerī *m.* **puerī, -ōrum** *m.*	der/ein Junge (die) Kinder	Lektion 3
pūgna, -ae *f.*	der/ein Kampf, die/eine Schlacht	Lektion 24
pūgnāre, pūgnō, pūgnāvī, pūgnātum	kämpfen	Lektion 17
pulcher, pulchra, pulchrum	schön	Lektion 3
pulvis, pulveris *m.*	(der) Staub	Lektion 36
pūrus, -a, -um	rein, sauber	Lektion 29, 35
putāre, putō, putāvī, putātum	glauben, meinen; halten für	Lektion 10
quācum	mit welcher; mit der	Lektion 9
quaerere, quaerō, quaesīvī, quaesītum	suchen, fragen	Lektion 5
quam	wie	Lektion 7

quamquam	obgleich, obwohl	Lektion 7
quamvīs	wie sehr auch; obwohl	Lektion 35
quantō … tantō	je … desto	Lektion 33
quantus, -a, -um?	wie groß?	Lektion 22
quārē	dadurch; wodurch?	Lektion 24
quasi	sozusagen, quasi	Lektion 27
quattuor	vier	Lektion 30
-que	und	Lektion 5
querēl(l)a, -ae *f.*	die/eine Klage; die/eine Beschwerde	Lektion 34
querī, queror, questus sum	(be)klagen; sich beklagen, sich beschweren	Lektion 37
quī, quae, quod **quibuscum**	welcher, welche, welches; der, die, das mit welchen; mit denen	Lektion 9
quia	weil, da	Lektion 20
quīcumque, quaecumque, quodcumque	wer auch immer; jeder, der	Lektion 36
quid?	was?	Lektion 1
quīdam, quaedam, quiddam *(subst.)* **quidam, quaedam, quoddam** *(adjekt.)*	ein gewisser, ein bestimmter; *Pl.*: einige, manche irgendein; *Pl.*: einige, manche	Lektion 29
quidem *(Adv.)*	wenigstens; freilich; zwar	Lektion 31, 35
quīnque	fünf	Lektion 30
quis?	wer?	Lektion 2
quisquam, quicquam	(irgend)einer, (irgend)jemand, (irgend)etwas	Lektion 33, 34
quisquis **quidquid**	jeder, der; wer auch immer alles, was; was auch immer	Lektion 33, 36
quō? *(Adv.)*	wohin?	Lektion 5
quōcum	mit welchem; mit dem	Lektion 9
quod	weil	Lektion 7
quod *(bei Verben, die Gefühle ausdrücken)*	dass	Lektion 21
quodsī	wenn also, wenn aber	Lektion 23
quōmodo? *(Adv.)*	wie	Lektion 12
quoque *(nachgestellt)*	auch	Lektion 7
quot?	wie viele?	Lektion 14
quotannīs *(Adv.)*	jedes Jahr	Lektion 32
rapere, rapiō, rapuī, raptum	rauben, reißen; entführen	Lektion 14
rārus, -a, -um	selten	Lektion 31
ratiō, ratiōnis *f.*	die/eine Überlegung, der/ein Plan, die/eine Berechnung, (die) Vernunft	Lektion 13, 27
recipere, recipiō, recēpī, receptum	annehmen, aufnehmen; zurücknehmen, zurückziehen	Lektion 14
rēctus, -a, -um	richtig, gerade	Lektion 23
reddere, reddō, reddidī, redditum	zurück-, wiedergeben	Lektion 30
redīre, redeō, rediī, reditum	zurückkehren, zurückkommen	Lektion 11
referre, referō, rettulī, relātum	zurückbringen, berichten	Lektion 20
reficere, reficiō, refēcī, refectum	wiederherstellen	Lektion 26

regere, regō, rēxī, rēctum	lenken, leiten, regieren	Lektion 10
rēgīna, -ae *f.*	die/eine Königin	Lektion 14
rēgius, -a, -um	königlich	Lektion 19
rēgnum, -ī *n.*	die/eine Königsherrschaft, die/eine Herrschaft, das/ein Reich	Lektion 14
relinquere, relinquō, relīquī, relictum	verlassen; zurücklassen	Lektion 15
reliquus, -a, -um	übrig; *Pl.* die Übrigen	Lektion 32
remanēre, remaneō, remānsī, remānsum	zurückbleiben	Lektion 32
removēre, removeō, remōvī, remōtum	entfernen, beseitigen	Lektion 16
repente *(Adv.)*	plötzlich	Lektion 9
reperīre, reperiō, repperī, repertum	finden, wiederfinden	Lektion 4
repudiāre, repudiō, repudiāvī, repudiātum	zurückweisen, ablehnen; *hier:* verstoßen	Lektion 34
requīrere, requīrō, requīsīvī, requīsītum	(auf)suchen, sich erkundigen	Lektion 36
rēs, reī *f.* **rēs publica, reī pūblicae** *f.*	die/eine Sache, das/ein Ding der/ein Staat	Lektion 8
resistere, resistō, restitī	sich widersetzen, Widerstand leisten	Lektion 17
respicere, respiciō, respexī, respectum	nach hinten schauen, zurückblicken	Lektion 36
respondēre, respondeō, respondī, respōnsum	antworten	Lektion 2
respōnsum, -ī *n.*	die/eine Antwort, der/ein Bescheid	Lektion 28
restituere, restituō, restituī, restitūtum	wiederherstellen, wieder aufbauen	Lektion 25
retinēre, retineō, retinuī, retentum	aufhalten, zurückhalten	Lektion 17
revertī, revertor, revertī	zurückkehren; umkehren	Lektion 30
rēx, rēgis *m.*	der/ein König	Lektion 14
rīdēre, rīdeō, rīsī, rīsum	lachen	Lektion 1
rīpa, -ae *f.*	das/ein Ufer	Lektion 20
rōbur, rōboris *n.*	die/eine Kraft, die/eine Stärke	Lektion 12
rogāre, rogō, rogāvī, rogātum	fragen, bitten	Lektion 10
Rōma, -ae *f.* **Rōmam** **Rōmāna, -ae** *f.* **Rōmānus, -a, -um** **Rōmānus, -ī** *m.*	Rom nach Rom die/eine Römerin römisch der/ein Römer	Lektion 5
rūrsus *(Adv.)*	wieder, wiederum	Lektion 5
saeculum, -ī *n.*	das/ein Zeitalter; das/ein Jahrhundert	Lektion 26
saepe *(Adv.)*	oft	Lektion 4
salūs, salūtis *f.*	(die) Gesundheit, (das) Wohlergehen; (die) Rettung; der/ein Gruß	Lektion 11
salūtāre, salūtō, salūtāvī, salūtātum	grüßen, begrüßen	Lektion 1
salvē! **salvēte!**	Hallo! Sei gegrüßt! Guten Tag! Hallo! Seid gegrüßt! Guten Tag!	Lektion 2
salvus, -a, -um	wohlbehalten, unversehrt	Lektion 12
sānctus, -a, -um	heilig	Lektion 24
sanguis, sanguinis *m.*	(das) Blut	Lektion 33
sapiēns, sapiēns, sapiēns, *Gen.:* **sapientis**	weise, einsichtsvoll	Lektion 13, 14
satis *(Adv.)*	ausreichend, genug	Lektion 11

saxum, -ī *n.*	der/ein Stein, der/ein Fels	Lektion 18
scelus, sceleris *n.*	das/ein Verbrechen	Lektion 10
scientia, -ae *f.*	(das) Wissen, die/eine Kenntnis	Lektion 25
scīlicet	natürlich, offenbar *(oft ironisch gemeint)*	Lektion 36
scīre, sciō, scīvī, scītum	wissen, kennen, verstehen	Lektion 10
scrībere, scrībō, scrīpsī, scrīptum	schreiben	Lektion 11
sē *(Akk.)* **sēcum**	sich, *im AcI:* er, sie mit sich, bei sich	Lektion 10
sēcrētus, -a, -um **sēcrētum, -i** *n.*	geheim; verborgen das/ein Geheimnis	Lektion 33
secundum *(mit Akk.)*	gemäß, nach; zugunsten von	Lektion 29
secundus, -a, -um	zweiter, nächster	Lektion 25
sed	aber; sondern	Lektion 2
sedēre, sedeō, sēdī, sessum	sitzen	Lektion 18
sēditiō, sēditiōnis *f.*	der/ein Aufstand, der/ein Aufruhr	Lektion 28
semel *(Adv.)*	einmal	Lektion 33
semper *(Adv.)*	immer	Lektion 8
senātor, senātōris *m.*	der/ein Senator	Lektion 7
senātus, senātūs *m.*	der/ein Senat, die/eine Senatsversamm-lung	Lektion 24
senectūs, senectūtis *f.*	das/ein hohe/s Alter	Lektion 33
senex, senis *m.*	der/ein alte/r Mann, der/ein Greis	Lektion 17
sententia, -ae *f.*	die/eine Meinung, die/eine Ansicht	Lektion 7
sequī, sequor, secūtus sum	folgen	Lektion 34
sermō, sermōnis *m.*	das/ein Gespräch	Lektion 36
serva, -ae *f.*	die/eine Sklavin	Lektion 2
servāre, servō, servāvī, servātum	retten, bewahren	Lektion 8
servīre, serviō, servīvī, servītum	Sklave sein; dienen	Lektion 31
servitūs, servitūtis *f.*	die/eine Sklaverei	Lektion 11
servus, -ī *m.*	der/ein Sklave	Lektion 2
sevērus, -a, -um	streng	Lektion 33
sī	wenn	Lektion 23
sibi *(Dat. zu* **sē***)*	sich; ihm, ihr, ihnen	Lektion 14
sīc *(Adv.)*	so	Lektion 21
sīcut	(so) wie	Lektion 29
sīgnificāre, sīgnificō, sīgnificāvī, sīgnificātum	bezeichnen, bedeuten	Lektion 32
sīgnum, -ī *n.*	das/ein Zeichen	Lektion 21
similis, similis, simile, *Gen.:* **similis**	ähnlich	Lektion 13, 27
simul *(Adv.)*	zugleich, gleichzeitig	Lektion 37
sīn	wenn aber	Lektion 25
sine *(mit Abl.)*	ohne	Lektion 6
sinere, sinō, sīvī und siī, situm	lassen, zulassen	Lektion 15
singulī, -ae, -a	jeweils eine/r/s; einzeln	Lektion 32
sistere, sistō, stetī, statum	anhalten; aufstellen; *(hier):* beenden	Lektion 37

sīve **sīve … sīve**	oder, oder wenn sei es, dass ... oder dass; entweder ... oder	Lektion 30
socius, -ī *m.* **socius, -a, -um**	der/ein Gefährte gemeinsam, verbündet	Lektion 18
sōl, sōlis *m.*	(die) Sonne	Lektion 31
solēre, soleō, solitus sum	gewohnt sein	Lektion 24, 28
sollicitāre, sollicitō, sollicitāvī, sollicitātum	erregen, bewegen, erschüttern; *(hier):* bestechen; beeinflussen	Lektion 37
sōlus, -a, -um; *Gen.:* **sōlīus;** *Dat.:* **sōlī**	allein	Lektion 30
solvere, solvō, solvī, solūtum	lösen, auflösen; bezahlen	Lektion 18
somnus, -ī *m.*	der/ein Schlaf	Lektion 28
sonus, -ī *m.*	der/ein Klang; der/ein Ton; das/ein Geräusch; *hier:* der/ein Gesprächsstoff	Lektion 36
soror, sorōris *f.*	die/eine Schwester	Lektion 33
sors, sortis *f.*	das/ein Los; das/ein Schicksal	Lektion 17
spatium, -ī *n.*	der/ein Zwischenraum; die/eine Wegstrecke	Lektion 31
speciēs, speciēī *f.*	das/ein Aussehen, das/ein Äußere/s; die/eine Schönheit; der/ein Schein; die/eine Art	Lektion 18
spectāculum, -ī *n.*	das/ein Schauspiel; das/ein öffentliche/s Vergnügen	Lektion 33
spectāre, spectō, spectāvī, spectātum	betrachten, (an)sehen, (an)schauen	Lektion 2
spērare, spērō, spērāvī, spērātum	hoffen (auf), erhoffen	Lektion 2
spēs, speī *f.*	die/eine Hoffnung, die/eine Erwartung	Lektion 8
spīritus, spīritūs *m.*	(der) Atem; (das) Leben; (der) Geist	Lektion 34
spoliāre, spoliō, spoliāvī, spoliātum *(mit Abl.)*	berauben, plündern	Lektion 12
sponte (meā, tuā … sponte)	aus eigenem Antrieb	Lektion 15
stabulum, -ī *n.*	der/ein Stall	Lektion 16
stāre, stō, stetī, statum	stehen	Lektion 1
statim *(Adv.)*	sofort	Lektion 5
statua, -ae *f.*	die/eine Statue, das/ein Standbild	Lektion 6
status, statūs *m.*	(der) Stand, der/ein Zustand, die/eine Lage	Lektion 29
studēre, studeō, studuī *(mit Dat.)*	sich bemühen um; studieren	Lektion 22
stultus, -a, -um	dumm	Lektion 26
subicere, subiciō, subiēcī, subiectum	unterwerfen, unterordnen, preisgeben	Lektion 25
subīre, subeō, subiī, subitum	auf sich nehmen	Lektion 12
subitō *(Adv.)*	plötzlich	Lektion 1
succēdere, succēdō, successī, successum *(mit Dat.)*	jemandem nachfolgen; zu jemandes Nachfolger werden	Lektion 34
summus, -a, -um	höchster, oberster	Lektion 19
sūmptus, sūmptūs *m.*	der/ein Aufwand; (die) Kosten	Lektion 26
superāre, superō, superāvī, superātum	besiegen, übertreffen	Lektion 17

superesse, supersum, superfuī	übrig sein, im Überfluss vorhanden sein; *(mit Dat.)* überlegen sein	Lektion 28
superior, superior, superius, *Gen.:* **superiōris**	früher, vorig, höher	Lektion 25
suscipere, suscipiō, suscēpī, susceptum	auf sich nehmen, übernehmen	Lektion 22
suspicārī, suspicor, suspicātus sum	argwöhnen, vermuten	Lektion 28
sustinēre, sustineō, sustinuī, sustentum	aushalten, (er)tragen	Lektion 17
suus, -a, -um	sein, ihr	Lektion 11
tablīnum, - ī *n.*	Raum im römischen Haus zwischen Atrium und Peristylium	Lektion 2 (Abb.)
tabula, -ae *f.*	die/eine Tafel; das/ein Bild	Lektion 3
tacēre, taceō, tacuī, tacitum	schweigen	Lektion 3
tālis, tālis, tāle, *Gen.:* **tālis**	solcher, solche, solches	Lektion 25
tam *(Adv.)*	so	Lektion 21
tamen	dennoch, trotzdem	Lektion 12
tamquam *(Adv.)*	gewissermaßen; gleichsam; Subjunktion: als ob	Lektion 33
tandem *(Adv.)*	endlich, schließlich	Lektion 4
tangere, tangō, tetigī, tāctum	berühren, anfassen	Lektion 6
tantum *(Adv.)*	nur; so sehr, so viel, soweit	Lektion 29
tantus, -a, -um	so groß, so viel	Lektion 29
tardus, -a, -um	langsam, träge	Lektion 37
taurus, -ī *m.*	der/ein Stier	Lektion 15
tē *(Akk.)* **tēcum**	dich (zusammen) mit dir	Lektion 3 Lektion 6
tēctum, -ī *n.*	das/ein Dach; das/ein Haus	Lektion 30
tempestās, tempestātis *f.*	der/ein Sturm, das/ein Unwetter	Lektion 18
templum, -ī *n.*	der/ein Tempel, das/ein Heiligtum	Lektion 7
temptāre, temptō, temptāvī, temptātum	versuchen	Lektion 29
tempus, temporis *n.*	die/eine Zeit	Lektion 15
tener, tenera, tenerum	zart	Lektion 35, 37
tenēre, teneō, tenuī, tentum	(fest)halten	Lektion 4
tenuis, tenuis, tenue, *Gen.:* **tenuis**	dünn; fein; schwach	Lektion 15
tepidārium, -ī *n.*	mäßig warmes Bad	Lektion 6 (Abb.)
tergum, -ī *n.*	der/ein Rücken	Lektion 15
terra, -ae *f.*	die/eine Erde, das/ein Land	Lektion 14
terrēre, terreō, terruī, territum	erschrecken	Lektion 17
tertius, -a, -um	der, die, das dritte	Lektion 6
theātrum, -ī *n.*	das/ein Theater	Lektion 26
thermae, -ārum *f. (Pluralwort)*	(die) Thermen	Lektion 13
timēre, timeō, timuī *(mit Akk.)* *(mit Dat.)*	fürchten, Angst haben vor fürchten für, in Angst sein um	Lektion 4
timor, timōris *m.*	die/eine Angst, die/eine Furcht	Lektion 8
toga, -ae *f.*	die/eine Toga	Lektion 13

tollere, tollō, sustulī, sublātum	(auf)heben, erheben; verherrlichen; beseitigen	Lektion 6
tot	so viele	Lektion 14
tōtus, -a, -um; *Gen.*: **tōtīus;** *Dat.*: **tōtī**	ganz	Lektion 31
trādūcere, trādūcō, trādūxī, trāductum	hinüberführen	Lektion 30
trahere, trahō, trāxī, tractum	ziehen, schleppen	Lektion 26
trānquillus, -a, -um	ruhig	Lektion 30
trānsgredī, trānsgredior, trānsgressus sum	hinübergehen, überschreiten	Lektion 28
trānsīre, trānseō, trānsiī, trānsitum	überschreiten, durchqueren	Lektion 32
trēs, trēs, tria, *Gen.*: **trium**	drei	Lektion 10
triumvir, triumvirī *m.*	Triumvir *(Mitglied eines Triumvirats)*	Lektion 26
tū *(Dat.* **tibi,** *Akk.* **tē)**	du	Lektion 3
tum *(Adv.)*	da; dann, darauf; damals	Lektion 1
tumultus, tumultūs *m.*	der/ein Aufruhr, (der) Lärm; der/ein Aufstand	Lektion 11
turba, -ae *f.*	die/eine Menschenmenge, die/eine Masse, das/ein Gewimmel	Lektion 2
turris, turris *f.*	der/ein Turm	Lektion 31
tūtus, -a, -um	sicher, geschützt	Lektion 12
tuus, -a, -um	dein	Lektion 3
ubī? *(Adv.)*	wo?	Lektion 4
ubī *(mit Ind.)*	sobald	Lektion 18
ūllus, -a, -um	irgendein/e/s	Lektion 33
ulterior, ulterior, ulterius, *Gen.*: **ulteriōris** **ulterius** *(Adv.)*	entfernter; jenseitig; vergangen weiter	Lektion 35
ultimus, -a, -um	letzter, äußerster	Lektion 24
ultrā *(Adv.)*	darüber hinaus	Lektion 33
umquam *(Adv.)*	jemals	Lektion 15
unda, -ae *f.*	die/eine Welle, die/eine Flut	Lektion 17
unde *(Adv.)*	woher	Lektion 37
ūnus, -a, -um; *Gen.*: **ūnīus,** *Dat.*: **ūnī**	ein, einer	Lektion 10
urbs, urbis *f.*	die/eine Stadt, die/eine Hauptstadt	Lektion 13, 18
ūsque ad *(mit Akk.)*	bis zu	Lektion 24
ūsus, ūsūs *m.*	(der) Gebrauch, (die) Benutzung; der/ein Nutzen, der/ein Vorteil	Lektion 31
ut *(mit Konj.)*	(so) dass, damit, um ... zu	Lektion 21
ut *(mit Ind.)*	wie	Lektion 29
ut (prīmum) *(mit Ind.)*	sobald	Lektion 18
uterque, utraque, utrumque	jeder (von zweien), beide	Lektion 26
ūtī, ūtor, ūsus sum *(mit Abl.)*	benutzen, gebrauchen	Lektion 31
ūtilis, ūtilis, ūtile, *Gen.*: **ūtilis**	nützlich	Lektion 22
ūtilitās, ūtilitātis *f.*	(die) Tauglichkeit; der/ein Nutzen	Lektion 29
utinam (nē) *(mit Konj.)*	wenn doch (nicht)! Hoffentlich (nicht)!	Lektion 24
utrum ... an	ob ... oder	Lektion 24
uxor, uxōris *f.*	die/eine Ehefrau	Lektion 10

uxōrem dūcere	als Ehefrau heimführen, (eine Frau) heiraten	Lektion 34
vacāre, vacō, vacāvī, vacātum *(mit Abl.)*	frei sein von; unbewohnt sein; Zeit haben	Lektion 32
vādere, vādō	gehen; losgehen	Lektion 30
valdē *(Adv.)*	sehr	Lektion 1
valē! **valēre, valeō, valuī** **valēte!**	Auf Wiedersehen! (Sei gesund!) kräftig sein, gesund sein; Einfluss haben Auf Wiedersehen! (Seid gesund!)	Lektion 7
vallis, vallis *f.*	das/ein Tal	Lektion 37
vallum, -ī *n.*	der/ein Wall	Lektion 17
vehemēns, vehemēns, vehemēns, *Gen.:* **vehementis**	heftig	Lektion 14
vel **vel … vel**	oder entweder … oder	Lektion 29
velle, volō, voluī	wollen	Lektion 29
vendere, vendō, vendidī, venditum	verkaufen	Lektion 12
venēnum, -ī *n.*	das/ein Gift	Lektion 5
venia, -ae *f.*	(die) Verzeihung, (die) Nachsicht; (das) Gefallen	Lektion 33
venīre, veniō, vēnī, ventum	kommen	Lektion 3
ventus, -ī *m.*	der/ein Wind	Lektion 36
verbum, -ī *n.*	das/ein Wort	Lektion 3
verērī, vereor, veritus sum	scheuen, fürchten; verehren	Lektion 28
vērō *(Adv.)*	aber	Lektion 30
vertere, vertō, vertī, versum	drehen, wenden	Lektion 24
vērus, -a, -um	wahr, echt, wirklich	Lektion 24
vester, vestra, vestrum	euer	Lektion 3
vestīgium, -ī *n.*	der/ein Fuß, die/eine Spur	Lektion 14
vestis, vestis *f.*	das/ein Kleid, die/eine Kleidung, das/ein Gewand	Lektion 13, 18
vetus, vetus, vetus, *Gen.:* **veteris**	alt	Lektion 28
vexāre, vexō, vexāvī, vexātum	quälen	Lektion 16
via, -ae *f.*	die/eine Straße, der/ein Weg	Lektion 6
vīcīnus, -ī *m.*	der/ein Nachbar	Lektion 31
victor, victōris *m.*	der/ein Sieger	Lektion 23
victōria, -ae *f.*	der/ein Sieg	Lektion 17
vīctus, vīctūs *m.*	(der) (Lebens)Unterhalt; (die) Nahrung	Lektion 31
vīcus, -ī *m.*	das/ein Dorf	Lektion 12
vidēlicet	offenbar, natürlich; nämlich	Lektion 34
vidēre, vīdeō, vīdī, vīsum	sehen	Lektion 1
vidērī, videor, vīsus sum	scheinen	Lektion 28
vīgintī	zwanzig	Lektion 34
vīlla, -ae *f.*	das/ein Landhaus, das/ein Landgut	Lektion 4
vincere, vincō, vīcī, victum	(be)siegen	Lektion 17
vinculum, -ī *n.* **vincula, -ōrum** *n.*	das/ein Band, die/eine Fessel (die) Fesseln; das/ein Gefängnis	Lektion 18

vindicāre, vindicō, vindicāvī, vindicātum	beanspruchen; schützen; bestrafen; befreien	Lektion 26
vīnum, -ī *n.*	der/ein Wein	Lektion 4
violāre, violō, violāvī, violātum	verletzen	Lektion 21
vir, virī *m.*	der/ein Mann	Lektion 4
virgō, virginis *f.*	die/eine Jungfrau; das/ein Mädchen; die/eine junge bzw. unverheiratete Frau	Lektion 33
virtūs, virtūtis *f.*	(die) Tapferkeit, (die) Tatkraft, die/eine Tugend	Lektion 17
vīs, *Akk.:* **vim,** *Abl.:* **vī**	die/eine Kraft, (die) Gewalt, die/eine Stärke	Lektion 18
vīta, -ae *f.*	das/ein Leben	Lektion 11
vitium, -ī *n.*	der/ein Fehler	Lektion 33
vīvere, vīvō, vīxī	leben	Lektion 14
vīvus, -a, -um	lebendig, unverbraucht	Lektion 20
vix *(Adv.)*	kaum, mit Mühe	Lektion 18
vōbīscum	mit euch	Lektion 6
vocāre, vocō, vocāvī, vocātum	rufen	Lektion 19
vōs *(Nom. u. Akk.)*	*Nom:* ihr; *Akk:* euch	Lektion 3
voluntās, voluntātis *f.*	der/ein Wille, die/eine Absicht; (die) Zustimmung	Lektion 32
voluptās, voluptātis *f.*	das/ein Vergnügen; (die) Lust	Lektion 35
vōtum, -ī *n.*	das/ein feierliche/s Versprechen; das/ein Gebet; der/ein Wunsch	Lektion 33
vōx, vōcis *f.*	die/eine Stimme	Lektion 7
vulnerāre, vulnerō, vulnerāvī, vulnerātum	verwunden, verletzen	Lektion 17
vultus, vultūs *m.*	das/ein Gesicht; die/eine Miene, der/ein Ausdruck	Lektion 15

abesse, absum, āfuī	abwesend sein, fehlen	Lektion 5
abīre, abeō, abiī, abitum	weggehen, fortgehen	Lektion 35
abstinēre, abstineō, abstinuī, abstentum *(mit Abl.)*	sich fernhalten von	Lektion 27
accēdere, accēdō, accessī, accessum	(heran)kommen, herantreten; sich nähern	Lektion 29
accidere, accidō, accidī **accidit, accidit**	sich ereignen, zustoßen es ereignet sich	Lektion 21
accipere, accipiō, accēpī, acceptum	annehmen, bekommen, empfangen	Lektion 11
addere, addō, addidī, additum	hinzufügen, beifügen	Lektion 19
addūcere, addūcō, addūxī, adductum	heranführen, zuführen, veranlassen	Lektion 18
adesse, adsum, affuī *(mit Dativ)*	da sein; helfen	Lektion 2
adīre, adeō, adiī, aditum	herangehen, hingehen	Lektion 15
adiuvāre, adiuvō, adiūvī, adiūtum *(mit Akk.)*	unterstützen, (jmdm.) helfen	Lektion 14
admonēre, admoneō, admonuī, admonitum	ermahnen; erinnern	Lektion 30
afferre, afferō, attulī, allātum	(herbei)bringen, mitbringen, zufügen	Lektion 23
agere, agō, ēgī, āctum	treiben; tun	Lektion 12
aggredī, aggredior, aggressus sum	sich wenden an; angreifen; beginnen	Lektion 28
alere, alō, aluī, altum	ernähren; fördern	Lektion 31
āmittere, āmittō, āmīsī, āmissum	wegschicken; verlieren	Lektion 11
animadvertere, animadvertō, animadvertī, animadversum	bemerken	Lektion 30
aperīre, aperiō, aperuī, apertum	öffnen	Lektion 4
appārēre, appāreō, appāruī	erscheinen, sich zeigen	Lektion 2
ārdēre, ārdeō, ārsī, ārsum	brennen	Lektion 10
aspicere, aspiciō, aspexī, aspectum	erblicken, anschauen, betrachten	Lektion 9
audēre, audeō, ausus sum	wagen	Lektion 35
audīre, audiō, audīvī, audītum	hören	Lektion 3
auferre, auferō, abstulī, ablātum	wegtragen, wegreißen	Lektion 20
augēre, augeō, auxī, auctum	vergrößern, vermehren, fördern	Lektion 16
cadere, cadō, cecidī	fallen	Lektion 6
canere, canō, cecinī, cantātum	singen, besingen, ertönen lassen	Lektion 9
capere, capiō, cēpī, captum	fassen, fangen; nehmen	Lektion 11
carēre, careō, caruī *(mit Abl.)*	etw. entbehren	Lektion 24
carpere, carpō, carpsī, carptum	pflücken, rupfen *(hier)*: abgrasen, abfressen	Lektion 37
cavēre, caveō, cāvī, cautum *(mit Akk.)*	sich vorsehen, sich in Acht nehmen vor	Lektion 6
cēdere, cēdō, cessī, cessum	gehen, weichen	Lektion 17
cēnsere, cēnseō, cēnsuī, cēnsum	schätzen, meinen; beschließen	Lektion 27
cernere, cernō, crēvī, crētum	wahrnehmen, sehen	Lektion 15
cōgere, cōgō, coēgī, coāctum	(ver)sammeln; zwingen	Lektion 16
cōgnōscere, cōgnōscō, cōgnōvī, cognitum	kennen lernen; erkennen; untersuchen	Lektion 12
colere, colō, coluī, cultum	bebauen, pflegen; ehren, verehren	Lektion 8
colligere, colligō, collēgī, collēctum	sammeln	Lektion 14

committere, committō, commīsī, commissum **proelium committere**	zusammenführen; beginnen; begehen; anvertrauen eine Schlacht beginnen, kämpfen	Lektion 22
commovēre, commoveō, commōvī, commōtum	bewegen, veranlassen	Lektion 20
compōnere, compōnō, composuī, compositum	ordnen; zusammensetzen, zusammenfügen	Lektion 36
cōnārī, cōnor, cōnātus sum	versuchen, wagen	Lektion 28
concurrere, concurrō, concurrī, concursum	zusammenlaufen, zusammentreffen	Lektion 28
condere, condō, condidī, conditum	gründen	Lektion 19
cōnferre, cōnferō, contulī, collatum	zusammentragen; vergleichen	Lektion 24
cōnficere, cōnficiō, cōnfēcī, cōnfectum	zu Ende bringen, zurücklegen	Lektion 15
cōnfīdere, cōnfīdō, cōnfīsus sum *(mit Dat./Abl.)*	vertrauen; hoffen auf	Lektion 28
cōnscrībere, cōnscrībō, cōnscrīpsī, cōnscrīptum	eintragen, aufschreiben; ausheben *(Soldaten)*	Lektion 26
cōnsentīre, cōnsentiō, cōnsēnsī, cōnsēnsum	übereinstimmen, zustimmen, sich einig sein	Lektion 25
cōnsequī, cōnsequor, cōnsecūtus sum	folgen; erreichen	Lektion 30
cōnsīdere, cōnsīdō, cōnsēdī *und* **cōnsīdī, cōnsessum**	sich niederlassen	Lektion 15
cōnsistere, cōnsistō, cōnstitī	haltmachen; sich hinstellen	Lektion 37
cōnspicere, cōnspiciō, cōnspexī, cōnspectum	erblicken	Lektion 15
cōnstat, cōnstitit	es steht fest, ist bekannt	Lektion 10
cōnstituere, cōnstituō, cōnstituī, cōnstitūtum	festsetzen, beschließen	Lektion 12
cōnsulere, cōnsulō, cōnsuluī, cōnsultum *(mit. Akk.)* *(mit Dat.)*	um Rat fragen; sorgen für	Lektion 20
cōnsūmere, cōnsūmō, cōnsūmpsī, cōnsūmptum	verbrauchen, verwenden	Lektion 27
contemnere, contemnō, contempsī, contemptum	geringschätzen, verachten	Lektion 27
contendere, contendō, contendī	eilen, sich anstrengen, kämpfen	Lektion 17
continēre, contineō, continuī, contentum	zusammenhalten, einschließen; in Schranken halten	Lektion 28
contingere, contingō, contigī, contāctum **contingit, contigit**	berühren es wird zuteil; es geschieht; es gelingt	Lektion 35, 36 Lektion 32, 36
convenīre, conveniō, convēnī, conventum **convenit, convēnit**	zusammenkommen; zustande kommen; sich einigen man einigt sich, man kommt überein	Lektion 29
convertere, convertō, convertī, conversum	(sich) umdrehen, (sich) wenden	Lektion 28
corrumpere, corrumpō, corrūpī, corruptum	verderben; bestechen	Lektion 33
crēdere, crēdō, crēdidī, crēditum	glauben	Lektion 10

crēscere, crēscō, crēvī, crētum	wachsen, sich steigern, größer/stärker werden	Lektion 22
cupere, cupiō, cupīvī, cupītum	wünschen, wollen	Lektion 5
currere, currō, cucurrī, cursum	laufen	Lektion 5
dare, dō, dedī, datum	geben	Lektion 4
dēbēre, dēbeō, dēbuī, dēbitum	müssen; schulden; verdanken	Lektion 5
dēcernere, dēcernō, dēcrēvī, dēcrētum	entscheiden, beschließen	Lektion 14
dēdūcere, dēdūcō, dēdūxī, dēductum	wegführen; hinbringen, geleiten	Lektion 30
dēesse, dēsum, dēfuī	fehlen, nicht da sein	Lektion 14
dēfendere, dēfendō, dēfendī, dēfēnsum	verteidigen	Lektion 17
dēferre, dēferō, dētulī, dēlātum	wegtragen, (hin-)tragen	Lektion 21
dēficere, dēficiō, dēfēcī, dēfectum	abfallen; ausgehen; schwinden	Lektion 18
dēlēre, dēleō, dēlēvī, dēlētum	zerstören	Lektion 25
dēmittere, dēmittō, dēmīsī, dēmissum	herabschicken, herabfallen lassen	Lektion 36
dēpellere, dēpellō, dēpulī, dēpulsum	wegstoßen, vertreiben	Lektion 10
dēpōnere, dēpōnō, dēpōsuī, dēpositum	niederlegen, ablegen	Lektion 24
dēscendere, dēscendō, dēscendī, dēscēnsum	hinab-, herabsteigen	Lektion 14
dēsinere, dēsinō, dēsiī, dēsitum	aufhören	Lektion 6
dīcere, dīcō, dīxī, dictum	sagen, sprechen	Lektion 7
differre, differō, distulī, dīlātum	aufschieben, verschieben; sich unterscheiden	Lektion 35
dīligere, dīligō, dīlēxī, dīlēctum	lieben, hochschätzen	Lektion 34
dīmittere, dīmittō, dīmīsī, dīmissum	wegschicken, entlassen	Lektion 24
dīripere, dīripiō, dīripuī, dīreptum	(aus)plündern, rauben	Lektion 25
discēdere, discēdō, discessī, discessum	weggehen	Lektion 5
distinguere, distinguō, distīnxī, distinctum	unterscheiden	Lektion 31
dīvidere, dīvidō, dīvīsī, dīvīsum	trennen; unterscheiden; (zu)teilen	Lektion 31
docēre, doceō, docuī, doctum	lehren	Lektion 25
dormīre, dormiō, dormīvī, dormītum	schlafen	Lektion 13
dūcere, dūcō, dūxī, ductum	ziehen, führen	Lektion 5
ēdūcere, ēdūcō, ēdūxī, ēductum	herausführen	Lektion 32
efferre, efferō, extulī, ēlātum	aufheben, emporheben; hinaustragen	Lektion 36
efficere, efficiō, effēcī, effectum	bewirken; erzeugen; machen	Lektion 32
emere, emō, ēmī, ēmptum	kaufen	Lektion 13, 32
ērigere, ērigō, ērēxī, ērēctum	errichten, aufrichten	Lektion 29
ēripere, ēripiō, ēripuī, ēreptum	reißen, entreißen, rauben	Lektion 19
ērudīre, ērudiō, ērudīvī *und* **ērudiī, ērudītum**	ausbilden, unterrichten	Lektion 34
esse, sum, fuī	sein	Lektion 1
ēvenīre, ēveniō, ēvēnī, ēventum	geschehen, sich ereignen; in Erfüllung gehen; ausgehen	Lektion 29
excēdere, excēdō, excessī, excessum	herausgehen, verlassen	Lektion 24
exercēre, exerceō, exercuī, exercitum	bewegen, umhertreiben; üben, ausüben	Lektion 34
exīre, exeō, exiī, exitum	hinausgehen, weggehen; enden	Lektion 28

expellere, expellō, expulī, expulsum	vertreiben, ausstoßen	Lektion 19
explēre, expleō, explēvī, explētum	ausfüllen, vollenden	Lektion 18
expōnere, expōnō, exposuī, expositum	ausstellen, aussetzen	Lektion 20
facere, faciō, fēcī, factum	tun, machen	Lektion 10
favēre, faveō, fāvī, fautum *(mit Dat.)*	geneigt sein, begünstigen, unterstützen	Lektion 26
ferre, ferō, tulī, lātum **aegrē ferre**	tragen, bringen; ertragen mit Mühe/kaum ertragen	Lektion 20
fierī, fiō, factus sum	gemacht werden, werden, geschehen	Lektion 28
fīnīre, fīniō, fīnīvī, fīnītum	beenden, begrenzen	Lektion 25
flōrēre, flōreō, floruī	blühen	Lektion 26
fluere, fluō, flūxī, flūxum	fließen, strömen	Lektion 6
fore, futūrum esse	sein werden, in Zukunft sein	Lektion 29
fugere, fugiō, fūgī, fugitum	fliehen, flüchten	Lektion 5
gaudēre, gaudeō, gāvīsus sum	sich freuen	Lektion 1, 28
gerere, gerō, gessī, gestum	tragen, ausführen	Lektion 12
gīgnere, gīgnō, genuī, genitum	zeugen; gebären; hervorbringen	Lektion 34
habēre, habeō, habuī, habitum	haben, halten	Lektion 22
hortārī, hortor, hortātus sum	auffordern, ermahnen	Lektion 31
iacēre, iaceō, iacuī	liegen	Lektion 18
īgnōscere, īgnōscō, īgnōvī, īgnōtum	verzeihen	Lektion 7
impedīre, impediō, impedīvī, impedītum	hindern, verhindern; *hier:* umwinden, schmücken	Lektion 35
impellere, impellō, impulī, impulsum	(an)stoßen, bewegen, veranlassen	Lektion 15
impendere, impendō, impendī, impēnsum	(Geld) aufwenden, ausgeben	Lektion 29
impōnere, impōnō, imposuī, impositum	darauflegen, auf etw. legen	Lektion 35, 37
incipere, incipiō, coepī, inceptum	anfangen, beginnen	Lektion 13, 19
incolere, incolō, incoluī, incultum	bewohnen, wohnen	Lektion 23
īnferre, īnferō, intulī, illātum	hineintragen; zufügen	Lektion 25
inicere, iniciō, iniēcī, iniectum	hinein-, hinwerfen	Lektion 21
īnstituere, īnstituō, īnstituī, īnstitūtum	aufstellen; einrichten; unterrichten	Lektion 34
intellegere, intellegō, intellēxī, intellēctum	verstehen, begreifen, merken	Lektion 6
interficere, interficiō, interfēcī, interfectum	töten, umbringen	Lektion 20
intermittere, intermittō, intermīsī, intermissum	unterbrechen; verstreichen lassen	Lektion 32
invādere, invādō, invāsī, invāsum	angreifen, überfallen; eindringen	Lektion 21
invenīre, inveniō, invēnī, inventum	finden, erfinden	Lektion 19
īre, eō, iī, itum	gehen; reisen	Lektion 5
irrīdēre, irrīdeō, irrīsī, irrīsum	verspotten	Lektion 20
iubēre, iubeō, iussī, iussum *(mit Akk.)*	(jmdm.) befehlen	Lektion 16
iungere, iungō, iūnxī, iūnctum	verbinden, vereinigen	Lektion 34, 36
iuvat, iūvit	es freut, es macht Spaß	Lektion 5

lābī, lābor, lāpsus sum	fallen; (aus)gleiten	Lektion 28
lavāre, lavō, lāvī, lautum	waschen	Lektion 32
legere, legō, lēgī, lēctum	lesen, sammeln	Lektion 23
licet, licuit	es ist erlaubt, man darf	Lektion 6
loquī, loquor, locūtus sum	sagen, reden, sprechen	Lektion 30
lūdere, lūdō, lūsī, lūsum	spielen	Lektion 6
mālle, mālō, māluī	lieber wollen	Lektion 29
manēre, maneō, mānsī, mānsum	bleiben	Lektion 9
meminisse, meminī	sich erinnern an, denken an	Lektion 26
metuere, metuō, metuī	fürchten	Lektion 25
minuere, minuō, minuī, minūtum	vermindern, verringern	Lektion 30
mīrārī, mīror, mīrātus sum	staunen, bewundern, sich wundern	Lektion 28
miscēre, misceō, miscuī, mixtum	mischen	Lektion 35
mittere, mittō, mīsī, missum	schicken, senden; ent-, loslassen; werfen	Lektion 11
monēre, moneō, monuī, monitum	mahnen, erinnern, warnen	Lektion 12
morī, morior, mortuus sum	sterben	Lektion 28
movēre, moveō, mōvī, mōtum	bewegen	Lektion 6
mūnīre, mūniō, mūnīvī, mūnītum	befestigen, sichern	Lektion 19
nāscī, nāscor, nātus sum	geboren werden; entstehen	Lektion 32
neglegere, neglegō, neglēxī, neglēctum	nicht beachten, vernachlässigen	Lektion 11
nōlle, nōlō, nōluī	nicht wollen	Lektion 29
nūbere, nūbō, nūpsī, nūptum *(mit Dat.)*	(einen Mann) heiraten	Lektion 9
occidere, occidō, occidī, occāsum	untergehen *(eines Gestirns)*	Lektion 31
occurrere, occurrō, occurrī *und* **occucurrī, occursum**	entgegeneilen, begegnen; sich zeigen; einfallen	Lektion 34
ōdisse, ōdī	hassen	Lektion 26
omittere, omittō, omīsī, omissum	aufgeben; einstellen	Lektion 29
oppōnere, oppōnō, oppōsuī, oppositum	entgegenstellen	Lektion 36
opprimere, opprimō, oppressī, oppressum	unterdrücken; überfallen, bedrängen	Lektion 11
ostendere, ostendō, ostendī, ostentum	zeigen, darlegen	Lektion 34
pārēre, pāreō, pāruī	gehorchen	Lektion 26
parere, pariō, peperī, partum	hervorbringen, gebären; erwerben	Lektion 15
patī, patior, passus sum	(er)dulden	Lektion 30
pellere, pellō, pepulī, pulsum	treiben; stoßen, schlagen	Lektion 30
pendēre, pendeō, pependī	hängen	Lektion 35
perdere, perdō, perdidī, perditum	zugrunde richten; verschwenden; verlieren	Lektion 29
perdūcere, perdūcō, perdūxī, perductum	(hindurch)führen	Lektion 29
perferre, perferō, pertulī, perlātum	ertragen	Lektion 33
perficere, perficiō, perfēcī, perfectum	bauen; beenden, vollenden	Lektion 29
pergere, pergō, perrēxī, perrēctum	aufbrechen; weitermachen; *(in der Rede)* fortfahren	Lektion 32
perīre, pereō, periī	zugrunde gehen, umkommen	Lektion 19
permittere, permittō, permīsī, permissum	überlassen, anvertrauen; erlauben	Lektion 33
permōvere, permōveō, permōvī, permōtum	bewegen, erregen	Lektion 18

persequī, persequor, persecūtus sum	nachfolgen; verfolgen	Lektion 30
persuādēre, persuādeō, persuāsī, persuāsum *(mit Dat.)*	jmdn. überreden, überzeugen	Lektion 17
pertinēre, pertineō, pertinuī	sich erstrecken	Lektion 27
pervenīre, perveniō, pervēnī, perventum	hinkommen, gelangen	Lektion 18
petere, petō, petīvī, petītum	erbitten, zu erreichen suchen, (einen Ort) aufsuchen, angreifen	Lektion 17
placēre, placeō, placuī, placitum	gefallen	Lektion 4
pollicērī, polliceor, pollicitus sum	versprechen	Lektion 29
pōnere, pōnō, posuī, positum	setzen, stellen, legen	Lektion 21
posse, possum, potuī	können	Lektion 4
praebēre, praebeō, praebuī, praebitum	hinhalten, (dar)reichen, geben	Lektion 8
praeesse, praesum, praefuī *(mit Dat.)*	verwalten, leiten, kommandieren	Lektion 23
praeficere, praeficiō, praefēcī, praefectum	an die Spitze stellen, den Befehl übertragen	Lektion 34
praestāre, praestō, praestitī *(mit Dat.)* *(mit Akk.)*	jmdm. voranstehen, jmdn. übertreffen, etwas leisten	Lektion 25
precārī, precor, precātus sum	bitten	Lektion 30
premere, premō, pressī, pressum	drücken, pressen; unterdrücken	Lektion 28
prōdesse, prōsum, prōfuī **prōdest, prōfuit**	nützen es nützt	Lektion 36
proficīscī, proficīscor, profectus sum	abreisen, aufbrechen; ausgehen von	Lektion 28
prohibēre, prohibeō, prohibuī, prohibitum *(mit Abl.)*	fernhalten von, abhalten, (ver)hindern	Lektion 32, 36
prōmittere, prōmittō, prōmīsī, prōmissum	versprechen	Lektion 16
prōpōnere, prōpōnō, prōposuī, prōpositum	versprechen, in Aussicht stellen, aufstellen, sich vornehmen	Lektion 23
prōvidēre, prōvideō, prōvīdī, prōvīsum *(mit Akk.)* *(mit Dat.)*	vorhersehen; sorgen für	Lektion 14
quaerere, quaerō, quaesīvī, quaesītum	suchen, fragen	Lektion 5
querī, queror, questus sum	(be)klagen; sich beklagen, sich beschweren	Lektion 37
rapere, rapiō, rapuī, raptum	rauben, reißen; entführen	Lektion 14
recipere, recipiō, recēpī, receptum	annehmen, aufnehmen; zurücknehmen, zurückziehen	Lektion 14
reddere, reddō, reddidī, redditum	zurück-, wiedergeben	Lektion 30
redīre, redeō, rediī, reditum	zurückkehren, zurückkommen	Lektion 11
referre, referō, rettulī, relātum	zurückbringen, berichten	Lektion 20
reficere, reficiō, refēcī, refectum	wiederherstellen	Lektion 26
regere, regō, rēxī, rēctum	lenken, leiten, regieren	Lektion 10
relinquere, relinquō, relīquī, relictum	verlassen; zurücklassen	Lektion 15
remanēre, remaneō, remānsī, remānsum	zurückbleiben	Lektion 32
removēre, removeō, remōvī, remōtum	entfernen, beseitigen	Lektion 16
reperīre, reperiō, repperī, repertum	finden, wiederfinden	Lektion 4
requīrere, requīrō, requīsīvī, requīsītum	(auf)suchen, sich erkundigen	Lektion 36

resistere, resistō, restitī	sich widersetzen, Widerstand leisten	Lektion 17
respicere, respiciō, respexī, respectum	nach hinten schauen, zurückblicken	Lektion 36
respondēre, respondeō, respondī, respōnsum	antworten	Lektion 2
restituere, restituō, restituī, restitūtum	wiederherstellen, wieder aufbauen	Lektion 25
retinēre, retineō, retinuī, retentum	aufhalten, zurückhalten	Lektion 17
revertī, revertor, revertī	zurückkehren; umkehren	Lektion 30
rīdēre, rīdeō, rīsī, rīsum	lachen	Lektion 1
scīre, sciō, scīvī, scītum	wissen, kennen, verstehen	Lektion 10
scrībere, scrībō, scrīpsī, scrīptum	schreiben	Lektion 11
sedēre, sedeō, sēdī, sessum	sitzen	Lektion 18
sequī, sequor, secūtus sum	folgen	Lektion 34
servīre, serviō, servīvī, servītum	Sklave sein; dienen	Lektion 31
sinere, sinō, sīvī und siī, situm	lassen, zulassen	Lektion 15
sistere, sistō, stetī, statum	anhalten; aufstellen; *(hier):* beenden	Lektion 37
solēre, soleō, solitus sum	gewohnt sein	Lektion 24, 28
solvere, solvō, solvī, solūtum	lösen, auflösen; bezahlen	Lektion 18
stāre, stō, stetī, statum	stehen	Lektion 1
studēre, studeō, studuī *(mit Dat.)*	sich bemühen um; studieren	Lektion 22
subicere, subiciō, subiēcī, subiectum	unterwerfen, unterordnen, preisgeben	Lektion 25
subīre, subeō, subiī, subitum	auf sich nehmen	Lektion 12
succēdere, succēdō, successī, successum *(mit Dat.)*	jemandem nachfolgen; zu jemandes Nachfolger werden	Lektion 34
superesse, supersum, superfuī	übrig sein, im Überfluss vorhanden sein	Lektion 28
suscipere, suscipiō, suscēpī, susceptum	auf sich nehmen, übernehmen	Lektion 22
suspicārī, suspicor, suspicātus sum	argwöhnen, vermuten	Lektion 28
sustinēre, sustineō, sustinuī, sustentum	aushalten, (er)tragen	Lektion 17
tacēre, taceō, tacuī, tacitum	schweigen	Lektion 3
tangere, tangō, tetigī, tāctum	berühren, anfassen	Lektion 6
tenēre, teneō, tenuī, tentum	(fest)halten	Lektion 4
terrēre, terreō, terruī, territum	erschrecken	Lektion 17
timēre, timeō, timuī *(mit Akk.)* *(mit Dat.)*	fürchten, Angst haben vor fürchten für, in Angst sein um	Lektion 4
tollere, tollō, sustulī, sublātum	(auf)heben, erheben, beseitigen	Lektion 6
trādūcere, trādūcō, trādūxī, trāductum	hinüberführen	Lektion 30
trahere, trahō, trāxī, tractum	ziehen, schleppen	Lektion 26
trānsgredī, trānsgredior, trānsgressus sum	hinübergehen, überschreiten	Lektion 28
trānsīre, trānseō, trānsiī, trānsitum	überschreiten, durchqueren	Lektion 32
ūtī, ūtor, ūsus sum *(mit Abl.)*	benutzen, gebrauchen	Lektion 31
vādere, vādō	gehen; losgehen	Lektion 30
valēre, valeō, valuī	kräftig sein, gesund sein; Einfluss haben	Lektion 7
velle, volō, voluī	wollen	Lektion 29
vendere, vendō, vendidī, venditum	verkaufen	Lektion 12
venīre, veniō, vēnī, ventum	kommen	Lektion 3

verērī, vereor, veritus sum	scheuen, fürchten; verehren	Lektion 28
vertere, vertō, vertī, versum	drehen, wenden	Lektion 24
vidēre, vīdeō, vīdī, vīsum	sehen	Lektion 1
vidērī, videor, vīsus sum	scheinen	Lektion 28
vincere, vincō, vīcī, victum	(be)siegen	Lektion 17
vīvere, vīvō, vīxī	leben	Lektion 14

Test Lektion 1–4

Textvorerschließung

a Überschrift: *Das Wundertier*. Die Geschichte handelt von einem Tier, das besondere Eigenschaften hat. Einleitungstext: Lucius' Papagei kann (noch) nicht *bella puella* sagen; vielleicht gelingt das in der Geschichte. Dass Lucius sich bemüht, den Vogel zum Sprechen zu bringen, belegt das Bild.

b Personen: Lucius, Quintus, Valeria.

c Auf jeden Fall drinnen (siehe Bild), ein Ort wird nicht genannt. Vielleicht bei Lucius zu Hause?

d (Auswahl) *Psittacus, clamare, amicus, bella puella, bestia*. Lucius wird wohl den Papagei dazu bringen, *bella puella* zu sagen – diese Wendung kommt zwei Mal vor.

Antike Kultur

Lucius hat von seinem Großvater zu seinem Geburtstag einen Papagei geschenkt bekommen. Lucius mag Valeria sehr und versucht oft, ihr das zu zeigen. Auch Valeria mag Lucius.

Übersetzungstraining

Gliederung – Mögliches Gliederungsprinzip: nach Personen. Zuerst ist Lucius mit dem Papagei allein, dann kommt Freund Quintus, dann Valeria.
Handlung: Der Papagei begrüßt Quintus als *bestia: be ..* hat das Tier bislang schon gesagt, Quintus gebraucht das Wort *bestia*. Deshalb sagt der Papagei *bestia*. Als Quintus kommt, hofft Lucius noch, dass der Papagei etwas Nettes sagt. Nachdem der Papagei das Wort *bestia* gesagt hat, befürchtet Lucius, dass auch Valeria so begrüßt wird.

Übersetzung

Lucius: „Pass auf, Papagei! Rufe: schönes Mädchen!" Der Papagei ruft: „Be...be!" Siehe da, Quintus, Lucius' Freund, kommt näher! Er schaut den Papagei genau an: „Wer bist denn du, wildes Tier?" Lucius sagt: „Es ist ein Papagei. Warum, Papagei, begrüßt du meinen Freund nicht?" Der Papagei ruft: „W.. W... Wildes Tier!" Da sagt Quintus: „Das Geschenk deines Großvaters gefällt mir nicht. Den Papagei sehe ich gern an, höre ihm aber nicht gern zu. Tschüss!" Siehe da, Valeria kommt! Lucius fürchtet die Worte des Papageis. Plötzlich ruft der Papagei:
„Schö... schö... schönes Mädchen!"
Jetzt freuen sich Valeria und auch Lucius.

Test Lektion 5–7

Textvorerschließung

a Überschrift: *Verschwunden*. Etwas oder jemand ist verschwunden. Einleitungstext: Valeria hat bei ihrem Sturz etwas Wertvolles verloren – das ist wohl verschwunden. Dazu passt das Bild, das Aulus, Lucius und Valeria zeigt. Valerias Haltung zeigt an, dass sie ratlos ist; Lucius' Geste ist aufmunternd.

b *Valeria, Lucius, Aulus*

c In Rom im Haus der Valeria, auf dem Bauplatz

d Überwiegend ein Dialog (Gespräch) zwischen Valeria, Lucius und Aulus. Dafür sprechen die direkte Rede und die jeweiligen Namen direkt davor.

e (Auswahl) *catella, area, reperire, venire, pueri, puella*. Die häufige Wiederholung von *catella* legt nahe, dass eine Kette verloren wurde. Valeria bekommt sie wieder – dafür spricht das Wort *reperire*.

Antike Kultur

Auf dem Bauplatz ist Valeria gestürzt und musste von den Jungen nach Hause getragen werden.

Übersetzungstraining

a *magna voce/ catella mea/ in area/ catellam tuam/ ad aream balnearum/ in area/ prope statuam/ ad Valeriam*

b Ich weiß, welche Wörter ich zusammen zu übersetzen habe.

Übersetzung

Valeria ruft mit lauter Stimme: „Wo ist meine Kette? Ich kann meine Kette nicht finden!" Sofort denkt Lucius: „Vielleicht ist die Kette auf dem Bauplatz." Er wünscht sich, Valeria zu helfen: „Ich will deine Kette suchen. Aulus, komm mit mir!" Das Mädchen sagt: „Auch ich will mit euch kommen, obwohl ich mich nicht vom Fleck bewegen kann." Lucius: „Warte hier auf uns, während wir auf die Baustelle der Badeanstalt gehen!" Die Jungen gehen fort. Auf der Baustelle suchen Lucius und Aulus die Kette nahe einer Statue – und sie finden sie! Sofort laufen sie zu Valeria. Das Mädchen freut sich sehr, weil die Jungen die Kette herbeibringen.

Test Lektion 8–10

Textvorerschließung

a Überschrift: *Namensfrage*. Es geht in diesem Text wohl um einen Namen. Simon scheint die Hauptperson zu sein. Auf dem Bild sind ein junger Mann (Simon?), eine junge Frau und ein Tempel abgebildet.
b *Simon, puella Romana*. Der Text spielt in Rom.
c Der Text ist ein Dialog: Dafür sprechen die direkten Reden.
d (Auswahl) *templum, puella Romana, pulchra, nomen, deus*
e Es geht vielleicht um den Namen der Frau oder des Tempels.

Antike Kultur

Simon ist Jude, an Religion sehr interessiert.

Übersetzungstraining

a) *Ad templum / puellam pulchram / id templum / puella Romana / ante nonnullos dies / multa pulchra / nomen templi / nomen templi / in eo / unum deum / cunctos deos /*
Simon et puella
b) ... *id templum, quod videmus, .../ nomen templi....., quod in eo ... cunctos deos colimus* – erkennbar an *quod*. Ausnahme: *Et tu, quod tibi nomen est – quod* leitet hier einen Fragesatz ein.
c) *Simon ad templum puellam pulchram stare vidit.*
Subjektsakkusativ: *puellam pulchram*
Prädikatsinfinitiv: *stare*
Num id Caesaris templum esse tibi ignotum est?
Subjektsakkusativ: *id*
Prädikatsinfinitiv: *esse*

Übersetzung

Simon sah, dass bei einem Tempel ein schönes Mädchen stand. Diesem näherte sich Simon und fragte sie: „Hallo! Für wen haben die Römer diesen Tempel, den wir sehen, gebaut?" Das römische Mädchen lachte: „Ist dir etwa wirklich unbekannt, dass es der Tempel Caesars ist?" Simon antwortete: „Ja. Ich bin nämlich erst vor einigen Tagen nach Rom gekommen. Ich habe schon viel Schönes gesehen. Nun möchte ich aber den Namen des Tempels wissen. Er gefällt mir nämlich." Aber Simon dachte bei sich: „Du gefällst mir auch." Das Mädchen: „Der Name des Tempels ist Pantheon, weil wir in ihm nicht nur einen Gott, sondern auch alle Götter verehren." Dann schwiegen Simon und das Mädchen lange und betrachteten den Tempel. Simon sagte endlich: „Und du, welchen Namen hast du?"

Test Lektion 11–13

Textvorerschließung

a Überschrift: *Die Römer erben ein Königreich*. Augenscheinlich erben die Römer ein Königreich, und zwar das Reich des Königs Attalos von Pergamon. Dass man ein Königreich vererben kann, ist merkwürdig. Wird im Text vielleicht erklärt, wie es dazu kam? Normalerweise fällt ein Erbe an Ehepartner, Kinder, Verwandte. Warum nicht bei Attalos? Warum erbten gerade die Römer? Das Bild zeigt mir, wie Attalos ausgesehen hat, doch – hilft mir das beim Übersetzen?

b *Attalus, Romani, populus Romanus*
c Sieht man von der einen Frage in direkter Rede ab, liegt hier eine Erzählung vor. Indizien dafür: 3. Person, Imperfekt/Perfekt.
d (Auswahl) *regere, hostes, populus*

Antike Kultur
Attalus III., letzter König von Pergamon, vermachte 133 v. Chr. sein Königreich testamentarisch den Römern.

Übersetzungstraining
a *ille Attalus / post mortem meam / fines meos / aliae Asiae partes / ab hostibus / ingentes hostium exercitus / populum Romanum / bonum patronum et amicum / illi populo / fines suos / novam provinciam / sine bello*
b *qui regere poterant:* Nebensatz; Begründung: *qui* – Relativpronomen;
quod iam aliae ...: Nebensatz; Begründung: *quod* (Kausalsatz). Im deutschen Hauptsatz steht das Prädikat an zweiter Stelle, im Nebensatz an letzter Stelle.
c *timebat/sciebat/donavit.* Es ist jeweils Attalus zu ergänzen; dieser war die zuletzt genannte 3. Pers. Singular.

Übersetzung
Attalus hatte keine Kinder, die herrschen konnten. Lange dachte jener berühmte Attalus bei sich: „Wer kann nach meinem Tod mein Land regieren?" Weil bereits die anderen Teile Asiens von den Feinden besetzt worden waren, fürchtete er die ungeheuer großen Heere der Feinde. Dass das römische Volk aber immer ein guter Schutzherr und Freund gewesen war, wusste er; deshalb schenkte er jenem Volk sein Land. Die Römer aber freuten sich, dass sie eine neue Provinz ohne Krieg erhalten hatten.

Test Lektion 14–16

Textvorerschließung
a Überschrift: Der Rinderraub des Cacus – ein gewisser Cacus raubt Rinder. Doch wer ist Cacus, wem raubt er Rinder? Der Einleitungstext klärt das: Cacus ist ein räuberischer Riese, der dem Herakles Rinder raubt. Ob das gelingt? So, wie wir Herakles kennengelernt haben, ist das eher unwahrscheinlich. Das Bild zeigt dann die Raubszene: Herakles – Er ist wahrscheinlich der Mann im Hintergrund – wirkt unaufmerksam; der Mann im Vordergrund mit dem finsteren Blick wird wohl der Riese Cacus sein.
b *Cacus/Herakles*
c Der Text ist – mit Ausnahme einer direkten Rede des Cacus (*Tum Cacus;* 1. Person *vidi*) – in der 3. Person verfasst. Das und der Einleitungstext legen nahe, dass es sich um eine Erzählung handelt.
d *boves* (verschiedene Formen), *speluncam, duxit, reperire/repperit, vidi/vidit*

Antike Kultur
Herakles vollbringt im Auftrag des Königs Eurystheus viele Taten, die ihn als das Urbild eines Helden erweisen (z. B. die Säuberung des Augiasstalls).

Übersetzungstraining
a *pulchriores boves / plures boves / in speluncam suam / plurimos boves / voces boum / eo modo / speluncam Caci / Hercules ira motus / virum pessimum*
b Es gibt nur einen Nebensatz (*postquam ... vidit*); die übrigen Sätze sind Hauptsätze.
c In den Hauptsätzen steht im Deutschen das Prädikat an zweiter Stelle, im Nebensatz am Ende.

Übersetzung
Da sagte Cacus: „Niemals habe ich schönere Rinder gesehen!" Deshalb raubte er mehrere Rinder und führte sie vorsichtig in seine Höhle – deshalb gab es keine Spuren.
Nachdem Hercules aber gesehen hatte, dass mehrere Rinder fehlten, suchte er sie sofort, konnte sie aber nicht finden. Plötzlich hörte er die Laute von Rindern und fand auf diese Weise die Höhle des

Cacus. Da wollte Hercules voller Zorn Cacus töten. Schließlich tötete er den abgrundtief schlechten Mann und nahm die Rinder mit.

Test Lektion 17–19

Textvorerschließung

a Überschrift: Das Geheimnis des hölzernen Pferdes; der Einleitungstext sagt, dass Odysseus eine Idee hat. Das Bild zeigt ein überlebensgroßes Holzpferd vor einer antiken Stadt – sollte es sich um die Erzählung der berühmten List des Odysseus handeln?

b *Ulixes / Graeci / Troiani*

c Es gibt eine direkte Rede; die Geschichte ist ansonsten in der 3. Person verfasst. Diese Tatsache und das vermutliche Thema (Troianischer Krieg) legen nahe, dass es sich hier um eine Erzählung handelt.

d *vis / equus (ligneus) / construere / relinquere / urbs / porta / aperire / videre*

Antike Kultur

a Die Griechen versuchten, Troja zu erobern – allerdings vergeblich. Da hatte Odysseus eine Idee: Die Griechen sollten ihre Rückfahrt vortäuschen und ein riesiges hölzernes Pferd hinterlassen, in dem sich Bewaffnete verbergen. Diese hatten die Aufgabe, den nachts heimlich zurückgekehrten Griechen die Stadttore zu öffnen.
Dass der Text diese Geschichte erzählt, machen Überschrift, Einleitungstext, das Bild und die Wortwiederholungen wahrscheinlich.

b 1. Abschnitt: Ulixes (Odysseus) redet die Griechen an; er fordert sie auf, das hölzerne Pferd (*equum ligneum*) zu bauen.
2. Abschnitt: *equus* und *urbs* kommen hier mehr als einmal vor – sollte hier das Pferd in die Stadt geschafft werden?
3. Abschnitt: *porta* (Tür, Tor) und *aperire* kommen mehr als einmal vor – Wird hier geschildert, was in der Nacht passierte?

Übersetzungstraining

a *Ulixes <u>vires virorum</u> deficere videns / magnum equum ligneum / ante Troiam / Graeci fortissimi / in equo ligneo / equo facto / de litore / ante moenia urbis / equum ligneum / Troiani <u>donum deorum</u> esse putantes / in urbem / milites Graeci / ex equo / portas urbis / portis apertis / ceteri Graeci in urbem venientes / cum Troianis / eo modo.*

b PC: *Ulixes vires virorum deficere videns / Troiani donum deorum esse putantes / Graeci in urbem venientes;* Abl. abs.: *equo facto / portis apertis*

c Ausdrückliche Hinweise liefert der Text nicht. In diesem Fall ist es vernünftig, es mit einem temporalen Verhältnis zu versuchen. Das PC *Graeci in urbem venientes* sollte man besser kausal übersetzen.

d Direkte Rede des Sprechers: Gegenwart und Zukunft. Aus der Sicht des Lesers spielt die Erzählung in der Vergangenheit.

Übersetzung

Als er sah, dass die Kräfte der Männer schwanden, sagte Odysseus: „Hört Griechen: Es ist leichter, Troja durch List als durch Gewalt zu erobern. Wir werden ein hölzernes Pferd bauen und vor Troja zurücklassen. Die tapfersten Griechen werden sich in dem hölzernen Pferd befinden."
Da bauten die Griechen das Pferd. Als das Pferd fertiggestellt worden war, verließen die Griechen den Strand und bestiegen ihre Schiffe, ließen aber das Pferd vor den Mauern der Stadt zurück. Sobald die Trojaner das hölzerne Pferd gesehen hatten, zogen sie es in die Stadt, weil sie glaubten, dass es ein Geschenk der Götter sei.
Nachts kletterten griechische Soldaten aus dem Pferd und öffneten die Tore der Stadt. Nach Öffnung der Tore kamen die übrigen Griechen in die Stadt, kämpften gegen die Trojaner und zerstörten Troja. So wurde Troja besiegt.

Test Lektion 20 – 22

Textvorerschließung

a Dieser Text spielt im Umfeld von Tarquinius Superbus und seiner Familie. Zwei seiner Söhne reisen zusammen mit ihrem Cousin nach Delphi, um das Orakel zu befragen. Der Cousin wird für dumm gehalten und heißt auch so. Die Überschrift legt nahe, dass Brutus die Hauptfigur im Text ist.

b Namentlich genannt werden Brutus, die Tarquinii und die Pythia. Das erhärtet den Verdacht, dass Brutus die Hauptfigur ist, da die Söhne des Tarquinius Superbus nicht mit Vornamen unterscheidbar benannt werden.

c Der Einleitungstext und die 3. Person (mit Ausnahme der direkten Rede) weisen auf eine Erzählung hin.

d *fratres / res publica / regere / verbum / osculum dare / facere*

Antike Kultur

a Vorgeschichte: Das Orakel in Delphi drückte sich missverständlich, aber stets zutreffend aus. Wenn Menschen bei der Befolgung der Orakelsprüche Nachteile erlitten, dann deshalb, weil sie diese falsch verstanden hatten.
Tarquinius Superbus war der letzte Römerkönig; sein Beiname (*superbus* *hochmütig, überheblich*) kennzeichnet ihn zutreffend.

b Die Söhne des Tarquinius befragen das Orakel von Delphi; Brutus jedoch bekommt den Orakelspruch, der nicht eindeutig sein dürfte.

Übersetzungstraining

a *legati Romani / ducibus fratribus / cum Bruto / oraculum Delphorum / de re publica / de sorte sua / haec verba / unus vir / rem publicam / verbis auditis / se id <u>sine labore</u> facere posse / ad terram*

b Direkte Hinweise fehlen; deshalb sollte man zunächst die Partizipialkonstruktionen temporal übersetzen.

c Die Erzählung spielt vom Leser aus gesehen in der Vergangenheit; die Frage an das Orakel und die Antwort sind in der Zukunft, da der Orakelspruch für die Zukunft des Sprechers gilt.

Übersetzung

Die römischen Gesandten besuchten unter der Führung der Brüder mit Brutus das Orakel von Delphi, um die Pythia wegen des Staates um Rat zu fragen. Aber die Brüder wollten alles über ihr Schicksal wissen. Deshalb fragten sie die Pythia: „Wer wird über die Römer herrschen?" Die Pythia antwortete folgendes: „Ihr Tarquinier, nur ein Mann wird den Staat regieren. Dieser aber wird vorher der Mutter einen Kuss geben müssen." Nachdem sie diese Worte vernommen hatten, glaubten die Brüder, dass sie dies ohne Anstrengung bewältigen könnten. Brutus aber fiel plötzlich zu Boden, um diesem einen Kuss zu geben. (Brutus küsste die Erde, da sie als Mutter allen Lebens gilt.)

Test Lektion 23 – 25

Textvorerschließung

a Der Text handelt von Hannibal, dem bedeutendsten Gegner Roms. Selbst im Exil war er vor den Römern nicht sicher.

b *Hannibal / Prusias / Romani*

c Der Einleitungstext weist auf eine Erzählung hin. Auffällig ist aber der hohe Anteil von direkter Rede. Hannibal gebraucht die 1. Person. Er erzählt wahrscheinlich über sich selbst.

d *vita / legati / capere*

Antike Kultur

Hannibal brachte die Römer an den Rand einer Niederlage; die Karthager unter seiner Führung konnten erst nach einem langen und blutigen Krieg besiegt werden. Angeblich hatte ein unbändiger Hass Hannibal angetrieben; die Römer und Hannibal standen sich unversöhnlich gegenüber.
Die Geschichte spielt nach Hannibals Niederlage.

Übersetzungstraining

a *militibus Prusiae / hanc cladem / consilium bellandi / in Hannibale / odium populi Romani / in Bithyniam / Prusias rex ipse / hostes Romanos domum suam circumvenire / in triumpho / per urbem Romam / tempus mortis meae / sua manu / e vita*

b Der Konjunktiv in den direkten Reden Hannibals und auch die erste Person weisen darauf hin.

Übersetzung

Als Hannibal die Soldaten des Königs Prusias kommandierte, dachte er oft bei sich: „Wären wir doch nicht von den Römern besiegt worden! Wenn ich diese Niederlage nicht hätte hinnehmen müssen, würde ich jetzt ziemlich glücklich leben."
Die Römer aber fürchteten, dass er wieder den Plan fasste Krieg zu führen. Deshalb sagten die Senatoren: „Immer wird Hannibal voller Hass auf das römische Volk sein. Lasst uns deshalb Gesandte schicken, um Hannibal zu suchen und ihn zu fangen."
Schließlich gelangten die Gesandten auch nach Bithynien. König Prusias persönlich zeigte ihnen, wo Hannibal war.
Hannibal sah, dass seine Feinde, die Römer, sein Haus umzingelten: „Sie sollen mich nicht fangen und im Triumph durch Rom führen. Ich wünsche, dass ich den Zeitpunkt meines Todes selbst bestimme!"
Dann schied Hannibal durch eigene Hand aus dem Leben.

Test Lektion 26 – 28

Textvorerschließung

a Überschrift: *Gib mir meine Legionen zurück!* – Legionen sind „weggenommen" worden und jemand will sie wieder haben. Doch wer hat wem die Legionen „weggenommen" und aus welchem Grund? Können die Legionen zurückgegeben werden?
Der Einleitungstext klärt das: Durch die Niederlage seiner Truppen gegen die Germanen hat Kaiser Augustus seine Legionen verloren, die er zuvor der Leitung des P. Quinctilius Varus anvertraut hatte. Augustus ruft also in seiner Wut, Trauer und Verzweiflung den gefallenen P. Quinctilius Varus an: „Gib mir meine Legionen zurück!"
Da Augustus in der Überschrift und im Einleitungstext die zentrale Handlungsperson ist, kann es sich auf dem Bild nur um ihn handeln; Schmerz und Verzweiflung kommen im Bild deutlich zum Ausdruck. Vor ihm liegt eine Landkarte, anhand derer sich die Auswirkungen der Niederlage nachvollziehen lassen.

b Augustus (Caesar), Römer, Germanen, Quinctilius Varus

c Wie aus dem Einleitungstext hervorgeht, ist die Rede von Augustus, der sich in Rom befindet. In der direkten Rede spricht Augustus von Ereignissen in Germanien (Z 2) und in Rom (Z 5).

d Der Text ist mit Ausnahme der direkten Rede des Augustus in der 3. Person verfasst.
Das und der Einleitungstext legen nahe, dass es sich um eine Erzählung handelt. Es wird anschaulich, z. B. mit wörtlichen Zitaten, dargestellt, wie die Nachricht von der Niederlage des Varus auf Augustus gewirkt hat. Es handelt sich um einen Auszug aus der Augustus-Biographie des Sueton.

e cladis, milites

f s. Lösung zu a.

Antike Kultur

Im Jahr 8 n. Chr. regierte P. Quinctilius Varus im Auftrag des Kaisers Augustus in der neuen römischen Provinz Germanien. Seine Herrschaft war grausam: Männer wurden hingerichtet, Frauen und Kinder versklavt. Die Germanen setzten sich unter der Führung des Cheruskers Arminius zur Wehr und schlugen Varus und seine Legionen im Jahre 9 n. Chr. vermutlich bei Kalkriese.

Übersetzungstraining

a an dem Kasus der Gerundivform (*faciendum* Nom. Neutr.; *pacandarum* Gen. Pl. f.; *custodienda* Nom. Sg. f.); an den Präpositionen (*causa*); daran, ob es mit einer Form von *esse* steht

b an Satzzeichen (Iussiv: *adiuvent!*), Subjunktionen (*ne …exsistant*)

c *clade nuntiata* (Z 5): zwei Ablativ-Formen, Substantiv und PPP/Partizip der Vorzeitigkeit: Abl. Abs.; *Augustum … commotum* (Z 7): Eigenname und PPP/Partizip der Vorzeitigkeit im Akk.: PC, *Caesar … illidens* (Z 8): Eigenname und PPA / Partizip der Gleichzeitigkeit im Nom. Sg.: PC

Übersetzung

„Mögen die Götter mir beistehen! Die Römer haben eine sehr schwere Niederlage erlitten: Was sollen wir tun? Ich hatte eine große Anzahl an Soldaten ausgehoben, die in Germanien diesen äußerst grausamen Krieg vergeblich geführt haben, um die Provinzen zu befrieden. Ich hasse diese Germanen; ich vertraue niemandem von ihnen. Nachdem diese Niederlage verkündet worden ist, fürchte ich, dass es in Rom zu Unruhen kommt. Daher muss die Stadt von Soldaten bewacht werden." Einige erinnern sich, dass Augustus vor Schmerz lange Zeit weder seinen Bart noch sein Haar geschnitten hat. Außerdem schlug der Kaiser seinen Kopf gegen die Tür und rief immer wieder: „Quinctilius Varus, gib die Legionen zurück!"

Test Lektion 29 – 31

Textvorerschließung

a Überschrift: *Rat eines Freundes* – Im Text gibt jemand einem Freund einen Rat. Aber wer gibt wem einen Rat? Und vor allem welchen Rat?
Einige Hinweise gibt der Einleitungstext:
Plinius gibt seinem Freund Maximus in einem Brief einen Rat zur Ausübung seines Amtes als Statthalter der Provinz Achaia. Es wird vorweggenommen, dass Plinius dabei auf die besondere Stellung Griechenlands eingeht. Wie auch auf der Karte zu sehen ist, gehört Achaia zu Griechenland. Vermutlich zielt Plinius` Rat auf einen würdevollen Umgang mit der Provinz ab.

b An der direkten Ansprache an die 2. Person (Imperativ, Jussiv) und an dem Hinweis im Einleitungstext lässt sich ausmachen, dass es sich bei dem Text um einen Brief handelt.

c Achaia bestand aus 12 Städten: Aigira, Aigion, Bura, Dyme, Helike, Kerynea, Leontion, Olenos, Patrai, Pellene, Pherai, Tritaia. Die 12 Städte bildeten einen Staatenbund.
Zunächst stand er unter der Herrschaft von Königen. Später folgte eine Demokratie.
In der Schlacht bei Chaironeia (338 v. Chr.) setzten die Achäer sich mit für Griechenlands Freiheit ein. Sie brachten die makedonische Vorherrschaft zu Fall und erneuerten den alten Achäischen Bund (280 v. Chr.). Diesem traten bedeutende Städte des Peloponnes, wie Korinth, Epidauros, Megalopolis und Argos, sowie mehrere Städte des mittleren Griechenland, u.a. Megara und Athen, bei. Athen war eines der Zentren der griechischen Philosophie und Literatur, die den Römern als Vorbild dienten.

Übersetzungstraining

a Z 1+3: *Cogita* (Imperativ Sg.); Z 3+4: *Cole* (Imperativ Sg.); Z 6: *aestimes* (2. Pers. Sg. Konj. Präs. Aktiv: Optativ); Z 6: *Noli… spoliare* (Prohibitiv/verneinter Imperativ);
Z 7: *Habe* (Imperativ Sg.) – die Imperative und Aufforderungen geben Handlungsanweisungen an den Adressaten

b *provinciam Achaiam / illam veram Graeciam / cultus animi / liberarum civitatum / gloriam veterem / hanc ipsam senectutem / ingentia facta / cives Graecos*

c *Cole … cole* – Durch die Wortwiederholung wird diese Aussage besonders hervorgehoben. Der Verfasser betont, wie sehr ihm daran gelegen ist, dass sein Freund diese Provinz ihrer Würde entsprechend behandelt, indem er z.B. ihre Götter ehrt.

Übersetzung

a Bedenke, dass du in die Provinz Achaia geschickt worden bist, in jenes wahre Griechenland, in dem die Beschäftigung mit dem Geist, die Wissenschaften und sogar der Ackerbau erfunden worden sein soll.
Bedenke, dass du (dorthin) geschickt worden bist, um den Zustand freier Bürgerschaften herzustellen! Ehre ihre Götter, ihren alten Ruhm und gerade dieses hohe Alter, das beim Menschen verehrungswürdig und bei Städten heilig ist! Du sollst das hohe Alter, die überaus großen Taten und auch die Erzählungen hoch schätzen. Beraube die griechischen Bürger nicht ihrer Würde, ihrer Freiheit oder gar ihrer Prahlerei! Halte dir vor Augen, dass es dieses Land ist, das seine Gesetze nicht Besiegten auferlegt, sondern Bittenden geschenkt hat.

b Typische Merkmale der Textsorte Brief: Direkte Ansprache (Imperativ, Iussiv)

Test Lektion 32 – 34

Textvorerschließung

a Überschrift: *Die Druiden* – Der Text handelt von einem bestimmten Volksstamm oder einer bestimmten Gruppe von Menschen. Aber was sind das für Menschen?
Wer berichtet über sie? Einige Hinweise gibt der Einleitungstext: Caesar berichtete über die Druiden in Abgrenzung zu dem einfachen Volk und den Rittern in Gallien.
Das bedeutet: Die Druiden sind kein Volk für sich, sondern eine bestimmte Gesellschaftsklasse innerhalb Galliens, die einen besonderen Status hatte. Das Bild zeigt die Druiden bei ihrer Ausbildung oder bei der Ausübung ihrer kultischen Pflichten.

b *Druides, disciplina, excitare, velle, mors* – Der Inhalt des Textes bezieht sich anscheinend auf die Ausbildung der Druiden und ihre Philosophie:

Übersetzungstraining

a+b *Tantis excitati praemiis … multi* (PC, vorzeitig), *Magnum ibi numerum versuum ediscere dicuntur* (NcI, gleichzeitig), *Neque fas esse putant* (AcI, gleichzeitig), *Id mihi duabus de causis instituisse videntur* (NcI, vorzeitig), *persuadere non perire animas… transire* (AcI, gleichzeitig), *hoc maxime ad virtutem excitari putant* (AcI, gleichzeitig), *metu mortis neglecto* (Abl. abs., vorzeitig)

c *Omnium rerum* – Genitivattribut zu *immunitatem*
habent – Prädikat
immunitatem – Akkusativobjekt

Übersetzung

Die Druiden nehmen nicht am Krieg teil und zahlen auch keine Steuern wie die übrigen Gallier.
Sie haben Vergünstigungen aller Art. Durch so große Belohnungen motiviert kommen viele freiwillig in die Schule und werden von den Eltern und Verwandten geschickt.
Man sagt, dass sie dort eine große Anzahl an Versen auswendig lernen. Deshalb bleiben einige 20 Jahre in der Schule. Sie glauben auch nicht, dass es göttliches Recht ist, diese Lehre der Druiden schriftlich festzuhalten.
Dies scheinen sie mir aus zwei Gründen festgesetzt zu haben: Weil sie weder wollen, dass die Lehre der Druiden allen verkündet wird, noch (wollen), dass die Schüler weniger ihr Gedächtnis trainieren.
Außerdem wollen die Druiden davon überzeugen, dass die Seelen nicht zugrunde gehen, sondern nach dem Tod von den einen zu den anderen wandern, und sie glauben, dass man dadurch am stärksten zum tapferen Kampf motiviert wird, wenn die Angst vor dem Tod überwunden ist.

Interpretation

Gattung: Geschichtsschreibung/Kriegstagebuch – Caesars *Commentarii* sind mit der Geschichtsschreibung verwandt. Der Autor hat sie in einem nüchternen Stil verfasst, der auch in diesem Text erkennbar ist (Verzicht auf direkte Reden und Dramatisierungen). Da die Privilegien, die Ausbildung und die Lehren der Druiden beschrieben werden, handelt es sich um einen ethnographischen Exkurs. Aus Z 10–11 *hoc maxime ad virtutem excitari* … wird deutlich, wie das Druiden-Thema auf die Ziele des Kriegstagebuchs abgestimmt ist.

Tipps zum Weiterlesen, Spielen, Anschauen

Lektion 1–4

studeo – Wege zum Latein-Lernen. Hrsg. H. Krefeld. Berlin 2008, S. 8–17 (Wohnen), S. 22–23 (Mahlzeiten), S. 27–28 (Feste), S. 50–65 (Rom: Neugestaltung durch Caesar und Augustus, Die Stadt der Kaiser), 65–71 (Aufbau der Gesellschaft: Nobilität, Ritter, Plebejer, Sklaven, Freigelassene, Familie, Frauen und Kinder, Patron und Klient), S. 108–109 (Schulen und Ausbildung)

W. Adelmaier, W. Reiter, M. Wandl: Geschichte erforschen. So lebten die Menschen im alten Rom. Wien 2005

L. Carlson: Wir spielen Griechen und Römer. Mülheim/Ruhr 2000 (Anleitungen zum Herstellen und Anlegen einer Toga S. 101–111)
P. Connolly, H. Dodge: Die antike Stadt. Leben in Athen und Rom. Köln 1998
K.-W. Weeber: Alltag im Alten Rom. Zürich 1995, s. Gaststätte, Imbissstuben

Lektion 5–7

studeo – Wege zum Latein-Lernen. Hrsg. H. Krefeld. Berlin 2008, S. 32–36 (Spiele, Amphitheater, Circus), S. 37–41 (Thermen) und S. 73–74 (Verlauf einer Senatssitzung)

Th. Lissel: Das Forum Romanum. Leben im Herzen Roms. Düsseldorf 2004

Lektion 8–10

studeo – Wege zum Latein-Lernen. Hrsg. H. Krefeld. Berlin 2008, S. 83–84 (Prinzipat, Augustus), S. 86 (Der Begriff Kaiser; Nachfolger auf dem Kaiserthron), S. 98–99 (Olympische Götter), S. 131–133 (Caesar; Das Ende der Republik)

U. Baumann: Kleopatra. Reinbek 2003
R. Goscinny: Die Lorbeeren des Cäsar
R. Goscinny, A. Uderzo: Asterix Mundart: Am Cäsar sei Lorbeerkränzle (Schwäbisch)
G. Hafner: Bildlexikon antiker Personen. Düsseldorf 2001
R. Goscinny, A. Uderzo: Asterix und Kleopatra (Asterix Bd. 2). Stuttgart 2004

Film/DVD/Spiel:
Cleopatra (1963; Twentieth Century Fox; Regie J.L. Mankiewicz). Asterix und Obelix: Mission Kleopatra (2002; UFA). W. Lüdtke: Cäsar und Kleopatra. (1998, Strategiespiel)

Lektion 11–13

studeo – Wege zum Latein-Lernen. Hrsg. H. Krefeld. Berlin 2008, S. 84–85 (Ein Legionär des Augustus; Beruf: Soldat), S. 133–134 (Prinzipat; Nachfolgeregelung; Julisch-claudische Familie)

Römermuseum Haltern: 2000 Jahre Varusschlacht – Imperium. Haltern 2009

Lektion 14–16

G. Fink: Who's who in der antiken Mythologie, München ^{12}1998
R. Carstensen: Römische Sagen – den Quellen nacherzählt, München 1994
R. Carstensen (Hrsg.): Griechische Sagen, Würzburg 2001
R. Carstensen (Hrsg.): Griechische Sagen: Die schönsten Sagen des klassischen Altertums von G. Schwab, München ^{30}1993
A. Lechner: Herkules, Würzburg 2010
L. De Crescenzo: Kinder des Olymp. Antike Göttermythen neu erzählt, München 1998

Lektion 17–19

J. Guggenmos: Die Helden von Troja, Ravensburg 2008
A. Lechner: Aeneas: Sohn der Göttin, Würzburg 2010

A. Lechner: Die Abenteuer des Odysseus, Würzburg 2008
A. Lechner: Ilias: Der Untergang Trojas, Würzburg ³2010
R. Sutcliff: Die Rückkehr des Odysseus, Stuttgart ²2005
R. Sutcliff: Troja und die Rückkehr des Odysseus: Die Geschichte der Ilias und der Odyssee
R. Goscinny, A. Uderzo: Asterix: Die Odyssee (Asterix Bd. 26)

Film/DVD:
Troja. Spielfilm, USA, Malta, England, 2004, 156 Min., Regie: Wolfgang Petersen

Lektion 20–22
H. Krefeld (Hrsg.): studeo – Wege zum Latein-Lernen. Berlin ³2008, S. 122–123
J. Le Goff: Die Geschichte Europas, Frankfurt ⁶2007

Lektion 23–25
Damals – Geschichte zum Hören. Hannibal gegen Rom – Karthagos Kampf um die Macht. Hörbuch, Laufzeit ca. 75 Min.
H. Krefeld (Hrsg.): studeo – Wege zum Latein-Lernen. Berlin ³2008, S. 124–127
F. Lenk: CD Wissen Junior – Tatort Geschichte: Verschwörung gegen Hannibal. Ein Ratekrimi aus der Römerzeit.

Lektion 26 – 28
W. Dahlheim: Augustus, Aufrührer, Herrscher, Heiland, München 2010
M. Clauss: Konstantin der Grosse und seine Zeit. Beck, München 1996
S. Elbern: Nero: Kaiser, Künstler, Antichrist, Mainz am Rhein 2010

Film/DVD/Spiel:
Rom und seine großen Herrscher (2011; Polyband; Regie Nick Murphy)
Quo vadis (Regie: 1951, Sam Zimbalist / MGM, Mervyn LeRoy)

Lektion 29 – 31
H. Boom: Der große Türke. Süleyman der Prächtige, Berlin
S. Faroqhi: Geschichte des osmanischen Reiches. München 2000
F. Lenk: CD Wissen Junior – Tatort Geschichte. Die Spur führt zum Aquädukt. Ein Ratekrimi aus der Römerzeit
F. Stephan-Pelgen: Aquädukt-Ansichten. Aus der Denkmalgeschichte der Wasserversorgung für das römische Mainz

Lektion 32 – 34
M. Jehne: Caesar, München 2007
W. Hartmann: Karl der Große, Stuttgart 2010
M. R. Kaiser und K. Puth: Karl der Große und der Feldzug der Weisheit: Lebendige Geschichte, Würzburg 2009
R. Wolters: Die Römer in Germanien, München 2011

Antike Kultur: Wer ist wer?

1. Teste dein Wissen über die Götterwelt der Antike und beantworte folgende Fragen:
   a Wer überbringt Paris den Auftrag, Schiedsrichter im Schönheitswettbewerb der Göttinnen zu sein?
   b Womit erschreckt der Göttervater Menschen und Götter?
   c Auf welcher Seite steht Hera im Trojanischen Krieg?
   Kannst du auch den Grund dafür nennen?
   d Für welche Bereiche ist Apollo zuständig?
   e Woran kannst du ihn auf Abbildungen oder als Statue gut erkennen?
   f Askanius ist der Sohn des Äneas. Wie heißt seine Großmutter?
   g Die Götter werden oft von Tieren begleitet und mit diesen abgebildet.
   Wen begleitet eine Hirschkuh?

Wenn du etwas nicht genau beantworten kannst, findest du Hilfe auf den Seiten 100 – 103 und 216–217.

2. Überlegt euch nun selbst Fragen zu den antiken Göttern und veranstaltet ein Quiz mit leichten und schwierigen Fragen.

Bildnachweis

Cover links: The Poetess of Pompeii **or** Sappho, Naples, National Museum. © 2011. Photo Scala, Florence/Fotografica, Foglia - courtesy of the Ministero Beni e Att. Culturali; **Cover rechts:** © mauritius images; **28** Stefan Kiefer / Intro:; **29 ol** akg-images, **or** Claudia Rothenberger, Frankfurt, **ul** Anne Schoenharting / OSTKREUZ, **ur** Iris Kassner, Berlin; **30** akg-images / Peter Connlly; **31** akg-images / Nimatallah; **39, 41** Werner Schmidt, Berlin; **46 o** Wolfgang Korall / VISUM, **ul** akg-images / Erich Lessing, **ur** akg-images / Bildarchiv Steffens; **47 ol** shutterstock.com / mirtya, **or** Allianz Arena / B. Ducke, **ul** picture-alliance / augenklick / Lacy Perenyi,**um + ur** dpa-Report; **49 l** akg-images / Erich Lessing, **r** akg-images / Bildarchiv Steffens; **56 ul** picture-alliance / akg-images / Joseph Martin,um akg-images / Nimatallah, **ur** shutterstock.com / Denis Komilov; **62 o** Werner Schmidt, Berlin, **ul** imago / Zentrixx, **ur** ullstein bild – CARO / Sorge; **63 o und u** Werner Schmidt, Berlin; **73** Augusta Raurica, Augst / Roland de Versal; **76** bpk / Antikensammlung, SMB / Jlr; **78 u** imago / Jochen Tack; **79 o** Manfred Grohe, **u** Achim Keiper; **82** akg-images; **87** bpk / Antikensammlung, SMB / Reinhard Saczewski; **90** www.bridgemanart.com; **91** akg-images; **96 1** akg-images / © Succession Picasso / VG Bild-Kunst, Bonn 2011, **2** akg-images / Erich Lessing, **3** akg-images / Bildarchiv Steffens, **4** © Yann Arthus-Bertrand / CORBIS; **97 1** akg-images, **2** akg-images / Galleria Nazionale di Capodimonte; **99** © The Art Archive / National Archaeological Museum Athens / Gianni Dagli Orti; **107** bpk-images; **111** akg-images / British Library; **116** akg-images; **117 1** bpk-images, **2** bpk / Museum für Vor- und Frühgeschichte, SMB / Herbert Kraft, **3** akg-images / Peter Connolly; **122** akg-images / Erich Lessing; **132** akg / De Agostini Picture Library; **133** picture-alliance / Klaus Rose; **138** © The Art Archive / Museum of Carthage / Gianni Dagli Orti; **139** akg-images; **143** akg-images / Museo della Civiltà Romana; **149** imago / UPI Photo; **153** Werner Schmidt, Berlin; **156** picture-alliance / akg-images / Peter Connolly; **157** akg / De Agostini Picture Library; **160 l** Statue of the Emperor Maxentius (306-312 AD) as Pontifex Maximus (marble), Roman / Museo Ostiense, Ostia Antica, Rome, Italy / Bridgeman Berlin; **r** akg-images; **168** picture-alliance / Bildagentur Huber / Mehlig; **172** akg-images / Erich Lessing; **173** ALIMDI.NET / Egmont Strigl; **176** Photo The Print Collector / Heritage-Images / Scala, Florence; **177** akg-images; **182 o** istockphoto.com / PaoloGaetano; **u** Zeichnung und Rekonstruktion: J. Andersen, Museum Sønderjylland. Nach P. Ethelberg: Det Sønderjyske Landbrugs Historie. Jernalder, Vikingetid og Middelalder 2003; **183** Album / Prisma / AKG; **184** akg-images; **192** akg-images; **198 ol** shutterstock.com / Oleg_Mit; **or** shutterstock.com / witchcraft; **u** shutterstock.com / Akaiser; **200** akg-images; **202** akg-images; **208** akg-images; **212 o** dpa-Report, **u** akg-images/Erich Lessing; **213** akg-images/Erich Lessing; **214 o** picture-alliance/ Mary Evans Pi, **u** picture-alliance/akg-images; **215** www.bridgemanart.com; **216 1,2** Zeus, Hera: © THE BRIDGEMAN ART LIBRARY; **3** Poseidon: shutterstock.com / Racheal Grazias; **4** Hades: akg / De Agostini Picture Library; **5** Athene: shutterstock.com / Nick Pavlakis; **217 1,3** Apollo, Aphrodite: shutterstock.com / Denis Kornilov; **2** Artemis: Herve Champollion / akg-images; **4** Hermes: picture-alliance / akg-images; **5** Ares: akg-images / Michael Teller.

Italia
GALLIA
RAETIA
Tridentum
Comum
Mediolanum
Sirmio
Verona
Aquileia
Placentia
Via Aemilia
Padus
Atesis
Via Julia Augusta
Genua
Bononia
Ravenna
Pisae
Arnus
ETRURIA
Tiberis
Via Flaminia
Ancona
Via Claudia
Aequi
Sabini
CORSICA
Tarquinii
Veii
Tibur
Roma
Ostia
Tusculum
Ardea
LATIUM
Samnites
Tarracina
CAMPANIA
Capua
Neapolis
Cannae
Via Appia
Brundisium
Tarentum
Paestum
SARDINIA
Messana
SICILIA
Aetna mons
Agrigentum
Syracusae
Carthago
AFRICA
0
50
100
150 km
Via Appia
Beneventum
Capua
CAMPANIA
Nola
Cumae
Neapolis
Vesuvius mons
Herculaneum
Pompeii
Nuceria
Pithecussae I.
Salernum
Surrentum
Capreae I.